Was kommt. Was geht. Was bleibt.

Was kommt. Was geht. Was bleibt.

Herausgegeben von Markus Schächter

HERDER

FREIBURG · BASEL · WIEN

Redaktion: Rudolf Walter

www.herder.de
Satz: Barbara Herrmann, Freiburg
Druck und Bindung: fgb · freiburger graphische betriebe 2001
www.fgb.de
ISBN 3-451-28200-3

Inhalt

Vorwort

von Markus Schächter

Nach Thukydides ist es der Krieg, der Worte verändert und den Begriffen den Boden unter den Füßen wegzieht. Für kaum ein anderes Jahrhundert gilt diese Einsicht mehr als für das vergangene mit seinen beiden Welt-Kriegen. Die Erfahrung des Ersten Weltkriegs hatte nicht nur bei den Dichtern das Vertrauen in die Sprache erschüttert. Mit der Apokalypse des Zweiten Weltkrieges und der in seinem Schatten vollzogenen Genozide aber war der Glaube an die stabile Statik zivilisatorischer Maßstäbe und an die Tragfähigkeit der humanistischen Leitbegriffe in einem noch viel breiteren Ausmaß zerbrochen. Der „Himmel begrifflicher Sicherheit“ (von der Dunk) war der Gesellschaft endgültig entschwunden.

Im dunklen Herbst 1946 antwortete Martin Heidegger auf den berühmten Brief eines jungen Franzosen – „Was bleibt?“ – voller Pessimismus: Das bisherige Verständnis von Humanismus, vom Wort und vom Begriff, habe seinen Sinn verloren. Das Unheil, das Begriffe wie Humanismus angerichtet hätten, sei offenkundig.

Und dennoch besaßen die Veränderungen, die danach kamen, noch einmal eine andere Qualität und eine neue Wucht. Gerade in der Friedenszeit des Nachkriegs-Europas, in der zweiten Hälfte des 20. Jahrhunderts, wurden Begriffswelten einer zivilisatorischen Ordnung, auf die man sich nach der Katastrophenerfahrung zunächst zurückzubesinnen schien, radikal und nachhaltig aus den Angeln gehebelt. Die Faktoren dieser bis heute anhaltenden Dynamik sind bekannt: Globalisierung der Wirtschaft mit ihrer Auswirkung in allen Lebensbereichen, Siegeszug naturwissenschaftlicher Jahrhundertdisziplinen wie Physik und Biologie, neue Medien weltweiter Kommunikation und Information, fortschreitende Pluralisierung und Individualisierung der Gesellschaft und ihrer Lebenswelten, der Widerstreit der Kultur der Moderne mit den selbstsicheren Provokationen der Postmoderne und den Grenzgängern der Erlebnisgesellschaft.

Der Eintritt in ein neues Jahrtausend war Anlass für zahlreiche kulturphilosophische und sozialpsychologische Bilanzen, die darauf Bezug nahmen. Es gab einen breiten Konsens: Noch in keiner Epoche der Geschichte zuvor seien in so kurzer Zeit mit so radikaler Nachhaltigkeit die Koordinatensysteme einst übereinstimmender Begriffe, Maßstäbe und Normen verschoben worden. Aus einem gemeinsamen Kosmos mehr oder minder konsensualer Grundannahmen beginnt eine „Sozialstruktur der Subjektivität" zu entstehen. Bourdieus Bestimmung dieser „Welt der feinen Unterschiede" als ein System ohne Vorrat an großen Übereinstimmungen macht deutlich, dass wir im historischen Vergleich vor einer neuartigen Erfahrung über die Grundlage unserer Kommunikation stehen. Die Welt der Begriffe ist in den Sog des Wandels unwiderruflich hineingezogen.

In dem Maß, in dem sich der Kosmos der Politik, der Kultur, der Technik, der Wirtschaft, die Welt des Alltagslebens massiv verändert haben, ändert sich gleichzeitig die Sprache, in der die Veränderung reflektiert wird. Wer auf Sprache und Begriffe achtet, wird feststellen: Der „Grundwasserspiegel" an gemeinsamen Ausgangspositionen und Maßstäben, an Verständigungsfähigkeit und Verstehensmöglichkeit mittels Worten, Begriffen und Symbolen ist deutlich gesunken. Wer die geistige Situation der Zeit verstehen will und sich für die Zukunft interessiert, für den lohnt es sich also, auf die Begriffe zu achten. Hier werden Grundlagen und Standards von Maßstäben sichtbar, nach denen sich die Dynamik der Entwicklung vollzieht.

Im Gegensatz zur Zeit vor 200 Jahren, als die Denker der Aufklärung stilbildend und für lange Zeit maßgebend eine neue Ordnung in die Begrifflichkeit einer sich gerade auflösenden Welt einzubringen wussten, ist eine Systematik für neue gültige Ordnungen und verbindliche Vorstellungen einer Kommunikation heute nicht mehr denkbar. Aber so wie es damals hilfreich war, dass die neue Zunft von Publizisten und Verlegern in einer intensiven Weise daranging, Teile der komplizierten neuen Denksysteme in enzyklopädischen Publikationen einer orientierungslos gewordenen Gesellschaft öffentlich zu machen, so macht es vielleicht auch heute Sinn, immer wieder neue Ansätze einer Selbstvergewisserung über unsere kulturellen Grundlagen und den Stand der Veränderung ihrer Begriffe zu forcieren.

Die hier vorgelegte Anthologie ist aus einem solchen Impuls entstanden. Sie erinnert an das Jubiläum des 200-jährigen Bestehens des Verlages Herder, eines der ersten Verlage aus jener Zeit neuer publizistischer Aufklärungsunternehmen. Aber auch wenn sie die lexikalische Form des Alphabets wählt, hat sie natürlich keinen enzyklopädischen Anspruch im Sinn einer systematischen, chronistischen oder umfassenden Abarbeitung der Hauptwörter unserer Denksysteme oder im Sinn einer objektiven Information darüber. Im Zeitalter des Internets haben Wissensenzyklopädien an Bedeutung verloren, hat das Versprechen der Objektivität reiner Information nicht mehr den alten Glanz. Wenn die schier unbegrenzt verfügbaren Informationen einem uferlosen Meer vergleichbar sind, dann werden Orientierungen, feste Standpunkte, klare Positionsbestimmungen, aber auch Authentizität und Glaubwürdigkeit derer wichtig, die für bestimmte Positionen und Überzeugungen stehen. In Geschichten, Betrachtungen, Essays geben daher namhafte Autorinnen und Autoren aus unterschiedlichen Fachkompetenzen in diesem Buch ihren ganz persönlichen Beitrag. Es sind zumeist bewusst subjektiv gehaltene Beiträge, in denen sie auch über die Grenzen der eigenen Profession hinweg ihre Standpunkte begründen, ihre Erfahrungen erzählen und den Blick riskieren auf wichtige Entwicklungen, auf Phänomene unserer Zeit, auf wesentliche Haltungen, auf tragende Essentials.

Vollständigkeit oder Ausgewogenheit waren nicht beabsichtigt. Wohl aber der Blick auf Begriffe, in denen sich spiegelt, was Menschen von heute interessiert und bewegt, in denen unser Alltag und unsere Hoffnungen zum Ausdruck kommen, in denen sich einprägsame Situationen und Veränderungen unserer Zeit reflektieren.

Die über 100 Begriffe spannen ein thematisch breites Netz: Surfen und Altwerden, Nation und Internet, Gen-Tomate und Kontemplation sind Ausschnitte aus der Nomenklatur. „Was kommt? Was geht? Was bleibt?“ – war die Ausgangsfrage zum Beginn eines neuen Jahrhunderts. Gefragt war nicht nach technologischen Spekulationen mit freundlichen Hoffnungen oder dunklen Szenarien, sondern nach Gedanken, Überzeugungen und vor allem Erfahrungen, die mit der menschlichen Dimension unserer Zeit und unserer Zukunft zu tun haben. Herausgekommen sind Annäherungen an Standpunkte unserer Epoche. Was vorliegt, ist ein Buch, das aber nicht nur Antworten gibt, sondern immer wieder – wie durch ein Fenster – zwei Fragen durchscheinen lässt, die zusammengehören. Die Verständigung über eine Antwort darauf könnte bei allem Wandel und in aller Unsicherheit weiterführen: *Wie leben wir eigentlich? Und wie wollen wir leben?*

Franz Kardinal König

Altwerden

Wohin gehen wir?

„Alle wollen alt werden, aber niemand will alt sein" – so meinte unlängst der Leiter einer geriatrischen Abteilung eines großen Krankenhauses. Einen solchen Eindruck kann man leicht gewinnen, wenn man im Gespräch mit älteren Menschen, die oft mühselig und beladen ihren Weg Tag für Tag gehen, auf ihre Sorgen hört; wenn man Alten und Kranken einmal wirklich zuhört, die sich mit dem Problem des Altwerdens auseinander setzen. Dabei sind wir uns viel zu wenig bewusst, dass wir uns durch das Älterwerden, durch das Altsein in einer Schicksalsgemeinschaft befinden, aus der sich niemand ausschließen kann. Wir alle sind unterwegs und gehen auf das Ende unseres Lebensweges zu. Das gilt für den jungen Menschen wie für den älteren.

Es gibt Menschen, für die das Altwerden scheinbar keine größere Last ist. Es gibt aber auch Menschen, für die es eine wirkliche Belastung bedeutet, wenn körperliche und geistige Kräfte nachlassen, wenn das, was für den jungen Menschen leicht und selbstverständlich ist, mühsamer wird.

Dazu muss man feststellen: Ohne größere Beschwerden alt zu werden ist weithin kein persönliches Verdienst, es ist in vielen Fällen Anlass, den Vorfahren, den Eltern, dankbar zu sein, von denen man eine gesunde Konstitution ererbt hat. Besonders aber ist es Anlass, dem dankbar zu sein, der um Anfang und Ende jedes Lebenswegs weiß und der uns Tag für Tag neuen Mut und Zuversicht schenkt, besonders dann, wenn die Last der Jahre das Gemüt auf die eine oder andere Weise belastet.

Im Verlaufe eines langen Lebens erfährt jeder Mensch Höhen und Tiefen. Es ist ein Segen, wenn ältere Menschen, die durch die Erfahrung eines oft schweren Lebensweges geläutert sind, in Ruhe und Gelassenheit erkennen, feststellen, worauf es im Grunde ankommt. Wenn sie immer deutlicher den Unterschied erkennen zwischen dem, was vergeht, und dem, was bleibt. Mit solchen Gedanken wird aber auch bewusst, dass das Altwerden – und das Altsein – eine schöne Zeit sein kann, in der der alte Mensch in sich und mit sich zu einem versöhnenden Abschluss seines Lebens kommen kann.

Es gehört zu den Eigenschaften dieser Lebensphase, sich stärker und eindringlicher als in jungen Jahren der Frage nach dem Sinn des Lebens zu stellen, nach dem Ziel des Weges.

Der ältere Mensch ist heute wenigstens in materieller Hinsicht in der Regel wohl versorgt. Diese Hilfe ist gesetzlich geregelt und wird in finanzieller Form geleistet. Aber der Mensch besteht aus Leib *und* Seele. Wenn die Familie weit weg ist oder ihren Verpflichtungen kaum nachkommt, wenn der Verwandten- und Freundeskreis immer kleiner wird, wenn die Schatten der Einsamkeit immer länger werden, wenn Bitterkeit aufsteigt, hilft die beste finanzielle Versorgung nicht viel. Dann kommt es darauf an, neue Wegbegleiter zu finden in einer lebendigen Gemeinschaft. Eine gute Nachbarschaft oder auch eine lebendige Pfarrgemeinde kann dann viel bedeuten. Senioren in der Gemeinde machen außerdem darauf aufmerksam, dass alle unterwegs sind und dass auch junge Menschen nicht jung bleiben. Altwerden und Altsein kann nicht losgelöst werden aus dem ganzen Menschenleben. Alte Menschen sind nicht eine Welt für sich, sondern sie geben den jungen Menschen zu verstehen: Was du in der Jugend säst, wirst du im Alter ernten. Das heißt, was der junge Mensch sich durch sein Denken, Reden und Tun als Welt aufbaut, das wirkt auch hinein in die kommenden Jahre, bis in sein Alter hinein. Die selbstverständliche Gemeinschaft zwischen Senioren und jungen Menschen in den verschiedenen Lebensbereichen kann solche wichtigen Zusammenhänge bewusst machen. Solches wird in der größeren menschlichen Gemeinschaft leichter erfahren. Einzelgänger tun sich hier schwerer.

In keinem Zeitpunkt des Lebens wird die Beantwortung letzter wesentlicher Fragen so wichtig wie gerade im Alter. Antwort auf gestellte Fragen setzt freilich ein Gespräch voraus. Ein solches Gespräch, solche Fragen führen im Alter direkt oder indirekt zur religiösen Frage. Denn alle Menschen stellen sich in ihrem Leben, früher oder später, die Frage nach dem Woher und Wohin. Und alle Religionen, nicht nur das Christentum, versuchen, Antwort zu geben auf die ungelösten Rätsel des menschlichen Daseins: Wohin gehe ich? Welchen Sinn hat mein Leben?

Daher sollte es zu den Eigenschaften des Alters gehören, im Bewusstsein, unterwegs zu sein, sich stärker als in jungen Jahren der Frage nach dem Sinn des Lebens zu stellen. Junge Menschen schieben solche Fragen – verständlicherweise – gerne zur Seite. Aber sie tauchen immer wieder auf. Eine solche innere Stimme kann man nie ganz zum Schweigen bringen und das Steuer des eigenen Lebens nicht gleichgültig aus der Hand geben.

Es ist daher ein Segen und eine Gnade, zu der Feststellung zu gelangen: Jetzt ist die Zeit, um in Gelassenheit und Ruhe mein Leben zu ordnen, es zu überdenken.

Es kommt auch für mich selber die Zeit, mein Leben in die Hand dessen zurückzugeben, der es mir als einem getreuen Verwalter übergeben hat. Es ist mir daher ein besonderes Anliegen, im Zusammenhang dieser Überlegungen auf das persönliche Gebet hinzuweisen, das manche erst in späteren Jahren ihres Lebens kennen und schätzen lernen. Meine Erfahrung ist: Das persönliche Gebet macht still, und es vereinfacht viele komplizierte Dinge. Wer so sprechen kann, der kann in der Welt des Vergänglichen das Unvergängliche besser sehen und verstehen.

In Verbindung mit solchen Gedanken ist mir der Psalm 23 wichtig geworden: „Der Herr ist mein Hirte, nichts wird mir fehlen. Er lässt mich lagern auf grünen Auen und führt mich zum Ruheplatz am Wasser. Muss ich auch wandern in finsterer Schlucht, ich fürchte kein Unheil, denn du bist bei mir. Dein Stock und dein Stab geben mir Zuversicht!"

Rafik Schami

Anpassung

Alles nur Vorurteile?

Man behauptet, er, der Fremde, werde nicht akzeptiert, weil er sich nicht anpasse. Anpassung ist das Allheilmittel, das Einheimische Fremden anbieten, das aber wie jedes Allheilmittel Humbug ist. Vielleicht hat ein Stamm in der Wüste oder im Urwald durch die Einfachheit seines Lebens und die strenge Bindung aller seiner Mitglieder untereinander klare Vorstellungen von sich, d. h. von dem Endziel der Anpassung, die der Fremde leisten muss, um als einer der Ihren zu gelten; aber ich kann mich totlachen, wenn ich die Forderung nach Anpassung von Deutschen höre. Anpassung an was, bitte? Was ist hier an dem, was die Bevölkerung tut und lässt, so typisch, so lebensnotwendig, dass sich der Fremde daran orientieren muss, um sich und der Gemeinschaft Ärger zu ersparen? Was ist denn deutsch an den Deutschen? Meinen sie ihren Lebensstil, ihre Essgewohnheiten, ihre Kleiderordnung, Schminkrituale, Bücherinhalte, Musik, Filme oder etwa ihre typisch deutschen McDonald's oder gar die von der UNESCO vergessenen deutschen Denkmäler der Moderne namens Fußgängerzonen?

Was ist an dem, woran die Deutschen Ausländer unbedingt anpassen wollen, noch von ihnen? 30 Prozent? Dann sollten sie das klipp und klar sagen: „Liebe Ausländer, Sie dürfen hier leben, wenn Sie 30 Prozent dessen, was wir tun und lassen, befolgen." Das wäre ein erster Schritt in die richtige Richtung.

Es kann sein, dass man immer über ein fernes genauere Aussagen machen kann als über das Volk, in dem man lebt.

Ich wusste etwa schnell zu sagen, was ein Italiener, ein Franzose oder ein Libanese ist. Hier mitten unter den Deutschen muss ich verdammt aufpassen, dass ich einen Südhessen nicht mit einem Nordpfälzer und den um Gottes willen nicht mit einem Saarländer verwechsle. Das hat zur Folge, dass ich gar keine vernünftige Definition für *den Deutschen* mehr finde und nur noch auf meine Vorurteile zurückgreife. Und das sieht so aus:

Ein Deutscher ist der beste Schüler und der schlimmste Oberlehrer. Er liegt am liebsten am Strand, um brauner als die Pakistanis zu werden. In Kleinigkeiten ist er heldenhaft kompromisslos, bei allen großen Dingen verliert er jedoch den Überblick, und man kann ihn leicht verkohlen. Er jammert über alle, die die Deutschen hassen, doch die größten Deutschenhasser sind die Deutschen selbst. Er leistet in der Regel Gehorsam im Voraus und Widerstand im Nachhinein.

Ich weiß, ich weiß. Alles nur Vorurteile, aber wie soll ein armseliger Ausländer wissen, was deutsch ist, wenn selbst der geniale Nietzsche das nicht wusste?

Dreißig Jahre in Deutschland prägen einen Ausländer. Ich fange bei jedem Besuch an nachzudenken, was ich dem Gastgeber mitbringen könnte. Nudelsalat nehme ich zwar nicht mit, aber immerhin sind Wein, Bücher oder exotische Früchte in der Regel dabei. In Arabien wäre das undenkbar.

Ich richte mich brav nach den Abfahrtszeiten der Züge, halte meine Termine ein und lache wie die Deutschen beim Leichenschmaus, statt – wie es sich in Arabien gehört – laut zu weinen. Selbst Himbeereis esse ich gerne im Winter, was ein Araber mit gesundem Menschenverstand für völlig verrückt halten müsste.

Doch auf eins kann ich auch nach dreißig Jahren nicht verzichten: auf das Handeln.

Handel ist zwar eine Notwendigkeit, aber der Orientale verbindet damit ein Vergnügen, das vielen Deutschen fremd ist. Beim Handeln übt der Orientale folgende Künste aus: Sprechen, Schauspielern, Rhetorik, Kräfte-Messen und vor allem immer wieder aus einer Sackgasse eine Kreuzung zu zaubern. Als Belohnung schwebt über allem der wirtschaftliche Vorteil. Man muss sich immer vor Augen halten, dass der Prophet Muhammad seine Ursprünge im Handel hat, während Jesus Christus Geld und Handel unverbindlich („gebt Cäsar, was Cäsar gehört“) bis ablehnend (Peitschenhiebe für die Händler) gegenüberstand. Meine Theorie, dass dies eine nachträgliche Fälschung europäischer Zensoren ist, ist zwar berechtigt, aber sie verändert nichts an der Tatsache, dass die meisten heutigen Deutschen ein merkwürdig gestörtes Verhältnis zum Feilschen haben.

Die Muslime stehen also in Fragen des Handels eher den Juden als den Christen und die orientalischen Christen eher den Muslimen als ihren europäischen Glaubensgenossen nahe.

Ich freute mich den ganzen Morgen auf den Kauf eines Pullovers, trank meinen Espresso und schlenderte zu einem Kaufhaus, das etwas gehobene Qualität anbot. Nach einigem Suchen fand ich einen Pullover. Er sollte 250 DM kosten.

Ich fragte eine junge Verkäuferin: „Entschuldigen Sie. Wie viel kostet dieser Pullover?"

Ein Händler in Damaskus hätte sich darüber gefreut, denn die Frage nach dem Preis zeigt Interesse, und ein Kunde, der spricht, verspricht einen Kauf.

Die Frau schaute mich erstaunt an: „Steht doch drauf", sagte sie und zeigte mir das Etikett. „Zweihundertfünfzig."

„Nun gut", sagte ich, „ich zahle hundert." Das ist mehr, als die Regel vorschreibt, aber ich wollte die Frau nicht lange aufhalten, normalerweise zahlt man ein Drittel, nur Touristen zahlen immer die Hälfte.

In Damaskus hätte sich jeder Händler gefreut, denn ein Drittel ist bereits fast in der Kasse, und nun bemüht man sich um die anderen zwei Drittel. Deshalb heißt der Vorgang Handeln. Und wäre das, was die Deutschen beim Einkaufen tun, richtig, so hieße das Verb nicht handeln, sondern Händlern glauben, Etiketten gehorchen oder ähnlich.

Stattdessen war die Verkäuferin über mein Angebot entsetzt. Sie sprach nun lauter, weil sie dachte, ich sei schwerhörig: „Zweihundert...und...fünfzig."

„Nun gut, nun gut, ich will nicht knauserig sein, ich zahle hundertzehn."

Die Frau lachte und schaute um sich. Wahrscheinlich dachte sie, es sei ein Scherz mit der versteckten Kamera. Sie zeigte mir wieder das Preisetikett. „Was heißt hundertzehn? Es steht zweihundertfünfzig drauf und kein Pfennig weniger. Wir sind hier doch nicht im Basar!"

„Doch, Madame. Ein Kaufhaus mit fünf Stockwerken ist ein Basar, der übereinander gebaut ist. Das ist alles. Etiketten, Etiketten" – und ich bemühte mich, mit meinem Tonfall das Wort *Etiketten* so lächerlich wie nur möglich zu machen –, „wie blass sind Preisetiketten im Vergleich zum bunten Leben! Bei uns sagt man: Das Leben ist nehmen und geben, Frage und Antwort. Kommen Sie mir entgegen, komme ich Ihnen entgegen. Schauen Sie, ich zahle, weil Sie so freundlich sind und heute wahrscheinlich noch keine guten Geschäfte gemacht haben, hundertzwanzig, ist das ein Wort? Wenn Sie mir entgegenkommen, werde ich wahrscheinlich Stammkunde."

„Was ... wie? Stammkunde? Nein, das geht wirklich nicht", sagte sie nun fast entschuldigend.

Ich dachte an einen Rat meiner Mutter: „Wenn ein Händler jung ist, musst du ihn erziehen. Du gehst mit dem Angebot etwas höher, vielleicht ist es die Ware doch wert. Dabei lässt du deinem Kontrahenten immer eine Tür offen, um sich ohne Gesichtsverlust zurückziehen zu können, und dann sagst du schlecht gelaunt: ‚Das ist mein letztes Wort!' Und du wirst sehen, da läuten beim Händler die Glocken, und er kommt dir entgegen." Ich sagte zu der Verkäuferin fast drohend: „Ich zahle hundertfünfzig, aber das ist mein letztes Wort."

Sie schaute mich verwirrt an. „Letztes Wort", wiederholte sie verblüfft, „Sie ... können sagen ... was Sie wollen."

Da fiel mir der goldene Rat meines Vaters ein. „Es gibt Händler, die ziemlich schwer von Begriff sind. In diesem Fall, und wenn alles nichts nutzt, kannst du Gift darauf nehmen, dass Folgendes hilft: Du gehst sicherheitshalber etwas mit dem Preis nach oben, damit signalisierst du Mut und Entschlossenheit, dann sagst du: ‚Das ist mein letztes Angebot, sonst gehe ich zu einem anderen Händler.' Dann gehst du langsam los und drehst dich nicht mehr um, sonst weiß der Händler, dass du an der Ware hängst. Nein, geh langsam, und du wirst sehen, der Händler ruft dir nach und kommt dir mit dem Preis etwas entgegen."

Ich versuchte es so bei meiner Verkäuferin: „Hören Sie, ich zahle hundertsiebzig. Ist das nichts? Wenn Sie mir jetzt nicht entgegenkommen, gehe ich zu einem anderen Händler, und Sie können sicher sein, ich werde dort einen Pulli finden."

„Gehen Sie doch, wer hält Sie hier denn fest?" antwortete sie. Ich schlurfte hinaus, langsamer als eine Schildkröte, und drehte mich nicht um, aber sie rief mir nicht hinterher. Dreißig Jahre lang rief mir niemand hinterher. Ich aber bin unbelehrbar geblieben, ich versuche immer noch und überall zu handeln.

Władysław Bartoszewski

Anständig sein

Verantwortung für die anderen

Das sind die Kardinaltugenden, die von Platon genannt werden: Weisheit, die den vernünftigen Teil der Seele regiert, Tapferkeit, die über den impulsiven Teil herrscht, Besonnenheit, die über den begehrenden Teil waltet, und Gerechtigkeit, die die Ordnung zwischen allen Teilen der Seele aufrechterhält; der *Anstand* kommt da nicht vor. Auch unter den theologischen Tugenden Glaube, Hoffnung und Liebe fand er seinen Platz nicht. Wörterbücher definieren ihn relativ spröde als *Benehmen in Übereinstimmung mit dem geltenden Recht, den ethischen und ästhetischen Normen.* Viel mehr Aufmerksamkeit widmen sie dagegen jenen Erscheinungen, Sitten und Taten, die wir als unanständig zu bezeichnen geneigt sind. Ich ziehe daraus zwei widerspruchslose Schlussfolgerungen: Erstens: Die Unanständigkeit zieht häufiger unser Interesse auf sich als der Anstand. Zweitens: Der Anstand ist im Gegensatz zur Unanständigkeit wenig attraktiv, grau, mittelmäßig und – wer weiß – vielleicht gar langweilig?

Wer nach Vorbildern für Heiligkeit, Mut und Aufopferung Ausschau hält, richtet seinen Blick nach ungewöhnlichen Haltungen und Taten. Der aus einem Kloster wegen seiner übermäßigen Askese verbannte Simeon der Säulensteher verbrachte siebenunddreißig Jahre auf einer knapp zwei Quadratmeter großen Plattform und verehrte Gott alltäglich durch 1244 Verbeugungen. Durch feindliche Soldaten gefangengenommen, steckte Gaius Mucius Scaevola seine Hand ins Feuer und ließ sie verbrennen, um zu beweisen, dass er keine Angst vor Foltern und Tod habe. König Heinrich der Seefahrer verzichtete auf die ihm zustehenden Würden und widmete sein ganzes Leben der Planung und Organisation von Expeditionen nach Übersee. Wer würde aber auf die Idee kommen, diese ungewöhnlichen Menschen als *anständig* zu bezeichnen. Daraus ziehe ich die weitere Schlussfolgerung: Der Anstand wird durch gewöhnliche Menschen in Bezug auf gewöhnliche Menschen, also auf jene, die in den Lehrbüchern der Geschichte unerwähnt bleiben, als Maßstab angewandt.

Jeder, der sich – sei es auch nur ein wenig – für die Politik interessiert, erinnert sich sicherlich an die Beschreibung des Theatrums in der „Politik als Beruf" von Max Weber, in dem zwei ethische Ansätze und zwei damit zusammenhängende Rollen gegenübergestellt wurden.

Einerseits haben wir die Ethik der Überzeugungen, eine bedingungslose, eindeutige, absolute Ethik, die laut Weber vom Menschen Heiligkeit erfordere: „Man muss in allem heilig sein, zumindest sein wollen, man muss wie Jesus, die Apostel, der hl. Franziskus und seinesgleichen leben; dann hat die Ethik einen Sinn und ist ein Ausdruck der Würde."

Andererseits gebe es die Ethik der Verantwortung, die nach voraussehbaren Folgen von Taten und nach komplizierten Wechselbeziehungen zwischen Zweck und Mitteln, die für dessen Verwirklichung eingesetzt werden, fragen müsse. Es ist somit klar, dass sich hier das Drama zwischen zwei Rollen abspielt: auf der einen Seite der Prophet, der „lediglich dafür verantwortlich ist, dass die Flamme lauterer Überzeugungen nicht erlischt", und auf der anderen der Politiker, der auf Kalkulationen angewiesen ist, die zu dem kleineren Übel führen, das sich nach einiger Zeit als gar nicht das kleinere Übel entlarven mag, sondern als ein recht großes. Weber schrieb: „Die Überzeugungsethik mit der Verantwortungsethik in Einklang zu bringen ist unmöglich." Diese zwei Rollen, die durch den berühmten Soziologen beschrieben wurden, sind also durch ein gemeinsames Merkmal miteinander verbunden: die totale Taubheit für Gründe der Gegenpartei. Es ist eine Taubheit, die zwar nicht in Form einer Beschreibung, sondern in Form eines politischen Projekts die Unmöglichkeit jeglichen Dialogs rechtfertige. Die Heiligkeit solle Heiligkeit bleiben, während die Politik ein „hartes Geschäft" sei, und jeder, der „die Verantwortung übernehmen will, in die Speichen der politischen Entwicklung des Vaterlands einzugreifen, muss starke Nerven haben und darf nicht allzu sentimental sein, um die Politik hier, auf Erden betreiben zu können" („Zur Gründung einer national-sozialen Partei", in: Gesammelte politische Schriften, Tübingen 1980, S. 28f.).

In meinem Leben musste ich mehrmals starke Nerven zeigen, mehrmals auf Sentiments verzichten. Das Eingreifen in die Speichen der politischen Entwicklung des Vaterlands bereitete mir mehr

Schmerz denn Freude. Nichtsdestoweniger stelle ich, zu utopischen Levitationen nicht aufgelegt, nach so vielen Jahren der Erfahrungen fest: In der Weberschen Typologie fehlt ein Platz für den menschlichen Anstand als politische Kategorie.

Weber schrieb „Politik als Beruf" 1919 mit schmerzendem Herzen in einer für Deutschland besonders komplizierten Zeit. Psychologisch ist die Bitterkeit verständlich, mit der er über die „Pflicht, Wahrheit zu sagen" in der Politik, höhnte. Er behauptete also, die Pflicht, Wahrheit zu verkünden, sei für ein Volk gefährlich. Gefährlich, ja sogar unheimlich sei auch der Gedanke (der absoluten Ethik immanent), nach dem „alle Dokumente, besonders jene, die das eigene Land belasten, veröffentlicht werden müssen, und dass auf der Grundlage dieser einseitigen Publikationen die Schuld zu bekennen wäre … Ein Politiker bemerkt dabei, dass dies im Endeffekt nicht der Wahrheit dienlich sei, sondern durch Missbrauch und Entfesselung von Leidenschaften diese nur verwischt, dass nur umfangreiche Ermittlungen, die unparteiisch und gezielt geführt werden, fruchtbar sein können. Jedes andere Handeln kann für ein Volk, das auf diese Weise vorgeht, über Jahrzehnte unverbesserliche Folgen haben. Aber diese Folgen sind für die absolute Ethik uninteressant." Bei einer eingehenden Prüfung dieser Worte fällt auf, dass Weber durch die Gegenüberstellung der Pflicht, Wahrheit zu sagen, und der politisch-nationalen Verantwortung eine Scheinopposition hat entstehen lassen. Was führt aus dem Dilemma? Die Wahrheit muss ihrem Wesen nach das Ergebnis erschöpfender Ermittlungen sein, und sie ist es auch, denn anderenfalls würde die „absolute Ethik" sich selbst widersprechen. Ein Politiker aber, der aus Furcht vor der „Entfesselung von Leidenschaften" – und der Geisel dieser Furcht ist – darauf verzichtet, sich der Wahrheit als einer vertrauensbildenden Maßnahme in Staatsangelegenheiten zu bedienen, verzichtet somit auf die Übernahme der Verantwortung für die Zukunft seines Volkes. Er leugnet somit seine Mission. Dies hat mit der Sentimentalität nichts gemeinsam. Wer mit den Füßen fest auf dem Boden steht, fest und wachen Auges, der weiß, dass der Anstand als schwierige und schmerzhafte Pflicht eine politische Tugend sein kann und ist.

Wer ist ein anständiger Mensch? Einen handfesten und für mich nachvollziehbaren Definitionsversuch habe ich im Buch „Mein Jahrhundert" von Aleksander War, einem polnischen Dichter, der mehrere gefährliche Jahre im Land der Gulags verbracht hat, gefunden. Er meint, *anständig* sei ein Mensch, der das gegebene Wort hält, einem Hungernden seine letzte Scheibe Brot nicht stiehlt und beim Lageraufseher nicht denunziert. Ist das wenig? Aus meiner Lager- und Gefängniserfahrung weiß ich, dass dies viel ist. Und ich weiß auch, dass diese Erfahrung, die elementare Anständigkeit des Menschen gegenüber seinen Mitmenschen, die Anständigkeit, über die in großen historischen Werken nicht berichtet wird, ein Teil einer verantwortungsvollen Politik ist und sein soll. Denn es geht letztendlich immer um die Verantwortung für das Schicksal der Menschen.

Friedhelm Hengsbach

Arbeit

Soll Arbeit mein Leben halbieren?

Es ist Sonntagmorgen in Frankfurt am Main. Einmal in der Woche, zwischen 4 und 9 Uhr kommt diese aufgeregte Stadt zur Ruhe, wenn die Lärmwellen der Flugzeuge, Autos und Züge verebben. Für mich ist es eine Zeit zum Musikhören, Briefeschreiben und Stillwerden. Soll ich mich damit abfinden, dass dieser gesellschaftliche Zeitintervall zunehmend einer flexiblen Gestaltung der individuellen Arbeitszeit aus rein wirtschaftlichen Gründen geopfert wird?

Heute, am ersten Julitag, beginnt eine mir befreundete Familie aus Kassel ihren Sommerurlaub. Sie fahren mit Auto und Caravan durch Frankreich. Ich träume von meinen eigenen Ferien, die ich mit Freunden und Kindern an der Ostsee verbringen möchte, sobald ein turbulentes Semester zu Ende geht. Schwimmen, radeln, durchatmen, die Sonne und den Wind unter die Haut fahren lassen – darauf freue ich mich. Hoffentlich bleibt es bei dem, was wir vereinbart haben, ohne dass jemand genötigt wird, seinen Urlaub zu verschieben und in der Firma zu arbeiten.

Ich wünsche mir mehr freie Zeit für mich, mehr Festzeit mit anderen. Ich will nicht leben, nur um zu arbeiten, auch wenn mir das

Evangelium der Arbeit im Ohr liegt, dass der Mensch zum Arbeiten geboren sei wie der Vogel zum Fliegen und dass derjenige, der nicht arbeiten will, auch nicht essen soll. Allerdings empfinde ich mich privilegiert im Vergleich zu den Millionen Menschen, die aus der Erwerbsarbeit ausgeschlossen sind. Seit mehr als 25 Jahren werden sie damit hingehalten, dass die gewählte Regierung die verfestigte Massenarbeitslosigkeit bekämpft und besiegen wird. Meist gesteht die politische und ökonomische Klasse nach einiger Zeit schon ihre Ohnmacht ein und erklärt diese gesellschaftliche Plage sowie das eigene Versagen zum Naturereignis.

Kein Wunder, dass Zukunftspropheten Alarm schlagen und das Ende der Erwerbsarbeit ankündigen. Die Aussicht auf menschenleere Fabriken mache die menschliche Arbeit „billig wie Dreck". Die Erwerbsarbeit habe ihre Schlüsselfunktion eingebüßt, den Zugang zum wirtschaftlichen Reichtum, zur gesellschaftlichen Anerkennung und zum persönlichen Glück zu eröffnen. Wenn die Gesellschaft derart reich ist, dass sie ihren Mitgliedern den Lebensunterhalt sichern kann, ohne dass alle zur Erwerbsarbeit genötigt werden, dann sei es nur gerecht, das Essen vom Arbeiten abzukoppeln und allen ein angemessenes Grundeinkommen zu garantieren. Aber wer ist mit einem Almosen zufrieden, solange er mitarbeiten kann und will?

Leider erweisen sich auch die öffentlichen Debatten über Gerechtigkeit und Solidarität als untauglich, die Massenarbeitslosigkeit zu beseitigen. In jüngster Zeit haben einzelne kreative und risikofreudige Personen, die mit den neuen Kommunikationstechniken vertraut sind, zur Selbsthilfe gegriffen und sich selbstständig gemacht. Sie wollten den Gegensatz von Kapital und Arbeit abstreifen und sich als Team gleichgesinnter Freunde verstehen. Sie meinten, autonom den Ort, die Zeit und die Bedingungen ihrer Arbeit bestimmen zu können. Diese schien keine Last mehr zu sein, sondern kreative Energien freizusetzen, Freude zu bereiten und zum erstrangigen Lebensinhalt zu werden. Arbeit und Leben sollten zu einer Einheit verschmelzen. Diese neuen Selbstständigen warteten nicht darauf, bis behäbige Banker ihre Kreditwürdigkeit geprüft hätten, sondern präsentierten mit großem Erfolg ihre Produktideen den Kapitalgebern an der Börse. Sie waren davon überzeugt, dass mit ihrer Arbeitsweise die ökonomischen Gesetze der alten Wirtschaft außer Kraft gesetzt würden.

Nun hat der Absturz der Börsenkurse die Erwartungen vieler Jungunternehmer erst einmal zurechtgestutzt. Aber ist damit die Vision einer anderen Wirtschaft schon verdampft, in deren Zentrum die Menschen als Subjekte der Arbeit, ausgestattet mit Wissen, Urteilsvermögen und Sympathie stehen? Nein, denn die Zukunftswerkstätten der Arbeit werden nicht abgerissen und die Reisen in die Phantasie nicht untersagt. Welche Arbeit bleibt und welche verändert ihr Gesicht? Auf absehbare Zeit wird für die meisten Menschen die abhängige Erwerbsarbeit, also die arbeitsteilig organisierte, marktförmig und vertraglich geregelte sowie monetär entgoltene Arbeit, der angestrebte Normalfall sein. Warum sollten moderne Gesellschaften die produktive Kraft dieser Arbeitsform preisgeben? Ich erwarte allerdings, dass die Erwerbsarbeit, die in der industriellen Epoche das Leben halbiert hat, von fünf Erblasten ihrer Geschichte befreit wird.

Wie stelle ich mir die Arbeit der Zukunft vor? Erstens werden die Arbeitsleistungen mehr nach ihrem realwirtschaftlichen Nutzen als nach dem monetären Schein spielwütiger Kapitalanleger bewertet. Zweitens wird die private Kindererziehung eines Mannes genauso bewertet wie die Erwerbstätigkeit einer Sparkassendirektorin, nämlich gemäß dem gesellschaftlichen Nutzen. Drittens schließt jede Bewertung einer Arbeitsleistung die Kosten der Umweltbelastung ein, die sie verursacht. Viertens zähmen demokratische Beteiligungsrechte die unternehmerische Organisation der Erwerbsarbeit. Und fünftens entgelten reife Industrieländer den Dienst einer Erzieherin mit dem gleichen Einkommen wie die Arbeit eines Automechanikers.

Wenn ich über meine eigene Arbeit nachdenke, muss ich zugeben, dass sie mein Leben nicht halbiert. Sie enthält im Kern meine Zukunftsvorstellungen: Ein Arbeitsfieber entlang den Börsennotierungen kenne ich nicht. Ich kann zahlreiche Menschen, die etwas von mir erwarten, mit den öffentlichen Verkehrsmitteln erreichen. Ziemlich eigenständig wähle ich den Inhalt und die Zeit meiner Arbeit aus. Der Zeitdruck, dem ich ausgesetzt bin, ist meist selbst erzeugt. Die Wissensarbeit, die ich leiste, erlaubt mir eine komfortable Lebensqualität, die erheblich gewinnen würde, wenn es bei den Jesuiten mehr gleichgestellte Mitarbeiterinnen gäbe. Soll ein solcher Arbeitsstil das Privileg weniger bleiben? Nein, er kann die Lebensform möglichst vieler werden.

Gustava Everding

Ars moriendi

Das Sterben hineinnehmen ins Leben

„Das einzig Sichere im Leben ist der Tod."
„Der Tod ist die Sollbruchstelle des Lebens."

Leben und Sterben, oder genauer Geboren-Werden und Sterben sind die beiden Pole, zwischen denen sich unsere menschliche Existenz bewegt. So wundert es nicht, dass Eintritt ins Leben und Ausgang aus ihm seit Jahrtausenden besondere Aufmerksamkeit auf sich ziehen. Während die Geburt eines neuen, kleinen und hilflosen Menschleins alle guten und angenehmen Gefühle auslöst, häufen sich beim Sterben und Tod unangenehme Emotionen von Verlassen-Werden, Hilflosigkeit, Ohnmacht gegenüber unerträglich scheinendem Leiden, Gefühle von Sünde und Schuld, ja Wut über Ungelöstes und scheinbar nicht mehr Gutzumachendes mit der Angst vor dem eigenen Sterben und dem Übergang in unbekanntes Land.

Vielleicht ist das einer der Gründe, warum die Gesellschaft, warum wir die Gedanken an Sterben, Tod und Trauer aus dem Lebensalltag verbannt und in den Tabubereich abgeschoben haben. Das war nicht zu allen Zeiten so. Ja, fast das Gegenteil ist der Fall: Was wir aus der Frühzeit menschlicher Kulturen wissen, haben wir aus ihren Grabstätten erfahren, Geschichte vorschriftlicher Überlieferung ist die Geschichte von Sterberitualen, Todesriten und Grabbeigaben. Dagegen erscheint mir die in unserer Zeit zunehmenden, anonymen Urnenbeisetzungen auf großen Wiesen der Großstadtfriedhöfe ein erschreckender Kulturverfall.

Alte Dorffriedhöfe erzählen Geschichten, individuelle Biographien, wie ich sie erst kürzlich neben einer 1000 Jahre alten Kirche las: Es wurde der 92-jährigen Hebamme gedacht, die neben neun eigenen Kindern unendlich vielen Dorfbewohnern ins Leben geholfen hatte.

In meinen Kindertagen gehörte der Allerseelenbesuch auf mindestens drei Friedhöfen der Gegend zum alljährlich wiederkehrenden Herbstritual. Lebendige Familiengeschichte gab ein sicheres Gefühl zur Frage, wo kommst du her und wo gehst du einmal hin. Die Erzählung des geliebten und geachteten Großvaters über seine Mutter, die ihren eigenen Todestag vorausgesagt hatte, erregte und beschäftigte das kleine, noch in der Märchen- und Mythenwelt lebende Mädchen, und die uralte Photographie dieser Urgroßmutter schaute mit gütig-ernsten Augen auf es herab.

Ähnlich prägend waren der sich täglich mindestens einmal wiederholende Satz im „Gegrüßet seist du, Maria": „Heilige Maria, Mutter Gottes, bitte für uns Sünder jetzt und in der Stunde unseres Todes. Amen." Die Vorstellung, dass der im Krieg gefallene Vater (ohne Grab) im Himmel auf uns wartete, gehörte zum Kinderglauben.

Als junge Medizinerin beschäftigte mich vor allem die Geburt, dieser unendlich spannende Prozess am Lebensanfang. In der Lebensmitte verschob sich der Blick nach vorn, das uns allen bevorstehende Ende erregte meine Aufmerksamkeit, je mehr es aus dem Klinikalltag verdrängt wurde. So waren die Begegnungen mit Elisabeth Kübler-Ross und Cicely Saunders Meilensteine in meiner Zuwendung zur Hospizbewegung, und die Gedanken über Sterben, Tod und Trauer begleiten diese ehrenamtliche Tätigkeit seit zwanzig Jahren.

Die Diskussionen über aktive und passive Sterbehilfe, die zur Zeit allerorten in den Medien geführt werden, haben neben den hochstürmenden Emotionen eine gute Seite: Man kann mit vielen Menschen ins Gespräch kommen, und das Nachdenken über das eigene Sterben beginnt wieder.

In den Psalmen habe ich ein Wort König Davids gefunden: „Herr, lass mich mein Ende wissen und die Zahl meiner Jahre, damit ich das Maß meines Lebens kenne."

Dieses „finale Denken" oder besser das „vom Ende her Denken" tut wieder Not und könnte unser Leben in einen neuen (= alten) Lebenszusammenhang bringen. In meiner Praxis der Ehe-, Partnerschafts-, Familien- und Lebensberatung sehe ich zunehmend Menschen auf der Suche nach dem Sinn ihres Lebens. Konflikte, zwischenmenschliche Kommunikationsstörungen und Lebenskrisen können durch einen „Blick nach vorn" eine heilende Chance erleben.

„Memento mori" war zu allen Zeiten als Hilfe zu einem besseren, sinnstiftenden Leben gedacht. Das Leben als Weg zu sehen, als Reise, fördert die Erstellung einer Lebensbilanz und ruft nach spiritueller Wegzehrung. Die ursprüngliche Bedeutung von „Sinn" stammt vom nord- und mittelhochdeutschen „sinnan“ ab und bedeutet „reisen, streben, gehen“. Die gleiche Wurzel steckt im germanischen Wort für „Reise“ und „Weg“.

Während noch im 19. Jahrhundert der Tod allgegenwärtig war, haben die Forschung und Behandlung früher unweigerlich zum Tode führender Krankheiten im 20. Jahrhundert unsere Lebenszeit enorm verlängert. Die leistungsfähige und leistungsbereite Medizin hat aber auch neue Schreckensbilder hervorgerufen: Bilder von hilflos an unzählige Schläuche und Maschinen angeschlossenen Menschen, die nicht sterben durften, Geschichten von einsam und unter großen Schmerzen sterbenden Menschen, die niemand aus ihrer sozialen Isolation holen konnte, Krankengeschichten von Aids- und Krebskranken, die zum Lebensende hin von Medizin und Gesellschaft verlassen waren.

Aber in dieser Zeit der Resignation erwuchs eine neue Hoffnung: Die Krankenschwester, Sozialarbeiterin und Ärztin Dame Dr. Cicely Saunders begann sich der Not der Schwerstkranken und Sterbenden anzunehmen, und die moderne Hospizbewegung nahm von London aus ihren Weg in die ganze Welt. Aufmerksames Zuhören, behutsames Fragen nach den Wünschen und Bedürfnissen der Betroffenen, Offenheit und Wahrhaftigkeit am Krankenbett haben neben der Erforschung und Entwicklung einer verbesserten Schmerztherapie und Symptomkontrolle die „Ars moriendi“ zurückgeholt in unsere Gegenwart.

Die ganzheitliche Betreuung des Betroffenen und seiner Angehörigen und Freunde, das Zusammenwirken eines multidisziplinären Teams von Arzt, Pflegenden, Seelsorgern und verschiedenen Therapeuten kann dem Wunsch der meisten Menschen nach einem Sterben zu Hause weitgehend entsprechen. Die gewohnte Umgebung gibt Sicherheit, die Hand eines Nächsten gibt Geborgenheit, die Errungenschaften der neuen Palliativmedizin geben weitgehende Schmerzfreiheit und ermöglichen so erst die spirituelle Annäherung an diesen letzten Übergang, den wir in unserem Leben zu gestalten haben. „Manche Menschen erleben erst in dieser Zeit ihre letzte Reifung, sie lassen ihre Masken fallen und werden wesentlich“ (Cicely Saunders).

Sie erleben, dass sie trotz aller Reduktion, körperlichen Verfalls sie selber bleiben in ihrer eigenen Wesenheit mit ihrer unsterblichen Seele. Ihre Wünsche und Vorstellungen, welche Therapie sie noch wollen oder nicht, die Kriterien ihres Gefühls von Lebensqualität sind wichtig und werden gehört wie auch ihr Wunsch, keine lebensverlängernden Maßnahmen zu erdulden.

Therapieabbruch und Absetzen der künstlichen Ernährung sind keine Tötung, sondern Zulassen des Sterbens.

„Wir bringen nicht Tage in ihr Leben, sondern Leben in ihre Tage" (Cicely Saunders): So ist die Hospiz- und Palliativbetreuung nicht Hilfe zum Sterben, sondern Hilfe beim Sterben.

Es bedarf noch vieler Veränderung im herrschenden Gesundheitswesen, um diese Forderungen umzusetzen. Es bedarf noch vieler Veränderung in unser aller Denken, bis diese Haltungen und Einstellungen, aber auch das Wissen über Palliativmedizin bei Ärzten und Pflegenden zu einer Verbesserung der Situation Sterbender führen können. Wie man vor einer Entbindung auf der „Wartburg" sitzt und Familie und Freunde Anteil daran nehmen, so würde ich mir ein Innehalten wünschen, wenn in unserer Familie oder Nachbarschaft ein Mensch sich auf seine letzte Reise vorbereitet. Mit welchen Worten hat Jesus seine Jünger gebeten am Gründonnerstagabend, im Getsemani-Garten bei ihm zu bleiben! Er wusste, dass er den Leidensweg des Sterbens am Kreuze allein gehen musste. „Wachet und betet mit mir!"

Hilde Domin zeigt uns noch einen anderen Grund für unser Ausharren und Dasein bei einem Sterbenden: „Jeder, der geht, belehrt uns ein wenig über uns selber. Kostbarster Unterricht an den Sterbebetten ... Nur einmal sterben sie für uns, nie wieder. Was wüssten wir ohne sie? ... Dein Tod oder meiner der nächste Unterricht: so hell, so deutlich, dass es gleich dunkel wird."

Die Zunahme der Menschen, die sich in der Hospizbewegung ehrenamtlich engagieren, ist vielleicht der größte Hoffnungsschimmer in diesem neuen Jahrhundert.

Damit wir das Sterben wieder hineinnehmen ins Leben, Trauernden hilfreich begegnen, unserem eigenen Leben Sinn und Aufgabe verleihen, ist die Beschäftigung mit dem Ende des zeitlichen, sterblichen Lebens notwendig, vor allem aber hilfreich. Wünschen würde ich uns allen diese letzte Zeit unserer menschlichen Reifung und nicht die Abschaffung allen Leidens mit der Entgeheimnissung des Todes. In unserem Zeitalter der sauberen „Entsorgung" bedarf es der Achtsamkeit, des Respekts und des Mitgefühls für den leidenden

Mitmenschen, damit er sich nicht am Ende seines Lebens als Last für seine Familie und die Gesellschaft empfindet.

Phantasievoll und vorausschauend diesen letzten Übergang unseres Lebens zu gestalten, damit wir wieder von einer „Kunst des Sterbens" sprechen können – darum geht es.

Ein Wort Martin Bubers macht deutlich, wie ich das meine:

„Ich habe keine Lehre.
Ich zeige nur etwas.
Ich zeige Wirklichkeit,
ich zeige etwas an der Wirklichkeit,
was nicht oder zu wenig gesehen worden ist.
Ich nehme den, der mir zuhört, an der Hand
und führe ihn zum Fenster.
Ich stoße das Fenster auf und zeige hinaus.
Ich habe keine Lehre, aber ich führe ein Gespräch."

Elie Wiesel

Asyl

Adam – der erste Emigrant?

Adam – der Erste, der ins Exil ging? Kain – der erste Nichtsesshafte? Abraham – der erste Umherirrende? So steht es in der Bibel. Ähnliches steht dort auch von anderen Personen, anderen Gruppen, von bestimmten Stämmen. Man könnte fast behaupten, dass die Bibel nichts anderes ist als eine lange Geschichte von Menschen, die überall Fremde waren, auf der Suche nach Zuflucht, nach Asyl.

Zuflucht im Glauben, im Gesetz, in der Ordnung einer Nation, die in der Geschichte verwurzelt ist, eines Staates, dessen Grenzen fest umrissen sind.

Zuflucht auch im Blick Gottes. Was wäre das menschliche Leben ohne seinen Schutz? Es würde nur von einem Nichts zum nächsten verlaufen, von Staub zu Staub.

Die Mystiker gehen mit ihrer kühnen Idee, Gott selbst sei im Exil, noch weiter. Aber – wenn das so ist – was ist dann Sein Zufluchtsort?

Diese einleitenden Verweise, die eigentlich anderswo hingehörten, in eine Untersuchung der Religionen, haben schon immer für die „condition humaine" gegolten. Sie sind noch immer von großer Aktualität.

Die Konsequenz der beispiellosen Tragödien des vergangenen Jahrhunderts, die erschütternde Situation der Männer und Frauen auf der Suche nach Ländern, die sie aufnehmen würden, um dort eine würdige und gesicherte Existenz zu führen, mahnt uns immer wieder aufs Neue.

Um ein ähnlich gigantisches Ausmaß von Migration zu finden, müssen wir in die früheste Antike zurückgehen. Aus politischen, ökonomischen, ethnischen, sozialen oder religiösen Gründen fühlten sich Menschen gezwungen, ihre Umgebung und ihr Zuhause zu verlassen. Auf dramatische Weise sind wir heute mit solch einer Entwicklung in Asien, Afrika, in Europa und selbst in den Vereinigten Staaten konfrontiert.

Wie soll man diese Menschen bezeichnen? Im 20. Jahrhundert, nach dem grausamsten, verheerendsten aller Kriege, hat man einen Namen für Überlebende der Lager erfunden: „displaced persons". Vertriebene nicht nur in räumlicher, sondern auch in zeitlicher Hinsicht. Für eine „displaced person", wie man einen Überlebenden nannte, der nicht in seine Heimat nach Polen, Ungarn oder Litauen zurückkehren konnte, war die Zeit nicht die gleiche wie für jene Bürger aus demokratischen Staaten. Auf den Konsulaten sagte man ihm: „Kommen Sie morgen wieder", aber das hieß oft soviel wie in einem Monat oder im nächsten Jahr.

Man sprach auch viel von „Flüchtlingen". Im Allgemeinen handelte es sich hierbei um Staatenlose. Ich selber war einer von ihnen. Diese Menschen sind nicht um ihr Los zu beneiden; das waren sie noch nie. Statt sie zu beschützen, betrachten die Regierungen sie mit Misstrauen. Offiziell verdächtigt man sie, voller subversiver Gedanken und radikaler Doktrinen zu stecken. Die Zivilbevölkerung befürchtet, dass ihre Erinnerungen an Gefängnis oder Krieg sie zum Weinen bringen. Man hält sich fern von ihnen, man behandelt sie wie Eindringlinge, Unerwünschte, wie einen Gefahrenherd. Sie sind kein bisschen zu Hause, überall werden sie gedemütigt. Ich spreche in

Kenntnis der Sachlage. Jean Améry sagt irgendwo, dass ein gepeinigter Mensch sein Leben lang ein gepeinigter Mensch bleiben wird. Das Gleiche gilt für einen Flüchtling. Er bleibt traumatisiert.

Das ist nicht der Fall bei politischen Flüchtlingen. Was diese angeht, ist das Gesetz auf ihrer Seite. Amerika, wo ich lebe, möchte den Verfolgten Asyl und Zufluchtsstätte sein. Schon seit Generationen gibt es Systeme und Regeln, um ihre Aufnahme und Eingliederung in die Gemeinschaft zu erleichtern. Aber sie sind nicht die einzigen, die – begierig nach Stabilität, Frieden und Glück – nach Amerika kommen und an die Türen des menschlichen Herzens klopfen.

In den achtziger Jahren kreiste die öffentliche Debatte um die sogenannten Wirtschaftsflüchtlinge aus Lateinamerika. Männer und Frauen, Eltern zahlreicher schlecht ernährter Kinder, passierten nachts heimlich die mexikanische Grenze und machten sich sofort auf die Suche nach Arbeit – egal welcher. Wenn sie aufgegriffen wurden, schob man sie ab. Für die Behörden waren sie „Illegale".

Bewegt von ihrem Unglück, richteten bestimmte Gruppen „Sanktuarien" in Kirchen und Synagogen ein. Dort empfing man sie mit einem Gefühl des Mitleids und der Großzügigkeit. Man versuchte, ihre Situation zu legalisieren, man versorgte sie mit Nahrungsmitteln, verschaffte ihnen Arbeit und vorläufige Unterkunft.

Worauf ich hinaus will? Ein Mensch ist niemals illegal; seine Taten können es sein, aber niemals seine Person. Mehr noch: Der Mensch selbst ist das Heiligtum, nicht das Gebäude.

Die Flüchtlinge und Immigranten, die in dieses oder jenes Land einströmen, können sicherlich schwerwiegende Probleme ökonomischer Art mit sich bringen. Und wenn schon! In einem zivilisierten Land und in Zeiten des Friedens sind all diese Probleme lösbar.

Seien wir doch nicht wie jener Reisende, der beim Einsteigen in den überfüllten Bus drängelt. Einmal in den Bus eingestiegen, fordert er den Fahrer auf abzufahren, ungeachtet der anderen, die draußen die Abfahrt hinauszuzögern versuchen.

Der Bus kann sich erlauben, noch eine Minute zu warten.

Aus dem Französischen von Christina Kotte

Verena Kast

Auto

Lebensgefühl und Traumsymbol

Jedes Auto, das bei uns auf dem Land vorbeifuhr in meiner Vorschulzeit, war ein Ereignis und eine Erzählung wert. Hörte man von weitem ein Auto – und die hörte man damals sehr gut –, liefen Kinder und Erwachsene an die Straße, um zu sehen, wer mit welchem Auto da ankam. Auch die Autofahrer – damals vor allem Männer – hatten einiges zu erzählen: von Hühnern, die sie fast ständig zu überfahren drohten, von Menschen, die vor Schreck in die Straßengräben flohen, in denen gelegentlich auch sie selber mit ihren Autos landeten, starke Männer oder die Pferde zogen sie dann wieder heraus …

Es war klar: wer ein Auto hatte, hatte „es" geschafft. Darüber hinausgehend war das Urteil der Nichtbesitzenden polarisiert: Die einen verfluchten das Teufelsfahrzeug, die anderen waren wild darauf, ein Stück mitgenommen zu werden. Hinterher sprachen sie von der ungeheuren Geschwindigkeit, mit der „sie" die Hügel bezwungen hatten, die Hügel, die in diesem Voralpenland dem Radfahrer oder der Fußgängerin einiges abverlangten. Auch die, die das Auto fürchteten, sich gestört fühlten, mussten zugeben, dass das Leben auf dem Land dadurch wesentlich erleichtert wurde. Plötzlich war man nicht mehr so weit weg von der Stadt, von kulturellen Veranstaltungen, man hatte viel mehr Wahlmöglichkeiten.

Die Fahrprüfung, das verstand sich von selbst, musste so früh es der Staat erlaubte, gemacht werden, das Auto des Vaters erfreute sich hoher Attraktivität, das erste eigene Auto war ein riesiger Schritt in die Selbstbestimmung. Konnte man sich zunächst noch ungehemmt am Auto freuen, wurde das immer schwieriger. Das Auto lässt kaum jemanden kalt. Diskussionen um das Auto werden meistens emotional geführt. Eine Hassliebe. Zunächst, im letzten Jahrhundert, vor allem eine Liebe. Nicht mehr die Pferdekutsche, nein, ein Vehikel mit viel mehr Pferdestärken, das man selbst lenken konnte … Immer schneller wurden sie, immer schöner und immer gefährlicher. Die ungetrübte Freude am Auto hörte auf: Immer mehr Menschen sind auf den Geschmack gekommen – immer mehr Autos verstopften unsere Straßen, die zum Teil ursprünglich für Pferdefuhrwerke konzipiert waren. Die Staus wurden zur Normalität. Zahlen über die Luftverschmutzung ließen aufhorchen, der Straßenverkehr war bald einmal als Sündenbock ausgemacht. Falls man gerne Auto fuhr, sollte man das jetzt mit einem schlechten Gewissen tun – oder die Bahn benutzen.

Der Gipfel der Ablehnung war wohl in den 1980er Jahren: die Autos, als eigentliche Geschosse auf der Straße erkannt, die Menschen töten; die Autos, Dreckschleudern, die unsere Luft verpesten.

Da wurden die Autos schadstoffärmer konstruiert, Geschwindigkeitsbegrenzungen eingeführt, und man konnte wieder mit etwas besserem Gewissen Auto fahren. Den Staus konnte man nicht gleichermaßen auf den Leib rücken. Aber: Die Autofahrer und Autofahrerinnen haben sich an die Staus gewöhnt, sie werden einberechnet. Der eine oder andere mag auch den Zug nehmen, wenn bekannte Stauzonen durchfahren werden müssen. Und bald werden wir von Computern unterstützte Autos haben, die uns um den Stau herumführen … so wenigstens ist die Vision.

Obwohl man sich – auch in Umweltstudiengängen – intensiv fragte, wie man denn das Auto ersetzen könnte: eine Antwort wurde bis jetzt nicht gefunden und wird wohl auch nicht so schnell gefunden werden. Kann das Auto ersetzt werden? Können die Menschen dahingehend beeinflusst werden, dass sie das Auto nicht mehr brauchen? Sicher, das Fahrrad erfreut sich größerer Beliebtheit – im bergigen Gelände ist es aber nicht ideal. Auch wählen viele den Zug, wo sie früher vielleicht das Auto benützt hätten. Andere teilen sich Autos – Auto-Sharing als eine Möglichkeit, dort ein Auto zu haben, wo man es gerade wirklich braucht, öffentliche Verkehrsmittel und das Auto zu kombinieren, wirklich flexibel zu sein.

Es scheint aber nicht ersetzt werden zu können.

Warum nicht? Was ist das Auto, außer dass es ein Auto ist?

Das Automobil – das Wort sagt es selber: Mobilität, selbstbestimmte Fortbewegung, schnell oder langsam – wie es einem gefällt. Ein uralter Menschheitstraum – erfüllt, fast erfüllt. Leider braucht das Auto Benzin. Unabhängigsein – kein Fahrplan, keine vorgegebenen Strecken, immer auf dem Weg sein zu können, immer unterwegs. Und nicht so mühsam wie zu Fuß – mit ganz vielen Pferdestärken. Welche Kraft, welche Energie, welche Ausweitung der menschlichen Möglichkeiten!

Und dann ist man auch noch geschützt, geborgen. Wo ist man privater als im Auto, umgeben von Blech und Glas, geschützt vor Sturm und Wetter, wenig störbar, es sei denn, man habe ein Autotelefon eingebaut. Wie viele wichtige Gespräche sind schon im Auto geführt worden, niemand kann stören, niemand kann dem Gespräch entfliehen, und dabei kommt man auch noch vorwärts! Intimität, Kommunikation und Mobilität sind verbunden. Und vielleicht sieht man dabei auch noch etwas Schönes. Aber auch wenn man allein ist, hat das Auto seinen Reiz: Man kann singen, schimpfen, weinen, Monologe halten – niemand hört es. Das Auto kann zum Konzertsaal oder zum Vortragssaal werden – und immer ist man dabei auch unterwegs dorthin, wo man eigentlich hin muss und hin will. Das Auto ist eigentlich unsere dritte Haut. So sind wir auch entsprechend empfindlich, wenn uns jemand am Lack kratzt, denn es geht um wesentlich mehr als um Lack, es geht um unseren Körper, auch wenn das von außen so nicht aussieht.

Wie zentral wichtig das Auto als Symbol unseres alltäglichen Unterwegsseins ist, zeigt sich auch darin, dass Menschen sehr oft von Autos träumen, und fast ebenso oft gar nicht wahrnehmen, dass sie in einem Auto sitzen im Traum – so selbstverständlich ist uns diese Form der mobilen Behausung geworden.

Körperzustände werden in den Träumen oft durch Zustände des Autos symbolisiert: Da hat jemand etwa kein Benzin mehr im Auto, es kann also keine Energie mehr produziert werden, oder die Luft ist aus allen Rädern entwichen, ein Zeichen dafür, dass man im Moment „auf den Felgen fährt", in anderen Autos gibt es gar keinen Motor mehr …

Das Auto ermöglicht uns große Geborgenheit, Privatheit – unter allen anderen Menschen – und auch noch kraftvolles Unterwegssein, eingeschränkt durch die Straßen und die Verkehrsregeln, aber dennoch weitgehend selbstbestimmt. Dass der Tod auch mitfährt, verdrängt man dabei.

Und natürlich kann man sich mit dem Auto auch noch selbst darstellen. Wie wollen wir gesehen werden in der Welt? Schön, elegant, protzig, bescheiden, als Naturtyp mit einem Off-Roader, der viel Benzin verschluckt?

Im Auto symbolisieren sich viele Aspekte unseres modernen Lebensgefühls, es wird nicht so rasch von unserer Erde verschwinden. Aber die Autos werden verändert und werden immer mehr verändert werden. Sichere Autos – im Moment wird mehr an den Bremsen und an der Sicherheit ganz allgemein geforscht als am Antrieb. Saubere Autos, Elektroautos, Autos mit Hybridantrieb werden die Autos der Zukunft sein. Und die Straßen? Die Kreisel haben in ganz Europa die Rotlichter ersetzt, und die scheinen nun auch Amerika zu erobern – der flüssigere Verkehr, selbstverantwortlicher, etwas langsamer vielleicht?

Ulrich Schaffer

Bäume

Erinnerung an unsere Wurzeln

In der Wüste
auf den Bergen der White Mountains von Kalifornien
wachsen alte Kiefern,
deren Zellen von Hoffnung durchwirkt sind.

Eine von ihnen ist über 5500 Jahre alt,
und jemand hat ihr den Namen „Methusalem" gegeben,
in Erinnerung an ihren zweibeinigen Vorfahren.
Sie lebt in einem glücklichen Trotz,
vorbei an den Menschen mit ihrer Zerstörung,
sie lebt gegen den Wahnsinn des Fortschritts
und verwandelt jedes Jahr den kärglichen Boden
zu Zapfen voller Samen.
Sie hatte ihre Wahrheit schon tausend Jahre lang gesprochen,
als die Pyramiden in Ägypten
nur ein Gedanke in einem Pharaohirn waren.
Sie wächst auf dreitausend Meter Höhe
und ist umgeben von Tausenden ihrer Brüder und Schwestern,

die einen Wald der Hoffnung bilden,
einen Forst des Durchhaltens.

Ich, hier in meinem Arbeitszimmer in Gibsons,
im moderaten grünen Regenwald am Pazifik,
und du in deinem in Frankfurt, Moskau, Johannesburg,
wir leben von Bäumen, wie von der Luft.
Wir wohnen in ihrem Holz,
wir genießen ihre Früchte,
wir schreiben auf dem Papier ihres Fleisches,
seit es uns gibt, haben sie sich für uns geopfert.
Wir atmen den Sauerstoff, den sie ausscheiden.
Wir entdecken uns selbst im Schatten ihrer Kronen.
Unsere Biologie ist mit ihrer Botanik verbunden,
wie der Mensch mit dem Himmel.
Wir erinnern uns an unsere Wurzeln,
wenn wir ihre Wurzeln sehen,
wir ragen mit ihnen in den Himmel unserer Gedanken,
wir strecken uns aus, weil wir es von ihnen gelernt haben.
Wir wachsen und sterben mit ihnen.
Unzertrennlich sind wir seit Jahrtausenden.

Und darum wird es nicht dazu kommen,
dass Bäume nur eine Erinnerung sein werden,
nur ein Traum einer vergangenen Welt.
Wir werden sie wieder in die Mitte rücken,
weil wir wissen, dass unser Leben an ihnen hängt.
Wir stehen kurz vor dem Wandel unseres Wesens –
es gibt bereits Menschen,
die beseelt sind von dem Fortschritt nach innen.
Sie bilden eine Verschwörung,
eine geballte Energie auf dem Weg in ein neues Glück.
Sie sehen eine Zukunft mit Bäumen.
Dieser Planet ist ein Planet der Bäume.
Ohne diese Bäume und ohne diese Menschen
gäbe es nicht genug Sauerstoff
für die hungernden Alveolen unserer Lungen
und unserer Seelen.

Ohne sie wäre unser Träumen schwerer lebendig zu halten,
unsere Hoffnung litte an Grünverlust,
unser Lieben verlöre tausend Darstellungsorte,
und wir müssten woanders nach Trost suchen.

Die Zukunft beginnt nicht in den Köpfen von Politikern,
sie wird nicht von den Kapitänen der Industrie gemacht,
auch wenn sie es glauben,
sondern von dir und mir,
mit unseren täglichen Taten der Liebe,
mit den Gebeten der Hoffnung,
mit unserer Lust am Leben,
mit unserer wachsenden Bewusstheit.

Da steht sie, die Eiche, in der Mitte des Dorfes,
in der Mitte des Lebens –
und langsam lernen wir,
dass auch wir mit allem verbunden sind.
Da steht sie, die Kiefer, im Sand der Heide,
aus kärglichem Boden formt sie
lange Nadeln und starke Zapfen –
so wie wir gelernt haben,
aus dem wenigen mehr zu machen
durch unseren Mut.
Da steht sie, die Birke, geschmeidig im Sturm,
der über die Flachebenen fegt –
und wir lernen von ihr,
dass auch wir im Lebenskampf anmutig bleiben können.

Da stehen sie, die Mammutbäume,
dicht an dicht in den Wäldern Kaliforniens –
wie eine Sammlung von Menschen,
die bereit sind, das Lieben zu lernen.
Und wenn im Herbst die Blätter fallen,
dann lernen wir, dass loslassen überleben heißen kann.

So unscheinbar wie das Sein der Bäume,
so leicht zu übersehen wie die stille Photosynthese,

die die gesamte Luft des Planeten verwandelt,
so sind heute Milliarden Taten der Liebe geschehen,
Millionen Handlungen des Vertrauens,
auf dieser blauen Murmel auf ihrer Reise durchs All.
Sie ragen auf aus der Zerstörung der Welt,
wie Bäume aus dem Unterholz,
die stattliche Kastanie, die ihre Kerzen anzündet,
die liebevolle Linde, die herzhafte Blutbuche,
die Olivenbäume mit ihren alten Seelen.

In dir und in mir
beginnt die Zukunft der Welt,
aber nur wenn wir es glauben.
Der Glaube und die Hoffnung versetzen Berge,
Sandkorn um Sandkorn.
Es ist wichtig, das weiterzusagen.
Erinnere dich an das, was jetzt möglich ist.
Mit deinem Glauben schaffst du ihm Raum.

Die Zukunft geschieht nicht an uns,
sondern durch uns,
wir sind ihr nicht ausgeliefert,
sondern wir gestalten sie mit der Kraft unserer Liebe,
mit der Unscheinbarkeit unseres Mutes
und mit der Ausdauer unserer Hoffnung.

Gerd B. Achenbach

Beraten

Wer Rat sucht, bleibt Täter seines Lebens

Der gut Beratene geht mit sich selbst zu Rate, der gut Ratende hilft ihm dabei. Walter Benjamin hat es gewusst. Sein Kurztext – das Beste, was ich je zur Frage der Beratung fand – lautet:

„*Nicht abraten.* Wer um Rat gefragt wird, tut gut, zuerst des Fragenden eigene Meinung zu ermitteln, um sie sodann ihm zu bekräftigen. Von eines anderen größerer Klugheit ist keiner so leicht überzeugt, und wenige würden daher um Rat fragen, geschähe es mit dem Vorsatz, einem fremden zu folgen. Es ist vielmehr ihr eigener Entschluss, im Stillen schon gefasst, den sie noch einmal, von der Kehrseite gleichsam, als ‚Rat' des anderen kennen lernen wollen. Diese Vergegenwärtigung erbitten sie von ihm, und sie haben Recht. Denn das Gefährlichste ist, was man ‚bei sich' beschloss, ins Werk zu setzen, ohne es Rede und Gegenrede wie einen Filter passieren zu lassen. Darum ist dem, der Rat sucht, schon halb geholfen, und wenn er Verkehrtes vorhat, so ist, ihn skeptisch zu bestärken, besser, als ihm überzeugt zu widersprechen" (W. Benjamin, Illuminationen, Frankfurt a. M. 1980, S. 318).

„Wer um Rat gefragt wird …" – richtig eröffnet Benjamin mit dem, was an den Anfang allen Rats gehört: er muss erbeten sein. Rat, *ungefragt* erteilt, ist lästig, wenn nicht lächerlich. Einen guten Rat gebe er stets weiter, heißt es in Wildes „Ein idealer Gatte". Das sei das einzige, was man damit machen könne.

Ebenso richtig ist Benjamins zweite Empfehlung: Es sei zunächst „des Fragenden eigene Meinung zu ermitteln". So hat sich, wer um Rat gefragt wird, vorderhand als Zuhörender zu bewähren. „Höre geduldig den an, der mit dir spricht, und beeile dich nicht, ihn zu unterbrechen. Man fängt keine Unterhaltung mit Antworten an", sagt der weise Heykar in „Tausendundeine Nacht". Was er sagt, ist wahrhaft weise, denn Zuhören ist die Seele jeden Gesprächs. Wollten wir ihr als Tugend einen Namen geben, ich würde sie „Eingelassenheit“ nennen: Das Vermögen zuzuhören bedarf der Gelassenheit, die uns gestattet, uns auf den andern *einzulassen.*

Doch was ist „zu ermitteln“? Des Ratsuchenden „eigene Meinung“? Womöglich sein „eigener Entschluss, im Stillen schon gefasst“? Die Erfahrung in der Philosophischen Praxis lehrt mich, dass wenige um Rat nachsuchten, kennten sie bereits ihre Meinung, der sie allenfalls nicht trauten, oder wäre ein Entschluss schon halb gefasst, in dem sie sich bestärken ließen. Für gewöhnlich ist der Ratlose verwirrt, ist ihm unklar, was er meinen soll, kennt er sich in seiner eigenen Geschichte weder aus noch weiß er darin weiter. Hier ist vom Ratenden verlangt, ein *Er*ratender zu werden: Als Hieroglyphen-Leser hat er zu entziffern, worauf es *in* dieser Geschichte und *mit* ihr hinaus will. Denn was als Rat gesucht wird, ist die sinnvolle Vollendung, zumindest aber Fortsetzung dessen, was sich als die Geschichte des Ratlosen bisher zutrug. Nicht so sehr erhofft er sich, dass der Ratende Bescheid weiß, wohl aber, dass er weiterweiß. Und wenn er auch die „Lösung“ nicht kennte, wäre viel gewonnen, wüsste er, welcher Knoten zu lösen ist. Das Leben, in dem der Ratlose verstrickt ist, hat sich ihm darin verheddert.

Dann mag jene „Rede und Gegenrede“ beginnen, die der gut Beratene seine Gedanken passieren lasse „wie einen Filter“. Das Bild ist vorzüglich. Wer eines anderen Rat sucht, berät *sich* mit ihm, und doch ist dieser andere, der ihm „sein Ohr leiht“, *nicht* nur Statist und nicht *nur* der geduldig Hörende. Der Erzählende hört nun gewissermaßen mit jenem anderen Ohr, das der Ratende ihm „lieh“, seine eigene Geschichte anders, und wenn es ein feines, empfindliches Ohr ist, wird er nun Zwischen-, Unter- und Obertöne vernehmen, die ihm bisher an seiner eigenen „Version“ seines Unglücks oder Missgeschicks entgingen.

Vor allem aber wird ihm, wie Benjamin sagte, die Unterredung mit dem Ratenden zum „Filter“, den nicht der beliebige und erste Einfall, sondern einzig der geläuterte Gedanke passiert und der geprüfte Entschluss. Dazu ist erforderlich, dass der Ratende jemand ist, der Rat nicht *weiß*, sondern, wie der Ratsuchende selbst, Rat *sucht.* Wie nur der zum Schriftsteller berufen ist, dem das Schreiben schwer fällt, so ist ein guter Ratgeber, der weiß, guter Rat ist nicht nur „teuer“, sondern selten und vielleicht nur ausnahmsweise einmal triftig. Der Ratschlag, fertig hingeworfen, wird zu Recht verworfen. Der „allgemeine“

Rat verfehlt das Unglück, das nur verstanden ist, wenn es als einmalig begriffen wurde. „Man behandelt nicht auf universelle Art, was Gott grundverschieden haben wollte" (Gustav Thibon).

Was aber ist mit Benjamins abschließendem Diktum, besser sei es, habe der Ratsuchende Verkehrtes vor, ihn darin skeptisch zu bestärken, als ihm überzeugt zu widersprechen? Werde ich mich diesem Gedanken anschließen können? Ja. Denn damit ist ausgesprochen, dass der, der Rat sucht, der Täter seines Lebens ist und auch als der Beratene bleibt. Dass der Ratende ihn *skeptisch* bestärkt, ist Einwand genug, und der mag zu denken geben. Was mehr ist, ist von Übel.

Zuletzt ein Wort zum weisen Rat. Er wird aus der Einsicht genommen, dass, was kommen mag, das Unvordenkliche, was geht, das Vergängliche, was aber bleibt, das Ewige ist. Und dass darin Fassung, Gelassenheit und Zuversicht beschlossen sind.

Petra Gerster

Bildung

Nutzen und Genuss

Es war während der Verleihung der Goldenen Kamera in Berlin: Der Altmeister der Windrose, Peter von Zahn, hatte sich über seinen Vorredner geärgert – auf den Grund kommt es hier nicht an – und deshalb gefordert: „Audiatur et altera pars!"

Wer in diesem Moment ins Auditorium blicken konnte, sah, wie sich allenthalben die Köpfe pärchenweise zueinander neigten, einander fragend, wie die Übersetzung laute. Doch in den meisten Fällen war die Antwort nur Kopfschütteln, und so blieb der Beifall für Peter von Zahn schon deshalb spärlich, weil nur wenige verstanden hatten, was er verlangte: Man muss immer auch die Gegenseite hören.

Die Szene erweckte in mir eine wehmütige Erinnerung an jene Spezies Mensch, die Latein verstand und manchmal sogar selbst sprach, nämlich die Gattung der „Bildungsbürger". Doch die stirbt offenbar aus. Er merke das daran, sagte mir neulich ein Verlagsmanager, dass die Verlage auf ihren Bildbänden sitzen bleiben.

Meine Eltern waren auch solche Bildungsbürger. Sie haben mir ihre Bildbände hinterlassen. Meine Mutter kannte und liebte ihren Goethe, fand Schiller zu moralisch und hatte überhaupt den ganzen Kanon drauf und zu allem eine Meinung. War aber – im günstigsten Fall – zu klug, um damit ihre Kinder zu belästigen. Las daher Kafka in den Sechzigern und begeisterte sich für Thomas Bernhardt in den frühen siebziger Jahren, als ihn noch kaum einer kannte.

Mein Vater las Habermas und Marcuse, um auf der Höhe der Diskussion zu sein, konnte es sich allerdings nicht abgewöhnen, in erhitzte Debatten mit uns ein *sine ira et studio* einzuflechten oder *suaviter in modo, fortiter in re* anzumahnen. Sonst aber waren sie – im doppelten Wortsinn – verständlich, voller Verständnis nämlich für ihr jugendlich-ungestümes Gegenüber. *Tempora mutantur* dachten sie gelegentlich laut und verstanden überhaupt nicht, wieso ihre Kinder deshalb ausflippten.

Für uns Kinder angenehm: Sie nahmen unsere Schulleistungen nicht allzu ernst. Ihre eigene Schulbildung war – ohne Frage – *tausendmal besser* gewesen, und tatsächlich war meine Mutter zum Ärger ihrer Kinder in der Lage, die Übersetzungen aus den alten Sprachen zu kontrollieren und ungefragt das erste Drittel der „Odyssee" auf griechisch zu deklamieren. Dafür scheiterte sie manchmal schon am Dreisatz: „Hab' ich nie gebraucht im Leben!" Die „Odyssee" hat sie zwar auch nie wirklich gebraucht, aber das würde sie bestreiten, wenn sie heute noch lebte.

Bildungsbürger waren das, was ein echter 68er mehr als alles andere verabscheute, denn Kapitalisten konnte man hassen und bekämpfen, für Proleten und Proletarier ging man auf die Straße, für Kleinbürger empfand man Mitleid, aber bei Bildungsbürgern wurde es kompliziert. Sie waren nicht nur individuell höchst verschieden, also konservativ und progressiv, selten spießig, öfter weltoffen und liberal, „scheißliberal", wie man das damals nannte – nein, sie machten ihre Individualität auch zum Programm. Zumindest der geistreiche Teil von ihnen. Und zwangen damit andere, sie ebenfalls differenziert zu betrachten und zu bewerten.

Bildungsbürger waren zu gebildet, um die 68er wirklich ernst zu nehmen. Deren Reden und Gebaren hielt ein Bildungsbürger für

„übertrieben“. Heute würde er die Computer- und Internet-Apologeten als „übertrieben“ empfinden, würde sagen: Der Bildungswert des Computers ist gleich Null. Außerdem verwechselt ihr Bildung mit Wettbewerbsfähigkeit.

Inmitten der grassierenden Nützlichkeitsdiskussion würden Bildungsbürger mit dem Philosophen Robert Spaemann provokant die Zweckfreiheit von Bildung betonen. Ja, Bildung ist etwas zutiefst Unnützes, war es schon, als Wilhelm von Humboldt 1809 im Preußischen Innenministerium die Reform-Bestrebungen seines Vorgängers korrigierte. Dieser sah in Schulen und Universitäten Brutstätten tüchtiger Fachleute. Dagegen ging es Humboldt um Allgemeinbildung, Orientierungswissen und um die Entfaltung aller Kräfte der Persönlichkeit, also gerade nicht um Wettbewerbsfähigkeit, sondern um Humanität und gelungenes Menschsein.

Deshalb darf die Schule nicht für die Zwecke der Wirtschaft oder des Staates instrumentalisiert werden. Geschieht es trotzdem, wird unsere Gesellschaft möglicherweise tüchtige Kaufleute, Techniker und Programmierer bekommen, aber keine Gebildeten.

Im Gegensatz zu Kultur und Bildung ist die Wirtschaft kein Selbstzweck, sondern ein Mittel zum Zweck. Wirtschaft ist dazu da, jenen Überschuss zu erwirtschaften, der nötig ist, um Kultur entstehen zu lassen. Diese Kultur ist kein Luxus, sondern das, was den Menschen erst zum Menschen und sein Leben erst lebenswert macht, und diese Kultur ist ohne Bildung nicht zu haben.

Unserer bis zur Gleichgültigkeit indifferent-toleranten Gesellschaft sagt Spaemann: Der Gebildete „scheut sich nicht zu werten, beansprucht für seine eigenen Werturteile objektive Geltung. Gerade deshalb ist er auch bereit, sie zu korrigieren. Denn was keine objektive Geltung beansprucht, braucht auch nicht korrigiert zu werden.“

Der Gebildete wertet, tritt für die Geltung seiner Werte ein, hat also eine Überzeugung, hält aber Distanz zu Ideologien, Überzeugungstätern, Weltanschauungsgemeinschaften und überhaupt zu fast allem, was ihn umgibt. Bildung lässt sich nicht in Dienst nehmen und für irgendwelche Zwecke einspannen, nicht einmal für gute. Darauf will Spaemann hinaus. Gebildetsein führt nicht zwangsläufig zu Gutsein, sondern zu Distanz zu sich selbst und anderen gegenüber. Wenn Bildung überhaupt etwas nützt, dann nur dem Gebildeten selbst. Bildung ist dem Gebildeten, und nur ihm, ein Genuss. Gebildete Menschen haben aneinander Freude, und sie wissen: Bildung ist nicht das Wichtigste.

Sicher, wir brauchen tüchtige Kaufleute, Techniker und Manager, denn wir sind eine Wirtschaftsnation. Falls wir aber auch noch eine Kulturnation sein möchten, bräuchten wir auch noch ein paar Gebildete – die der Wettbewerbsfähigkeit übrigens kaum schadeten. Nicht einmal gebildete Tüchtige wären ein Schaden, ich habe sogar den Verdacht, sie könnten nützlich sein, nützlicher als tüchtige Ungebildete.

Peter Sloterdijk

Chaos

Ich sage euch: Man muss noch etwas (Chaos) in sich haben

Moderne, das bedeutet: die Evangelien ändern sich. Die schlechten und die guten Nachrichten sind nicht mehr fest an ihren Plätzen. Das Dekorum schwankt, bis es dahin kommt, dass das Gehörige und das Ungehörige die Plätze tauschen. Was nun noch Vorbild sein kann, muss ermittelt werden, fortwährend von neuem. Die Nachahmung dringt in alle Ritzen, überaufmerksam, den Erfolgen anderer auf der Spur. Wirtschaftsteil, Sportteil, Kulturteil, Gesellschaftsteil, die Kursbücher der Eifersucht. Die Gesellschaft ist die Summe ihrer Wettbewerbe.

Aus der Ansprache des Jahrhunderts an die Seinen: Liefere dich Prüfungen aus! Lege deine Akte an. Sammle Hinweise, die verstehen lassen, dass es dich geben musste. Setze dich selbst, bringe dein Thema zum Zuge! Weil Kraft zur Setzung alles ist, vergiss nicht, dein Zeichen aufzustellen. Nimm teil an dem Experiment, das zeigen wird, was geht und hält; lass zu, dass vieles an sich selber scheitert! Die Welt ist Versuch geworden – wer nicht versucht hat, wird nicht zur Welt gekommen sein. Es gibt nur einen Fehler, den, latent zu bleiben. Klugheit bedeutet für die Zukunft: der Versuchung durch Spurlosigkeit widerstehen.

Nietzsches „Zarathustra“ ist die Sprachwerdung des neuen Weltzustands. Wie zuvor das Gesetz und die Liebe will das Experimentiergebot verkündet werden. Man darf sich nicht davon beirren lassen, dass hier das Versuchen Schaffen heißt. Auch der Seiltänzer ist Experimentator und Schöpfer von Wagnissen. Er nimmt an dem Aufbruch ins Ungesicherte teil. Sein Absturz ist die Unterschrift unter ein Werk, und Zarathustra bekennt sich zu ihm wie zu einem Kollegen. Darum sagt der Prophet in seinen neuen Seligpreisungen, die das Versuchen verkünden:

> „Der Mensch ist ein Seil, geknüpft zwischen Thier und Übermensch, – ein Seil über einem Abgrunde.
>
> Ein gefährliches Hinüber, ein gefährliches Auf-dem-Wege, ein gefährliches Zurückblicken, ein gefährliches Schaudern und Stehenbleiben.
>
> Was groß ist am Menschen, das ist, dass er eine Brücke und kein Zweck ist; was geliebt werden kann am Menschen, das ist, dass er ein *Übergang* und ein *Untergang* ist.“

Moderne, das bedeutet: Betroffenheit von dem Zwang, zu wählen zwischen der Selbsterhaltung in stationären Verhältnissen und der Steigerung durch Versuche. Es gibt immer nur so viel Modernität, wie es Freiwilligkeit gibt für das höhere Experiment, das anknüpft an dem, was bisher für den Stand der Kunst gehalten wurde. Die Ermittlung nach den Akteuren der Moderne ist ihr Vollzug. Auch dies hat Nietzsche durch seinen Propheten wissen lassen. Kraft der Herausforderung werden die Freiwilligen von den Verweigerern unterschieden. Die Provokation löst die Scheidung zwischen denen aus, die die Wette halten, und denen, die vom Versuchen nichts mehr hören wollen. Wenn der Prophet des Zukunftsmenschen sein Wort vom „letzten Menschen“ in die Menge wirft, drängt er die Nicht-Letzten dazu, sich zu manifestieren. Wo die Letzten einstimmen in den Satz: Nach uns wir selber!, sammeln die Nicht-Letzten sich unter einer unvernünftigen Devise: Nach uns der Stern!

Moderne, das bedeutet, dass das Chaos in den Menschen knapp werden kann. Eine bizarre Definition des Chaos: als wäre es kein umgreifendes Verhältnis, in dem man sich befindet oder auf dem man reitet, sondern eine innere Ressource, von der sich sagen lässt, sie sei noch nicht verbraucht. Nietzsche denkt erstmals das Chaos als einen Rest. Es steht ihm als ein erschöpfbares Potential vor Augen. Er fasst es als eine Größe auf, zu der eine Stellungnahme gefordert ist: Chaos ist die Instanz des Ungeheuren, zu dem die Personen aus ihrer Geordnetheit und Endlichkeit heraus in Spannung gesetzt sind. Das erhabene Chaos reißt die Subjekte auf – solange sie dessen innewerden können, dass sie es in sich haben. Das Ungeheure ist ein Selbstverhältnis, das Menschen in verschiedenen Stilen auslegen: als Hüter der Ordnung, als Schlafwandler, als Verbrecher, als Spieler, als Künstler. Wer sich die Freiheit nimmt, andere Menschen an ihr Verhältnis zum Ungeheuren zu erinnern, identifiziert sich als Störer neuer Art. „Ich sage euch: Ihr habt noch Chaos in euch!" Wer redet so? Ein Verrückter, der andere zur Übersiedlung in seine Wahnwelt überreden möchte? Ein metaphysischer Querulant auf der Suche nach einem Publikum? Eine unerlöste Seele, die Leidensgenossen in ihre Selbsttherapie verwickelt?

Moderne, das bedeutet: nach den Bedingungen von Produktionen fragen. „Ich sage euch: Man muss noch Chaos in sich haben, um einen tanzenden Stern gebären zu können." Das ist die Stimme der neueren Ästhetik selbst – an ihrem klinischen und romantischen Pol. Noch wird das Hervorbringen unbeirrt als Geburt gedacht; noch hat das Chaos als Uterus zu dienen, in dem das Werk sich still und unerhört formiert; noch gibt sich Nietzsche als Gynäkosoph der Künste. Seine schöpferische Beleidigung wendet sich an Fruchtbare und Unfruchtbare. Von der Baubo instruiert, weiß er: Auch der Schaffende ist ein Weib, das Gründe hat, seine Gründe nicht sehen zu lassen. Nicht der Verneinungsteufel ist des Chaos liebster Sohn, sondern der Wageteufel. Durch ihn hindurch setzt sich das bisher Unversuchte ins Werk. Genieästhetik, Gynäkologie, Mediumismus: dieselbe Matrix.

Moderne, das bedeutet: zur Ausnahme die Regel finden. Was besitzt ihr eigentlich, wenn ihr noch Chaos in euch habt? Ein Gas, ein Gähnen, ein Klaffen, eine gestaltlose Masse, eine dunkle Leere. Die Vorstellung, dass von dort her Sternengeburten geschehen, ist traurige Physik. Wenn Nietzsche seinen tanzenden Stern dem Chaos entspringen lässt, gibt er nur so viel zu, dass noch das Zerbrechlichste von groben Eltern stammt. Jedoch, sternenträchtig ist Chaos nur als dionysisches Element – dionysisch: zerrissen, gespalten, gegen sich selber wütend, zur Selbstverdoppelung verdammt. Gebärfähigkeit heißt: eine Ausdruckswelt für ein Leiden brauchen. Was rettet den aufgewühlten Lebensgrund vor sich selber? Nur der Aufstieg in eine verklärende Gestalt. Das produktive Chaos, das ist nichts anderes als der leidende und formenträumende Gott. Ist nicht die Menge sehr vernünftig, wenn sie vom schaffenden Menschen nichts hören will? Der Übermensch, der Stern, die Sehnsucht? – Wörter aus einem Leben, das solches noch nötig hat. Wer zu den Erfindern des Glücks zählt, ist darüber hinaus.

Moderne, das bedeutet: den Trugbildern der Kommunikation misstrauen. Zarathustra spürt wohl, dass seine Provokation schon vor dem ersten Wort gescheitert ist. Unter denen, zu deren Stolz er redet, wird niemand bereit sein, in sich zu haben, wovon der Sprecher sagt, es sei noch da. Wer ein Selbstverhältnis im Ungeheuren postuliert, kann über den Ausgang der Predigt keine Illusionen hegen. Zarathustra, der am Stolz der letzten Menschen vorbeigeredet hat, wird sich fragen, ob er nicht besser zu ihrer Empfindlichkeit hätte sprechen sollen. Wie man zu keinem redet, ist jetzt erprobt. Ob Zarathustra seinerseits zu stolz ist, einen zweiten Versuch zu machen, für alle diesmal? Ich sage euch: Ihr habt noch Andersheit in euch. Noch seid ihr ein Unterschied von euch selbst und eine Hoffnung für die eigene Zukunft. Ein wenig böse, ein wenig unaufgeräumt, ein wenig unberechenbar – das ist ein Kapital an Zufällen, aus dem sich Folgezufälle entwickeln lassen. Aber ich sehe sie kommen, die Zeit, in der niemand mehr Böses, Unaufgeräumtes, Unberechenbares in sich tragen wird. Wenn sich die Ausgangszufälle von den Folgezufällen nicht mehr unterscheiden lassen, beginnt die Ära der ausgeleerten Menschen. Sie machen mehr denn je, doch die Geschichte des Schaffens wird vorüber sein. Mit ihr vergeht alles, was einen Unterschied zwischen dem Inneren und dem Äußeren voraussetzte. Die Geschichte der Steigerungen kommt zum Abschluss. Wo sie weitergeht, geschieht es außer euch, in Speichern, Netzen, Prozessoren.

Moderne, das bedeutet: Prophezeiungen kehren sich gegen sich selbst. Die Vorhersagen sind Vektoren, die dafür sorgen, dass es anders kommt.

Sie regenerieren das Chaos auf inneren und äußeren Schauplätzen. Wo das Ende der Kreation aus dem Chaos-in-Euch als öffentliche Möglichkeit ausgesprochen wurde, formieren sich die Widerlegungen. Von den Sternabschaffern unerwartet, wird der Chaosbeweis geliefert, sobald der Stern erscheint.

Sabine Christiansen

Chatten

Das virtuelle Gespräch

An mein „erstes Mal" erinnere ich mich noch ganz genau: Es war zu Beginn der 1990er Jahre in meinem damaligen Büro in der „tagesthemen"-Redaktion. Ein großer Internet-Provider lud mich ein, schickte ein Team, das an Telefondosen schraubte, Kabel quer durch die Räume zog, Computer, Bildschirme und Tastaturen vernetzte – dann konnte es losgehen. Ich war „drin" – nicht nur im Netz, sondern in der synchronen, schriftbasierten Kommunikation in Echtzeit, von den damals noch überschaubaren Insidern in der Verkehrssprache der Computerkultur „chat" getauft.

Beschlich mich anfangs noch ein merkwürdiges Gefühl, mich mit Menschen zu unterhalten, die ich weder sehen noch hören konnte, gewöhnte ich mich im Fortgang des „Gesprächs" an diese Form der Kommunikation. Fragen beantworten, Fragen stellen – sehr schnell war das sehr selbstverständlich. Und im Nu war die angesetzte Zeit verflogen, der Chat zu Ende.

Damals war dieser Ausflug in die Virtualität noch etwas Besonderes. Heute, runde zehn Jahre später, ist das Chatten ein Phänomen. Seit für den Small-Talk per Tastatur keine spezielle Software mehr notwendig ist, sondern sich jeder User, der über einen Internetanschluss verfügt, in die Gesprächsräume einloggen kann, ist aus der einstigen Spezialität von Netz-Freaks ein Volkssport geworden. Allein in Deutschland chatten 27 Prozent aller Internetnutzer häufig oder gelegentlich, das entspricht fünf Millionen Chattern hierzulande.

In den thematisch ausgerichteten Chaträumen des Internets treffen sich Gleichgesinnte aus aller Welt. Der Informatikstudent plaudert mit der Operndiva, die Australierin mit dem Isländer. Menschen kommunizieren miteinander, die sich sonst nie begegnen würden. Chat-Rooms stehen in dem Ruf, wie kaum ein anderer Ort geeignet zu sein, neue und aufregende Bekanntschaften zu machen.

Doch woher rührt die massenhafte Begeisterung für das virtuelle Gespräch? Die bislang provokativste These über das Phänomen Chat stellte die australisch-amerikanische Mathematikerin und Physikerin Margaret Wertheim auf. Für sie ist die extreme Popularität des Chattens die neue Antwort auf das „tiefe psychologische Vakuum" der Menschen. Bis ins Mittelalter hatten die Menschen einen Raum, den ein jeder mit Mythen und Metaphysik füllen konnte, wie es ihm gefiel. Dort war Platz für Götter, Engel und Teufel. Es folgten die Renaissance-Maler, die ihren perspektivischen Bildern eine realistische dritte Dimension gaben. Dann kamen die Vorboten der modernen Wissenschaft, die den Raum, so Wertheims Ansicht, regelrecht entweihten. Kopernikus brachte heliozentrische Logik in das astronomische Himmelsbild, Newton schuf den physikalischen Raum. Seine Jünger, von Einstein bis Hawking, vollendeten die Revolution des Rationalen mit Raumdefinitionen, in denen für Seele und Geist kein Platz mehr war. Die Menschen haben also, so schlussfolgert Margaret Wertheim, auf einen Ort, einen Raum voller Mystik gewartet – den Chat-Room.

Der Chat-Room als Ersatz für Olymp und Himmel? Eine überaus gewagte These. Allerdings: Untersuchungen belegen, dass die überwiegende Zahl der Chatter weltweit das virtuelle Gespräch vor allem deshalb schätzt, weil sie beim Betreten eines Chats eine andere Identität, ein virtuelles Ich, annehmen können. Für sie bedeuten ihre Computer das, was die amerikanische Psychologin Sherry Turkle „intime Maschinen" nennt. Der Personalcomputer begann als Apparat, den jeder Nutzer sich zum „zweiten Ich" (Turkle) machen konnte. Heute, da die Netzwerke potentiell alle mit allen verbinden, vermittelt er zwischenmenschliche Beziehungen, vom Treff für Politikinteressierte, Filmfans oder Alleinerziehende bis zum Tête-à-tête.

Die Möglichkeit, unter einem Nicknamen, also einem Spitznamen, in die Chat-Rooms einzutreten, und die damit verbundene

Anonymität fördern die Offenheit. So geschützt, berichten Chatter freimütig und für jedermann im Netz transparent über den Stress in ihrer Beziehung, die Auseinandersetzungen mit ihren Vorgesetzten oder ihren neugierigen Nachbarn. Und selbst derjenige, der Dinge mitzuteilen hat, die nicht für die Öffentlichkeit bestimmt sind, kann sich mit einem anderen Chatter in einen „private room" zurückziehen oder ihm etwas „zuflüstern". Online kann jeder das sein, was er im wirklichen Leben nie erreichen wird. Im Chat ist jeder interessant und schön, baut sich aus dem Nichts eine neue, virtuelle Identität auf, unbelastet von persönlicher Geschichte und äußeren Attributen. In den Chats, in denen er lediglich als die Schrift erscheint, die er auf der heimischen Tastatur eingibt und die einen Herzschlag später auf den Bildschirmen seiner Gegenüber aufläuft, wandelt sich der Chatter – vom schüchternen Studenten zum weltgewandten Charmeur mit literarischem Witz und romantischer Sensibilität, von der im Alltagsleben unterforderten Hausfrau, die im Expertenchat über den neuesten Roman von John Updike debattiert. Und wenn die gewählte Person eines Tages nicht mehr gewollt ist, wird das Pseudonym einfach gelöscht und ein neues erschaffen. Das Leben als Austausch von Zeichen, die Welt als Text.

Kein Bild hat den Mythos des Chats als gänzlich anonymisierte Gesprächsplattform besser getroffen als eine mittlerweile berühmte Karikatur des amerikanischen Karikaturisten Peter Steiner in einer Ausgabe des US-Magazins „New Yorker" von 1993. Zwei Hunde sitzen vor einem Rechner und chatten. Die Unterschrift dazu: „Im Internet weiß keiner, dass du ein Hund bist." Dieses Bild ist natürlich überspitzt, aber es trifft den Kern der Sache: Der Online-Dialog täuscht Beziehungen zu wirklichen Menschen vor. Aber sind diese Beziehungen real? Oder projiziert der Chatter auf die Personen, die ihm lediglich in Form von Buchstaben gegenübertreten, seine Erwartungen und Sehnsüchte? Droht der Mensch im Chat zur virtuellen Repräsentation seiner selbst zu werden?

Schon warnen Experten vor einer deutlichen Gefahr der Isolierung bei Chattern. Die Anspruchslosigkeit des Mediums führe zur Vereinfachung, aber auch zur Verflachung der Kommunikation. Zu Quantität, nicht zu Qualität. In den Chat-Rooms baue der Chatter sehr schnell Vertrauen zu völlig fremden, weil in seiner Vorstellung nicht realen Menschen auf. Er gehe schnell zu persönlichen Gesprächen über, vertraue Chat-Freunden rasch intime Bekenntnisse an. Schließlich würden die Online-Bekanntschaften wichtiger als reale Freunde. Alle sozialen Kontakte treten in den Hintergrund, Virtualität geht vor Realität.

Untrügliches Zeichen dafür, dass Chatten mittlerweile zur Massenbewegung geworden ist, ist auch die Bereitwilligkeit der Politiker, via Computer mit der Internetgemeinde zu plaudern. Erstmals im Bundestagswahlkampf 1998 war zu beobachten, wie gerade die großen Parteien auf die Kommunikation via Internet setzten. Der Wahlkampf tobte nicht nur auf den TV-Schirmen und im Blätterwald, sondern erstmals auch verstärkt im Netz.

Die Parteistrategen haben das Internet als Zugang zu einer Klientel entdeckt, die bei politischen Veranstaltungen kaum freiwillig auftaucht. Wenn im Anschluss an eine Diskussionssendung im Fernsehen die Chat-Möglichkeit mit Gesprächsgästen geboten wird, leisten wir nicht nur einen praktischen Beitrag zur Direktdemokratie, sondern erfahren auch unmittelbar, wie unsere Zuschauer über das eben Gesehene denken. Welche Erkenntnisse haben sie aus der Sendung gewonnen? Haben sich ihre Erwartungen erfüllt? Welche Aspekte sollen – möglicherweise in einer der kommenden Sendungen – weitergehend erläutert werden. Auf diese Weise wird der Chat zum „Rückkanal“ für das Fernsehen, ermöglicht uns als Journalisten eine direkte Kommunikation mit dem Zuschauer. Er ist ein unverzichtbares „Werkzeug“ zu unserer eigenen ständig neuen Standortbestimmung geworden.

Doch bei allen positiven Facetten, die ich persönlich dem Medium Internet und speziell dem Chat abgewinne – eines wird er nicht ersetzen können: das persönliche Gespräch, die Kommunikation zwischen sich nicht virtuell, sondern visuell wahrnehmenden Menschen miteinander. Denn so groß der Reiz der transzendentalen Erfahrung, mit der ganzen Welt in Kontakt treten zu können, auch sein mag, geht es doch letztlich um mehr als den Austausch von Informationen. Ein Gespräch wird auch von Emotionen – von Mimik und Gestik, die das Gegenüber erfasst – geprägt. Ich bin überzeugt: Die Vision einer vollständig vernetzten Welt, in der Menschen ausschließlich virtuell Kontakt zueinander aufnehmen, wird Mythos bleiben und keine Realität werden.

Norbert Blüm

Dienen

Die kleine Schwester der Liebe

Es klingt wie ein Wort aus vergangenen Zeiten, als Knechte und Mägde, Dienstmädchen und Butler die „Herrschaften" bedienten. Dienen, wer will das heute schon?

Dienen hat im Zeitalter der Emanzipation keinen hohen Stellenwert. Der autonome selbstständige Mensch ist die Leitfigur einer individualistischen Gesellschaft. Diese jedoch ist eine Fiktion. Denn kein Mensch ist alleine überlebensfähig. Der Mensch ist das schwächste unter allen Lebewesen. Er ist extrem auf Solidarität angewiesen. Seine natürlichen Mängel kompensiert er durch eine Kultur des Miteinanders, die er sich schaffen und erhalten muss. Der Mensch ist in zweifachem Sinn hilfsbedürftig. Er ist auf Hilfe aktiv und passiv angewiesen. Erst die Liebe lässt ihn zur personalen Entfaltung kommen. Er wird durch Hingabe paradoxerweise nicht schwächer, sondern stärker. Lieblose Menschen sind arme Menschen, und das in einem immateriellen Sinn. Aber bekanntlich lebt der Mensch nicht vom Brot allein. Liebe ist nicht ein Ergebnis der Selbstversorgung, sondern, wie das Liebesglück zeigt, das unter Menschen als das höchste gilt, ein Geschenk. Liebe wird durch Sinn für andere gespeist.

Dienen ist eine Form der Liebe, und zwar in ihrer alltäglichen, unauffälligen Form.

Einen Menschen zu bedienen kann nicht weniger wert sein als eine Maschine zu bedienen. Dennoch verrät die Sprache unsere auf den Kopf gestellte Wertschätzung. Es geht uns leicht von der Zunge zu sagen: „Ein Dreher bedient eine Drehbank." „Ein Mensch bedient einen Menschen", diese Berufsarbeit jedoch ist mit weniger Prestige ausgestattet. Verkehrte Welt!

Freilich, eine neue Wertschätzung der dienenden Berufe muss ihre Entsprechung auch in der Entlohnung finden. Lohn ist mehr als Einkommen. In der Belohnung drückt sich auch der Grad der Anerkennung aus. „Was knapp ist, ist teuer", das ist das Gesetz, nach dem in der Marktwirtschaft Preise gebildet werden. Wenn die Ressource „Dienen“ knapp wird, muss sie einen höheren Preis erhalten.

Doch mit Geld allein ist der Wertschätzung des Dienens nicht ausreichend geholfen. Dienen ist die kleine Schwester der Liebe. Und die ist das größte, zu dem Menschen fähig sind.

Robert Leicht

Diesseits-Jenseits

Grenzen und Zusammenhänge

Wenn wir mit diesen beiden Ortsangaben jonglieren, reden wir von Grenzen. Grenzen aber trennen – und verbinden. Erst das säuberlich Getrennte kann reinlich miteinander verbunden sein: Gott und Welt, Schöpfer und Geschöpf, du und ich, mein und dein. Aber der Modus der Trennung (oder Verbindung) kann unterschiedlichste Grade der Intensität annehmen, er kann bis zum Zerreißen gespannt sein – und darüber hinaus.

Diesseits und jenseits des Jordans, das könnte so harmlos sein wie das Leben der Franzosen mit den Menschen *outre Rhin*, jenseits des Rheins. Ist es aber bei weitem nicht. Diesseits und jenseits von Oder und Neiße – das wird gerade wieder verbunden, zwar nicht lokal, aber politisch, und zeigt zugleich an, dass solche Grenzen auch verlegt werden können.

Aber wie verhält es sich mit dem ultimativen Gegensatz zwischen Diesseits und Jenseits? Dass es ein Land jenseits von Rhein, Oder und Jordan gibt – das sieht jeder unwiderleglich mit seinen eigenen Augen. Er kann – im Prinzip wenigstens – dort verweilen, freilich nicht zur selben Zeit. Er kann sich als Gast umsehen, sich ein Bild machen, davon erzählen, sich dafür entscheiden – oder dagegen. Von *unserem* Jenseits wissen wir nichts dergleichen. Diesseits oder Jenseits – es kommt also darauf an, ob sich eine Grenze durch die *terra cognita* zieht oder ob von zwei gänzlich unterschiedenen Orten, ja Welten die Rede ist – *terra cognita* und *terra incognita.* Jedenfalls:

Von unserem Jenseits kommt man nicht mehr zurück. Aber kommt man jemals hin? Und wenn ja, wohin dann genau: Himmel oder Hölle?

Es gibt also ein sinnliches Gegenüber von Diesseits und Jenseits – und ein unsinnliches. Dabei soll aber gerade das unsinnliche – sinnstiftend sein. Wir könnten nun auf den Gedanken kommen, diese lokal verstandene Opposition von Diesseits und Jenseits, hier und dort, für ein typisches Erzeugnis der vormodernen Welt- und Erdbilder zu halten: Hier die Scheibe und Mutter Erde, dort der Abgrund, drüber der Himmel. Alles auf der Scheibe: das Diesseits; alles andere: das Jenseits. Und das beste Diesseits – nirgendwo, *ou topos*, in der Utopie. Das provozierend Moderne an diesen antiquierten Weltbildern könnte gerade in ihrer stillschweigend vorausgesetzten, sinnhaften Verbindung zwischen beiden Sphären liegen.

Für unser modernes Weltbild geben diese Sphären aber nichts her. Unser All dehne sich ständig mit Lichtgeschwindigkeit aus, nach allen Dimensionen – jedenfalls habe ich das so gehört. Wohin dehnt es sich aus? Ins Nichts. Hinter dem Etwas sei: nichts. Als der erste sowjetische Kosmonaut bei seiner Erdumkreisung vermeldete, er habe dort keinen Gott gesehen, war das nicht in erster Linie irrig, weil er sich darin getäuscht hatte, sondern vor allem, weil er so tat, als sei er wirklich im richtigen All und an dessen Grenze gewesen.

Sei dem, wie es sei: Wir werden mit der Vorstellung zweier lokal getrennter Weltenräume nicht mehr operieren können. Man ist entweder hier oder dort, diesseits oder jenseits des Rheins, im Diesseits oder Jenseits. *Tertium non datur* – ein Drittes gibt es nicht: Himmel oder Hölle. Christliche Wirklichkeitserfahrung muss sich mit dem unausweichlichen Hier auseinander setzen. Hier passiert es – oder nicht. Der Auferstandene kommt wieder – hierher; und nicht: anderswohin. So glaubten die ersten Christen – und ihre ersten Glaubenskrisen überfielen sie nicht etwa, weil die Ortsangabe nicht stimmte, sondern der Zeitplan – siehe die Parusieverzögerung.

Die Maler und Kunstgeschichtler mögen mir verzeihen: Die vielen Gemälde an Kirchendecken und auf Leinwänden prägen uns alle, aber Bilder konnten und mussten es sein, weil man (nur) das Diesseits und das Jenseits, weil man den Unterschied der Orte zweidimensional darstellen kann. Nicht aber den Unterschied der Zeiten, das Jetzt und das Später. Für den Zweck des Arguments will ich behaupten: Christliches Weltbewusstsein tauscht die lokale Grenze zwischen Diesseits und Jenseits aus gegen die Zeitachse: Jetzt und später. Genauer: Anfangs und später, damals und heute, heute und morgen, morgen und in alle Ewigkeit. Also: *Sicut erat in principio et nunc et semper et in saecula saeculorum.* (Dass mir nun kein moderner Physiker dazwischenkommt und behauptet: Raum gebe es nur mit Zeit – und umgekehrt.)

Christliche „Utopie" glaubt nicht an das Irgendwo, das „Irgendwo anders", das „Nirgendwo ganz anders" der radikalen Utopie – sondern an das Irgendwann. Das Heil ist hier, wir brauchen es nicht hierher zu holen. Aber nicht wir sind es, die es ins Jetzt holen – zur Not ins Hier und Jetzt mit der Gewalt der weltverändernden, unterdessen weltzerstörenden Revolution. Irgendwann – ist dies ein falscher Trost? Nein, denn was irgendwann geschieht – ist jetzt schon präsent, wie eben das, was ganz zu Anfang geschah, immer präsent bleibt. Christlicher Glaube lebt in der Spannung zwischen „Noch nicht" und „Jetzt schon" – auf dass sich die Zeit erfülle. Nicht der Ort – oder der Ortswechsel.

Ein Ort also – und eine Zeit. Die Zeit aber enthält beides im Zusammenhang, was rein dem Orte nach nur strikt getrennt sein könnte, diesseits oder jenseits des Rheins, *tertium non datur:* Kontinuität, also Ewigkeit von allem Anfang an – und Diskontinuität (damals, demnächst, noch nicht, jetzt schon) in einer alles umfassenden Beziehung. Der Beziehung zwischen dem Subjekt der Kontinuität – Gott – und den Subjekten der Diskontinuität, uns also – vorerst, noch nicht und schon jetzt.

Annette Schavan

Digital

Verständigung über die Spielregeln

Mitte der 1960er Jahre, als die Computertechnologie noch in den Kinderschuhen steckte und sich bestenfalls einige Fachwissenschaftler für die Möglichkeiten einer weltweiten Vernetzung von Rechnern und Informationssystemen interessierten, formulierte der kanadische Kommunikationstheoretiker Marshall McLuhan eine geradezu religiös anmutende Verheißung: Der Einsatz elektronischer Medien werde zu einem „Pfingstwunder weltweiter Verständigung und Einheit" führen. Er glaubte, dass die digitale Welt die Menschheit in jenes glückselige Zeitalter zurückführen werde, das mit dem Turmbau zu Babel und der anschließenden Sprachverwirrung zu Ende gegangen ist. In technischer Hinsicht haben sich die Verheißungen McLuhans heute weitgehend erfüllt: Unsere Erde ist von einem dichten Netzwerk miteinander verknüpfter Rechner umgeben, und zumindest in den Industrienationen sind die Hürden für den Zugang zu diesem Netz vergleichsweise niedrig. Wenn wir die Inhalte des Netzes sowie den Umgang damit und seine möglichen sozialen und psychologischen Folgen betrachten, dann spüren wir, dass die „schöne neue Welt" der elektronisch vernetzten Kommunikation nicht nur neue Chancen bedeutet, sondern vor allem neue kulturelle Leistungen erfordert. Es gilt nicht nur allein Auswirkungen abzuschätzen, sondern vielmehr Visionen zu entwickeln, wie und wozu digitale Netze interaktiver Kommunikation entwickelt werden. Die Frage ist, ob die Regeln des Zusammenlebens, die in der realen Welt gelten, auch im virtuellen Raum Gültigkeit bekommen werden. Die Situation ist – wie so oft beim technischen Fortschritt – ambivalent. Neue Chancen zu Information, Kommunikation und Verständigung liegen auf der Hand, doch die Gefahren sind augenscheinlich und betreffen einen möglichen Verlust an Sprachfähigkeit durch ständige Reizüberflutung ebenso wie bislang nicht gekannten Missbrauch bei der Preisgabe von Informationen.

Im Gegensatz zu allen anderen Massenmedien erlaubt das Internet auch eine bidirektionale Kommunikation. Bücher, Zeitungen, Rundfunk und Fernsehen sind von ihrer Funktionsweise her mehr oder weniger Einbahnstraßen, auf denen die Information von einem festgelegten Sender zu den Empfängern fließt. Die elektronische Vernetzung hebt diese Einbahnstraße auf, indem sie jedem Beteiligten die Möglichkeit gibt, aus der passiven in die aktive Rolle zu wechseln. Damit bietet das Internet anders als die alten Massenmedien einen Raum für einen wirklichen Dialog. Wir sollten uns darüber klar werden, was wir meinen, wenn wir von „Kommunikation" sprechen. Nach Kierkegaard ist Kommunikation mehr als nur der Austausch von Informationen. Für ihn bedeutet kommunizieren: „in die Existenz des anderen eintreten". Das Gleiche gilt übrigens auch für die Bildung, die nicht einfach nur ein Prozess der Informationsvermittlung ist, sondern ein komplizierter Vorgang der Aneignung von Wissen und Kompetenz, von Einsicht und Erfahrung im Kontext von Begegnung. Eine Kommunikation im Sinne Kierkegaards kann das Netz nicht leisten. Was es uns bietet, ist eine Oberfläche, nicht jedoch einen Raum für eine wirklich existentielle Begegnung. Der große Unterschied zwischen einer realen und einer virtuellen Kommunikation besteht darin, dass virtuelle Informationen in der Regel keinen Kontext haben. Sie werden nicht von Gestik oder Mimik begleitet. Wenn eine elektronische Nachricht auf dem Bildschirm aufleuchtet, hat sie keinen Zusammenhang und keine Geschichte mehr. Hinzu kommt: Information ist nicht identisch mit Wissen.

Information verhält sich zum Wissen wie ein Zettelkasten zu einem fertigen Buch. Wenn aus Informationen Wissen werden soll, muss diese ausgewählt, analysiert, bewertet und eingeordnet werden. Dieser Prozess setzt Orientierungsfähigkeit, Medienkompetenz und Wertmaßstäbe voraus. Wer in der Informationsflut der globalen Netzwerke nicht untergehen will, muss in der Lage sein, das jeweils Wichtige vom Unwichtigen zu unterscheiden. Diese Relevanzfrage lässt sich aber nur beantworten, wenn man über ein Koordinatensystem verfügt, das nicht im virtuellen Raum, sondern in der Realität verankert ist.

Durch die Verbindung mit modernen Multimedia-Technologien, die dem Computer immer perfektere Bilder und Töne entlocken, trägt das Netz dazu bei, dass die eigentlichen Inhalte immer weiter in den Hintergrund treten und statt dessen von graphischen und akustischen Oberflächen überlagert werden. Das Netz verleitet dazu, sich mit Oberflächlichem zu begnügen. Und dies fällt um so leichter, je glatter die Oberflächen gestylt sind und je weniger Lücken sie für eigene Fragen lassen. Ein geschriebener Text ist natürlich auch nur eine Oberfläche, aber zwischen seinen Zeilen ist genügend Raum für eigene Gedanken. Das Internet ist ein Medium des Hier und Jetzt. Es kennt kein Aufbrechen und auch kein Ankommen. Die Grenzen zwischen virtueller und realer Welt werden verwischt. Wir brauchen deshalb parallel zur Datenautobahn auch heute einen steinigen Jakobspilgerweg, der unser Gespür für das Unterwegssein in Raum und Zeit schärft, für Realitäten also, die nur in technischer Hinsicht überwindbar sind. Vor allem aber: Das weltweite Netz besteht nicht nur aus Maschinen, sondern es verbindet letztlich Menschen miteinander: Menschen mit Schwächen, Fehlern und Vorlieben; Menschen, für die die Welt nicht nur aus digitalen „Nullen" und „Einsen" besteht, sondern aus einer Fülle von Zwischentönen. Deshalb muss gearbeitet werden an einer Kultur der elektronisch vernetzten Kommunikation. Wir stehen nicht allein vor Fragen weiterer technischer Entwicklung, sondern vor allem vor der Aufgabe einer Entwicklung der Netzkultur. Wer von einer neuen „Chance der gemeinschaftlichen Teilhabe an Vorstellungskraft und Wissen der Menschen" (Pierre Lévy) spricht, der muss arbeiten an einer Verständigung über die Spielregeln. Erst dann wird daraus Kultur.

Auf unserem Weg durch die Datennetze sind wir letztlich auf eine sehr alte Tugend angewiesen – auf Vertrauen. Wir leben in einer Welt, die von einer Spezialisierung geprägt ist, die der Einzelne unmöglich überblicken oder gar bewerten kann. Wir müssen uns auf Experten verlassen, ohne dass wir ihr Wissen wirklich überprüfen können. All die scheinbar so rationalen Institutionen der Moderne, die Wissenschaft ebenso wie die Wirtschaft, sind auf ein Bindeglied angewiesen, das seinerseits rational kaum erklärbar ist: auf Vertrauen. Gewiss lässt sich Vertrauen ein Stück weit rationalisieren, indem man Kriterien für Vertrauenswürdigkeit entwickelt. Im Bereich des Internets könnte ein solches Kriterium für Vertrauenswürdigkeit in einer Selbstverpflichtung auf gewisse Grundregeln der „Netikette" und zur Not auch in der Einführung bestimmter gesetzlicher Standards bestehen. Derartige Standards werden jedoch in einem weltweiten Netz, das den Zugriffsmöglichkeiten des Nationalstaates weitgehend entzogen ist, immer wieder unterlaufen. Vertrauen und Vertrauenswürdigkeit bleiben also letztlich unersetzlich. Vertrauen ist ein sehr dünner und verletzlicher Faden. Aber ich bin davon überzeugt, dass wir in einer vernetzten Welt mehr denn je auf diesen feinen Faden angewiesen sind. „Vertrauen" – so sagt der Soziologe Diego Gambetta – „ist die Fähigkeit, mit der Freiheit des anderen zurechtzukommen." Gerade in der Moderne haben wir keine Alternative dazu.

Wolfgang Frühwald

Dorf

Untergang im Sog der Beschleunigung

Die alte Stadt brannte an allen Ecken, als ich 1944 mit meiner Mutter zum Bahnhof ging, um einen der wenigen Züge in das nahe gelegene Dorf zu erreichen. Es sollte mir Zuflucht gewähren vor dem Bombenkrieg. Die Großmutter der Nachbarskinder, die als Austragsbäuerin in dem Dorf lebte, von dem aus man den Feuerschein der immer wieder brennenden Stadt sehen konnte, hatte die Zuflucht angeboten. Als jüngstes Kind der Familie wurde ich in ihre Obhut gegeben und weiß seither, dass Heimweh eine kaum erträgliche Krankheit ist. Ich bin ein Stadtkind. Mit acht Jahren umgab mich nun eine andere Welt, auch wenn sie nur knapp 25 Kilometer von der Heimatstadt entfernt lag. Zwar gab es auch hier den Fliegeralarm, und die Tiefflieger machten Jagd auf jeden einzelnen Menschen. Doch wir wussten, dass die dröhnenden Geschwader, die Nacht für Nacht und bald schon Tag für Tag ihre Bomben ins Landesinnere trugen, nicht auf unser Dorf zielten. Der Fliegeralarm bedeutete nicht mehr die hektische Flucht in den Luftschutzkeller, mit Gasmaske und Notgepäck, das Dorf schien sicher inmitten des ringsum entfesselten Infernos. Und mit den Tieffliegern wussten wir umzugehen: der Straßengraben, der nahe Wald, das Gerstenfeld boten Deckung. Es war ein völlig neues

Lebensgefühl. Wir waren dem pfeifenden und krachenden Tod aus den Lüften entkommen. Die Natur bot Schutz und war in Geruch und Blüte, mit Kräutern und Beeren und Pilzen, die wir alle kannten, oft bedrängend nahe. Viel später erst fiel mir auf, weshalb die Felder, über die der Wind hinstrich, damals so ganz anders ausgesehen haben als heute. Als ich nämlich einem befreundeten Agrarhistoriker einmal die zweite Strophe von Joseph von Eichendorffs berühmtem, von Robert Schumann vertontem Gedicht „Mondnacht“ zitierte:

„Die Luft ging durch die Felder,
Die Ähren wogten sacht,
Es rauschten leis die Wälder,
So sternklar war die Nacht“,

sagte er nüchtern und unberührt: „Aha! Langstrohsorten!“ In der Tat: die damals angebauten Getreidesorten, Gerste, Hafer, Roggen und Weizen, die wir zu unterscheiden wussten, waren Langstrohsorten. Nicht nur die Körner, auch das Stroh wurde in den Ställen der Bauern dringend gebraucht. Das Bild einer Landschaft mit vielen kleinen Kornfeldern, mit exzessivem Kartoffelanbau und mit nur wenigen bunten, weil naturgedüngten Wiesen, war auf eigentümliche Weise unterschieden von dem heutigen Landschaftsbild der endlosen, scheinbar immergrünen Weideflächen, unterbrochen von Beerenplantagen, von (subventionierten) gelben Rapsfeldern und dem Maisanbau, den es damals noch kaum gegeben hat. Auf den Wiesen weideten Kühe, Ochsen, Pferde und, getrennt von ihnen, auch Stiere. Sie zeugten ihre Nachkommenschaft noch auf natürliche Weise, weil die künstliche Besamung erst später eingeführt wurde. Es waren kleine Herden mit einheimischen Viehsorten und schweren Ackergäulen, die in der Dorfschmiede beschlagen wurden. Die Bauern – sie waren hauptberuflich Bauern, und nur wenige Handwerker und Krämer wohnten mit ihnen zusammen im Dorf – wussten noch nichts von der Gefährdung der Artenvielfalt des Lebens, denn die Vielfalt der Tierwelt war fast so groß wie die der Pflanzenwelt. Die Bauern, nicht wir „evakuierte“ Stadtkinder, waren, wie es im Jargon der Zeit hieß, „Selbstversorger“ und damit in unseren Augen reich und privilegiert. Hunde, Katzen, Schafe, Ziegen, Schweine, Hasen, frei laufende Hühner, mit stolzen Italiener-Hähnen, aber auch Gänse, Enten,

Truthähne etc. bevölkerten ihre Höfe, deren Reichtum nach der Größe des Misthaufens vor dem Stall bemessen wurde. Die Kinder halfen bei der Reinigung der Ställe, bei der Ernte, der Heuernte ebenso wie der Getreideernte. Es war schwere Arbeit, hoch oben auf dem Heuwagen die mit Gabeln angereichten Heuballen zu verteilen, es war schwere Arbeit, die Tenne zu säubern, wenn die Dreschmaschine ihre Arbeit beendet hatte. Pestizide gab es nicht, „Kartoffelkäfer-Klauben" war eine verhasste Kinderarbeit. Aber es war märchenhaft schön, zur Belohnung mit dem Pferdewagen mit zur Mühle fahren zu dürfen, vielleicht sogar ein Pfund weißes Mehl als Geschenk zu erhalten. Die Arbeit der Kinder wurde mit Naturalien bezahlt, und im Tauschhandel waren wir erfahrener als die Erwachsenen. Der größte Festtag war der Schlachttag, wenn ein Schwein geschlachtet wurde und wir einen Topf Kesselsuppe, vielleicht sogar Blut- und Leberwürste ergatterten, die so ganz anders schmeckten als die Blutwurst mit der Papierhaut, die es auf Marken zu kaufen gab, oder gar als die markenfreie Molkewurst.

In der Schule zeigte sich der Unterschied zum Stadtleben am auffälligsten. Eine Lehrerin unterrichtete die Klassen eins bis vier gemeinsam in einem großen Schulzimmer. Wir nannten sie die „Katzenmutter", weil sie mit dreißig Katzen zusammen in ihrer Wohnung lebte und wir den Geruch dieser Katzen an ihr wahrzunehmen meinten. Ich habe nur schemenhafte Erinnerungen an eine strenge Schulatmosphäre, in welcher der Tatzenstock regierte, weil der jeweils eine Jahrgang schwer unter Kontrolle zu halten war, wenn sich die Lehrerin mit einem anderen beschäftigte. Immerhin – wir lernten Lesen und Schreiben und Rechnen bei ihr. Zum sozialen Leben des Dorfes gehörte ganz selbstverständlich der sonntägliche Kirchgang, der Rosenkranz, die Maiandacht, auch und gerade unter der Herrschaft der Nationalsozialisten. Auch das abendliche Gespräch auf der Bank vor der Tür, mit den Nachbarn, mit den Freunden, gehörte unverwechselbar dazu. Die Gespräche waren ernst und oft genug von Trauer erfüllt, denn die Todesphase des Regimes hatte begonnen, und die Herrschenden opferten jetzt ihrem Macht- und Todestrieb in Krieg und Verfolgung die Menschen in Hekatomben …

Ich habe nicht lange auf dem Dorf gelebt. Die Gefahren des Bombenkrieges schätzte das heimwehkranke Kind geringer als die Nöte der Fremde. Doch so lange immerhin habe ich auf dem Dorf und mit seinen Menschen gelebt, dass mir der vom Feuerschein gerötete Himmel heute wie das Abendrot einer Lebensform erscheint, die in Mitteleuropa nie mehr wiederkehrt. Am eigenen Leib hat meine Generation das Hauptkriterium der Modernisierung erlebt, die Beschleunigung der Erfahrung, in deren Strudeln auch das alte Dorf untergegangen ist. Von seiner Existenz und seiner Realität erzählen heute nur noch Geschichte, Kunst und Literatur.

Hans-Christian Kirsch

Ehe

Aufgehobene Glückszwänge

Als ich vor fünfzehn Jahren in ein kleines Dorf im Westerwald mit vorwiegend katholischer Einwohnerschaft zog, hatte es dort bis dahin keine einzige Scheidung gegeben. Heute ist die Situation so, dass in eben dieser Gemeinde jede dritte Ehe innerhalb von fünf Jahren geschieden wird. Entspricht die gute alte Ehe den Bedürfnissen derer, die sie eingehen, nicht mehr? Oder genügen die Ehepartner den Anforderungen, die die Ehe an sie stellt, nicht mehr? Geht man ins Detail, mögen die Gründe dafür gewiss vielschichtig sein. Aber ein Grund scheint mir in diesem Zusammenhang häufiger gravierender als andere, die gewiss auch vorhanden sind.

Im Bereich der Öffentlichkeit wird lautstark darüber Klage erhoben, die Deutschen seien ein aussterbendes Volk. Als Gegenmittel wird die Erhöhung des Kindergeldes beschlossen; dennoch sind die Bedingungen, eine Ehe mit Kindern zu führen, für Paare, bei denen beide Partner berufstätig sind oder sein wollen, hierzulande nicht gerade verlockend: erhöhtes Kindergeld hin oder her. Nur dann, wenn sich aus der Berufstätigkeit des Paares ein relativ hohes Einkommen ergibt, ist es in der Lage, eine Person anzustellen, die trotz Berufstätigkeit der Frau angemessen für die Kinder sorgt, sie erzieht. Die dazu bestehenden öffentlichen Einrichtungen sind – vorsichtig gesprochen – unzureichend. Das Recht auch der Frau auf Selbstverwirklichung, das unterdessen in allen Parteiprogrammen auftaucht, ist somit ein Täuschungsversuch gegenüber den Wählern oder Utopie. Andererseits gibt es auch nicht wenige junge Ehemänner, die Kinder als für ihre Karriere hinderlich betrachten. Und unter Umständen sind sie das aus der subjektiven Sicht eines karrierebedachten Yuppies, der mehr mit seiner Firma als mit seiner Frau verheiratet ist, ja auch.

Man wird von mir keinen allgemein gültigen Lösungsvorschlag erwarten. Dennoch, was sagt man einem jungen Paar angesichts der von ihm gestellten Frage, ob es heiraten solle oder nicht, ob es sich trennen solle oder nicht? Ich würde ihm – und ich weiß, dies ist keine leichte Hausaufgabe, die ich da stelle – anempfehlen, zunächst Goethes „Wahlverwandtschaften“ und dann Walter Benjamins Essay (in: „Illuminationen“, Frankfurt a. M. 1977) über diesen Text von Goethe zu lesen. Warum? Die menschlich-allzumenschlichen Gefährdungen, denen Ehen in der Realität ausgesetzt sind, und die möglichen Reaktionen darauf, all dies hat Goethe in der für seinen Roman gewählten Konstellation der Personen geradezu archetypisch aufgezeigt. Während „Wahlverwandtschaften“ das Denkmodell darstellt, liefert Benjamin mit seiner Interpretation dessen „Erschließung“. Er bezeichnet seine Absicht dabei als „die Suche nach der Wahrheit eines Kunstwerkes“. Dies geschieht bei ihm unter Einbeziehung der prominentesten und brisantesten Überlegungen und Einsichten zu diesem Thema samt deren Kritik.

Da wäre zunächst Immanuel Kants berühmt-berüchtigte Definition aus der „Metaphysik der Sitten“, wonach die Ehe „die Verbindung zweier Personen verschiedenen Geschlechts zum lebenswierigen (lebenslangen) wechselseitigen Besitz ihrer Geschlechtseigenschaften sei“ (Illuminationen, S. 65). Zu der Definition bei Kant gehört aber auch noch der Satz: „Der Zweck, Kinder zu erzeugen und zu erziehen, mag immer ein Zweck der Natur sein, zu welchem sie die Neigung der Geschlechter gegen einander einpflanzte; aber dass der Mensch, der sich verehelicht, diesen Zweck sich vorsetzen müsse, wird zur Rechtmäßigkeit dieser seiner Verbindung nicht erfordert; denn sonst würde, wenn das Kinderzeugen aufhört, die Ehe sich zugleich von selbst auflösen.“

Benjamin verweist, nachdem er Kant kommentiert hat, auf Mozarts „Zauberflöte“, als deren Thema er „weniger das Sehnen der Liebenden als die Standhaftigkeit der Gatten“ ansieht. „Es ist nicht nur, einander zu gewinnen, dass sie Feuer und Wasser durchschreiten sollen, sondern um auf immer vereint zu bleiben.“ Angespielt wird da auf die Zeilen in dem Duett von Tamino und Pamina, dessen ergreifende musikalische Ausführung man sich freilich zu den Worten dazudenken (oder es überhaupt erst einmal entdecken) muss:

Tamino:
Hier sind die Schreckenspforten,
die Not und Tod mir dräu'n.

Pamina:
Ich werde aller Orten
an deiner Seite sein.

Im Text der „Wahlverwandtschaften“ selbst taucht jener Mittler auf, der ein Plädoyer für die Ehe hält und dabei unter anderem äußert:

„Wer den Ehestand angreift … der hat es mit mir zu tun … Die Ehe ist der Anfang und der Gipfel aller Kultur. Sie macht den Rohen mild, und der Gebildetste hat keine bessere Gelegenheit, seine Milde zu erweisen. Unauflöslich muss sie sein, denn sie bringt so vieles Glück, dass alles einzelne Unglück dagegen gar nicht zu rechnen ist.“

Dies als Goethes eigenen Standpunkt anzusehen, erklärt Benjamin für unmöglich, wenn man bedenke, „dass jene Philosophie der Ehe einer zum besten gibt, der ehelos selber lebend als der tiefststehende unter allen Männern des Kreises erscheint“ (Illuminationen, S. 65).

So wie Goethe seine Geschichte angelegt hat, geht es ihm offensichtlich – und dies macht sie für uns besonders interessant – denn auch keineswegs um die Verklärung der Ehe, sondern um die Vorgänge bei ihrer Bedrohung und den Verlauf ihrer Auflösung. Benjamin erklärt, was Mittler da predige, laufe auf „den Anspruch der Satzung“ hinaus. Doch habe „in Wahrheit die Ehe niemals im Recht die Rechtfertigung, das wäre als Institution, sondern einzig als ein Ausdruck für das Bestehen der Liebe …“

Damit aber steht die Ehe unter einem weit rigoroseren Gesetz, als ihn jeder Gesetzesartikel festschreiben kann, nämlich unter dem eines subjektiven Gefühls. Hier geraten wir in einen Bereich, der eben nicht unbedingt von sozialen Umständen, Härten, von Gesetzen abhängig ist, sondern nur von der Entscheidung des Individuums, die sich aus einem Empfinden ergibt, einem Empfinden, auf das eine Vielzahl Faktoren aus Vergangenheit und Gegenwart einwirken und das sich somit in jedem einzelnen Fall jeweils unter anderen Konstellationen abspielt. Deshalb wird, selbst unter günstigsten sozialen Bedingungen und bei Veränderung und Liberalisierung der für sie geltenden gesetzlichen Normen, die Ehe, geschlossen zwischen Menschen, nämlich zwei unvollkommenen Wesen, immer ein Problem bleiben. Einen Messwert für die Intaktheit einer Ehe, das Fortbestehen von Liebe – zwar nicht die einzige, aber wichtigste Ingredienz für ihren Bestand – aber liefert jener Satz von Adorno in „Minima moralia", wo das allein gültige Kennzeichen für das Geliebtwerden aufgezeigt wird: „Geliebt wirst du einzig, wo du schwach dich zeigen darfst, ohne Stärke zu provozieren." In diesem Sinn sind Paare in unserer von Konkurrenz und Leistung beherrschten Gesellschaft mehr denn je aufeinander angewiesen und sollte die Ehe auch einen Raum von Freiheit darstellen, in dem die erwähnten Zwänge zum Glück der beiden aufgehoben sind.

Walter Homolka

Ehrenamt

Zukunfts-Bausteine

Der Rabbi von Białystok erzählte folgende Geschichte: „Ein Reicher starb und wurde vor das himmlische Gericht geführt. Auf dem Weg dorthin kam er an den Wohnungen der Heiligen und der Frommen vorbei, die in einer unbeschreiblichen Freude lebten. Der Reiche bat um Erlaubnis, dort bleiben zu dürfen. Der Schutzengel sprach: ‚Du darfst hier bleiben, wenn du das Eintrittsgeld bezahlen kannst.' – ‚Sicher kann ich das', antwortete der Reiche, ‚ich habe sehr viel Geld.' – ‚Dein Geld wird hier nicht als Zahlungsmittel angenommen', antwortete der Schutzengel und zeigte dem Reichen verschiedene Papiere. ‚Siehst du diese Empfangsbescheinigungen für Werke der Nächstenliebe. Das ist das einzige Zahlungsmittel, das wir hier annehmen.' – ‚Lass mich auf die Erde zurückkehren', flehte der Reiche,

‚und ich werde mein ganzes Vermögen in diese Schecks der Nächstenliebe umwandeln. Dann komme ich wieder herauf.' – ‚Dafür ist es jetzt zu spät', antwortete der Engel."

Diese alte chassidische Geschichte verdeutlicht, was wirklich zählt. Es sind die Werke der Nächstenliebe, unbezahlte Dienste am anderen, heute würde man sagen: ehrenamtliches Engagement. Im Judentum wie auch im Christentum sind diese privaten und freiwilligen guten Werke wichtig. Ehrenamtliches Engagement gilt zunehmend als vielseitig wirksame, gesellschaftliche Probleme mildernde und Lebensqualität sichernde Ressource. Vor dem Hintergrund einer immer komplexer werdenden Gesellschaft kann es zudem neue Identität stiften und Gelegenheit schaffen, die Interessen des jeweils anderen zu begreifen. Ehrenamtliches Engagement in allen seinen Facetten und Tätigkeitsfeldern ist also Ausdruck der Verantwortungsbereitschaft für das Gemeinwohl.

Wo früher stabile gesellschaftliche Strukturen für den sozialen Zusammenhalt sorgten, tritt im 21. Jahrhundert eine Vielzahl individueller Lebensentwürfe. Ein solches Anwachsen an individueller Freiheit bedeutet aber, dass unsere Eigenverantwortung zunimmt. Sie muss künftig einhergehen mit konsequentem Engagement für wichtige Teilbereiche nicht-staatlicher, aber dennoch öffentlicher Belange. Eine demokratisch-politische Kultur, die auf der Grundlage liberaler Menschenrechte bürgerliches Engagement ermöglicht und fördert, muss sogar fordern, dass Bürger die Initiative ergreifen. Der Ruf nach mehr Zivilgesellschaft ist der Ruf nach einer Stärkung des Ehrenamtes.

So sind Organisationen entstanden, die auf dem Ehrenamt fußen: als Reaktion auf fehlende Gestaltungskraft und mangelnde Kompetenz der staatlichen Institutionen. Effizienter und weniger bürokratisch als staatliche Behörden sollen sie flexibel reagieren, wo Regierungen ein Vakuum hinterlassen. Wo der Staat die Interessen seiner Bürger nicht voll abdecken kann, springt die Selbstorganisation ein. Menschen im Ehrenamt mobilisieren die öffentliche Meinung. Ein Staat, der seine Legitimität daraus bezieht, immer wieder den gesellschaftlichen Konsens herbeizuführen, wird dadurch eher gestützt als untergraben.

Richtig ist: Menschen im Ehrenamt spielen im Prozess der öffentlichen Meinungsbildung eine wichtige Rolle und tragen dazu bei, dass breit getragene politische Lösungen gefunden werden.

Der Staat mit seinen Organen ist dazu allein nicht in der Lage. Hätten die Suffragetten auf den Staat gewartet, gäbe es heute noch kein Frauenwahlrecht. Und Henri Dunants Vision von menschenzugewandter Hilfe jenseits aller Ideologie konnte nur durch Gründung des „Roten Kreuzes“ zu dem werden, was sie heute ist: eine Institution mit völkerrechtlich verankertem Status. Das Beispiel des Roten Kreuzes ist schon hundert Jahre alt und dennoch ganz aktuell.

Die Herausforderung durch die Globalisierung wird Umwälzungen von der gleichen Dimension mit sich bringen wie im 19. Jahrhundert die soziale Frage. Menschen werden lernen müssen, mit einer nie gekannten Vielfalt zu leben und offen mit Andersartigkeit umzugehen. In einer immer undurchschaubareren Welt werden Menschen auf der Suche nach dem Lebenssinn überfordert, weil traditionelle Formen der Sinnstiftung an Überzeugungskraft verlieren: Parteien, Religionsgemeinschaften, Gewerkschaften und Verbände. Wo sich Wirtschaft, Gesellschaft und Kultur immer internationaler ausrichten, gerät der Primat der Politik in echte Gefahr. Wir stehen vor dem Zwang, globale Steuerungsmechanismen zu entwickeln. Aber die Politik hinkt immer weiter hinter den sozialen und wirtschaftlichen Entwicklungen her.

Hinzu treten zwei andere Orientierungsgeber: die großen Wirtschaftsunternehmen mit ihren weltweiten Verflechtungen und die gemeinnützigen Organisationen.

Die Unternehmen mit globaler Orientierung sind natürliche Träger einer neuen Kultur der Sinnstiftung und des sozialen Zusammenhalts. Diese ist geprägt von der Perspektive und den Eigeninteressen dieser einzelnen Firmen, die aber immer stärker auch gesamtgesellschaftliche Verantwortung übernehmen. Ihr weitreichender Einfluss und ihr Hineinwirken in die Gesellschaft können künftig gar nicht überschätzt werden.

Das „Corporate Volunteering“, das Ehrenamt in der Wirtschaft, gibt es in den USA bereits seit mehr als 50 Jahren. Die Unternehmen, die sich sogenannten „Corporate-Volunteering-Netzwerken“ anschließen, genießen in der Gesellschaft ein hohes Ansehen, denn es wird von ihnen nicht nur erwartet, dass sie große Gewinne einfahren, sondern auch als gute Staatsbürger, corporate citizen, an der Lösung gesellschaftlicher Probleme teilhaben: so z. B. Time-Warner, der Herausgeber des „Time Magazine“, der seine Mitarbeiter für die Arbeit in einem Alphabetisierungsprogramm für Kinder freistellt. Charakteristisch für diese Freiwilligen-Programme ist, dass die Firmen neben zusätzlichen Spenden von Sachmitteln, in dieser Zeit das Gehalt des Mitarbeiters weiterzahlen.

Diese Form von Freiwilligenarbeit steht in Europa noch am Anfang ihrer Entwicklung. Großbritannien, die Niederlande und die Schweiz versuchen schon seit Jahren entsprechende Programme zu etablieren. Aus diesem Grund hat die UNO-Generalversammlung das Jahr 2001 zum „Internationalen Jahr der Freiwilligen" ausgerufen.

Ehrenamtliches Engagement ist auch hierzulande in vielen Bereichen anzutreffen: Bei einem Kunst-Projekt etwa greift eine Bank den Studenten nicht nur finanziell unter die Arme, sondern die Kuratoren der Kunst-Sammlung dieser Bank geben auch ihre Erfahrung und ihr Wissen an die zukünftigen Kunstwissenschaftler und Kunsthistoriker der Universität weiter.

Die freiwilligen Helfer können auf diese Weise ihre Kompetenz im Umgang mit anderen Fragestellungen und Problemen weiterentwickeln. Und die Institutionen erhalten über diese ehrenamtlichen Mitarbeiter neue Anregungen und Impulse. Beide Seiten profitieren voneinander. Unternehmen als Corporate Citizen bauen auf einer Wertschätzung des kollektiven wie individuellen Ehrenamtes.

Die Nichtregierungsorganisationen und ihre ehrenamtlich Tätigen treten ebenfalls an, neben Parlamenten und Wirtschaft eine wichtige Rolle bei der künftigen Gestaltung unserer Gesellschaft zu spielen. International gesehen gibt es nur sehr schwache Institutionen: keinen internationalen Gerichtshof für Umwelt und Menschenrechte; keine Weltpolizei. Hier erfüllen international arbeitende Organisationen wie Greenpeace oder der WWF ein bedeutsames Wächteramt.

Kann aber daraus ein tragfähiges Konzept für das nächste Jahrtausend entstehen? Kann Bürgerengagement nationale Grenzen überwinden und Ordnung bringen in die Wirrsal globalisierter Existenz? Wird das neue Millennium eine neue Qualität der Entwicklung des Ehrenamtes hervorbringen: die internationale Zivilgesellschaft als Rückgrat einer universalen Weltordnung?

Die Frage ist noch unbeantwortet: Wie können eine immer internationaler ausgerichtete Gesellschaft und eine globalisierte Wirtschaft demokratisch regiert werden? Noch ist ein vernünftiger Bauplan für eine transnationale Weltzivilisation nicht erkennbar. Deshalb wird in

Zukunft die Suche intensiver werden müssen nach funktionierenden Ordnungs- und Mitbestimmungsformen, die helfen, wenn Lebenswelten immer komplexer werden und wir den Spagat bewältigen müssen zwischen lokaler Verwurzelung und globaler Perspektive. Menschen, die sich ehrenamtlich für die Arbeit an übergreifenden Problemstellungen faszinieren lassen, sind ein bedeutender Baustein.

Anand Nayak

Ekstase

Mein ozeanisches Erlebnis

Dies ist die Geschichte meiner Ekstase. Ich bin eine Salzpuppe. Ich weiß nicht genau, wie ich entstand. Als ich meine Augen öffnete, sah ich meine Schöpferin, die mit einem mitleidigen Lächeln zu mir sagte: *Du bist das Salz der Erde. Wenn du deine Salzigkeit verlierst, gibt es keine Möglichkeit, sie zurückzugewinnen. Du wirst wertlos sein, man wird dich wegwerfen, und die Leute werden auf dir herum trampeln. Geh und salze die Welt!* So ging ich, um die Welt, die Salz braucht, zu entdecken.

*

Eines Tages war ich in einem wundervollen Garten, der voller Bäume, Pflanzen, Kletterpflanzen und allen Arten von Blumen war. Vögel und Tiere spielten dort zusammen. Die Schöpferin war bei der Arbeit am Flussufer. Sie nahm einen Lehmklumpen und formte daraus einen schönen Mann. Aber dieser sah traurig und deprimiert aus und schlief immer wieder ein. Deshalb öffnete ihn die Schöpferin, brach eine seiner Rippen und machte daraus eine schöne Frau. Der Mann war aufgeregt, als er sie sah. Er ging zu ihr, umarmte und küsste sie, vereinte seinen Körper mit ihrem, und sie wurden eins. Die Schöpferin war in Ekstase, tanzte vor Freude und sagte: *Das ist wunderschön! Das ist mein Abbild, das bin ich.*

*

Dann war ich auf dem Gipfel der Berge, die der Wohnsitz des Schnees sind: der Himalaya. Als ich von dort oben herunterstieg, sah ich einen Mann, der in einer tiefen, dunklen Höhle am Boden saß. Er hatte die Augen geschlossen und atmete langsam ein und aus. Ich stand am Eingang der Höhle. Ich konnte nicht eintreten, die Stille war so tief. Der bärtige Mann sagte zu sich selbst: *Wer legt einem Säugling das erste Wort in den Mund? Wer löst den Gedanken aus, der sich in die Höhe erhebt? Wer verbindet Herz und Verstand?* Dann öffnete er seine Augen und sagte zu mir: *Die Wirklichkeit ist nicht das Wort, sondern das, was ein Wort zum Wort macht; du kannst alles sehen, aber nicht dein Auge; die Wahrheit ist nicht, was du siehst, sondern das Sehen des Sehens. Gott existiert nicht; sie ist die Macherin der Existenz.* Als er das sagte, gab es einen Blitz in der Höhle. Der Mann stieß ein lautes *Ah* aus und wurde vom Boden weggehoben. Dort blieb er in der Luft sitzend.

*

Mose war ein Schäfer. Er hütete die Schafe und Ziegen am Fuße des Berges Sinai. Dort sah er eine Flamme, die in der Mitte eines Busches brannte. Der Busch brannte, aber er verbrannte nicht. Er näherte sich dem Busch, um ihn zu untersuchen, als er eine Stimme hörte: *Halt. Komme nicht näher. Du bist an einem heiligen Ort. Ziehe deine Sandalen aus. Ich bin der Gott deiner Ahnen.* Mose bedeckte in Ehrfurcht sein Gesicht und fragte: *Wie heißt du?* Der brennende Busch sagte: *Ich bin.* Die Ehrfurcht erfüllte die ganze Wüste. Mose fühlte sich sehr klein vor dieser mächtigen Gegenwart, er fühlte, dass er ein Niemand war. Sein Stab fiel aus seiner Hand und wurde zu einer kriechenden Schlange.

*

Eines Tages war ich im Königreich Magadha am Ufer des Flusses Ganges. Es gab dort einen bezaubernden Wald. Ein Fluss mit klarem Wasser floss mitten hindurch. Es war Nacht, aber der Vollmond erleuchtete die Umgebung mit seinem milchigen Glanz. Ich sah einen Mann unter einem Baum mit großen, herzförmigen Blättern sitzen. Er murmelte zu sich selbst: *Anfang, Dauer, Ende; Anfang, Dauer, Ende; Anfang, Dauer, Ende.* Er versuchte, sich selbst einzureden, dass alles, was entsteht, vergeht. Was bleibt dann? Nichts. Als er das

Nichts spürte, leuchtete sein Gesicht heller als der Vollmond und heller als seine goldfarbenen Kleider. Er seufzte: *O Glück, grenzenloses Glück.* Dann schaute er mich an und sagte: *Ich wanderte auf endlosen Wegen, ging durch Geburten und Tode. Ich suchte den Architekten dieser Welt. Heute fand ich ihn. Seine Städte sind dem Erdboden gleichgemacht. Sie werden nie mehr erstehen.* Er sah so glücklich aus. Ich fragte ihn: *Warum bist du so glücklich?* Er antwortete: *Folge mir.* Ich tat es nicht. Ich fürchtete mich.

*

An einem anderen Tag bestieg der Meister Jesus einen Berg mit drei seiner Jünger. Ich folgte ihnen. Auf dem Gipfel des Berges erfuhr Jesus eine Veränderung: Sein Gesicht leuchtete wie die Sonne, und seine Kleider waren blendend weiß. Dort erschienen Mose und Elija, die ihn grüßten und mit ihm zu sprechen begannen. Petrus, Jakobus und Johannes waren verblüfft, jedoch voller Freude. Petrus wollte dort oben bleiben und Jesus, Mose und Elija in drei Zelten einschließen. Dann erschien aber eine Wolke und nahm den wundervollen Augenblick des Glücks weg.

*

Eines Tages war ich auf einem Schlachtfeld. Es war ein Kampf zwischen zwei verwandten Familien. Der großartige und tapfere Hauptmann Arjuna hob seinen Bogen. Aber als er im gegnerischen Lager seine Familienmitglieder und seine Lehrer sah, überkam ihn eine plötzliche Niedergeschlagenheit. Er sank auf seinem Wagen zusammen. Aber Gott, der auf seiner Seite stand, nahm die Gestalt eines Wagenlenkers an und ermutigte ihn, den gerechten Kampf, in den er verwickelt war, zu kämpfen. Arjuna sah dann die wahre Gestalt dieses Gottes. Er war in göttliche Kleider gehüllt, mit Schmuckstücken und exquisitem göttlichem Duft versehen. Er strahlte ein Licht aus, das glänzender als tausend Sonnen war. Sein Körper war tatsächlich das große Universum. In tiefem Respekt und tiefer Liebe fiel Arjuna ihm zu Füßen. Dann stand er auf, verbeugte sich und bat den Wagenlenker, seinen Wagen in das Kampfgeschehen zu führen.

*

Eines Nachts sah ich den heiligen Muhammad, wie er von einem Engel geführt wurde. Dann wurde Muhammad plötzlich zur Spitze des Tempels in Jerusalem gehoben, dem Tor zum Himmel, wo Allah wohnt. Der Engel zeigte ihm die herrlichen Behausungen und auch die schrecklichen Höllenkerker. Sie waren im Garten der Heimstätte in der Nähe des Zizyphusbaumes am Ende des Weges, nur zwei Bogenlängen vom Wohnsitz der Göttlichen Essenz entfernt. Muhammad näherte sich der Wohnstätte Allahs, kam aber zurück und fiel in Anbetung und Unterwerfung nieder. Er fühlte seine Kleinheit, seine Unwürdigkeit, das Gesicht Allahs zu sehen. Er verharrte in Anbetung, denn es schien ihm, dass die Menschen nichts Besseres tun könnten, als sich Allah, dem Großen, dem Einzigen, dem Undurchdringlichen, zu unterwerfen.

*

Der Meister ging mit seinen Jüngern über die Hügel. Die Abendsonne warf goldene Strahlen. Die mächtigen Bäume wuchsen gegen den Himmel, reine, klare Wasser flossen in Strömen. Aber die Jünger waren unruhig und voller Fragen. *Meister,* beschwerten sie sich, *du versteckst die wahre Bedeutung des Lebens vor uns.* Der Meister bestritt dies mit einem Lächeln. Dann begann ein Vogel zu singen. Alle hörten ihm zu. *Habt ihr diesen Vogel singen hören?* Fragte der Meister. *Ja,* sagten die Jünger, *wir wissen nun, was Leben bedeutet.*

*

Und so ging ich in der Welt herum und entdeckte die Menschen und ihre Ekstasen. Aber ich erfuhr nicht, was dies wirklich bedeutet, bis ich eines Tages zum Ozean kam. Es war faszinierend, diese eigenartige, sich bewegende Masse zu sehen, die anders war als alles, was ich bisher gesehen hatte. *Wer bist du?* fragte ich. Der Ozean lächelte und sagte: *Komm herein und sieh.* Ich watete ins Wasser. Aber ich löste mich auf: Je tiefer ich ins Wasser ging, desto kleiner wurde ich, bis nur noch ein kleines Stück von mir übrig blieb. Bevor dieses letzte Stück von mir sich auflöste, rief ich in Ekstase aus: *Nun weiß ich, wer ich bin!*

Dagmar Schipanski

Elite

Weder Geistesaristokraten noch Wissensexperten

„Die Philosophen sollen Könige, die Könige Philosophen sein." In den Ohren moderner Zeitgenossen klingt dieser Anspruch Platons an die Staatsführung Athens utopisch. Dabei ging es ihm in erster Linie darum, die „Herrschaft der Besten" im Staate zu sichern und die der vermeintlich „Durchschnittlichen" zu verhindern. Doch wie kann man gewährleisten, dass sich an der Spitze des Staates die „Besten" befinden? Und: Wer sind denn „die Besten"?

Von der Antike bis heute sind diese Fragen sehr unterschiedlich beantwortet worden. In der politischen Praxis folgte die Elitenrekrutierung meist einem festgefügten Muster. Bis zum Erstarken des Bürgertums in der Neuzeit bildete der Adel allein die jeweilige politische und wirtschaftliche Elite. So lange galt die Geburt als wichtigstes Auswahlkriterium für die Zugehörigkeit zur Elite. Erst mit der Französischen Revolution änderte sich das in Europa grundsätzlich. An die Stelle von Adel und Klerus trat nun das Bürgertum, und statt des Vorrechts der Geburt und des Standes galten nun Leistung, Funktionalität und Gesinnung als „staatstragend". Was bereits Friedrich der Große mit dem Begriff der „Elite der Nation" bezeichnete, wurde im Zeitalter des Nationalstaates zum Garanten und Gütesiegel staatlicher Politik. Der Staat entdeckte die Bedeutung einer systematischen Ausbildung der politischen, militärischen und wirtschaftlichen Elite unter seiner Kontrolle. Wie schon zu Napoleons Zeiten werden in Frankreich auch heute noch die Führungseliten des Landes an speziellen staatlichen Schulen herangebildet.

Ähnlich ist es in Großbritannien, wo die künftige Elite des Landes seit jeher die Stationen renommierter Schulen und Hochschulen durchläuft.

In Deutschland gibt es keine vergleichbaren Eliteschmieden, denn unser Schul- und Universitätssystem ist nicht vertikal, sondern horizontal konzipiert. Vielleicht liegt es daran, dass die Deutschen mit dem Begriff „Elite“ nichts anfangen können. Das Misstrauen der Deutschen gegenüber Eliten wird in demoskopischen Untersuchungen besonders deutlich. So war Ende der 1990er Jahre laut einer Umfrage des Instituts für Demoskopie in Allensbach nur jeder fünfte der Befragten der Meinung, der Staat solle „die Heranbildung einer Elite fördern, damit es genügend gute Führungskräfte gibt“. Mehr als 60 Prozent vertraten die Auffassung, die Elite würde sich „von selbst durchsetzen“. Und auf die Frage, ob Führungspersönlichkeiten „eher gut“ oder „eher böse“ seien, befand eine deutliche Mehrheit der konkret antwortenden Deutschen, sie seien „eher böse“. Die gleiche Frage führte bei einer Erhebung in Großbritannien zum entgegengesetzten Ergebnis.

Möglicherweise sind Begriff und Phänomen der Elite in Deutschland zu sehr ideologisch belastet, um einen unbefangenen und pragmatischen Umgang mit ihnen zu ermöglichen. Vor allem das vergangene Jahrhundert scheint vielen Deutschen die Lust an der Elite genommen zu haben. Im Nationalsozialismus konnte nur der zu ihr zählen, der die entsprechenden rassischen und politischen Kriterien erfüllte. Charakter und Können wurden durch Uniformität und Gesinnungspathos ersetzt. Ähnliches gilt für die SED-Herrschaft in der ehemaligen DDR. Auch dort gehörte nur zur Elite, wer aktives Parteimitglied war und die entsprechende Gesinnung mitbrachte. Statt offener Elitenrekrutierung gab es einen geschlossenen Kreislauf von Funktionsträgern.

Heute fragen wir uns: Brauchen wir im wiedervereinigten Deutschland überhaupt Eliten? Es hängt davon ab, was wir unter Elite verstehen wollen. Wenn wir darunter eher die formale Besetzung bestimmter Spitzenpositionen in Staat und Gesellschaft verstehen, dann kann auf die Verwendung des Begriffs Elite getrost verzichtet werden. Es kann auch niemand den Anspruch erheben, zu einer Elite zu gehören, nur weil er prominent ist – mag er sich auch noch so „elitär“ verhalten.

Wenn wir die Zugehörigkeit zu einer Elite aber als Aufgabe und Pflicht begreifen und mit Attributen verbinden wie: soziale Kompetenz, Einfühlungsvermögen, Kreativität, Pflicht- und – vor allem – Verantwortungsbewusstsein, dann hat es durchaus Sinn, Elite auch beim Namen zu nennen.

Für mich ist die inhaltliche Ausgestaltung des Begriffs Elite auch deshalb wichtig, weil ich mich nicht mit dem Gedanken anfreunden will, einmal von einer „Expertokratie“ beherrscht zu werden, für die es nur noch Sachzwänge, aber keine Gestaltungsspielräume mehr gibt, oder von einer „Wissenselite“ dominiert zu werden, für die Wissen zwar Macht ist, die aber nicht weiß, damit verantwortungsvoll umzugehen.

Wer in Spitzenpositionen aufsteigen will, sollte nicht nur Herausragendes in seinem Fach geleistet, sondern auch unter Beweis gestellt haben, eigenes Tun und Unterlassen kritisch reflektieren und für beides die Verantwortung übernehmen zu können.

Elite hat für mich auch etwas mit Vorbild zu tun. Gerade im Zeitalter medialer Omnipräsenz haben Inhaber von Führungsfunktionen in Politik, Bildung, Wissenschaft, Wirtschaft, Kirchen usw. die Aufgabe, durch ihr ganzes Verhalten authentisch und geradlinig zu sein.

Nicht „dass“ jemand eine Spitzenposition bekleidet, sondern „wie“ er das tut, ist wichtig. Hierin unterscheiden sich offene Gesellschaften mit ihrer Transparenz und Kontrolle von denen, die in Eliten in erster Linie staatliche Funktionsträger sehen.

Ich glaube nicht, dass wir in Deutschland auf „Eliteschulen“ wie Eton (Großbritannien) oder „Eliteuniversitäten“ wie die Grandes Écoles in Frankreich setzen sollten, um unsere zukünftigen Führungskräfte heranzubilden. Ich bin für ein offenes und differenziertes System entsprechender Ausbildungsstätten. Und ich sehe den Staat und seine Bildungseinrichtungen in der Pflicht, mehr für die Profilbildung – und damit das Leistungsniveau – seiner Bildungsstätten und für die Förderung und Unterstützung Hochbegabter zu tun.

Wenn ich von Elite spreche, meine ich allerdings mehr: Deutschland braucht keine „Philosophenkönige“, um seine Zukunft zu meistern. Wir benötigen auch keine „Geistesaristokratie“ (Karl Jaspers), die die Dinge von höherer Warte aus betrachtet. Was wir brauchen, sind Menschen mit Können und Charakter, die bereit sind, gesellschaftliche Verantwortung zu übernehmen und tagtäglich an der Gestaltung unserer Zukunft mitzuwirken.

Elisabeth Noelle-Neumann

Engel

Glauben allein genügt nicht

Über Engel kann man nicht allgemein schreiben. Wer nicht an Engel glaubt, könnte nicht einmal einen Artikel über Engel schreiben. Vielleicht reicht sogar Glauben an Engel nicht aus, wahrscheinlich muss man Engel einmal selbst erlebt haben.

Sicher, man kann wie Marcel Reich-Ranicki in einem Gespräch mit mir am Frühstückstisch im Münchner Hotel *Vierjahreszeiten* sagen: „Engel, Teufel gibt es nicht, wie es auch Gott nicht gibt. Das sind alles Erfindungen der Literatur."

Die Literatur ist ja wirklich ein wunderbarer Teil der Schöpfung. Wie kommt sie wohl dazu, Engel zu beschreiben?

Seit mehr als 5000 Jahren glauben Menschen an Engel. Bildlich dargestellt wurden sie zuerst von den Sumerern und Babyloniern, als geflügelte, monumentale Wesen. Bei den Sumerern hat man übrigens auch den ersten Gebrauch des Begriffes „Freiheit" gefunden. Freiheit in dem Sinn, seine eigenen Ziele verfolgen zu dürfen.

Das frühe Christentum, das sich vom heidnischen Engelskult absetzen wollte, stellte die Engel erdnah dar, flügellos und männlich. Erst vom 5. Jahrhundert an erhielten auch christliche Engel ihre Schwingen. Mit der Frührenaissance wurde der Eros populär, Frauen- und nackte Kinderengel tauchten auf. In der Neuzeit schließlich entwickelte sich eine große Freiheit in den Vorstellungen, Darstellungen von Engeln.

Bei dem Maler William Blake wurde der Engel zum Lichtwesen und bestätigt damit Augustinus, der bei der Frage, aus welchem Stoff Engel seien, erklärte: Licht und Äther. Das ist auch die Auffassung des gegenwärtigen Papstes Johannes Paul II., der gesagt hat, Engel seien „geistige, körperlose Wesen". Oder bei anderer Gelegenheit: Engel seien Licht.

Das altgriechische Wort Ággelos, von dem unser Wort „Engel" abgeleitet ist, bedeutet „Bote". Die Engel sind Gott nahe und können als Bote dem Menschen Botschaften Gottes überbringen.

Im 20. Jahrhundert ging der Glaube an Engel oder das Wissen um sie stark zurück. Damit muss es zusammenhängen, dass wir im Allensbacher Institut – Anfang 1947 gegründet – sehr spät, 1997, zum ersten Mal die Frage stellten: „Glauben Sie, dass es Engel gibt, oder glauben Sie das nicht?" Jeder dritte Westdeutsche erklärte, dass er an Engel glaube, im Osten Deutschlands waren es nur 14 Prozent. Als die Frage im Jahr 2000 wiederholt wurde, waren die Ergebnisse praktisch die gleichen.

Aber mit einer ganz speziellen Frage können wir doch im Allensbacher Archiv etwas zurückgehen in der Zeit, wie bei so vielen Themen in dem inzwischen 54 Jahre alten Institut. 1956 fragten wir in Westdeutschland, wie die Weihnachtsbäume geschmückt waren, und 12 Prozent sagten, dass Engel an ihrem Weihnachtsbaum gehangen hätten. 30 Jahre später, 1986, gehörten für 25 Prozent auch Engel zum Baumschmuck. Es gibt eine Reihe von Indizien, dass der Glaube an Engel, die Gegenwart der Engel zunimmt. Die Funktionen der Engel sind nicht, wie oft angenommen wird, den Menschen zu führen. Das Wirken der Engel wird überwiegend als Warnung und Schutz, auch als rettender Eingriff erlebt.

In den zahlreichen Berichten über Erfahrungen mit Engeln sind solche Fälle typisch, bei denen Engel ein Kind gerade eben noch rechtzeitig durch eine unsichtbare Hand wegrissen, bevor Sekunden später ein heruntergerissenes Starkstromkabel auf seinen Kopf geschlagen wäre. Sehr häufig sind auch Berichte, bei einem Sturz von einer Hand aufgefangen worden zu sein.

Eine besonders wichtige Rolle spielt der Schutzengel beim Sterben. Die Sterbeforscherin Kübler-Ross hat in ihren „Interviews mit Sterbenden" viele Beobachtungen dazu niedergeschrieben.

Sie hatte den Eindruck, der Sterbende werde von seinem Schutzengel abgeholt. Menschen, die klinisch tot waren und wiederbelebt wurden, berichteten mit großer Übereinstimmung, sie seien durch einen dunklen Tunnel gegangen, aber am Ende des Tunnels hätten sie Licht gesehen – ihr Schutzengel erwartete sie, um sie weiter zu begleiten. Diese Beobachtungen von Elisabeth Kübler-Ross würden auch erklären, warum bei Sterbenden oft beobachtet wird, dass sich ihr Gesicht verändert. Entspannung breitet sich aus, und sogar ein Lächeln.

Wenn man ein Erlebnis mit Engeln hat, verändert das das ganze Leben. Ich kann das bezeugen. Mein erstes Erlebnis mit Engeln hatte ich, als ich fünf Jahre alt war. Mitten in der Nacht wachte ich auf. Das Schlafzimmer war hell erleuchtet. Links, nach Osten, war das große Fenster, von weißen, gerafften Gardinen umrahmt, draußen in der Nacht lag der große Garten. In der Mitte eine Deckenlampe, mit weißem Stoff sanft verkleidet, aber das war nicht die Lichtquelle. Das Zimmer war einfach als Ganzes hell, rings herum schloss eine breite Kante von Scherenschnitten mit Märchenmotiven nach oben hin die Tapete des Kinderzimmers ab. Meine Schwester, im Bett rechts von mir auf der gegenüberliegenden Seite des Zimmers, schlief.

Das Zimmer war hell, aber niemand war zu sehen. Ich sah mich um in dem hellen Schlafzimmer und immer wieder zu dem mit leichten weißen Vorhängen eingerahmten Fenster links. Aber es war nichts da. Es war einfach nur alles hell.

Am nächsten Morgen fing ich an zu fragen. Zuerst meine Mutter: Warst du in der Nacht in meinem Zimmer? – Ich? Wieso?

Mein Vater: Ich? Wieso?

Das Kindermädchen, die zwei Hausmädchen, die Köchin, alle wunderten sich: Ich in deinem Zimmer? Wieso?

Als ich alle gefragt hatte, und niemand war nachts in meinem Zimmer gewesen, da sagte ich mir: Dann müssen es die Engel gewesen sein.

Lange Zeit behielt ich dieses Erlebnis als Geheimnis. So, wie ich spätere Erlebnisse mit Engeln bis heute als Geheimnis behandelte.

Wenn man Erfahrungen mit Engeln hat, verliert man auch die Angst vor dem Tod. Eher erfüllt mich, während ich älter werde, zunehmend die Erfahrung, die Elisabeth Kübler-Ross beschreibt: Mitten in der Nacht wird man plötzlich von Erwartung überfallen. Wie wird es sein, wenn mein Schutzengel mich abholt, um dieses Leben zu verlassen?

Horst Petri

Erinnern

Verdrängen oder verwandeln?

Erinnern bedeutet mehr als die Summe aus Wahrnehmung, Erfahrung und Erlerntem, die, im Gedächtnis gespeichert, unser Wissen, Denken und Handeln anleiten und zu höheren Formen der Erkenntnis verarbeitet werden. Erinnern fügt diesen kognitiven und intellektuellen Schritten zum Selbst- und Weltverständnis eine neue Dimension hinzu – die emotionale Durchdringung des Erlebten. Etymologisch ist „erinnern" von dem althochdeutschen Verb „inarōn" mit der Bedeutung „einer Sache innewerden" abgeleitet. Diese Redewendung betont den gefühlsmäßigen Vorgang bei der Verinnerlichung unserer Erfahrungen. Erst durch seinen affektiven Bezug verbindet der Prozess des Erinnerns seelische und geistige Kräfte zu einer Einheit, um sich der eigenen Geschichte zu vergewissern.

Die frühesten Erinnerungsspuren reichen weit in die Zeit zurück, bevor sich eine strukturierte Wahrnehmung der Welt als Vorbedingung für die ersten Gedächtniskerne herausbildet. Es ist das symbiotische Stadium der Mutter-Kind-Beziehung in den ersten Monaten nach der Geburt. Der warme Milchstrom der mütterlichen Brust, der Hautkontakt mit der Mutter, ihre Stimme und ihre Augen stiften die wesentlichen Sinneseindrücke des Säuglings, die er als primäre Erfahrungen seiner Umwelt speichert. In der Erinnerung können sie mit dem Gefühl höchsten Wohlbehagens verbunden sein, aber, je nach der mütterlichen Disposition, auch mit Angst und Schrecken.

Diese Urerfahrung wird in der künftigen Entwicklung zum Grundmuster für die emotionale Verarbeitung aller wichtigen Lebensereignisse. Da diese bei der zwiespältigen Natur des Menschen unausweichlich mit Konflikten belastet sind, umfasst Erinnerung immer beides, die „gute" und die „böse" Seite unserer Existenz. Hierin liegt das menschliche Dilemma der Erinnerungsfähigkeit. Aus ihm leitet sich der Erfindungsreichtum der Psyche ab, die „bösen" Erinnerungen nach besten Möglichkeiten aus dem Bewusstsein zu löschen, weil sie regelhaft Gefühle von Schmerz und Enttäuschung, von Schuld und Scham ins aktuelle Erleben zurückholen. So setzt der Mensch zahlreiche Abwehrmechanismen in Szene, mit denen er sich vor den Albträumen der Erinnerung zu schützen versucht.

Er kann die früheren Erlebnisse vergessen, verdrängen, verleugnen oder in ihr Gegenteil verkehren, er kann sie als unbewusst gemachte Traumata in seelisches und psychosomatisches Leiden verwandeln, er kann die Erinnerung durch Drogen, Arbeit oder Vergnügungen jeder Art betäuben, oder er kann sie, worauf Freud besonders hingewiesen hat, in selbstzerstörerischer oder fremdschädigender Weise reproduzieren, statt das Erlebte zu erinnern und zu verarbeiten. Es gehört zur verbreiteten Psychopathologie des Alltagslebens, dass wir die in der Kindheit oder im späteren Leben erlittenen Verletzungen und Demütigungen unbewusst bei uns selbst oder bei anderen wiederholen, wenn uns die Erinnerung daran verloren ging. An diesen Phänomenen greift die Heilmethode der Psychoanalyse an. Indem sie die Erinnerung an die Vergangenheit und die mit ihnen verbundenen Affekte wieder lebendig werden lässt, hilft sie, die Gegenwart neu zu begreifen, um eine bessere Zukunft zu gestalten.

Seit den Anfängen der Geschichte sind dem Menschen die Gefahren von Erinnerungsverlust und Erinnerungstäuschung für den einzelnen und die soziale Gemeinschaft bewusst. Schon die Totems der Naturvölker sollten weniger das Gedächtnis, sondern die emotional besetzte Erinnerung an die Tabus wach halten, die für das Zusammenleben in der Gruppe unentbehrlich sind. Diese Funktion im Sinne einer „Ethik des Erinnerns“ erfüllen auch alle späteren Kulturleistungen, die gegen die Macht des Vergessens gerichtet sind. Sakrale Heiligtümer, weltliche Erinnerungsstätten, Denkmäler, Feiertage, Jubiläen, Gedenktafeln, Denkschriften, Memoranden, Festreden, Demonstrationen und Mahnwachen appellieren an die geschriebenen und ungeschriebenen Gesetze einer humanen Gesellschaftsordnung. Diese wichtigen Rituale und Symbole der Öffentlichkeit finden ihre Entsprechung in der privaten Erinnerungsarbeit, Photographien und Familienfilme, Briefe, Erinnerungsstücke, Tagebücher und Träume bilden die Erinnerungsspeicher, die das Erlebte festhalten, die den Reichtum der Erfahrungen in all ihren Schattierungen bewahren, um sie für das eigene Leben oder die Nachwelt kreativ zu nutzen.

Kriege, Genozide, Gewalt, Verfolgung und Hunger lassen sich nicht abschaffen, solange sie als persönliche oder kollektive Erfahrungen allein unserem Wissen und historischen Gedächtnis überantwortet bleiben. Nur aus der Erinnerung resultieren dank ihrer emotionalen Qualität Mitgefühl, Mitleid und Verantwortung zur Schaffung menschlicher Verhältnisse in einer globalisierten Welt.

In diesem Sinne habe ich, im ständigen Erinnern meiner eigenen Geschichte als Kriegs- und Flüchtlingskind und der unauslöschlichen Spuren des Holocaust, immer meine Tätigkeit als Arzt und Analytiker und meine Unterstützung der Friedens-, Ökologie- und Kinderrechtsbewegung begriffen. Die Kraft der Erinnerung hält die Hoffnung aufrecht, dass sich die Menschheit ihrer selbst zunehmend „innewird", um die Verhängnisse abzuwenden, die sie über sich heraufbeschworen hat. Dazu bedarf es einer politischen Kultur und eines öffentlichen Klimas, die, bei aller notwendigen Rationalität, das „emotionale Gedächtnis" zulassen und fördern, auch wenn es sich im Widerspruch zu Technikwahn und der Dominanz der Ökonomie bewegt. Nur unter dieser Bedingung lassen sich Veränderungen zu mehr Gerechtigkeit für alle durchsetzen, wie sie die internationalen Deklarationen für das neue Jahrhundert anstreben.

Horst W. Opaschowski

Erleben

Was tut, wer schon fast alles hat?

Der Wohlstand hat das Anspruchsniveau der Menschen verändert. – Was kann eigentlich jemand machen, der schon fast alles hat?

Es wächst das Bedürfnis der Menschen nach emotionaler Anregung, d. h. konkret nach emotionalen Konsumerlebnissen: Einkaufszentren werden zu *Erlebnisinseln*, Kulturorte zu *Erlebnisbühnen* und Freizeitgüter zu Vehikeln des *Erlebniskonsums*. Der Lebemensch Jean-Jacques Rousseau hat den Erlebniskonsum zwischen Kneipe und Casino schon im 18. Jahrhundert selber vorgelebt und vorgedacht: „Nicht wer am ältesten wird, hat am längsten gelebt, sondern wer am stärksten erlebt hat. Mancher wird mit hundert Jahren begraben, der bei seiner Geburt gestorben war." *Von Kindheit an soll der Mensch sich ausleben* – immer auf der Suche nach dem wahren Glück. Rousseau begnügte sich seinerzeit mit der Feststellung: „Der Arme bedarf keiner Erziehung", denn er werde von selbst ein Mensch. Wer aber im Wohlstand aufwachse, sei in seiner Entwicklung viel mehr gefährdet. Die „jeunesse dorée", eine Art Erlebnisgeneration im Überfluss, werde ganz anderen Versuchungen und Gefährdungen ausgesetzt.

Was mit Rousseau 1762 gedanklich seinen Ausgang nahm, spitzt sich heute – über zwei Jahrhunderte später – in seiner Problematik und Brisanz zu: *Erlebe dein Leben – oder stirb!* Die Erlebnisgesellschaft des 21. Jahrhunderts hat hier ihre geistigen Wurzeln. Von der Reformpädagogik des beginnenden 20. Jahrhunderts über Wilhelm Diltheys Abhandlung zum Verhältnis von Erlebnis und Dichtung bis hin zu Kurt Hahns Erlebnistherapie reicht der Spannungsbogen, der Erlebnis zum Leitthema des Lebens macht.

Es ist nicht zu leugnen: Erleben ist heute ein Schlüsselwort der Unterhaltungsbranche geworden, die sich immer mehr zur Erlebnisindustrie wandelt. Vor fast zwanzig Jahren hatte ich eine drohende Erlebnisinflation vorausgesagt: „Wie wirkt sich die prognostizierte Explosion des Erlebnisbereichs aus – auf die eigene Erlebnisfähigkeit, die Qualität der Erlebnisse und die angebotenen Produkte der Erlebnisindustrie? Kommt es zur Pseudo-Individualisierung?" (Opaschowski, Arbeit, Freizeit, Lebenssinn, 1983, S. 96). Im persönlichen Leben wird es immer schwieriger, sich diesem *Erlebnisboom* zu entziehen: Das Wohnzimmer wird zum Erlebnisraum, das Schwimmbad zum Erlebnisbad, die Werbung zur Erlebnisbotschaft, das Zusammensein mit Freunden zum Gruppenerlebnis, und ein erlebnisarmer Urlaub gilt geradezu als verlorene Lebenszeit. Wird am Ende dieser Entwicklung das Leben selbst zu einem einzigen Erlebnis?

Problematisch einzuschätzen ist die sich ständig steigernde Erlebnissuche aus Angst vor innerer Leere und Langeweile. Der Erlebnisboom ‚nach draußen' und ‚mit anderen' kann zum innerseelischen Bumerang werden. Die Gefahr besteht, nicht mehr allein sein und zur Ruhe kommen zu können. Die Flucht nach draußen trägt dann Züge von Selbstflucht. Die Dauerpräsenz von action und motion, Cliquengeselligkeit und Gruppenzwang, Unternehmungslust und Betriebsamkeit erzeugt Erlebnisstress. Eine neue subtile Form von Einsamkeit kann entstehen: die innere Vereinsamung inmitten von

Kontaktflut und äußerer Hektik. Selbst die Anbieter von organisierten Psycho-Programmen werden mehr zur Ablenkung als zur Selbstbesinnung beitragen.

Die Erlebnisgesellschaft eskaliert im Zeitalter der Extreme. Nach der Erlebnisgesellschaft kommt die *Extremgesellschaft.* Immer mehr Menschen in der westlichen Welt leben „Xtrem“: Auf der Flucht vor der Langeweile des Alltags suchen sie den Kick, den Thrill, das No-Limits-Erlebnis jenseits ausgetretener Pfade. Ist die Erlebnislust am Extremen nicht auch ein Ausdruck für die wachsende Sinnleere des Lebens in der westlichen Welt? Können Menschen in „gesättigten“ Märkten nur noch als *Extremophile* überleben – wie in der Natur auch? Aus der Biotechnologie ist bekannt: Normalerweise zerstören extreme Hitze und extreme Kälte jedes Leben. Die Biotechnologie weist jedoch nach, dass es mikroskopisch kleine Wesen gibt, die sich unter solchen extremen Lebensbedingungen geradezu wohl fühlen und problemlos überleben können. Die so genannten „Extremophile“ haben Untergangsbedingungen überstanden, ja in der Hitze vulkanischer Urzeiten oder in der Kälte eisiger Urmeere geradezu neues Leben entwickelt. Breiten sich – im übertragenen Sinne – auch in der westlichen Welt *extremophile Lebensstile* aus?

Der kanadische Kultschriftsteller Douglas Coupland, Autor des legendären Romans „Generation X“, stellt in seinem neuen Roman „Girlfriend in a Coma“ eine jugendliche Clique vor die Wahl, zurück in die Vergangenheit zu gehen oder die „Weichen in die Zukunft für eine neue, bessere und schönere Welt zu stellen“. Was also ist zu tun? Coupland lässt am Ende seine Romanfiguren fragen: Wie können wir uns ändern, ja wie müssen wir uns ändern? Statt wie im Koma untätig zu verharren, müssten wir – bevor die Welt sich ändert – erst einmal uns selbst verändern: Schürft. Spürt. Grabt. Glaubt. Fragt! Hört nicht auf, Fragen zu stellen, zu suchen und zu forschen! Die Erde ist nicht der Himmel, aber „die Erde könnte unsere Arche sein“ (Coupland 1999, S. 343). Um den nachfolgenden Generationen keinen Trümmerhaufen zu hinterlassen, endet der Roman sinngemäß mit der Aufforderung: Schafft eine humane, eine soziale Zivilisation: Lasst uns eine neue Arche Noah bauen!

Regina Ziegler

Erotik

Wenn die Bilder fühlen lehren

Nachdem ich angefangen hatte, die „Erotic Tales“, kleine erotische Film-Geschichten, mit großen Regisseuren aus aller Welt für deutsche Augen zu produzieren, ist mir immer klarer geworden, dass genau darin der Unterschied zwischen Sexualität und Erotik liegen könnte, dass sich die Erotik einer halbwegs exakten Begriffsbestimmung entzieht. Wenn man sie in die Hand nehmen kann, ist sie verschwunden. Man kann sie nicht schwarz auf weiß nach Hause tragen. Sie spielt sich in einem Bereich ab, wo es nicht um Fakten, sondern um Wahrnehmungen geht, um Sensationen, für die man Gefühl braucht – eine Nase meinetwegen. Mittlerweile stelle ich fest: Je mehr ich die Erotik zu fassen bekommen möchte, desto mehr entzieht sie sich meinem Zugriff. Sie ist geradezu unfassbar. Irgendwie unberührbar. Darin liegt ein wesentlicher Zug der Erotik: sich nicht festnageln zu lassen, und wo dies versucht wird, sich zu entziehen, überraschend und plötzlich da zu sein und ebenso überraschend und plötzlich wieder zu verschwinden.

Erotik hat für mich etwas Unbestimmbares, Unvorhersehbares, auch etwas Flüchtiges. Sie ist nicht aufdringlich, sie stellt sich nicht zur Schau. Sie hat auch etwas Scheues. Aber umso mehr gilt: Sie wirft dich um, wenn sie da ist.

Ich kann diese Beobachtung auch anders ausdrücken: Solange das Geschlechtliche, das Sexuelle an einem Menschen oder unter Menschen noch ein Geheimnis hat, also nicht alles zeigt, sondern vielleicht sogar mehr verhüllt als zeigt, so lange kann es Erotik sein, die man sieht oder fühlt oder ahnt. Wenn das Geheimnis aber gelüftet ist, ist es auf einen Schlag vorbei mit der Erotik. Das ist der Unterschied zwischen den Figuren im „Reigen“ und in „Ballermann 6“.

Aber das heißt nun auch nicht, dass Erotik irgendwas Durchgeistigtes ist, jenseits von Schweiß und Freudentränen, unkörperlich womöglich, und Sexualität etwas Handfestes, Knackiges, Greifbares, Körperliches. Das wären falsche Gegensätze. Erotik kann man genau so fühlen wie nacktes Fleisch. Aber das erotische Gefühl geht anders zu Werke als das sexuelle. Die *Inszenierung* kommt dazu: *sex and more.* Für jeden Regisseur eine Herausforderung.

Für den Filmemacher geht es um diese Beziehung zwischen Erotik und Geheimnis, zwischen Erotik und Verhüllung. Es wird etwas gezeigt, aber es wird nicht alles gezeigt. Alles kann man gar nicht zeigen.

Ein Kameramann, der das begriffen hat, wird erotische Bilder finden. Der Film erzählt ja dort, wo er am besten ist, mit Bildern, und das ist trivial. Aber eine Trivialität mit erheblichen Folgen für das Darstellen, Aufspüren und Beobachten von erotischen Momenten, erotischen Szenen, erotischen Einfällen. Bilder sehen nämlich zunächst irgendwie alle sehr ähnlich aus. An Photographien, etwa solchen von Helmut Newton, kann man das Problem, das sich hier stellt, noch besser erkennen als bei einem Film. Die einen sehen bestimmte Bilder als Denunziationen etwa des weiblichen Körpers. Wir erinnern uns an öffentliche Auseinandersetzungen darüber. Die andern sehen in diesen Photographien *erotische* Bilder, die zwar als Bilder scheinbar alles zeigen, aber dennoch etwas zurückhalten – etwas, was jeder, der die Bilder ansieht, anders empfinden kann. Da schließt jeder seine Lücke selbst. Da gibt es keinen Richter, der uns die Entscheidung abnehmen kann.

Mit Zusammenhang meine ich auch: Erotik entsteht und verschwindet verschieden in verschiedenen Kulturen. Auch der kulturelle Zusammenhang spielt eine Rolle. Man könnte geradezu so weit gehen zu sagen, dass sich an den Vorstellungen von Erotik Kulturen unterscheiden lassen. Wir erinnern uns, wie schwer sich die Amerikaner taten, bis es zum ersten Kuss auf der Leinwand gekommen ist. Noch heute haben sie kaum Probleme mit der Darstellung von Gewalt, aber sie tun sich mit Sexualität schwer. Deshalb waren sie geradezu genötigt, die Erotik zu pflegen. Sie entstand schon beim Anzünden einer Zigarette – sogar schon beim inszenierten Griff nach einem Whiskyglas.

Neben dem Effekt von mehrdeutigen Bildern, die jeder ein wenig anders sieht und mit seinen Phantasien belegt, interessiert man sich als Filmemacher noch aus einem andern Grund für Erotik: Sie ist, wenn sie ins Bild kommt, *unheimlich spannend.* Wenn man sein Filmgedächtnis nur ein wenig anstrengt, fallen einem sofort Szenen ein, die dies belegen, vor allem auch Schauspieler, die diese erotische

Ausstrahlung haben: wenn Humphrey Bogart und Ingrid Bergman in „Casablanca“ zusammentreffen, das erste Mal und dann wieder in Ricks Café. Burt Lancaster und Deborah Kerr in „From here to Eternity“ am Strand bei Pearl Harbour. Marlene Dietrich, Cathérine Deneuve, Isabelle Huppert … aber auch: der Vater aller Filmerotik, Clark Gable als Rhett Butler in „Gone with the wind“, Marlon Brando, Jack Nicholson, Sean Connery … Fast könnte man sagen: kein Melodram und keine Komödie ohne solche großen erotischen Augenblicke, in denen es auf der Leinwand und im Kino knistert, Momente, in denen man den Atem anhält und sich ganz für sich allein vorstellt, was man weder richtig sehen noch richtig hören kann. Momente, in denen die Phantasie anspringt, angetrieben vom Momentum der Erotik. Könnte dies eine der großen Schwächen des deutschen Films sein, dass diese Momente so selten sind? Dass es so wenige Schauspieler gibt, die das schaffen? Dass uns erst einmal nur Amerikaner und Französinnen einfallen?

Es sind dies die Momente, in denen wieder einmal Eros, der geflügelte Gott der Liebe, Sohn der Aphrodite, der Göttin der Schönheit, und des Ares, des in den Augen der Griechen schönen Gottes des Krieges, seine Pfeile abschießt. Des öfteren mit Augenbinde dargestellt, trifft er seine Opfer wahllos und willkürlich. Mitten ins Herz. Niemand sieht den Pfeil kommen. Niemand sieht, dass er trifft. Aber jeder, der Augen im Kopf hat, weiß: es ist passiert. Der Funke ist übergesprungen. Niemand kann genau sagen, warum oder auch: wie lange. Man kann es nur ahnen. Erotik ist geheimnisvoll, und „wenn es nicht erotisch ist, ist es uninteressant“ wie der spanische Dramatiker Fernando Arrabal zu Recht anmerkt.

Klaus Hurrelmann

Erziehen

Das magische Zieldreieck

Wenn ein Erwachsener planvoll und zielgerichtet versucht, bei einem Kind ein erwünschtes Verhalten zu fördern – unter Berücksichtigung der Bedürfnisse und der persönlichen Eigenart des Kindes –, dann nennen wir das Erziehung. Die Erfahrung zeigt: Es gibt unterschiedliche Erziehungsstile. Die lassen sich danach unterscheiden, wie stark dabei die individuellen Bedürfnisse des Kindes berücksichtigt werden und wie die Autorität von Vater und Mutter ausgeprägt sind. Wie angemessen welche Erziehungsstile sind, darüber gab und gibt es unterschiedliche Positionen. Vor allem in den 1960er und 1970er Jahren wurde intensiv darüber diskutiert. Extrempositionen waren der stark autoritätsorientierte und wenig bedürfnisorientierte „autokratische" Erziehungsstil auf der einen Seite und der stark bedürfnisorientierte und wenig autoritätsorientierte „permissive" andererseits. Die Anhänger des permissiven Stils sehen vor allem die Gefahr, dirigistisch und autoritär zu sein und das Kind in seiner eigenen Persönlichkeitsentwicklung zu unterdrücken. Dagegen sind die Anhänger eines autokratischen Erziehungsstils dafür, aktiv und gezielt in die Persönlichkeitsentwicklung von Kindern einzugreifen, um ihnen hierdurch klare Orientierungen und Wertvorstellungen zu vermitteln und sie in ihrer Persönlichkeitsentwicklung zu stärken. Die permissive Position vermeidet meist den Begriff „Erziehung" ganz oder plädiert für einen „antiautoritären Erziehungsstil", die autokratische Position spricht sich entschieden für eine Beibehaltung des Begriffes Erziehung aus; sie nimmt in Kauf, Macht auszuüben, die in der Beziehung zwischen Erwachsenen und Kindern als unvermeidlich angesehen wird.

Meine aus Erfahrung gewonnene Überzeugung: Keine der Positionen ist überzeugend, wenn sie am Ziel gemessen wird: Kinder zu selbstständigen, leistungsfähigen und gesellschaftlich verantwortungsbereiten Persönlichkeiten werden zu lassen. Die extreme Ausprägung dieser Erziehungsstile muss ersetzt werden durch ein Verhalten, das weder durch eine einseitige Bedürfnis-, noch eine einseitige Autoritätsorientierung geprägt ist. Günstig ist ein offener und unverkrampfter Gebrauch von persönlicher, allerdings auch immer neu zu rechtfertigender Autorität von Eltern und eine sensible Berücksichtigung der Bedürfnisse des Kindes, wobei allerdings die Anforderungen der sozialen Situation ständig mit berücksichtigt werden sollten.

Nicht die Kinder sollen die Beziehung bestimmen, aber auch die Erwachsenen sollen sie nicht dominieren; beide sollen sich vielmehr offen abstimmen und austauschen, auf ihre gegenseitigen Bedürfnisse eingehen und sie zur Basis eines Miteinanders machen. Es gibt keine Erziehung ohne eine gute Beziehung, und diese Beziehung beruht auf Gegenseitigkeit und geht auf die jeweilige persönliche und Altersentwicklung der Partner ein. Das heißt: ständige gemeinsame Absprache, Aushandeln von Umgangsformen und Regeln mit Begründung und Erläuterung, angemessen für die jeweilige Entwicklungs- und Altersstufe aller Beteiligten. Eltern, Erzieherinnen und Kinder vereinbaren hierfür feste Umgangsformen und Regeln und ebenso Folgen (Sanktionen) bei Verletzungen der Regeln.

Die Prinzipien eines solchen partizipativen Erziehungsstils lassen sich durch drei Orientierungspole charakterisieren. Ich spreche von einem „magischen Zieldreieck", das die Pole Anerkennung, Anregung und Anleitung hat. Alle drei Pole müssen wohl dosiert eingestellt sein:

Am Pol der *„Anerkennung"* kommt es darauf an, dem Kind gegenüber Wärme, emotionale Zuwendung und Akzeptanz zu zeigen und praktisch umzusetzen. Schwierigkeiten ergeben sich dann, wenn die emotionale Zuwendung zu hoch oder zu niedrig ist, also eine gefühlsmäßige Überwärmung oder Unterkühlung der Beziehung eintritt. Kühle und zurückweisende gefühlsmäßige Einstellungen von Eltern und Erziehern bzw. Erzieherinnen können zu Störungen des Selbstwertgefühls führen, weil Kinder sich abgelehnt fühlen. Eine erhitzte emotionale Atmosphäre kann aber ebenfalls unproduktiv sein, weil Kinder sich von der Liebe und Zuwendung der Eltern erdrückt fühlen können (Überbehütung).

Am Pol *„Anregung"* kommt es darauf an, Kindern positive Rückmeldungen zu ihrem erreichten Entwicklungsstand im sozialen und Leistungsbereich zu geben, zugleich aber auch Impulse für eine Weiterentwicklung und Verbesserung des Entwicklungsstandes zu vermitteln. Schwierigkeiten entstehen hier, wenn die Erwartungen an die Weiterentwicklung zu hoch oder zu niedrig sind. Bei zu niedriger Stimulation erhält das Kind zu wenige Anstöße für eine bessere Motivation und fühlt sich nicht genügend ernst genommen. Bei einer zu hohen Stimulation kann es zu Belastungen und Überforderungen kommen, die im Endeffekt auch das Selbstkonzept der Leistungsfähigkeit negativ beeinflussen. Wenn Eltern heute sehr früh von ihren Kindern einen hohen Einsatz insbesondere in der schulischen und beruflichen Ausbildung erwarten, richtet das oft genug Schaden an.

Beim Pol „*Anleitung*" kommt es darauf an, ein der Persönlichkeit und Entwicklung des Kindes gerecht werdendes Ausmaß von festen Vereinbarungen und Umgangsformen festzulegen. Werden die erwarteten Umgangsformen von den Erwachsenen in einer unvermittelten Weise gesetzt, ohne auf die Wünsche und Bedürfnisse des Kindes Rücksicht zu nehmen, kommt es zu Unterdrückungs- und Ausbruchreaktionen auf Seiten der Kinder. Werden unklare oder immer wieder veränderte Vereinbarungen getroffen oder halten sich Eltern ganz bei der Regelsetzung zurück, kann es zu Beeinträchtigungen des Selbstwertgefühls von Kindern kommen. Günstig für die Entwicklung von Kindern ist ein gut dosiertes Ausmaß von Regeln mit klar festgelegten Sanktionen, die bei Regelbruch sofort eingesetzt werden.

So schwer es für viele Eltern heute ist: Alle drei Pole müssen jeweils für sich in eine gute Dosierung gebracht werden, dann ergibt sich auch ein gutes Gleichgewicht – die Impulse im gesamten Erziehungsdreieck stimmen. Eltern sollten eine Autorität aufbauen können, die in ihrer eigenen Persönlichkeit verankert ist. Sie sollten sich vorbildlich verhalten, also ein soziales Modell sein, zugleich aber auch offen für die Bedürfnisse und Interessen des Kindes sein und Hilfestellung bei deren Selbstentwicklung geben. Dazu gehört die Fähigkeit, mitzufühlen und mitzudenken, aber im richtigen Moment auch Distanz einzuhalten und sich mit dem Kind nicht zu sehr zu identifizieren.

Erziehen – das kann nur auf der Basis einer guten Beziehung glücken. Nur so kann man einen erzieherischen Prozess aufbauen, mit dem das Kind tagtäglich in seiner Entwicklung zur Selbstständigkeit,

Leistungsfähigkeit und Verantwortung angeregt wird. Zum Aufbau einer solchen Beziehung gehört, eigene persönliche Empfindungen, Gefühle und Erfahrungen auszudrücken, Verhaltensweisen vorzuleben und gemeinsame Vereinbarungen zuverlässig einzuhalten. Offenheit und Aufrichtigkeit, gegenseitiges Vertrauen und gegenseitige Achtung, aber auch eine deutliche Berücksichtigung von Bedürfnissen und Interessen beider beteiligten Parteien – beides gehört zusammen.

David Steindl-Rast

Essen

Mehr als Ernährung

Kana in Galiläa. Der Name dieses Dorfes weckt in mir nicht nur die Vorstellung des biblischen Hochzeitsmahles, sondern vor allem die Erinnerung an ein mir besonders liebes persönliches Erlebnis. Während die anderen Pilger noch einer Führung folgten, bei der ihnen vielleicht die sechs steinernen Wasserkrüge gezeigt wurden, in denen Jesus Wasser in Wein verwandelte, saß ich lieber allein in der Mittagsstille auf dem Vorplatz der Kirche. Hitze ließ die Luft flimmern, so dass außer mir kein Mensch im Freien war. Aber doch: ein etwa Vierjähriger watschelt da von irgendwoher auf mich zu, Eis am Stiel leckend. Mein Hebräisch reicht gerade aus, mich vorzustellen und nach seinem Namen zu fragen. Adam heißt er – „Mensch". Ich sitze auf einem Randstein, mein kleiner Mitmensch mit dem großen Namen steht vor mir. Unsere Augen sind auf gleicher Höhe. Fast feierlich schaut er mich an, zieht das Eis aus seinem Mund und steckt es in meinen.

Dieser Aspekt von Essen, der mehr bedeutet als Ernährung, wird uns wohl nie verloren gehen, was auch die Zukunft bringen mag. Er reicht ja auch weit in unsere Vergangenheit zurück. Seit Urzeiten gehört für uns Menschen zum Essen das Teilen. Ein Mahl bedeutet Gemeinschaft. Bei der Mahl-zeit steht die Zeit still; Vergangenheit und

Zukunft werden Gegenwart. Wenn wir Kerzen anzünden auf einem festlichen Tisch, dann spiegelt sich in unseren Augen das Licht von Geburtstagskerzen noch ungeborener Kinder, dasselbe Licht, das die Augen von Urmenschen leuchten ließ, wenn sie beim gemeinsamen Mahl ums Feuer hockten. Wir sollen nicht nur mit dem Mund essen, lehrt uns indische Weisheit, sondern mit den Augen, wie die Götter; erst dann essen wir wahrhaft menschlich. Aber die Augen sehen mehr als die Speise; sie sehen auch unsere Tischgenossen, mit denen wir die Speise teilen. Was Menschen am Leben erhält, ist nicht essen, sondern gemeinsam essen.

Ein mittelalterlicher Vorläufer wissenschaftlicher Versuchsmethoden, der Hohenstaufen-Kaiser Friedrich II., stellte, so wird berichtet, ein Experiment an: Ein Dutzend Waisenkinder bekamen so viel zu essen wie sie wollten; nur ansprechen durfte sie niemand. Der Kaiser wollte wissen, welche Sprache die Kinder spontan sprechen würden. Er fand es nie heraus. „Der Mensch lebt nicht vom Brot allein." Ohne menschlichen Kontakt starben die Kinder alle. Zum Überleben braucht der Mensch nicht nur Lebensmittel, sondern Lebensvermittlung durch Gemeinsamkeit.

Eine Welt, in der alle mit allen immer enger verknüpft sind, wird zu einer einzigen großen Tischgemeinschaft. Wir kennen die Statistiken: von zwölf, die sich zum Essen an diesen Tisch setzen, müssen sechs hungrig wieder weggehen. Wie wir mit dieser Tatsache umgehen, wird über die Zukunft der Welt entscheiden.

Ich kenne Hunger. Ich zweifle, ob meine Brüder und ich als Halbwüchsige in den letzten Jahren des Zweiten Weltkrieges jemals wirklich satt vom Familientisch aufgestanden sind. Das hat sogar etwas Gutes an sich: Nur wer sich je ernstlich fragen musste, ob er wirklich verhungern werde, kann den Duft von Bratäpfeln so genießen, kann sich so an Linsensuppe freuen, so den Flaum von Pfirsichen bewundern oder den Staubzucker auf der braunen Kruste von Apfelstrudel.

Ich kenne Hunger – die hungrigen Augen, mit denen wir Brüder uns gegenseitig auf die Teller schauten. Einmal schnappte ich meinem jüngeren Bruder das winzige Stückchen Wurst vor der Nase weg, das er als Leckerbissen bis zuletzt aufgespart hatte. Das war als Spaß gemeint, aber mein Bruder lachte nicht. Er sprang nicht einmal zornig auf mich los. Der Fünfzehnjährige saß da und weinte.

In einer Fernsehwelt wird der Familientisch unserer Erde immer überschaubarer. Hungrige Augen schauen mir auf den Teller. Ich höre Donner in der Ferne. Das Wort unserer Mutter schaffte Frieden unter uns Brüdern, aber welches Zauberwort kann Frieden schaffen in einer Welt, in der die einen hungern und die andern prassen? Nur eines kommt mir in den Sinn, und nur zögernd schlage ich es vor: Dankbarkeit.

Unter den Hungernden in Indien habe ich oft mehr Dankbarkeit gefunden als unter den Satten bei uns. Wir sind es, die Dankbarkeit lernen müssen. Wir leben im Überfluss und wollen immer noch mehr. Dankbarkeit macht genügsam. Erst wenn ich dankbar bin – für Kirschen etwa, nehme ich sie nicht mehr als selbstverständlich hin. Dankbarkeit macht mir die pralle Rundung, das tiefe Rot, den süßen Saft erst so recht bewusst. Jetzt habe ich mehr Freude an einer einzigen Handvoll, als vorher an einem ganzen Körbchen; den Rest kann ich jetzt anderen schenken. So macht Dankbarkeit aus Freude großmütig; so führt Dankbarkeit zum Teilen.

Vielleicht lag darin das eigentliche Wunder bei Jesu wunderbarer Brotvermehrung: „Er dankte und teilte." Vielleicht regte sein Beispiel alle übrigen an, auch dankbar zu sein für das Wenige, das sie hatten, und es mit anderen zu teilen. Vielleicht brauchen wir gar nicht anzunehmen, dass die fünf Gerstenbrote und die zwei Fischchen sich vermehrten, sondern es war schon genug, dass Dankbarkeit und die Geste des Teilens so ansteckend wirkten. Plötzlich hatten Fünftausend genug zu essen und, was übrig blieb, füllte zwölf Körbe. Eine derartige Brotvermehrung brauchen wir, damit in unserer überbevölkerten Welt alle essen können. Nur als Tischgemeinschaft in Dankbarkeit hat unsere Welt Zukunft.

Friedrich Schorlemmer

Fahrrad

Die Zeit fährt Auto, das Glück fährt Rad

Mein erstes Fahrrad habe ich mir in mühseliger täglicher Lese-Arbeit vor fünfzig Jahren im „Kampf gegen den Imperialismus" verdient. Wochenlang las ich – hockend und mich bückend – die Kartoffelkäfer ab, die der amerikanische Geheimdienst auf die Felder der friedlichen Bauern der Deutschen Demokratischen Republik abgeworfen haben sollte. Und ich lieferte meine abgezählte Kalte-Kriegs-Beute in der Bürgermeisterei gegen Geld ab. Das gehörte zu den bedrückenden Propagandafiktionen hinter dem Eisernen Vorhang.

Aber das aus Ersatzteilen zusammengestückelte Fahrrad wurde zu einer befreienden Realität. Aus einer eher armen, doch kinderreichen Dorfpfarrerfamilie in der Altmark stammend, war ich plötzlich privilegiert, verfügte ich doch nun über eine ungeheuere Bewegungsfreiheit. Mein Lebensradius reichte bis in die Welt: in die Kreisstadt, in den weiten Wald, in die Elbauen. Vom Deich aus lernte ich Aussicht gewinnen – in die beglückenden Mühen der Ebenen. Die Landschaft er-fahren, die eigene Kraft spüren. An Wind und Wetter teilhaben. Bewegungsfreiheit als selbstbestimmter Prozess. Glückhafte, leichte Fortbewegung. Ein erreichbares Ziel haben, aber auf dem Weg schon das Ziel erreichen. Den lauen Wind spüren und mit dem scharfen Gegenwind kämpfen. Peitschenden Regen im Gesicht, die glühende Sonne im Nacken. Mit Rückenwind leben. Eine Kurve (nicht) kriegen, im Staub liegen, alles wieder zurechtbiegen.

Und jenes wunderbare Halten der Balance! Kräftig zutreten und dann ausrollen lassen; im schöpferischen Leerlauf weiterrollen. Einen Platten haben. Blockiert sein. Abgesprungene Kette. Eine Acht im Rad, alles reparierbar, alles leicht handhabbar.

Das Fahrrad – diese Selbstvergewisserung über die eigenen Kräfte und dieser Ausdruck permanenter Selbstbestimmung. Absteigen und parken. Zu Fuß weiterlaufen, zurückkehren, weiterradeln – in einem angemessenen Tempo, naturnah, aber nicht naturgefährdend.

Schnell, aber leise sich fortbewegen. Er-fahren einer Landschaft, einer Stadt, einer Jahreszeit.

Die Gedanken fliegen vorbei. Die Welt wird leicht – unter dem offenen Firmament und unter den Augen des hoch oben kreisenden Bussards.

Radfahren, das ist unmittelbare Erfahrung von Freiheit: sich selbstbestimmt bewegen, aus eigener Kraft weiterkommen, sich einer entspannten Anstrengung unterziehen, Unwegsames überwinden, über Stock und Stein, auf dem Stahlross rollen und das Rad schultern, querfeldein, über den Bach hinweg. Geschwindigkeit gewinnen und anhalten. Muße-Momente. Absichtsloses Dasein.

Nach vorn schauen. Sich umschauen. Die Lerchen über sich, den Sonnenuntergang vor sich. Den Mückenschwarm durchqueren. Tief einatmen den Duft des frischen Heus, überströmende Ruhe der majestätisch dahinfließenden Elbe.

Die Stille genießen. Das Rad schieben. Allein in der Landschaft. Und in der Gemeinschaft mit Freunden. Mit dem Großvater hintenan und dem Enkelkind vorneweg. Den endlosen Fluss entlang. Auf dem knochentrockenen Feldweg und auf weichen Waldwegen. Um den See herum oder von einem Ende zum anderen Ende der Insel – sagen wir auf Hiddensee! Zur Anhöhe hinaufkeuchen und vom Tempo auf der abschüssigen Straße schwindlig werden. Im Sand stecken bleiben, weiterschieben, aufsatteln, Pause machen. Am Wegesrand im Grase liegen und blinzeln. Der bestirnte Himmel über dir und das Maß des Menschlichen in dir. Mein erstes Fahrrad war für mich Symbol der Freiheit. Ich erfuhr mir damit Natur und Kultur des Landstrichs, den ich ohne Ironie „Heimat“ nenne. Von Jerichow bis Salzwedel, von Stendal bis Güstrow.

Immer bin ich auf dem Weg auch schon am Ziel. Die Welt, in der ich lebe und arbeite, ist auch die Welt, in der ich mich erhole. Ich brauche nicht (weit) weg zu fahren, um Natur zu erfahren. Und ich gefährde und zerstöre nicht Natur, um sie zu erleben. Das Fahrrad passt sich ein. Gut besattelt und gut geölt trägt es mich „wie geschmiert“ so weit wie meine Kräfte reichen. Der Drahtesel lässt sich beladen mit allem, was ich brauche. Und der kleine Bruder vorn auf der Stange; später das glückliche Kind im Körbchen.

Ein Fahrrad ist ein soziales Gefährt: es ist für jedermann erschwinglich. Es ist ein ökologisches Gefährt: es ist naturangepasst und verschleudert weder Ressourcen, noch verpestet es die Luft. Es ist ein demokratisches Gefährt: es ist Ausdruck einer prinzipiellen Gleichberechtigung. Es ist gebrauchbar für alle Generationen, schont die Natur und nützt der Gesundheit. Das Fahrrad gehört zu den schönsten Erfindungen des Menschen und kann dazu beitragen, die Welt in Balance zu halten, zusammen mit allen Menschen, die es vermögen, die „Balance des Lebens", das Leben in der Balance zu halten, auf längere Sicht. Man nennt das heute Nachhaltigkeit.

Ivan Illich schrieb vor 25 Jahren in seinem Buch „Selbstbegrenzung": „Eine mit Kugellagern ausgestattete und im Rhythmus des Fahrrades rollende Gesellschaft wäre unvorstellbar viel leistungsfähiger als sämtliche unwegsamen Gesellschaften der Vergangenheit und unvergleichlich viel autonomer als alle programmierten Gesellschaften der Gegenwart ... Eine Gesellschaft, in der jeder wüsste, was genug wäre, wäre vielleicht eine arme Gesellschaft, sie wäre sicher eine an Überraschungen reiche und freie Gesellschaft."

Das Fahrrad ist ein Fortbewegungsmittel, in dem sich Freiheit materialisiert und ökologische Verantwortung manifestiert. „Die Zeit fährt Auto" – aber das Glück fährt Rad.

Christine Swientek

Familie

Die Zukunft ist gesichert

„Als Gott die Welt erschaffen hatte, sah er, dass alles gut war. Aber da gab es auch die Familie noch nicht", schrieb Tucholsky – offenbar nicht so ganz überzeugt von dieser Institution.

Vor die Familie hat das Schicksal jedoch die Ehe gesetzt. Diese wurde, dem Schicksal auf die Sprünge helfend, laut Guido Ceronetti von den Christen initiiert, als sie die Gladiatorenkämpfe abschafften.

Folgen wir der Familiendiskussion – und welches Thema gäbe über die Jahrhunderte mehr her? –, gehören zu einer „richtigen Familie" auch Kinder. Aber auch mit denen gab es vom ersten Versuch an nichts als Aufregung: Obwohl Adam und Eva mangels Gelegenheit geradezu gezwungen waren, eine heile Ehe zu führen, gediehen 50 Prozent ihrer Kinder nicht. Gemessen an heutigen Verhältnissen, ist das schon ein sehr bedenkenswert hoher Prozentsatz!

Gute alte Zeit familiärer Überschaubarkeit, als Großvater die Großmutter nahm, sie gemeinsam zwölf Kinder bekamen und glücklich miteinander lebten bis ans Ende ihrer Tage weit nach der Goldenen Hochzeit?

Nein, das Gewusel unter gemeinsamem Dach ist uralt. Zu Zeiten der alten Römer, als Pompeji noch in vollem Glanze erstrahlte und die Gäste in den Luxusbädern suhlten und nicht als Touristen in den Ruinen herumstapften, bestand die „familia" aus einer sich auf Gefühlen gründenden juristischen, wirtschaftlichen, religiösen und sozialen Institution, die Vater, Mutter, Kinder und Kegel, Schwiegerkinder, Enkelkinder, Knechte, Mägde und weiteres Gesindel, Sklaven und Sklavinnen, treu gebliebene Freigelassene und selbst die Laren und Penaten umfasste. Außer Letzteren, den Schutzgöttern für Haus und Hof und Keller, hatten alle dem pater zu gehorchen. Dessen Macht ging so weit, dass er selbst seinen Sohn als Sklaven verkaufen konnte – allerdings nicht öfter als dreimal! Und wenn er starb, löste die „familia" sich auf! Mutter kam unter die Vormundschaft des ältesten Sohnes und tat insofern gut daran, ihren Erstgeborenen im Hinblick auf diese Prognose vom ersten Tage an gut zu behandeln.

Abgesehen von Sklavinnen und Sklaven und Vaters absoluter Vorrangstellung, hat sich bis heute eigentlich nicht viel geändert. Auch heute herrscht eine – vor allem für Familien- und Finanzminister – schwer zu durchschauende Gemengelage: Uneheliche, nichteheliche, scheineheliche, eheliche, nacheheliche, Pflege-, Adoptiv-, selbstgemachte und im Reagenzglas gemixte, zwischendrin verliehene und samengespendete, gekaufte und verwaiste … Kinder sind eingefügt in Patchwork- und Sandwichgebilde, die zusammengehalten werden von Erwachsenen; geliebten und ungeliebten Geliebten und Ehegatten, Lebensabschnittspartnern und Exgatten mit Umgangsrecht, Alleinerziehenden, Anverwandten und besser wissenden Erziehungsprofis sowie Elternratgebern im Abonnement.

Die Zukunft der Familie? Sie ist gesichert! Familie wird auch in den nächsten 12 000 Jahren noch so wichtig und chaotisch, glückhaft und verflucht … sein wie zu Zeiten von Adam und Eva, der Abschaffung der Gladiatorenkämpfe und dem ersten Reagenzglas-Baby Louise.

Für diese Behauptung gibt es allerdings nur *einen* Beleg: Der Mensch isst, trinkt, tanzt, feiert, trauert, sieht fern, radelt, schmust, lacht, weint, hofft, leidet, stöhnt, schläft, kocht, gärtnert, chattet … lieber gemeinsam als einsam. Und wenn er sein Gebilde „Familie" nennen will, weil Familie dort ist, wo man sich geborgen fühlt, wird kein Finanz- und Familienminister für etwas mehr Ordnung sorgen können. Allenfalls könnte er sich wegen oben beschriebener Unüberschaubarkeit der Lage selber aus dem Ministeramt ins Familienleben verabschieden.

Nasr Hamid Abu Zaid

Fasten

Je weniger man braucht, desto mehr gewinnt man

Die grundlegende Quelle für das, was jemand weiß, ist seine Lebenserfahrung; erst dann kommen Erziehung, Bücher, künstlerische Hör- und Seherfahrungen. Wenn ich von Frömmigkeit, Unterwerfung, Askese, Selbstverleugnung, Verzicht auf weltliche Vergnügungen und Unterhaltungskonsum als Wegen zu einer tieferen spirituellen Lebenserfahrung sprechen will, muss ich, um Bedeutung und Gewicht solcher Vorstellungen auf dem Hintergrund meiner eigenen Lebenserfahrung entfalten zu können, den Versuch unternehmen, mich selber zu beschreiben.

Ich bin, um es gleich vorweg zu sagen, weder ein Mystiker noch ein Sufi; aber für mich bedeutet die Einschränkung persönlicher Wünsche und physischer Bedürfnisse ein notwendiges Instrument für jeden Intellektuellen, der nach den Grundlagen eines wahrhaft menschlichen Lebens sucht. Mein Motto lautet: Je weniger man braucht, umso mehr Fähigkeiten gewinnt man. Für jeden Menschen ist es wesentlich, nicht nur mit seinen natürlichen Wurzeln, mit der

Natur also, in Beziehung treten zu können, sondern mit dem gesamten Universum als solchem. Das lässt sich nur durch Selbstkontrolle erreichen, die auf körperlichen wie geistigen Übungen beruht. Die in einem tiefen Sinn verstandene Selbsterhaltung ist das, was die Gottähnlichkeit des Menschen ausmacht, seine grundlegende Gottebenbildlichkeit. Ich beziehe mich hier auf die Unterscheidung der muslimischen Sufis zwischen dem „vollkommenen Menschen", der sich als Bild Gottes verwirklicht, und dem „tierischen Menschen", der in der Befriedigung seiner physischen Bedürfnisse untergeht.

Den entscheidenden Raum unter den körperlichen und geistigen Übungen zur Selbstkontrolle nimmt das Fasten ein. Ich meine hier nicht nur das gesetzlich vorgeschriebene rituelle Fasten, das im jährlichen Fastenmonat Ramadan vom gläubigen Muslim den Verzicht auf Essen, Trinken und sexuelle Handlungen zwischen Morgengrauen und Dämmerung fordert. Vielmehr geht es mir um die Rückwendung zu der wörtlichen Bedeutung des entsprechenden arabischen Wortes für Fasten, das „siam" lautet. Es meint den Verzicht auf unsinnige Verhaltensweisen und auf jede sinnlose Kommunikation zugunsten der Konzentration auf die Versenkung in das eigene Wesen. Wer auf die innere Musik der Seele hören möchte, die den Rhythmus des Kosmos widerspiegelt, muss sich von Zeit zu Zeit ganz zurückziehen. Dieser Rückzug ähnelt sehr stark dem Ideal des Mönchtums, der großen Errungenschaft der koptisch-orthodoxen Kirche Ägyptens. Obwohl ich Muslim bin, habe ich doch starke Wurzeln im Christentum.

Ich bin Ägypter, wurde vor 58 Jahren in einem kleinen Dorf in ländlicher Umgebung im Norden des Landes geboren und wuchs in einer eher ärmlichen Familie auf. Aber inzwischen gehöre ich in ein in kultureller Hinsicht sehr reiches Land, dessen zivilisatorische Entwicklung bis in das 10. Jahrhundert vor Christus zurückreicht. In meinem Heimatland entstand, lange vor der Ankunft des Islam, die koptisch-orthodoxe Kirche, die erste christliche Kirche überhaupt. Auch das Mönchtum entstand in Ägypten; es war maßgeblich für die Entstehung des für die koptische Kirche charakteristischen Geistes der Unterwerfung und Demut, des Erbes der großen ägyptischen Wüstenväter. Das Mönchtum entstand am Ende des 3. Jahrhunderts und blühte im 4. Jahrhundert auf. Ende des 4. Jahrhunderts gab es auf den Hügeln Ägyptens einige hundert Klöster und einige tausend

Klausen und Höhlen. Viele dieser Klöster bestehen heute noch und haben immer noch Nachwuchs. Das gesamte christliche Mönchtum ist direkt oder indirekt nach dem Beispiel Ägyptens entstanden.

Wie viel verdankt die islamische Mystik, der Sufismus, dem christlichen Mönchtum, und wie viel dem Buddhismus? Schon vor der Entstehung der Sufi-Bewegung als eines Typs islamischer Spiritualität ist im Islam die Sorge um die soziale Gerechtigkeit ungeheuer wichtig. Der Koran befasst sich an sehr vielen Stellen mit der Lage der Waisen, der Armen und Notleidenden. Er verurteilt hart und streng jene, die sich nur um ihr eigenes Wohlergehen kümmern, ohne auf die Armen und Notleidenden zu achten. Die klare Kernbotschaft des Islam besteht in dem Anspruch, in ungerechten gesellschaftlichen Verhältnissen Gerechtigkeit herbeizuführen. Zum Sufismus gehörte immer eine spirituelle revolutionäre Reaktion auf letztlich durch eine ungerechte Verteilung des Reichtums verursachte soziale und politische Ungerechtigkeit. Er war in dem Sinn revolutionär, als er passiv das gesamte soziale Gefüge dadurch verurteilte, dass er den entsprechenden Lebensstil hinter sich ließ und einen anderen spirituellen Lebensentwurf verwirklichte, der die spirituelle Dimension des Islam wiederherstellte. Das Fasten in dem oben beschriebenen weiten Sinn gehörte wesentlich dazu.

Hier muss man den ersten muslimischen Sufi erwähnen, der die Praxis der Askese, arabisch: *zuhd*, zu einem gnostischen philosophischen System umformte. Er war auch der erste Muslim, der von der Liebe als dem innersten Wesen der mystischen Erfahrung sprach. Er hieß Zu-Nun al Misri und stammte aus Oberägypten. In seiner Biographie wird erwähnt, dass er die pharaonischen Tempel aufsuchte und Beziehungen zu koptischen Mönchen pflegte. Zu meiner Kinderzeit beherbergte meine Familie jahrelang einen merkwürdigen alten Kopten, der auf der Suche nach Arbeit in unser Dorf kam. Er hieß Salama, der Friedfertige, und war Zimmermann. Ich nannte ihn „Onkel Salama“. Er sprach nie über seine Herkunft, und auch mein Vater fragte ihn nie danach. Die Freunde meines Vaters versuchten ihn davor zu warnen, einen Mann unbekannter Herkunft aufzunehmen; er solle ihn doch fragen, ob er Familienangehörige oder Verwandte besitze. Mein Vater gab jedes Mal zur Antwort: „Vielleicht stammt er aus Oberägypten (seinem Akzent nach war das sogar sehr wahrscheinlich) und musste fliehen, weil man sich an ihm rächen wollte. Vielleicht will er sein Geheimnis nicht preisgeben. Warum sollte ich ihn dann dazu zwingen? Dieser Mann ist mein Gast, und es gehört sich nicht, dass man seinen Gast ausfragt." Als Onkel Salama starb, entschied mein Vater, dass sein Leichnam trotz der anderen Religionszugehörigkeit in unserem Familiengrab beigesetzt wurde.

Ich erwähne diese Begebenheit, um das Familienklima zu veranschaulichen, in dem ich aufwuchs, die Atmosphäre von Wohlwollen und Sympathie gegenüber den Bedürftigen ungeachtet ihrer Religionszugehörigkeit. Aber ich muss einen weiteren wesentlichen Faktor meiner Kindheit nennen, der meine Sicht des Lebens geprägt hat. So weit meine Erinnerung zurückreicht, war meine Kindheit von bitteren Erfahrungen bestimmt. Als ich sieben war, wurde mein Vater schwer krank. Er brauchte meine Hilfe in unserem kleinen Gemüseladen. Ich musste sehr früh am Morgen aufstehen, den Schlüssel holen und das Geschäft für die ersten Kunden öffnen. Mein Vater konnte nicht vor dem Nachmittag kommen und mich ablösen, damit ich wenigstens noch ein paar Schulstunden mitbekam. Während der Sommerferien musste ich allerdings den ganzen Tag über helfen. Durch diese frühe Erfahrung, meiner Familie helfen zu können, entfaltete sich in mir der Sinn für Verantwortung. Mein Vater wollte nicht nur vermeiden, dass ich die Schule vernachlässigte. Er verlangte vielmehr, ich solle der Beste sein, auch wenn das auf Kosten seiner Gesundheit ging. Das war für mich die wichtigste Lektion für meine Lebenserfahrung: Man darf jemanden, der einem helfen und einen unterstützen möchte, nicht überbeanspruchen. Diese Verbindung von Verantwortungssinn und Rücksichtnahme auf die Interessen und das Wohl der anderen wurde zum Kernbestand meines Ethos.

Mein Vater starb, als ich erst vierzehn war, und ich werde seinen Todestag nie vergessen. Plötzlich spürte ich, dass ich ein Mann wurde; es war eine Art ruckartiger Einsicht, dass ich kein Teenager mehr war. Während des Trauerzuges weinte ich nicht, und alle Leute wunderten sich über mein für dieses Alter unübliches Benehmen. Keiner konnte sich vorstellen, dass sich bei mir die innere Wandlung vom Kind zum Mann vollzog. Ich wurde zum einzigen Versorger der Familie neben meiner armen und hilflosen Mutter. Mein Vater hinterließ nichts als einen beinahe leergeräumten Gemüseladen; die Kosten für seine medizinische Behandlung hatten fast alles aufgezehrt. Zusammen mit meiner Mutter musste ich vier Kinder ernähren und versorgen, zwei Jungen und zwei Mädchen. Meine Mutter, damals erst 35, hätte sich leicht mit einem gutsituierten, sogar mit einem reichen Mann wieder verheiraten können. Sie entschloss sich aber dazu, sich für uns aufzuopfern, wie Isis, die Heldin des alten ägyptischen Mythos von Isis und Osiris. Mit meiner Mutter zusammen sorgte ich für unsere Familie. So erfuhr ich mehr über Selbstverleugnung zugunsten anderer jenseits der engen individuellen Bedürfnisse.

Es wurde Schritt für Schritt zu meinem Lebensziel, mehr zu geben als zu nehmen, für andere zu sorgen und ihnen mit allen mir zur Verfügung stehenden Mitteln zu helfen. Meine Bildung begann mit dem Auswendiglernen des Koran, der Heiligen Schrift der Muslime. Wissenschaft im Bereich der Islamstudien bedeutet für mich das Suchen nach Antworten auf Fragen im Zusammenhang mit menschlichem Elend und gesellschaftlichen Schwierigkeiten, zu denen mich meine Lebenserfahrung geführt hat. Mein Interesse galt anfangs ausschließlich meinem Heimatland sowie der arabischen und islamischen Welt; aber nach und nach erweiterte es sich auf die Lage der Welt insgesamt. Ich verstehe meine Tätigkeit als Universitätsprofessor nicht als bloßen Job, sondern als heiligen Auftrag dazu, den Geist freien und kritischen Denkens wachzurufen, immer verbunden mit dem Sinn für eine umfassende Verantwortung im Interesse des Aufbaus einer besseren Welt.

Was hat das alles mit Selbstverleugnung und Askese zu tun? Das Wissen um die Weltprobleme, vor allem um die verbreitete Ungerechtigkeit, ist notwendig, um dem Intellektuellen die Richtung zu weisen und um das Verhalten des Einzelnen zu bestimmen. Mahatma Gandhi, der große politische und spirituelle Führer Indiens, brachte seinem Land die Unabhängigkeit durch den friedlichen Widerstand gegen die britische Kolonialmacht, durch Selbstverleugnung und asketische Lebensführung. Das ist nach wie vor eine Waffe im Kampf gegen die neue Religion der Ungerechtigkeit, die Ideologie des neuen ungerechten Gottes, des Marktes. Die nackten Demonstranten gegen die „Wasserkonferenz“ in Amsterdam, bei der es um die Globalisierung der Wasservorräte auf der Welt ging, zeigten gerade durch ihre Nacktheit sehr deutlich, dass Selbstverleugnung eine Waffe für den Widerstand gegen solche Bestrebungen der neuen Herren der Welt darstellt. Das Aufbegehren gegen den globalisierten Markt im Interesse der Rechte der armen Nationen belegt das weltumspannende Bewusstsein, dass es notwendig ist, sich gegen die Gier der reichen Nationen zur Wehr zu setzen. Nicht nur reiche Individuen, sondern auch reiche Nationen müssen die Philosophie des „Fastens“ lernen, um so ihren unmäßigen Appetit überwinden zu können.

Aus dem Englischen von Ulrich Ruh

Irmtraud Tarr

Feste

Danach ist nichts mehr wie vorher

Die Sehnsucht nach Festen scheint in unserer Zeit zuzunehmen, ihre Anlässe sind dementsprechend vielfarbig: Stadt- und Straßenfeste, Gartenfeste, Cliquen- und Vereinsfeste, Partys und Feten. „Einen Grund zum Feiern werden wir schon finden“, heißt es, aber häufig ist ein wirklicher Grund nicht mehr da. Es fehlen die Dimensionen von Erinnerung und Hoffnung, von Dankbarkeit und Geschenk. Das „süße Leben“ ist eine verzweifelt unfestliche Sache. Da vielen Festen der Grund, die Wurzel fehlt, unterscheiden sie sich auch nur wenig voneinander. Sie sind austauschbar geworden.

Die Häufung von Festen mag eine Gegenreaktion auf die einseitige rationale, effiziente Ausrichtung unserer modernen Psyche sein. Und die Schwierigkeit, sie zu feiern, ist nicht nur Ausdruck der allgemeinen Krise von Spiel, Gesprächskultur, Ausdruck und Kreativität. Die fehlende Nähe zum Alltag kommt dazu. Früher hatten bäuerliche Erntefeste eine natürliche Nähe zum Arbeitsalltag. Man feierte den gelungenen Abschluss der Arbeit. Je weniger wir heute unsere Arbeit selbst organisieren und als sinnvoll empfinden, desto weniger stellen sich im Zusammenhang mit der Arbeit Anlässe ein, etwas zu feiern. Vielleicht lebt die Arbeit wie auch das Fest aus der gleichen Wurzel. Wenn das eine entfremdet und sinnleer ist, verkümmert auch das andere. Der Bruch zwischen Arbeit und Freizeit zeigt sich auch darin, dass man eigentlich täglich feiern könnte. Bei manchen hat es dazu geführt, dass sie Feste grundsätzlich ohne jeden Anlass feiern, was aber nichts mit Spontaneität zu tun hat, sondern eher Willkür bedeutet. Wo der Alltag kaum noch Anlässe stiftet, wird es schwierig, Feste zu inszenieren. Der Genuss schwindet, statt dessen hat sich eine Haltung breit gemacht, die Feste als Konsum mehrerer Personen zur gleichen Zeit am gleichen Ort verbindet, ohne dass ein Rückbezug zum Arbeitsalltag besteht. Die Individualisierung war zwar ein wichtiges Stück Befreiung, aber sie trägt auch dazu bei, dass gemeinschaftliche Traditionen aussterben und damit wichtige Stätten für Feste. Man trifft sich zu Geburtstagen oder Hochzeitsfesten zum gemeinsamen Konsum, um dann oft für Jahre wieder auseinander zu gehen. Feste sind zu isolierten Einzelerfahrungen geworden und vermitteln keine Geborgenheit mehr.

Was folgt daraus? Wir brauchen Refugien, in denen das menschliche Miteinander im Zentrum steht. Etwas poetischer gesagt: Wir brauchen Besinnungspausen, die uns wieder Geschmack am Leben finden lassen. Das bedeutet unter anderem den Abschied von der Illusion, nicht auf andere angewiesen zu sein. Besonders Feste könnten in einer Zeit, in der die künstliche Kommunikation zunimmt, zu Oasen und Tankstellen natürlichen Austausches, des Gesprächs, der Körpernähe, Hörnähe, Blicknähe und Berührung werden. Die Gründe dafür liegen auch in der Vergangenheit, denn im Festkult lebt etwas Archaisches fort. Malinowski nannte es die „phatische Kommunikation", das Grunzen der von Trennung bedrohten, geängstigten Urhorde prähistorischer Zeit, um die Zusammengehörigkeit wiederherzustellen. Es geht um das Bedürfnis, Verbindung zu stiften. Selbst im Scheitern des Zusammenfindens, in der Einsamkeit inmitten festlichen Trubels, in der Verzweiflung mancher Familienfeste macht sich dieses Bedürfnis bemerkbar. Wir sind verwiesen auf Bezogenheit. Menschen brauchen Knotenpunkte außerhalb der alltäglichen Ordnung, die sie daran erinnern, dass sie nicht allein sind und dadurch ihrem Dasein neuen Geschmack, Bestätigung und Ordnung geben. Zwar bietet der Psychomarkt Bühnen an, wo ungelebte Gefühle endlich wieder ungehemmt zum Ausdruck gebracht werden können. Dieser inszenierte Ersatz mag Ventilcharakter haben, aber er ist letztlich doch ein schwacher Ersatz für das Leben selbst.

Wie müsste eine Festkultur aussehen, die im Zeichen gesteigerter

Lebendigkeit, Wachheit und Weitung der Sinne steht? Was früher von der Außenwelt als Entbehrung und Eingespanntsein erlebt und als Hoffnung auf Befreiung gefeiert wurde, hat heute kaum mehr Bedeutung. Wir entbehren heute anderes: Wir haben Hunger nach Kommunikation, Sehnsucht nach Begegnung und Mitmenschlichkeit. Sie lassen sich bei uns nicht mehr über reichliches Essen und Trinken herstellen, sondern über positiv erlebte, entlastende Gemeinschaftsprozesse, die sich möglichst eng auf den Alltag beziehen, aber gleichzeitig auch Distanz zum Alltag schaffen. Daher müssen unsere Feste heute sozial mehr und anderes leisten als früher.

Lebendige Festkultur braucht eine Verankerung. Man könnte sie im Sinne Heideggers als „Geviert" verstehen, als eine Wechselbeziehung zwischen Erde, Himmel, Gott und Mensch. Ihren Ausgang nimmt sie auf unserem Platz, zu dem wir gehören. Indem wir uns der Erde als Grundlage unserer Feste wieder zuwenden, werden auch wir geerdet und entwickeln Beziehung zu unserem Platz – mit all seinen Unzulänglichkeiten und Herrlichkeiten. In der Vergangenheit erwuchsen die Feste aus einer Bezogenheit eines Volkes mit besonderen Aspekten seines Landes. Zum Beispiel in Griechenland nahmen Feste ihren Ausgang in den Hainen, später, als die Bäume gefällt wurden, errichtete man Holzsäulen, die den Platz der Bäume einnahmen, und noch später wurden diese aus behauenem Stein gemacht. Oft war ein Bezug da zu bestimmten Landschaftsformen der Muttergöttin. Weshalb ist der Platz eines Festes wichtig? Gewöhnlich haben die Feste in den meisten Kulturen mit den jahreszeitlichen Veränderungen zu tun, weil die Menschen von der sich ändernden Beziehung zwischen Sonne und Erde an diesen kritischen Tagen betroffen sind: die Sonnenwenden und die Tagundnachtgleichen. Erkennt man, dass diese Tage die Beziehung von Sonne und Erde an einem bestimmten Platz tatsächlich einbeziehen, dann wird offenkundig, dass es eigentlich nur eine Art gibt, diese Feste zu feiern – am eigenen Platz. Kein anderer Platz ist besser geeignet. Das könnte uns heute dazu führen, dass wir uns wieder auf die alten Festtage der Erde besinnen, die ja zur Grundlage der kirchlichen Festtage wurden, und die mit ihnen verbundene Kraft wieder neu beleben. Dass Weihnachten ein Festtag der Erde ist, nämlich die Wintersonnenwende (22. 12.), davon ist heute z. B. kaum die Rede. Feste sollten viel häufiger im Freien stattfinden oder in einer Umgebung, wo man leicht nach draußen gehen kann.

Eine Idee, die ich selbst praktiziere und die in vielen Kulturen anzutreffen ist, ist das „Fest der ersten Nahrung“ im Frühling. Wenn die ersten essbaren Pflanzen im Frühjahr gepflückt werden können, versammelt man sich dort, wo sie wachsen, pflückt sie gemeinsam, kocht und isst sie zusammen als ein Zeichen für das wiederkehrende Leben. In Japan gehen Kaiser und Kaiserin heute noch hinaus, um im Frühling wildes Gemüse zu sammeln: ein schönes Ritual, das Erde, Mensch und Schöpfung verbindet.

Feste können glücken oder missglücken, seien sie noch so gut vorbereitet. Allein kann ich gut essen, mich betrinken, aber ein Fest wird das nie. Festlicher Sinn schafft sich nicht von selbst, er muss in Gang gehalten werden. Als Therapeutin stelle ich die Frage nach der Bedeutung von Festen für das individuelle Seelenleben. Zu einem gelungenen Fest gehören Überraschung, Unerwartetes, Wunscherfüllung und Gemeinschaft. Auf Festen sind wir bereit, unsere Privatsphäre weniger zu schützen. Wir zeigen uns mehr als sonst und erlauben uns, andere länger anzublicken, anzusprechen oder zu berühren. Das hängt wohl mit einer stillen Übereinkunft zusammen, die uns gestattet, auf Festen ein anderer zu werden, ein neues Selbst zu erproben, unsere Alltagsrollen abzustreifen. Namenlose Erwartungen, Sehnsüchte, ein unbestimmtes Suchen spielen dabei eine Rolle, sowie der Wunsch, Kontakte zu vertiefen und neue Kontakte zu knüpfen. Feste geben die Möglichkeit, mit der eigenen Identität zu spielen, sie zu verflüssigen, aber eben nicht im Alleingang. Das entlastet, weil es Spielräume öffnet. Das Leben kann im Alltag nicht aufgehen, es braucht Orte für das im Alltag Ausgeblendete. Andernfalls breitet sich eine Langeweile aus, eine Art Zivilisationsmüdigkeit, die in Destruktivität umschlagen kann. Die Parallele von Krieg und Fest als Ventil und Ausstieg aus der Alltagswelt ist oft beschrieben worden. Die Feste müssen einen Ausgleich schaffen und Bühnen bereitstellen, auf denen sich das im Alltag Ausgeblendete, die Orientierung am Großen, am Großzügigen, an der Verausgabung, am Spielerischen und an Geschichten ereignen kann.

Das Bedürfnis nach Zugehörigkeit ist elementar, deshalb brauchen wir Feste als Ausdruck des Dazugehörens. Sie müssen nicht spektakulär sein. Aber wir brauchen Höhepunkte, die uns mit den Ungereimtheiten des Lebens versöhnen, denn nach einem Fest werfen wir einen anderen Blick auf die Wirklichkeit als vorher.

Hans Maier

Filzstift

Die Leichthändigkeit beweglicher Normen

Filzstifte gibt es schon seit einiger Zeit. Aber in die Schule sind sie erst vor wenigen Jahren eingefallen, biblischen Heuschrecken gleich. Heute füllen sie regenbogenfarbig, stängeldünn oder fingerdick, einzeln oder kolonnenweise in Plastiktüten die Taschen der Schulkinder – Kreativität verbreitend und Farbflecke zaubernd auf Hefte, Wände und Handflächen. Tachismus im Kinderzimmer, *art informel* in der Grundschulklasse: ein Entzücken für den Lehrer, ein Schrecken für die Eltern (falls sie nicht mitmalen), für Filzstiftproduzenten die große Konjunktur und für den still betrachtenden Zeitgenossen ein Signal; denn hier stehen wir an der Wegscheide zweier Epochen, am Übergang vom harten Bleistiftstrich zum ausladenden, sanft konturierenden „weichen Stil" des Schreibens.

Es musste ja einmal so kommen! Es war schon lange fällig. Der Bleistift (vom archaischen Schreibgerät des Griffels nicht zu reden) musste einmal öffentlich bloßgestellt und entlarvt werden als Instrument harter schematischer Geradlinigkeit, rechtwinklig an Leib und Seele, als Autoritätsorgan ohne zureichende funktionale Legitimation, kurz als Werkzeug der Unterdrückung. Präzision und aufrechter Gang der Schrift in Ehren; aber Kinderhände, so wissen wir von Pädagogen und Bildungsforschern, wollen wedeln, wollen sich um die Armachse drehen, wollen kreisen, wackeln, gestikulieren. Was kann da ein Stift, ein Griffel bieten? Noch dazu ein einfarbiger? Weiß auf Schwarz, Schwarz auf Weiß: wer will schon als Kind heutzutage einsilbige Binsenweisheit getrost nach Hause tragen, wo es doch draußen in der Welt bunt genug zugeht? Die Schule, wenn sie sich der Gesellschaft öffnen will, darf da nicht länger zurückbleiben. So leuchten Sätze wie „Oma ist eine glückliche Frau in den besten Jahren" plötzlich in anregendem Lila; „Die Schule ist aus" gleißt in verlockendem Orange, und selbst auf Stundenpläne und Rechenarbeiten fällt durch Farbtupfer und gemütvolle Kleckse ein Schimmer vom Reich der Freiheit. Ein buntes Filzstift-Universum öffnet sich für jugendliche Koloristen, wenn sie nur im Besitz einer ausreichenden Menge von weich pinselnden Stiften sind, ein venezianisches Farbenreich, fernab von den kahlen Sgraffiti altertümlicher Schul- und Schreibzucht, meilenweit entfernt vom hart umreißenden „disegno" der Orthographenzunft.

Aber ach, die Freude währt nicht lange. Dem feinfühligen Zeitgenossen schwant Schlimmes. Denn es ist nicht zu übersehen: Schon hat die ökonomische Konjunktur die Farben und Filze erfasst und ihnen die kreative Unschuld geraubt. In immer kühnere Umsatzzahlen steigert sich der Verkauf der plauschigen Farbträger. Welches Ende: das kindliche Kunstwerk, verdorben im Zeitalter der Reproduktion! Farb-Emanzipation, zunichte gemacht durch die Verwertungsinteressen von color-pen und Faber-Castell! Was hoffnungsvoll begann als pädagogische Innovation mit realutopischem Kolorit, das droht nun durch ökonomische Massierung zu entarten zur Borniertheit eines mittelständisch genormten Farb-Pluralismus. Am Ende droht gar Leistungsdruck durch Farbe? Es leuchtet ein, dass hier schleunigst etwas geschehen muss.

Leicht abzusehen, wie es weitergehen wird. Die Filzstiftwelle wird sich überschlagen und der lange erwarteten Ernüchterung Platz machen. Man wird, der Farben müde, das radikal-egalitäre Pathos des Grau in Grau wiederentdecken. Neue Strenge wird in unsere Schulen einziehen. Die republikanische Tugend wird wieder mit ehernem Griffel in junge Herzen eingeschrieben werden (denn mit Tafeln allein war sie nie zufrieden). Und kaum jemand wird sich dann noch daran erinnern, dass es einmal ein Zeitalter der Filzstifte gegeben hat, mit denen die permissive society ihre beweglichen Normen leichthändig auf Löschpapier getupft hat.

Noch ist es nicht so weit. Und so wollen wir uns noch eine Weile an Filz und Farbe und am Informellen erfreuen, ehe die Uniform als Alternative zur Unform triumphiert – und sollte es uns noch eine Wand im Kinderzimmer kosten!

Dieter Salomon

Fitness

Leidenschaft und Augenmaß

Meine erste Jogging-Tour absolvierte ich vor zwanzig Jahren. Ein Kumpel aus dem Wohnheim hatte mich überredet, mit ihm die Dreisam entlang zu laufen, und mit Bestürzung musste ich, der leidenschaftliche Fußballer, feststellen, dass mein Puls raste. Die anderthalb Kilometer schaffte ich nur mit äußerster Anstrengung.

Heute, 41-jährig, würde ich sie nachts in Bergschuhen laufen.

Die Trimm-dich-fit-Plakette lag schon einige Jahre zurück damals, und die von den Krankenkassen geschürte Fitness-Begeisterung der Deutschen hatte mich wegen ihrer Biederkeit nie sonderlich interessiert. Es waren die Jahre der Freiburger Häuserkämpfe und der grünen Grundsatzdebatten; die nikotinumwölkten Köpfe liefen schnell heiß, und die Kehlen waren rasch wieder trocken. Du musst etwas tun, sagte ich mir, und mit dem Joggen begann auch mein Spurt bei den Grünen.

Ob es da Zusammenhänge gibt?

Manchmal denke ich, ohne Sport ist das Leben eines Politikers nicht zu schaffen. Natürlich gibt es Rossnaturen, die in ihrem Wahlkreis die Nächte durchzechen und morgens wie eine Eins im Plenarsaal stehen. Ich gehöre nicht dazu. Nikotin habe ich mir inzwischen abgewöhnt, und wenn ich von sieben bis acht Uhr durch den Stuttgarter Schlosspark laufe – mit weit besseren Pulswerten als vor zwei Jahrzehnten –, frage ich mich oft, ob Joggen und politische Planung nicht einiges gemein haben: Du setzt Schritt vor Schritt, ohne dich von der Tatsache einschüchtern zu lassen, dass noch 10 000 Schritte vor dir liegen. Du konzentrierst dich ganz auf das Jetzt, gezwungen, Augenmaß zu wahren – und das kontinuierliche Tempo. Die Stimme, die dir zuruft: „Durchhalten“, ist inzwischen internalisiert. Die Angst, die Meilen nicht zu schaffen, ist einer beruhigenden Gewissheit gewichen: Du schaffst es auch diesmal. Das ist Selbstbeherrschung, Zielsicherheit, die Lust am freien Atmen und daran, nahezu automatisch voranzukommen. Außerdem wird beim Laufen der

Kopf frei für das Wesentliche; ganze Plenarreden sind dabei entstanden.

Was mein politisches Engagement angeht, zähle ich mich zu den Langstreckenläufern. Wer weiß, womöglich hat mir das Laufen ebenso zum Fraktionsvorsitzenden der Grünen im Stuttgarter Landtag verholfen wie meinem Parteifreund Joschka Fischer zum Außenminister.

Natürlich ist das ein Sport für Vielbeschäftigte, ideal für Menschen, die viel sitzen, essen, zuhören und reden. Der geliebte Fußball blieb auch bei meiner Laufbahn auf der Strecke, aber natürlich hat er mir zum notwendigen Kampfgeist verholfen. Darüber hinaus liegt das Joggen, wie das mir weit weniger sympathische Fitness-Studio, fraglos im Trend des wachsenden Individualismus und der Rationalisierung unserer Lebenswelt.

Was sich aber in den vergangenen zwanzig Jahren gewandelt hat, ist das Körperbewusstsein, nicht nur im Sinne eines Schönheitskultes. Dass Körper und Geist eine Einheit sind, hat breiten Eingang ins Denken gefunden. Der vielfach im Sinne männlicher (Wehr-)Ertüchtigung missgedeutete Satz: „mens sana in corpore sano" wird heute anders verstanden als noch vor 50 Jahren. Ihn im Sinne von: „Achte aufs gesunde Gleichgewicht!" zu verstehen – das bedeutet eine Veränderung des Lebensstils.

In meiner Freiburger Studienzeit hieß „akademisches Leben", dass man bis spät abends in der Kneipe hockte und im Studentenzimmer die Aschenbecher überquollen. Wir Grüne haben inzwischen gelernt: „Wenn ich mich für die Natur einsetze, hat das auch etwas mit meiner Ernährung und Gesundheit zu tun." Irgendwann wurde von radikalen Ökologen durchgesetzt, dass man in Versammlungen nicht mehr rauchte, was dazu führte, dass zeitweise mehr Leute draußen als drinnen saßen. Manchen Grünen der ersten Stunde mag es auch gestört haben, dass Jogging oder Aerobic mit der Krone der Fitness-Welle aus den USA herübergeschwappt waren. Aber waren, bei genauer Betrachtung, nicht auch die Formen der Protestbewegung amerikanischer Import?

Ganzheitliches Denken bedeutet auch den Einbezug des denkenden Subjekts – das mussten viele Grüne erst noch lernen. Ich bin mir aber sicher, dass gerade unsere Partei zu einem Denken beigetragen hat, das die Brücke von den großen Themen zur eigenen Verantwortung schlägt, auch in puncto Gesundheit. In der jetzigen Landtagsfraktion haben wir zum Beispiel keine Raucher mehr.

Die allgemeine Entwicklung ist aber doppelläufig: Jüngste Studien beweisen, dass heute mehr Kinder aktiv Sport betreiben als noch vor zehn Jahren; andererseits ist auch die Zahl der Übergewichtigen wieder gestiegen – woran der Computer nicht ganz unschuldig ist. Die heutigen Computer-Kids sind nur schwer vom Bildschirm wegzubewegen.

Natürlich gibt es groteske Auswüchse der Fitness-Mode: die zur Norm gewordene Hoffnung ewiger Jugend und Schönheit, von der doch jeder weiß, dass sie eine Chimäre ist. Die Fitness-Studios leben ja vorwiegend vom schlechten Gewissen derer, die gerne wollen, und es dann doch nicht tun. Wenn alle kämen, die auch zahlen, wären diese Einrichtungen schnell hoffnungslos überfüllt. Ich habe in meinem politischen Leben so viele ideologische Irrtümer einräumen müssen, dass ich Verurteilungen meide. Wie immer im Leben kommt es auch beim „Phänomen Fitness“ auf das rechte Maß an.

Nur von einem kann man nicht genug haben: von Gelassenheit. Ein Sport, der die Fähigkeit zur Kontemplation fördert, kann eigentlich nie schaden. Ich jedenfalls bin froh, mit Anfang Dreißig die Kehrtwende zum bewussten Umgang mit dem Körper vollzogen zu haben.

Das Joggen hat mir geholfen, mein Leben aktiver zu gestalten, meinen Alltag effektiver einzurichten. Wenn mein Arzt mir sagt: „Sie haben ja einen Ruhepuls von 45, und damit gute Reserven“, gibt mir das eine Sicherheit, die ich im politischen Tagesgeschäft dringend benötige. Ich bin einfach stressresistenter: eine Bedingung für den Erfolg.

Ich persönlich wünsche mir aber, dass die„Fitness-Welle“ kein bloßer Ego-Trip ist, sondern Teil einer Bewegung zu mehr Ganzheitlichkeit und einem bewussteren Leben. Was die Grüne Bewegung angeht: Wir mögen schon häufig über die eigenen Beine gestolpert und auch mal Zickzack gelaufen sein. Der Marathonlauf geht weiter.

Karlheinz A. Geißler

Flexibel

Den Engeln gleich

Die Zeitgestalten der Medien, aber auch die Möglichkeiten, mit Medien Zeit zu gestalten, sind äußerst vielfältig. Sie erhöhen nicht selten die kreativen Potentiale der Individuen. Informations- und Kommunikationsmedien zielen in erster Linie darauf ab, räumliche und zeitliche Distanzen zu verringern. Das Trennende des Raumes wird mit möglichst geringem Zeitaufwand überwunden, bis hin zu dem inzwischen erfahrbaren Phänomen, dass Entfernungen gänzlich neutralisiert werden. Räumliche Unterschiede verlieren im weltweiten Netz der Medien ihre Bedeutung für die Kommunikation. Damit erfüllt sich die alte Sehnsucht, den Menschen zu einem engelgleichen Wesen zu machen.

Engel nämlich sind von den materiellen und den naturgesetzlichen restriktiven Bedingungen, denen die Menschen üblicherweise unterliegen, befreit. Dazu noch von jenen lästigen Nebenfolgen, die die Entwicklung unserer irdischen Hochgeschwindigkeitsverkehrsmittel zur Folge haben. An den Bahnsteigen lässt es sich täglich beobachten: Die Abschiedsriten haben sich in den letzten Jahrzehnten in gravierender Art und Weise verändert. Sie sind in ihrem expressiven Ausdruck erheblich ärmer geworden. Vor zwanzig, dreißig Jahren sah man bei abfahrenden Fernzügen am Bahnsteig viele Paare und Gruppen, die voneinander Abschied nahmen, die sich weinend in den Armen lagen, die mit Taschentüchern (die keine Tempo-Taschentücher waren) hinter den entschwindenden Kindern, Eltern, Freundinnen und Freunden herwinkten. Heute dagegen sind die Bahnsteige voll von sprachlos nebeneinander stehenden oder auf und ab gehenden Menschen, die in ihrer gehetzten und geschäftigen Fortbewegungsattitüde allein gelassen wirken. Die Gewohnheit, Worte des Abschieds durchs geöffnete Abteilfenster auszutauschen, und dies so lange, bis sich der Zug in Bewegung setzt, ist aus technischen Gründen abhanden gekommen. Die Fenster lassen sich bei Fernzügen nicht mehr öffnen. Die als Innovation angepriesene Entwicklung bei neuen Hochgeschwindigkeitsexpresszügen, die vor Sonneneinstrahlung schützenden getönten Scheiben, machen die bereits auf visuelle Kontakte geschrumpften Abschiede am Bahnsteig völlig unmöglich. Rettung aber naht. Als engelgleiche Wesen befreien wir uns von solchen restriktiven Kommunikationsbedingungen. Mit Staunen und Bewunderung habe ich dies kürzlich erfahren: Ein junges Liebespaar umarmte sich zum Abschied zärtlich am Bahnsteig, dann verschwand die junge Frau im Zug, ihr Geliebter blieb allein zurück. Die Trennung aber dauerte nur Sekunden, denn beide zogen ihr Mobiltelefon aus der Tasche und säuselten jene Abschiedsworte ins Handy, die ehemals ein offenes Fenster benötigten. Solche Erfahrung entlastet den kritischen Beobachter. Ein Beleg dafür, dass die Technik anscheinend jene Probleme zu lösen vermag, die sie selbst verursacht. Trost in einer trostlosen Welt.

Thomas von Aquin müsste gelegentlich dieser Entwicklung seine immer noch aktuelle Engellehre heute zumindest in einem Punkt überprüfen: Niemand, so sein entschiedener Hinweis, kann ein wahrer Christ sein, der nicht an die Engel glaubt. Heute aber glaubt man eher an sich und an die kommunikationsgestützten Möglichkeiten, zum Engel werden zu können. So gesehen, sind Engel heute eigentlich überflüssig. Ihre Botenfunktion wird in einer Dienstleistungsgesellschaft, in der ja alle Menschen zu Boten werden müssen, schlichtweg überflüssig. Wer heute Engel sucht, muss dies am Arbeitslosenschalter des Arbeitsamtes tun. Dort stehen sie und warten darauf, dass sie jemand beschäftigt.

Nicht die Post-, sondern die Bahnmoderne hält gegenwärtig Einzug: Heute trägt ein mit 250 Stundenkilometern durch die Republik rasender Express die Bezeichnung „Gebrüder Grimm“. Ob die so etwas gewollt hätten? In diesem Hochgeschwindigkeitszug werden keine Märchen erzählt und keine erlebt – es wird dort telefoniert, gearbeitet und manchmal auch gedöst. Jene, die dem ICE einen solchen Namen verpassen, spielen anscheinend mit der erhofften Assoziation, beim Intercity-Express handle es sich um ein modernes Märchen. Das sicher nicht – oder vielleicht doch? Das Märchen vom Hasen und dem Igel zeigt ja, dass jene, die durch die Gegend rasen, über kurz oder lang tot umfallen, während die Sieger sitzen bleiben können. Will uns das die Bahn-AG erzählen? Für eine solcherart subtile Listigkeit sind ihre Aktionen bisher noch nicht bekannt.

Was mich dann aber noch mehr verwirrt. Warum hat es Goethe eigentlich nur zur Bezeichnung eines Euro-City geschafft? Hat er noch Aufstiegschancen? Oder hat man in den Führungsetagen der Bahn-AG möglicherweise auf seine Kritik an der Beschleunigung Rücksicht genommen: „Reichtum und Schnelligkeit ist, was die Welt bewundert und wonach jeder strebt. Eisenbahnen, Dampfschiffe und alle möglichen Facilitäten der Communikation sind es, worauf die gebildete Welt ausgeht, sich zu überbilden und dadurch in der Mittelmäßigkeit zu verharren"? Die Rheinschiffer scheinen diese Textstelle gekannt zu haben. Sie haben Goethe zum bedächtigen Raddampfer befördert.

Goethe als Euro-City, Schiller eine Klasse niedriger, er bewegt sich als Intercity zwischen Dortmund und München und ihrer beider Kollege Franz Kafka gar nur als Inter-Regio. Nun gut, Kafka hat ja behauptet, es gäbe keinen Grund, in einem Wettrennen der Erste sein zu wollen. Konsequent muss er als Regionalzug sein mobiles Leben nach dem Tode fristen. Etwas neidisch wird er schon werden, wenn er bemerkt, dass Hildegard von Bingen und auch Roswitha von Gandersheim in ICEs die Räume überwinden. Beide wiederum können ganz erfreut auf Bonifatius, den Fußgänger, blicken, der heute, eine Klasse tiefer, als Euro-City reist. Das sicher hätte Kurt Tucholsky zu einem ironischen Text animiert, zumal ihm selbst nur Inter-Regio-Tauglichkeit von unseren Bahnangestellten attestiert wird. Darauf lasst uns einen trinken, im Intercity „Bacchus" selbstverständlich. Die Zukunft der Vergangenheit ist bei der Bahn zur Gegenwart geworden.

P.S.: „Aber was sehe ich denn da!" Der Postkutschen-Goethe jetzt als Tragflächenschnellboot (Rapido) auf dem Gardasee und Mozart, nicht nur als Kugel, sondern auch als „Flying Mozart"-Gondel am schönen Wolfgangsee.

Kurt Biedenkopf

Freizeit

An den Grenzen der Arbeitswelt

Vor einigen Jahren machte das Wort von Deutschland als einem „kollektiven Freizeitpark“ die Runde. Auf den ersten Blick scheint es, als könnte da tatsächlich einiges dran sein. Nicht nur die Wochenarbeitszeit ist gesunken, die Deutschen nehmen auch immer später nach der Ausbildung das Berufsleben auf und verlassen es immer früher. Und das bei steigender Lebenserwartung. Die Jahresarbeitszeit ist von 1960 bis 1998 von 2150 auf 1560 Stunden gefallen. Auch die Familienarbeit ist heute dank moderner Technik, gleiche Ansprüche vorausgesetzt, wesentlich weniger zeitaufwändig als früher. Die Wirtschaft hat längst erkannt, dass Freizeit und Tourismus riesige Märkte sind. Die Menschen haben heute weit mehr freie Zeit als ihre Väter und Großväter, und wenn es nach der rasanten Entwicklung der Technik geht, setzt sich dieser Trend auch fort.

Aber die Zukunft der Freizeit entwickelt sich vermutlich nicht als linear verlängerte Gegenwart. Nicht nur die Technik, auch die Gesellschaft verändert sich in Richtungen, die schwer vorherzusagen sind.

Einige Richtungen kennen wir bereits: Die Arbeitswelt etwa entfernt sich immer mehr vom Kolonnenprinzip, das noch vor wenigen Jahrzehnten die Regel war: Hunderte von Industriearbeitern marschierten auf den Ton der Werkssirene gleichzeitig an ihre Arbeitsplätze. Zwar ist heute immer noch das unbefristete Vollzeitarbeitsverhältnis die häufigste Form, den Arbeitstag zu verbringen; laut Bericht der Kommission für Zukunftsfragen der Freistaaten Bayern und Sachsen betraf es 1995 in Westdeutschland noch 68 Prozent, in Ostdeutschland 71 Prozent der abhängig Beschäftigten. Doch die Tendenz ist deutlich fallend: Im Jahr 1970 waren es im Westen und 1989 im Osten noch jeweils 83 Prozent gewesen. Wer nicht im klassischen Vollzeitarbeitsverhältnis steht, der hat einen befristeten Vertrag, arbeitet kurz oder in Teilzeit, auf dem zweiten Arbeitsmarkt, beziehungsweise ist geringfügig beschäftigt oder scheinselbstständig.

Hinzu kommen jene, die arbeitslos sind oder sich selbstständig machen. Immer häufiger fließen auch Zeiten von Umschulung und Weiterbildung in die Arbeitsbiographien ein.

Der gesellschaftliche Wandel hat sich insgesamt in den letzten Jahrzehnten sehr beschleunigt. Unter dem dafür ungenauen Begriff Globalisierung wird die Notwendigkeit von bisher nie gekannter Flexibilität, Innovationsbereitschaft, Mobilität und Fähigkeit zu vernetztem Denken zusammengefasst. Die Gesellschaft wird immer komplexer, und damit auch ihre Ansprüche an den Einzelnen. Und wir stehen erst am Anfang der Entwicklung. Dieser Wandel erweckt viele Hoffnungen, aber auch viele Ängste. Ungewohntes beunruhigt immer.

Die Fragmentierung des Arbeitsmarktes führt zu größerer Individualisierung, und sie eröffnet auch die Möglichkeit zu größerer Selbstbestimmung und Erfüllung. In einer, um es so zu nennen, „Patchwork"-Arbeitsbiographie findet in größerem Maße das eventuell wechselnde persönliche Interesse eher seinen Platz, als es in einer gleichförmigen Beschäftigung vom Eintritt ins Berufsleben bis zum Ruhestand möglich sein kann.

Die Grenze zwischen der Arbeitswelt und der Welt selbstbestimmter freier Zeit bröckelt allenthalben. Wer mit einer Arbeit, und sei sie befristet und projektgebunden, Anerkennung, soziale Kontakte und persönliche Befriedigung erreicht, ist hoch motiviert. Denn seine Arbeit ähnelt in meinen Augen beinahe schon einem intensiven Hobby. Man kann das eine sublime Form von Ausbeutung nennen. Ich nenne es Gelegenheit zur Selbstverwirklichung.

Dazu kommt, dass auch die Grenzen zwischen der Erwerbsarbeit einerseits und dem Ehrenamt, der Familienarbeit, der Bürgerarbeit auf der anderen Seite immer durchlässiger werden. Eine soziale Absicherung vorausgesetzt, kann sich ein und derselbe Mensch mit gleicher Intensität einem Honorarauftrag, der Torjagd im Fußballverein, einer ehrenamtlichen Ortschronik, seiner kranken Mutter oder einem Gemeinderatsmandat widmen. Auch ein zeitliches Nebeneinander von Tätigkeiten, die jede für sich nur eine Teilzeitbeschäftigung darstellten, wird üblicher.

Dieses Nach- und Nebeneinander trägt nicht nur dazu bei, dass sich immer mehr Menschen als ihr eigener Unternehmer erleben, sondern stärkt auch gerade das erforderliche sowohl selbstständige als auch vernetzte Denken und die soziale Kompetenz. Vor uns liegt eine Zeit, die von den meisten Menschen mehr verlangt als einseitige Aspekte ihrer Arbeitskraft. Es geht um den ganzen Menschen.

Freizeit und Arbeitsalltag gehen allmählich ineinander über. Wenn es zutrifft, dass die junge Generation mehr und härter arbeiten muss, um den gleichen Lebensstandard wie ihre Eltern zu erreichen, dann haben das viele schon verinnerlicht. Und sie tun es, das mag manchen erstaunen, lustbetont und selbstbestimmt. Sie ziehen, das ist schon mancherorts in der Unternehmenskultur von Zukunftsbranchen wie Computer, Internet und Wissensverarbeitung zu erkennen, Elemente der Freizeit in die Arbeitswelt und Elemente der Arbeit in den Freizeitzusammenhang hinein.

Immer wichtiger werden in den westlichen Industrieländern die sogenannten „postmateriellen" Werte. Wenn eine Region Standortwerbung betreibt, kann sie sich nicht auf die Aufzählung von Gewerbeflächen, Kaufkraft und Fördermitteln beschränken. Hier wie in vielen Bereichen des Lebens geht nichts ohne die „weichen" Faktoren. Ansiedlungserfolge sind immer auch stark auf die besondere Attraktivität der Region bei Kunst, Kultur und Wissenschaft zurückzuführen. Und selbst da, wo ökonomisch nicht alles zum Besten steht, kann eine auf kulturellen Bindungen beruhende Identität vielen Menschen Geborgenheit und Energie geben. Bei gleichen technischen Eigenschaften werden immaterielle Aspekte von Waren, wie Design und Image, zu einem immer schlagkräftigeren Wettbewerbsvorteil. Das alles zeigt, wie Elemente, die traditionell dem Freizeitbereich zugeordnet werden, in die Welt von Wirtschaft und Arbeit vordringen.

Die Menschen erleben diese Gleichzeitigkeiten, diese Überschneidungen unterschiedlich. Während sie für viele Ältere verwirrend erscheinen mögen, springen die Jungen oft von einer Welt, von einer Identität in die andere, genauso, wie sie durchs Internet surfen. Sie finden sich, so ist das stets bei den Jüngeren, in der „neuen Welt" viel besser zurecht. So wachsen Menschen heran, die nicht nur mit dem Wandel Schritt halten, sondern die ihn mitbestimmen können. Sie werden ein ganz anderes Verhältnis zur Freizeit entwickeln als das überkommene.

Das lebenslange Lernen wird auf jeden Fall zu ihrem Leben gehören, und es wird viel vom Einzelnen abhängen, inwieweit er dies als

Freizeitaktivität oder als lästige Berufspflicht empfinden wird. Ein Schlaraffenland für Faulpelze steht nicht auf dem Programm. Und das wäre, ehrlich gesagt, wohl auch für die wenigsten der Inbegriff erfüllter freier Zeit.

Katharina Lüdemann

Fremdsein

Heimweh nach Afrika

„Aus der Heimat hinter den Blitzen rot da kommen die Wolken her …" – ein Lied aus Schumanns Eichendorff-Liederkreis, das mich begleitet hat, seit ich fünfzehn war, unsicher, nirgendwo heimisch – „und keiner kennt mich mehr hier". Manche fühlen sich ja überall zu Hause. Ich fühlte mich überall fremd. So konnte ich ohne Angst die Heimat hinter mir lassen und jahrelang in fernen Ländern leben. Heimweh hatte ich nie.

Nie werde ich meinen ersten Abend in Afrika vergessen – erschöpft von der langen Reise, allein auf einem fremden Kontinent und erschlagen von den Gerüchen und Geräuschen einer neuen Welt. Erst im Schutz der Dunkelheit wage ich mich auf die Straßen von Ouagadougou, und sofort bin ich umringt von schwarzen Kindern. Tubaku, Tubaku, rufen sie, Weiße, Weiße, und ich fühle mich nackt und ausgeliefert mit dieser obszön hellen, im Mondlicht bleich angestrahlten Haut … Dabei habe ich Glück. Ein-, zweimal werde ich von jungen Afrikanern beschimpft – „Ihr verdammten Neokolonialisten beutet unser Land aus!" Gut, dass die Deutschen beim Kolonisieren wenig erfolgreich waren.

In Bolivien reckten die Leute gern den Arm zum Hitlergruß, wenn ich mich vorstellte. In Afrika bin ich willkommen.

Jahre später kommen wir als Familie zurück nach Afrika und leben in Bandiagara, einer Kleinstadt in der vernachlässigten Sahelregion von Mali in Westafrika. Ein Leben, wie es exotischer nicht sein könnte – Wasser vom Brunnen, kein Strom, selten Telefonverbindungen, keine Gesundheitsversorgung außer unserer eigenen (ich bin Ärztin). Leben im Freien, Hitze, Staub, Regen, die alles bestimmen. Leben in der Öffentlichkeit, die Freundlichkeit der Menschen. Jeden Tag fragen zwanzig Leute, wie es mir geht, nehmen Anteil an meinem Leben. Ich bin nie allein, auch dann nicht, wenn ich es mir sehnlichst wünsche. Das Bedürfnis nach Alleinsein gilt als Vorbote einer gefährlichen Gemütskrankheit.

Das Finger-Zeigen „Anni Tubaku! Kuck mal, eine Weiße!" verfolgt mich bis in die entlegensten Dörfer. Es kommt vor, dass Kindern gedroht wird: „Jetzt kommt der weiße Mann und holt dich!", dennoch werde ich freundlich aufgenommen. Nie sagt jemand: „Lern erst mal richtig Fulfulde", obwohl meine Sprachkenntnisse nach drei Jahren gerade ausreichen, um mich im Alltag und mit meinen Patienten zu verständigen. Weil ich fremd bin, sind alle nachsichtig. Ich habe ja keine Ahnung, wie man in Afrika richtig Kinder erzieht, mit Ärzten diskutiert, Durchfall behandelt. Ich werde freundlich belehrt und aufgeklärt.

Wir sind nicht die einzigen Deutschen im Land. Es gibt protestantische Missionare, die den tief religiösen Maliern den wahren Glauben bringen wollen, und Experten für Landwirtschaft, Straßenbau und Gemeinwesenarbeit, die mit immer neuen Ideen Entwicklung und Wohlstand fördern wollen. Nie fühle ich mich verlorener als nach der jährlichen Weihnachtsfeier der Deutschen Botschaft in der Hauptstadt Bamako.

Was mich erstaunt: wie wenig sie sich durch die sehr bescheidenen Erfolge ihrer Arbeit verunsichern lassen. Die Missionare sowieso. Sie sind von Gott geschickt, sagen sie. Sie brauchen keine Erfolgsbilanz. Aber die anderen (zu denen wir auch gehören)? Wir sind Fremde, was wissen wir denn von Afrika? Zur Zeit ist Dezentralisierung das Zauberwort, vor zehn Jahren war Frauenförderung angesagt, dann entdeckte man den Genderansatz. Bäumchen pflanzen in der Wüste macht heute keiner mehr, aber immer von neuem wollen wir Afrika retten. Die Afrikaner nehmen's gelassen. Die Höflichkeit gebietet es, eine Idee freundlich aufzugreifen – wenn man das Projekt unmöglich findet, kann man es später noch sabotieren. Wie schaffen sie's, so freundlich zu sein? Ist es das Härtetraining von früher Kindheit an, das Leben in der Großfamilie, ohne Privatsphäre? Liegt's an der Hitze, die zumindest tagsüber die großen Emotionen niederhält? An der Vielfalt der Missions- und Eroberungswellen, die sie schon überstanden haben? An der Erfahrung im Zusammenleben von Muslimen, Animisten und Christen, die alle nicht davon abhält, gemeinsame Feste für die Geister der Ahnen zu feiern?

Je länger ich in Afrika lebe, desto weniger verstehe ich vom afrikanischen Leben. Natürlich finde ich mich zurecht, lerne Fulfulde sprechen, weiß, wo man die besten Zwiebeln kauft und dass im entwicklungshilfegeförderten Kühlschrank des Krankenhauses keine Impfstoffe lagern, sondern kleine Schlürftüten mit Ingwersaft, dessen Erlös das karge Gehalt der Krankenschwestern aufbessert. Ich habe gelernt, als Fremde in Afrika zu leben. Ich weiß, was man zur Taufe schenkt und dass man sich auch im Dunkeln nicht öffentlich küssen darf. Aber auf jede Antwort folgen neue Fragen. Als unser Nachbarsmädchen an den Folgen der Beschneidung stirbt, die zwei alte Frauen heimlich an ihr vorgenommen haben, verzweifle ich fast. Wie kann ein so archaisch grausames Ritual fortleben? Ich hätte ihr helfen können, aber niemand hat mich gerufen. Ich habe keinen Zugang zur Gemeinschaft derer, die das Wissen um die Traditionen teilen. Ertrage ich die Hilflosigkeit? Entsteht so der Hass auf Fremdes und die Fremden – aus der verzweifelten Unfähigkeit, zu verstehen? Manchmal kommt man nicht weit mit dem mitteleuropäischen Rüstzeug. Toleranz: es hinnehmen, dass es unüberbrückbare Gegensätze gibt, und trotzdem einander ertragen.

In der Fremde lebe ich mit der Sehnsucht. Auf einmal weiß ich, was Heimat bedeutet: meine Freunde sehen, den Frühling riechen, am Kiosk Lakritzschnecken kaufen. Am vierten Advent will ich auch bei dreißig Grad das Weihnachtsoratorium hören, und einmal in der Woche backe ich Vollkornbrot aus Weizen, den amerikanische Missionare in Timbuktu anbauen.

In der Fremde weiß ich, was ich an Deutschland habe. Staatliche Willkür habe ich mit neunzehn zum ersten Mal erlebt, als ich einen Tag in einem peruanischen Gefängnis verbrachte – angeblich hatten die Zöllner in meinem Rucksack Kokain gefunden. Nach Zahlung einer Geldbuße in die Tasche der Ordnungshüter komme ich frei. Das wäre zu Hause nicht passiert. Später arbeite ich in einem Krankenhaus im Osten Boliviens. Jeden Tag sterben Kinder, weil es keine Medikamente gibt, weil dringende Operationen nicht bezahlt werden können. Nebenan liegt die Privatklinik, wo man gegen Dollars nach europäischem Standard behandelt wird. Plötzlich scheint mir das Leben, dem ich entkommen wollte, traumhaft, und ich ertappe mich dabei, wie ich Arbeitskollegen von den Segnungen Deutschlands vorschwärme: Demokratie, grüne Wiesen und Gesundheitsversorgung für alle. Aus der Ferne liebe ich Deutschland sehr.

Als wir zurückkommen, hat sich wenig verändert, außer dass man im Zug jetzt immer fremder Leute Telefongespräche mit anhören muss. Deutschland passt wie ein ausgelatschtes Paar Schuhe, das man lange nicht getragen hat. Die Leute freuen sich weder über die Demokratie noch über die Gesundheitsversorgung. Vielleicht sehe ich es auch nicht, denn das Leben findet wieder hinter geschlossenen Türen statt. Die Menschen sind nicht kalt und freudlos, es liegt am Wetter. Wir leben gerne hier. Wir möchten überall zu Hause sein und nirgends so sehr, dass wir nicht gehen könnten.

An manchen Tagen fällt die Sehnsucht mich an wie ein Tier, und ich trauere um das Leben in Afrika, das es so nie wieder geben wird. Ich sehe Guaven im türkischen Gemüseladen und bin in den staubigen Gassen von Bandiagara, die gesäumt werden von Guavenhäufchen, die Frauen aus den umliegenden Dörfern zum Verkauf anbieten. Ich rieche ihren Duft, spüre die Hitze und den Staub und weiß, dass ich am falschen Ort bin. Manchmal bekomme ich Briefe von meiner Freundin aus Bandiagara, die vor Floskeln starren, mit denen sie der Briefschreiber vom Markt verziert hat. Warum können wir nicht mehr zusammen tratschen, während im Hintergrund die Hühner gackern und der Hirsebrei fürs Abendessen kocht? In meinem ordentlichen deutschen Krankenhaus, wo nie Mücken durch den OP-Saal fliegen, behandle ich Afrikanerinnen und hoffe, dass sie mich als Schwester erkennen. Ich habe Heimweh nach Afrika.

Ingrid Riedel

Freude

Bei sich und über sich hinaus

„Ich wundere mich, dass ich mich wieder freuen kann", so sagt mir eine Frau, die ihren Mann vor einem halben Jahr einen Krebstod sterben sah, nachdem sie ihn kompetent und liebevoll zu Hause gepflegt hatte. Sie freute sich auf eine Woche des Zusammenseins mit einer weiter entfernt wohnenden Freundin, die sie eingeladen hatte: zum miteinander Wohnen, Wandern und miteinander Sprechen; zum miteinander Kochen vor allem. „Und wir kochen doch beide so gut", versichert sie mir, und sie beginnt vor Vorfreude zu strahlen. Hatte sie sich doch in den ersten Wochen des Alleinseins nur selten und nur frugal zu kochen erlaubt!

Die Freude kommt wieder, auch nach einer Verstörung, wie er der Verlust eines geliebten Menschen mit sich bringt, auch mitten in der noch längst nicht bewältigten Trauer, sie blitzt unvermutet auf, mischt sich ein, unterbricht und durchzuckt die gedrückte Stimmung, wie ein Lichtstrahl die zusammengezogene Wolkendecke plötzlich durchdringen kann.

So erfahren es viele Trauernde, auch solche, die um eine auseinander gegangene, getrennte Beziehung trauern. Plötzlich überkommt uns dennoch eine heitere Erinnerung, ein Lächeln, ja ein Lachen: So vergnügt konnten wir auch miteinander sein (trotz vielem anderen!). Selbst bei der Erinnerung an diesen Menschen kann ein Lachen aufkommen.

Wieder lachen zu können, weil uns eine köstliche Begebenheit mit eben jenem Menschen wieder einfällt, der nicht mehr unter uns ist: Das löst den Kloß im Hals, den wir doch meist beim Zusammensein nach einer Beerdigung eine ganze Weile lang noch haben. Und diese Beklommenheit nach einer Trennung, die sich bis zur Atemnot steigern konnte, löste sich bei einer anderen dann, als sie mit dem Erlernen des Querflötenspielens begann, das sie sich immer gewünscht hatte: Es wurde ihr eine Quelle der Freude.

Die Freude ist eine subversive Kraft, angesichts alles des wahrhaft

Bedrückenden und manchmal fast Erdrückenden, was das Leben so mit sich bringen kann. Manchmal erscheint sie wie eine Freibeuterin, eine Piratin, die fast Unerlaubtes tut.

Jetzt gibt es noch eine Einstellung, die sich Freude in dieser Welt und in dieser Zeit fast verbietet. So träumte eine überaus bedrückte Frau, die sich seit langem vom Leben nichts mehr zu nehmen wagte, auch das nicht zu nehmen wagte, was sich ihr anbot und was ihr zustand: Sie fahre als Seeräuberin über die Meere und hole sich alles zusammen, was sie brauche und was ihr Herz erfreue ... Sie, die sonst mehr als schüchterne Frau, musste einfach auflachen, als sie mir diesen Traum erzählte, und ihre Augen blitzten dabei. Weit entfernt davon, sich wirklich etwas zu rauben, was ihr nicht zustand, blitzte doch die Möglichkeit auf, dass das Leben auch ihr etwas zu bieten hätte, und erfüllte sie in diesem Augenblick mit einer wilden Freude.

Wilde Freude – viel mehr als nur ein stilles In-sich-Hineinfreuen – kann uns überkommen, gerade wenn wir etwas sehr Schweres überwunden, überstiegen haben: einen wirklichen Berg, den wir in leidenschaftlicher Bewegungsfreude bezwingen, eine Aufgabe, die uns wie ein unübersteigbarer Berg erschien, eine geistige oder auch eine spirituelle Herausforderung, der wir uns mit ganzem Herzen widmen, an die wir uns hingeben. Da gibt es die hingerissene Gipfelerfahrung, die peak experience, die helle Freude, die aufkommt, wenn wir endlich oberhalb der Schwierigkeit oben stehen. Die Freude des Sich-Spürens ist es, das tief Bei-sich-Sein, ja das Über-sich-hinaus-Sein. So beschreibt die Mystikerin Margarite Porète geradezu freudetrunken die Transzendenzerfahrung einer gottverbundenen Seele: „Eine solche Seele, spricht die Liebe, schwimmt im Meer der Freude, das ist in dem aus der Gottheit ausfließenden und ausströmenden Meer der Wonnen."

Solche Mystik der Freude nährt sich aus den Erfahrungen der hohen Minne, der Liebeserfüllung, die es auch zwischen Menschen, auch Menschen unserer Tage gibt, die sich immer neu zwischen Ich und Du ereignet. Als „Schöner Götterfunke" wird die Freude in Beethovens großer Musik besungen, einer Musik, die das Herz weitet.

Dies sind die großen Stunden der Freuden, die uns nicht immer geschenkt sind. Neben ihnen aber gibt es viele kleinere Stunden der Freude, Viertelstunden vielleicht, Minuten, Augenblicke: Da dringt

Lindenduft durchs offene Autofenster – ein Grund, anzuhalten, auszusteigen und wieder zu riechen und zu schmecken, dass es doch wieder Sommer geworden ist. Da mag uns die Gedichtzeile der Ina Seidel durch den Sinn gehen: „Unsterblich duften die Linden …“ Oder wir halten an, weil uns über dem Rot eines Mohnfeldes die Augen übergehen. Der unverwechselbare Geschmack von frisch gestochenem Spargel, von eben gepflückten Erdbeeren zergeht uns auf der Zunge: Die Freude des Kostens, des Schmeckens ist wieder da! Die hellen Sommerkleider kommen aus dem Schrank, die Haut spürt Sonne und Wind.

Es sind dies Alltagsfreuden, die wir alle kennen, die sich keinem von uns versagen, die wir zu einer „Freuden-Biographie“ unseres Lebens zusammenstellen könnten, wie Verena Kast einmal vorschlägt, eine Geschichte unserer kleinen und großen Freuden im Gegensatz zu den allzeit abrufbaren Leidensgeschichten. Dabei aber wäre wichtig, dass wir auch die kleinsten Freuden nicht vergessen. Die Freude am Basilikum, an grünem Tee oder gar an einem Vogel, einer Katze, einem Hund, die Freude an einem schönen Stoff, einer Lieblingsecke im Zimmer oder draußen in der freien Landschaft …

Unsere Lebensgeschichte schreibt sich manchmal geradezu neu, wenn wir neben die Bilder unserer Schmerzen auch die unserer Freuden stellen und beide gelten lassen!

Zuletzt fällt mir ein kleines Gedicht aus dem Mittelalter ein, das ich schon von meiner Mutter her kenne, die trotz einer fünfköpfigen Kinderschar, die sie durch den Krieg brachte, und einem lebenslangen Nierenleiden, an dem sie früh verstarb, immer wieder Freude hatte und Freude weitergab:

„Ich komm, weiß net woher,
Ich fahre, weiß net wohin,
Mich wundert's, dass ich fröhlich bin.“

Richard Schröder

Freundschaft

Die Kraft des Wohlwollens

Freundschaft ordnen wir der Privatsphäre zu. Das sah Aristoteles ganz anders. „Soweit Menschen Gemeinschaft pflegen, insoweit gibt es Freundschaft und auch das Gerechte“ (Aristoteles, Nikomachische Ethik 1159b 25ff.). Seine große Abhandlung über die Freundschaft in der „Nikomachischen Ethik“ enthält ganz folgerichtig auch eine kleine Politologie, in der dargestellt wird, wie es in den verschiedenen Staatsformen mit der Freundschaft steht, nämlich am schlechtesten in der Tyrannenherrschaft, am besten in der Demokratie (1161a 30ff.).

Auf den ersten Blick verwundert das. Freundschaft in der Politik? Da herrscht doch Hauen und Stechen um die Macht! Mein zweiter Blick fällt auf die Volkskammer von 1990. Die ersten freien Wahlen nach der friedlichen Revolution hatten es mit sich gebracht, dass die meisten Abgeordneten sich zuvor noch nie gesehen hatten. Da waren die wenigen persönlichen Bekanntschaften Gold wert, denn in der Tat: Ohne persönliche Vertrautheit ist gemeinsames Handeln unmöglich. Doch dann fällt mir drittens das Wort Filz ein oder, schlimmer noch, das Wort Korruption: Politiker, die ihre Freunde bedienen, Beamte, die das Dienstliche und das Private vermischen. Müssen wir also Aristoteles widersprechen? Nein. Gemeinsames Handeln setzt tatsächlich wechselseitiges Wohlwollen voraus, und ohne dies kann keine Gemeinschaft existieren. Nur: wer öffentlich handelt, soll nicht *heimlich* seine Freunde bedienen. Wer öffentliche Ämter und Gelder zu vergeben hat, soll seine Beziehungen nicht *an die Stelle* der öffentlichen Vergabekriterien setzen. Und wer einen anderen zu richten oder zu prüfen hat, soll seine Befangenheit erklären, wenn der andere zufällig sein Freund ist. Dass all dies bei Aristoteles nicht sofort reflektiert wird, hat einen einfachen Grund: Nach griechischer Auffassung sollte eine Polis nicht mehr als 5000 Bürger haben, weil man sich ja sonst nicht persönlich kennt. Politik vollzog sich bei den Griechen wie in den mittelalterlichen Städten in einem Raum persönlicher Vertrautheit. Das gilt heute nur noch für kleine Kommunen. In einer Großgesellschaft wächst die Anonymität und mit ihr die Gefahr der heimlichen Begünstigungen.

„Freundschaft" war in der DDR der offizielle Gruß der kommunistischen Jugendorganisation (FDJ). Bei jeder passenden und unpassenden Gelegenheit wurde die „Völkerfreundschaft" und namentlich die zu den Völkern der Sowjetunion beschworen. Frei besuchen aber durften wir uns nicht. Und so hat denn auch die DDR keineswegs vor allem völkerfreundschaftlich gesonnene Menschen hinterlassen. Freundschaftlich sollten auch die Beziehungen zwischen Partei und Volk und zwischen den sozialen Schichten, den Arbeitern, den Bauern, der Intelligenz, sein. In Wahrheit achtete die Partei sehr genau darauf, dass die Genossen nicht etwa falsche Freundschaften schlossen. Die Stasi dagegen lancierte reichlich falsche Freunde, Spitzel nämlich, die Freundschaft heuchelten, was nach Aristoteles schlimmer ist als Falschmünzerei (Nikomachische Ethik 1165b 11f.). Lassen wir einmal diese Perfidie beiseite, dann bleibt doch das Absurde am Prinzip, über eine Gesellschaft Freundschaft zu dekretieren. Der Gedanke selbst ist ja gar keine kommunistische Erfindung. In der Losung der Französischen Revolution „Freiheit, Gleichheit, Brüderlichkeit" war mit der Brüderlichkeit sogar mehr als Freundschaft zur Forderung, und zwar zur menschheitlichen, erhoben. Und bei Schiller lesen wir: „Seid umschlungen, Millionen, diesen Kuss der ganzen Welt" – physisch unmöglich ist das, ein Pathos, das im besten Falle hohl ist, im schlimmsten Falle dem Spruch folgt: „und willst du nicht mein Bruder sein, so schlag' ich dir den Schädel ein".

Um dem geschundenen Wort Freundschaft einen Sinn zurückzugeben, empfiehlt es sich, noch einmal bei Aristoteles in die Schule zu gehen.

Drei Arten von Freundschaft gebe es, sagt er. Man kann befreundet sein eines Nutzens wegen, der Lust oder des Angenehmen wegen oder drittens um des anderen als solchem willen (Nikomachische Ethik 1155b 17ff.). Die ersten beiden Arten sind keineswegs zu verachten. Aristoteles denkt bei der ersten etwa an Reisegesellschaften, Gastfreundschaften (für Ausländer und vice versa im Ausland) oder Vereine. Wir können auch an Geschäftsfreunde denken. Um gemeinsamer Vorteile willen schließen sich ja auch Menschen zu einer

Polis zusammen und verbünden sich (Stadt-)Staaten. Dagegen ist gar nichts einzuwenden, solange kein Etikettenschwindel getrieben und mehr als das Interesse am Nutzen vorgespiegelt wird.

Zur zweiten Art gehören die erotischen Beziehungen, aber auch die um des gemeinsamen Kunstgenusses willen. In ihnen hat mehr Großzügigkeit Raum als in den geschäftsmäßigen Freundschaften des Nutzens. Und die dritte muss keineswegs den Nutzen und das Angenehme ausschließen.

Die ersten beiden sind aber instabil und krisenanfällig, weil sie ihren Sinn verlieren, wenn der Nutzen oder die Lust ausbleiben. Zu diesen beiden Arten sind auch kleinliche Charaktere fähig.

Dagegen bedarf es für die dritte Art, die ihren Grund allein in der Freude am anderen hat und ihm um seiner selbst willen Gutes wünscht, charakterlicher Größe (die etwas anderes ist als Intelligenz oder Bildungsgrad). Und allein diese dritte Art hält der schwersten Belastung einer Freundschaft stand, der Verleumdung (Nikomachische Ethik 1157a 20f.).

Nur die dritte Art ist Freundschaft im vollen Sinne des Wortes. Sie muss etwas Seltenes bleiben. Um des Nutzens willen kann man mit vielen befreundet sein, um des Angenehmen willen auch. Die wahre Freundschaft kann sich nur auf wenige beziehen. Denn der wahre Freund ist ein „alter ego“, dessen Sein uns fast genauso am Herzen liegt wie unser eigenes und mit dem wir unsere Worte und Gedanken teilen (Nikomachische Ethik 1166a 37f. [allos autos]; 1170b 8ff.).

Nicht jeder Mensch ist zu wahrer Freundschaft fähig, nämlich diejenigen nicht, die mit sich selbst im Zwist liegen. Und deshalb sei die Voraussetzung wahrer Freundschaft die Freundschaft mit sich selbst, die geradezu das Gegenteil ist von Egozentrik oder Egoismus (Nikomachische Ethik 1168a 28ff.; die Entsprechung von Freundschaft zum Freunde und zu sich: 1166 11ff.).

Aber diese, die wahre Freundschaft, ist sie demnach nicht doch etwas Privates? Die Antwort muss realistischerweise ja heißen. Trotzdem hat sich Aristoteles nicht in einen Selbstwiderspruch manövriert, wenn er außerdem noch sagte, Freundschaft sei es, was die Polis zusammenhält (Nikomachische Ethik 1155a 22f.). Denn der Anfang der Freundschaft sei *Wohlwollen* (Eutonia: Nikomachische Ethik 1166b 30ff.).

Nichts zerstört das Zusammenleben mehr als die Logik des Verdachts. Wo sie herrscht, sind Verhandlungen, Abmachungen und Verträge, also auch Politik, sinnlos. Man kann dann nur noch Gegner bekämpfen.

In Wahrheit aber steht es so: Wir brauchen Gründe gegen, nicht Gründe für das Wohlwollen. Der Schaden aus enttäuschtem Wohlwollen (das wir von Leichtsinn unterscheiden wollen) ist sicherlich erheblich kleiner als der Schaden aus permanentem Misstrauen, der zwangsläufig in die Isolierung und Lähmung treibt. Und: „wer seinen Nächsten beschuldigt, kann irren, wer ihm verzeiht, nie."

Leonardo Boff

Frieden

Balance zwischen Zuviel und Zuwenig

Wie soll man „Frieden" definieren? Seit der Antike sind zahlreiche Definitionen vorgenommen worden. Sie alle haben ihre guten Gründe wie auch ihre Grenzen. Wir geben einer Definition den Vorzug, weil sie ungemein einleuchtend ist: Friede ist Bewegungsgleichgewicht. Eine solche Sicht kommt mit der Logik des Universums und aller biologischen Prozesse überein. Das gesamte Universum ist Bewegung, nichts ist statisch und ein für allemal fertig.

Am Anfang standen eine erste große Instabilität und ein ungeheures Chaos. Alles explodierte. Es begann die Bewegung, die immer noch anhält. Indem sich das Universum ausdehnte, kam Ordnung in das Chaos. Denn diese Expansionsbewegung ist schöpferisch und bringt Neues hervor. Und diese Ordnung entsteht durch das Spiel der Beziehungen, die alle Dinge miteinander unterhalten. Alles hat in jedem Augenblick und in allen Konstellationen mit allem etwas zu tun. Diese Einsicht bildet die Grundlage der gesamten heutigen Kosmologie, der Quantenphysik, der Genetik und Molekularbiologie.

Wegen der Bezogenheit aller Dinge aufeinander darf das Universum nie als Gesamt aller schon existierenden oder in das Dasein tretenden Wesen verstanden werden, sondern als umfassendes, gegliedertes und dynamisches Zusammenspiel aller Beziehungen, die den Dingen zugrunde liegen, sie miteinander verbinden und gleichzeitig gegeneinander abgrenzen.

Das Leben, die menschlichen Gesellschaften und die Lebensläufe der einzelnen Menschen haben Bewegungscharakter. Das Leben entstand aus der Bewegung der Materie, die sich selbst organisiert; die Materie ist nie bloß „Material“, sondern ein in hohem Maß interaktives Spiel von Energien und Dynamiken, die die unterschiedlichsten Wesen hervorbringen. Nicht ohne Grund sind manche Biologen der Auffassung, wenn die Materie in einem beliebigen Teil des Universums ein bestimmtes Maß an Selbstorganisation erreiche, entstehe das Leben als kosmischer Imperativ, als Ergebnis einer Bewegung von Beziehungen, die den gesamten Kosmos durchdringt.

Die Dinge bleiben miteinander in Bewegung und entwickeln sich dadurch; sie hören nie auf zu entstehen. Sie befinden sich im Prozess des Entstehens: Kosmogenese, Biogenese, Anthropogenese und – so sehen es Gläubige – Christogenese.

Das menschliche Wesen macht aufeinanderfolgende Wandlungsprozesse durch, in denen es seine Identität ausbildet und seine Bestimmung formt.

Aber das Chaos wäre nie zum Kosmos geworden, die anfängliche Unordnung hätte sich nie in eine offene Ordnung verwandelt, wenn es nicht das Gleichgewicht gegeben hätte. Es ist genauso wichtig wie die Bewegung. Eine ungeordnete Bewegung ist destruktiv und führt zur Entropie. Aber eine Bewegung im Gleichgewicht führt zur Syntropie und bringt das Universum als Kosmos hervor, als Harmonie, Ordnung und Schönheit.

Was meint Gleichgewicht? Gleichgewicht ist die rechte Mitte zwischen dem Zuviel und dem Zuwenig. Es ist das relative Optimum. Die Bewegung ist im Gleichgewicht, ist Ausdruck einer friedlichen Situation, wenn sie sich genau in der richtigen Mitte hält, weder ins Übermaß noch in den Mangel abdriftet. Es ist also wichtig, dass wir uns darüber klar werden, was rechtes Maß bedeutet.

Das rechte Maß besteht in der Fähigkeit, natürliche, gesellschaftliche und individuelle Möglichkeiten so zu nutzen, dass sie so lange wie möglich andauern und sich ohne Verluste reproduzieren können. Das ist nur möglich, wenn sich Maß und Gleichgewicht zwischen dem Zuviel und dem Zuwenig herstellen. Das rechte Maß setzt Realismus, demütige Annahme von Grenzen und intelligenten Gebrauch von Möglichkeiten voraus. Dieses Gleichgewicht garantiert die Überlebensfähigkeit aller Phänomene und Prozesse: der Erde, den Gesellschaften und dem Leben der einzelnen Menschen.

Das Universum entstand durch ein äußerst subtiles Gleichgewicht. Wenn nach dem Urknall die Expansionskraft zu schwach gewesen wäre, wäre das Universum in sich zusammengefallen. Wäre sie zu stark gewesen, hätte sich die kosmische Materie nie verdichtet und nie „Rote Riesen", danach die Galaxien, die Sterne, die Planetensysteme und die Einzelwesen hervorgebracht. Wenn es nicht dieses allergenaueste Gleichgewicht gegeben hätte, wären wir Menschen nicht hier und könnten all dieses erzählen.

Es herrscht deshalb Friede im Universum, und die Sterne fallen uns deshalb nicht auf den Kopf, weil ein Bewegungsgleichgewicht besteht.

Wie lassen sich dieses richtige Mittelmaß und dieses dynamische Gleichgewicht erreichen? Das ist eine komplexe Frage. Seiner Natur nach erfordert das Gleichgewicht eine kunstvolle Kombination vieler Faktoren und Dimensionen, wodurch das richtige Maß unter ihnen allen entsteht. Wer das Gleichgewicht von einer einzigen Instanz ableiten wollte, geriete in eine instabile Lage. Deshalb genügen weder die kritische Vernunft noch die symbolische Vernunft, wie sie sich in Religion und Spiritualität ausdrückt, noch auch die emotionale Vernunft, die der Welt der Werte und der Bedeutungen zugrunde liegt, noch der Rückgriff auf die Tradition, den Gemeinsinn und die Weisheit der Völker.

Alle diese Instanzen sind wichtig, aber keine davon kann für sich allein das Gleichgewicht garantieren. Es ist auf die Entfaltung aller Dimensionen und aller Kräfte angewiesen. Mit einem Wort: Gleichgewicht setzt Weisheit, das rechte Wissen über jedes Ding und jede Situation voraus, eine Haltung, die gleich weit von der Not wie vom Überfluss entfernt ist, gleich weit vom Mehr und vom Weniger.

Auf diesem Hintergrund lässt sich die Angemessenheit einer Definition des Friedens als Bewegungsgleichgewicht verstehen. Gäbe es nur Bewegung ohne Gleichgewicht, nur die lineare, ungeordnete Bewegung in alle Richtungen, würde Chaos herrschen und hätten wir den Frieden eingebüßt. Gäbe es Gleichgewicht ohne Bewegung, ohne die Offenheit für neue Beziehungen, würde Stagnation herrschen und sich nichts entwickeln. Aus der klugen Balance zwischen diesen beiden Polen entsteht der dynamische Friede, der nie ein für allemal hergestellt ist, der offen ist für neue Verwirklichungen und schöpferische Synthesen.

In der Optik des Friedens, als Bewegungsgleichgewicht betrachtet, sind die heutigen Gesellschaften grundlegend friedensfeindlich. Wir leben in Zerrissenheit durch Radikalismen, Einseitigkeiten, Fundamentalismen und sinnlose Polarisierungen in fast allen Bereichen. Das zum höchsten Wert erhobene Konkurrenzprinzip in Markt und Wirtschaftsleben zerstört die notwendige Zusammenarbeit für Leben und weitere Entwicklung aller Lebewesen. Eine Orientierung nur an der neoliberalen Ideologie, die sich in alle Winkel der Erde verbreitet hat, zerstört die kulturelle und spirituelle Vielfalt der Völker. Das Aufzwingen einer einzigen Produktionsweise unter Nutzung einer einzigen Art von Technik und Verwaltung, durch Maximierung von Gewinn, Beschleunigung der Abläufe und Abbau von Investitionen, zerstört die Ökosysteme und bedeutet eine Gefahr für das lebendige System Erde. Die tiefgreifend ungleichen Beziehungen zwischen Reichen und Armen, Nord und Süd, Religionen, die sich als Träger göttlicher Offenbarung verstehen, und anderen Religionen der Menschheit, das alles verstärkt die Arroganz und vermehrt die religiösen Konflikte. Alle diese Erscheinungen sind Belege für eine Zerstörung des Bewegungsgleichgewichts und damit des von allen so sehr ersehnten Friedens. Nur durch die Schaffung einer Allianz aller und mit der Natur, die sich vom Frieden als Bewegungsgleichgewicht als Methode und als Ziel inspirieren lässt, werden wir Gesellschaften ohne Barbarei schaffen, in denen das Leben blühen kann und die Menschen in gegenseitiger Sorge leben können, in Gerechtigkeit und schließlich auch in beständigem Frieden, wie er seit Jahrhunderten ersehnt wird.

Aus dem Portugiesischen von Ulrich Ruh

Hannelore Elsner

Gefühle

Wort-Geschichten

Abenteuergefühl Gefühlsabenteuer Abhängigkeitsgefühl Gefühlsabhängigkeit Gefühlsall Allgefühl Anfangsgefühl Gefühlsanfang Angstgefühl Gefühlsangst Gefühlsarbeit Arbeitsgefühl Gefühlsarmut Armutsgefühl Ausgefühl Gefühlsaus Ausbruchsgefühl Gefühlsausbruch Bauchgefühl Gefühlsbauch Gefühlsbelebung Belebungsgefühl Bereitschaftsgefühl Gefühlsbereitschaft Berggefühl Gefühlsberg Gefühlsgipfel Gipfelgefühl Besitzgefühl Gefühlsbesetzung Gefühlsbrei Breigefühl Gefühlschaos Chaosgefühl Gefühlschronik Dugefühl Gefühls-Du Gefühlsdurcheinander Durcheinandergefühl Gefühlsduselei Duselgefühl Gefühlsebene Ekelgefühl Gefühlsekel Endlichkeitsgefühl Gefühlsende Endlosgefühl Endzeitgefühl Gefühlsenge Engegefühl Entfernungsgefühl Gefühlsentfernung Entwertungsgefühl Gefühlsentwertung Gefühlserfindung Erregungsgefühl Gefühlserregung Ersatzgefühl Gefühlsersatz Erstickungsgefühl Gefühlserstickung Ewigkeitsgefühl Gefühlsewigkeit Feingefühl Gefühlsfeinheiten Feriengefühl Gefühlsferien Fiebergefühl Gefühlsfieber Gefühlsfrau Gefühlsmensch Frühlingsgefühl Gefühlsfrühling Gefühlsfühler Ganzheitsgefühl Gefühlsganzheit Gefühlgefühl Geilheitsgefühl Gefühlsgeilheit Gemeinschaftsgefühl Gefühlsgemeinschaft Genauigkeitsgefühl Gefühlsgenauigkeit Gefühlsgeschenke Gefühlsgewitter Gefühlsgier Giergefühl Gleichgewichtsgefühl Gefühlsgleichgewicht Gleichgültigkeitsgefühl Gefühlsgleichgültigkeit Glücksgefühl Gefühlsglück Gruselgefühl Gefühlsgrusel Härtegefühl Gefühlshärte Hassgefühl Gefühlshass Heimatgefühl Gefühlsheimat Heimlichkeitsgefühl Gefühlsheimlichkeit Heiterkeitsgefühl Gefühlsheiterkeit Herzensgefühl Himmelsgefühl Gefühlshimmel Hitzegefühl Gefühlshitze Heiß-Kalt-Gefühl Hochgefühl Gefühlstief Gefühlshölle Höllengefühl Gefühlshunger Hungergefühl Ichgefühl Gefühls-Ich Kackgefühl Gefühlskacke Kältegefühl Gefühlskälte Gefühlskick Ballgefühl Kinogefühl Gefühlskino Kleinstadtgefühl Großstadtgefühl Körpergefühl Gefühlskörper Gefühlskonsum Konsumgefühl Gefühlskraft Kraftgefühl Landgefühl Gefühlslandschaft Lebensgefühl Gefühlsleben Gefühlslehre Leeregefühl Gefühlsleere Leichtigkeitsgefühl Gefühlsleichtigkeit Liebesgefühl Gefühls-Logik Gefühllosigkeit Gefühls-Lüge Lustgefühl Gefühlslust Lustangstgefühl Gefühlsmacht Machtgefühl Allmachtgefühl Moralgefühl Gefühlsmoral Gefühlsmeer Meergefühl Mehr Gefühl Minderwertigkeitsgefühl Gefühlsminderwertigkeit Mitgefühl Miteinandergefühl Gefühlsmiteinander Mondgefühl Gefühlsmond Gefühlsmöglichkeiten Möglichkeitsgefühl Nachtgefühl Gefühlsnacht Neidgefühl Gefühlsneid Nutzlosigkeitsgefühl Ohnmachtsgefühl Gefühlsohnmacht Gefühls-Orte Ostergefühl Pfingstgefühl Gefühlspower Powergefühl Gefühlsproblem Problemgefühl Raumgefühl Gefühlsraum Regengefühl Gefühlsregen Gefühlsreichtum Reisegefühl Gefühlsreise Reizgefühl Gefühlsreiz Gefühlsrevier Reviergefühl Rhythmusgefühl Gefühlsrhythmus Gefühls-Sache Sauberkeitsgefühl Gefühlssauberkeit Schamgefühl Gefühlsscham Gefühlsschauer Schauergefühl Gefühlsscheiße Scheißgefühl Gefühlsschlabber Schlabbergefühl Gefühlsschleuse Gefühlsschranke Gefühlsblockade Schmerzgefühl Gefühlsschmerz Schmetterlingsgefühl Gefühlsschmetterling Schönheitsgefühl Gefühlsschönheit Schreckgefühl Gefühlsschreck Gefühlsschrei Schreigefühl Schreibgefühl Gefühlsschreibe Gefühlsschrott Schrottgefühl Schuldgefühl Gefühlsschuld Schwächegefühl Gefühlsschwäche Gefühlsschwankungen Schwindelgefühl Gefühlsschwindel Schwanzgefühl Gefühlsschwanz Gefühlssee Seegefühl Seelengefühl Sehnsuchtsgefühl Gefühlssehnsucht Seligkeitsgefühl Gefühlsseligkeit Sicherheitsgefühl Gefühlssicherheit Gefühlssinn Sinnesgefühl Sommergefühl Gefühlssommer Gefühlsspiegel Spiegelgefühl Sprachgefühl Gefühlssprache Stadtgefühl Gefühlsstadt Gefühlsstarrheit Gefühlsstärke Stärkegefühl Staugefühl Gefühlsstau Sternengefühl Gefühlsstern Gefühlsstrudel Strudelgefühl Suchtgefühl Gefühlssucht Gefühlssumpf Sumpfgefühl Taktgefühl Gefühlsmusik Gefühlstakt Tanzgefühl Gefühlstanz Taubheitsgefühl Gefühlstaubheit Teufelsgefühl Gefühlsteufel Gefühlstod Todesgefühl Gefühlstränen Tränengefühl Trauergefühl Gefühlstrauer Traumgefühl Gefühlstraum Gefühlstreue Treuegefühl Trotzgefühl Gefühlstrotz Gefühlstrunken Trunkenheitsgefühl Unabhängigkeitsgefühl Gefühlsunabhängigkeit Unendlichkeitsgefühl Gefühlsunendlichkeit Gefühlsuhr Urgefühl Urlaubsgefühl Gefühlsurlaub Vatergefühl Muttergefühl Verachtungsgefühl Gefühlsverachtung Verantwortungsgefühl Gefühlsverantwortung Gefühlsverbindungen Gefühlsverbrauch Gefühlsverdrängung Verdrängungsgefühl Gefühlsvergeudung Gefühlsverhütung Verlustgefühl Gefühlsverlust Gefühlsvermögen Gefühlsverrohung Gefühlsverstrickung Verstrickungsgefühl Gefühlsverwandtschaft Verwandtschaftsgefühl Gefühlsverwirrung Verwirrungsgefühl Gefühlvoll Völlegefühl Gefühlsfülle Wachsamkeitsgefühl Gefühlswachsamkeit Wahrhaftigkeitsgefühl Gefühlswahrhaftigkeit Gefühlswahrheit Wahrheitsgefühl Waldgefühl Wiesengefühl Wald- und Wiesengefühl Gefühlswärme Wärmegefühl Gefühlswechsel Wechselgefühl Gefühlswechselbäder Weiblichkeitsgefühl Männlichkeitsgefühl Weihnachtsgefühl Gefühlsweihnachten Gefühlsweisheit Gefühlsweite Weitegefühl Gefühlswelt Weltgefühl Wertgefühl Gefühlswert Widerspruchsgefühl Gefühlswiderspruch Gefühlsstreit Wintergefühl Gefühlswinter Wirgefühl Wohlgefühl Wunschgefühl Gefühlswunsch Wutgefühl Gefühlswut Zartgefühl Zärtlichkeitsgefühl Zaubergefühl Gefühlszauber Zeitgefühl Gefühlszeit

Markus Schächter

Geist

Noch Glut unter der Asche?

Darin waren sich die Königsberger damals ganz sicher: Würde sich je der logos, der „Geist", den Körper eines Menschen suchen, er würde die Gestalt des Immanuel Kant annehmen. Dabei war es ganz bestimmt nicht die Physiognomie des Philosophen, die für diese huldvollste Erhebung zu den Ehren der säkularen Altäre den Ausschlag gab. Der kleine Kopf auf dürrem Leib mit leichtem Buckel entsprach auch damals nicht dem Ideal von Schönem und Gutem. Aber die unvergleichliche Wucht und Klarheit seiner Erklärung, wie „Geist", „Vernunft" und „Verstand" die Welt zusammenhalten, haben den Zeitgenossen den Atem verschlagen.

„Die Kritik der reinen Vernunft" war ein denkgeschichtlich herausragendes Datum der Erkenntnistiefe über die strahlende Kraft des Geistes als führende Grundkategorie einer Deutung unserer Existenz.

Dass diese Denk-Geschichte deshalb auch „Geistes"-Geschichte genannt werden muss, machte wenige Jahre später sein Antipode Friedrich Hegel in der fulminanten Universaltheorie des „logos" deutlich. Der Geist als das Alpha und das Omega der Weltgeschichte; unser Sein: nur als Geistsein und Schöpfung des Geistes wahrhaftig und real. Noch nie wurde so hymnisch, so radikal und so begeistert der „Geist" als Definitionsmacht des gesamten Seins besungen: Er allein ist das Wahre und das Wirkliche, die Bewegung des Gegensatzes und der Versöhnung, die höchste Definition des Absoluten.

Steiler ging es nicht mehr. Hegels Hoheslied auf den Geist – vergleichbar mit dem theologischen Konzept des Heiligen Geistes, des creator spiritus – war der Höhepunkt der wortmächtigen Philosophiegeschichte des Geistes.

Wer heute über „Geist" als Grundbegriff unserer Denkgeschichte reflektiert, kann nicht umhin, sich diese herausgehobene Leitfunktion und die hegemoniale Bedeutung dieses Zentralbegriffs vor Augen zu halten. Der inzwischen eingetretene „Karriereknick" des Wortes wirkt für viele so fundamental wie der Bedeutungsverlust alter Weltsprachen als lingua franca glorreicher Zeiten. Für den öffentlichen Diskurs gibt es den „Geist" als Argumentationsfigur (fast) nicht mehr. In der neuen Zeit beschreiben neue Zentralbegriffe das veränderte Erkenntnisinteresse: Natur und Materie, Psyche und Sinnlichkeit, Existenz und Ökonomie. Im Wettbewerb mit den Lebenswissenschaften der Moderne bleibt auch die Philosophie weitgehend auf Distanz zu ihrer einst wichtigsten Begriffs-„Ressource". Vermeintlich nebensächliche Disziplinen steigen dagegen aus der Bedeutungslosigkeit auf und definieren als neue Leitwissenschaften die Koordinaten um. Die Physik, die Biochemie oder die Biotechnologie reklamieren Deutungskompetenzen weit über die ursprünglichen Grenzen ihrer Zuständigkeit hinaus. Als künftige Jahrhundertwissenschaft wird die Neurobiologie erwartet. Eine Hirnforschung, die dem Geist auf den Grund seiner biologischen Tatsachen gehen will: Typisch Menschliches wie Erkennen, Sprechen, Urteilen, Denken wird zum Gegenstand neuronaler Wenn-Dann-Hypothesen. Das Humanum wird, so sagen es die Protagonisten dieser Fachdisziplin, als Fall für das Elektronenmikroskop auf seine wahre „Natur" zurückgeführt.

Es ist kein Zufall, dass es auch gleichzeitig den Geisteswissenschaften an das Leder geht, mangels Nachfrage und aufgrund nicht immer sauber formulierter Antworten zu Relevanzfragen. Es mehren sich die Akademie-Tagungen, die die Thematik „Zukunft der Geisteswissenschaften" mit doppeltem Fragezeichen versehen. Gleichzeitig und mit viel Bedacht wird auch der Paradigmen-Wechsel in den bislang geisteswissenschaftlich orientierten Feuilletons hin zur dezidiert naturwissenschaftlichen Reflexion vorangetrieben. Dem „Geist" scheint niemand mehr Rechtes zuzutrauen. Verliert sich eine zentrale Kategorie europäischer Denktradition ins Bedeutungslose?

Wer genau hinschaut, sieht ein Licht am Ende des Nach-Hegelschen Tunnels. Kaum hatten etwa die neu positionierten Feuilletons seitenweise die Entzifferung des menschlichen Genoms als Jahrtausendwerk und Wissensdurchbruch für revolutionär neue Antworten auf die Frage nach den Menschen gefeiert, war wenige Wochen später ein anderes Faktum zu bedenken: Die Zahl der menschlichen Gene unterscheidet sich kaum von der der Fruchtfliege. Da solchem Kleingetier bislang weder Sprache noch Denken, weder Kultur noch Reflexion zuzuordnen war, wird von den klügeren Wissenschaftlern selbst die Frage nach den neuen Grenzen der Erkenntnisfähigkeit gestellt. Und auch danach, ob ihre mit breiten Schultern und großem Selbstbewusstsein reklamierte Deutungshoheit angemessen ist. Immer häufiger wird wieder der alte vitale Geist der Kulturwissenschaften als wichtiger Partner eingefordert und als Korrektiv an den Stellen, wo die Naturwissenschaften ihre bisherigen Grenzen sichtbar überschreiten. Und massiv wird eine neue Dialogfähigkeit über Sinn und Fragen der Ethik von den Geisteswissenschaften gefordert. Die Angst vor naturalistischen Fehlschlüssen wächst. Die Einsicht, dass der Mensch und seine conditio humana mehr als das Zusammenspiel biochemischer Prozesse sind, wird wieder selbstverständlich. Die Sorge um die existentiellen und gesellschaftlichen Konsequenzen, etwa der Gentechnologie, postuliert ein neues Selbstbewusstsein und eine selbstbewusst vorgetragene Deutungskompetenz der Geistes-Wissenschaften, die dort mit ihrem Denken nicht aufhören, wo die naturwissenschaftliche Begriffsbildung und Erkenntnismöglichkeit enden. Aber auch die Frage ist zu stellen: Ist noch genügend Glut unter der Asche der ehemaligen und großen Denktraditionen, damit beim Ringen um Sinn, Geist und Konsequenzen die eigenständige, unverzichtbare, unverwechselbare Kraft in eine dringend geforderte neue Ökumene der Wissenschaften eingebracht werden kann? Der alte berühmte Fragenkanon der Aufklärung „Was kann ich wissen? Was soll ich tun? Was darf ich hoffen? Was ist der Mensch?" bleibt auch für unsere Zeit virulent. Er bleibt es, gerade weil das Wissen der Moderne bestenfalls die erste Frage erkenntniserweiternd beantworten kann. Es sind übrigens jene Fragen, die vor fast genau 200 Jahren von Immanuel Kant formuliert wurden, jenem Denker, den seine Zeitgenossen als die Inkarnation des „Geistes" verehrten.

Anselm Grün

Geld

Phantasie entwickeln

Mehr denn je gilt heute der Grundsatz: „Geld regiert die Welt." Wer Geld hat, gehört zu den Mächtigen und Einflussreichen. Er kann sich leisten, was er möchte. Er kann Macht über andere ausüben. Was das Geld bewirken kann, das weiß jeder. Was Geld ist, das ist kaum einem klar. Eine kurze Definition lautet: „Geld ist eine Übereinkunft innerhalb einer Gemeinschaft, etwas als Tauschmittel zu verwenden." Geld ist also kein Ding an sich. Es entsteht durch Übereinkunft. Nach außen hin kann Geld wertlos sein. Es ist ein Stück Papier. Doch wir statten Geld mit Macht aus. Wir sind es, die dem Geld Macht geben. Aus sich heraus hat es diese Macht nicht. Also liegt alles an uns, wie wir mit dem Geld umgehen.

Gibt es einen spirituellen Umgang mit Geld? Für mich als Cellerar einer großen Benediktinerabtei, der täglich mit Geld umgehen muss, ist es eine Herausforderung, einen spirituellen Umgang mit dem Geld zu erlernen. Spiritueller Umgang heißt für mich einmal: Phantasie und Kreativität im Umgang mit dem Geld entwickeln.

Ich treffe immer wieder auf fromme Menschen, die Geld an sich verteufeln: Geld ist schlecht. Wer Geld anlegt, ist ein schlechter Mensch: „Sie spekulieren mit Geld" – das klingt, als ob Spekulieren schon eine Todsünde wäre. Allerdings mache ich immer wieder auch die Erfahrung, dass die gleichen Leute, die das Geld so verteufeln, oft sehr viel Geld für sich brauchen. Für mich ist nicht die erste Frage, wie ich mit dem Geld, das ich habe, umgehe. Die erste Frage ist für mich meistens, wie ich überhaupt zu Geld komme. Meine Erfahrung war oft, dass gar kein Geld vorhanden war, um die Projekte zu finanzieren, die ich für wichtig erachtete. Viele fromme Christen verharren in einer solchen Situation lieber dabei, über das nicht vorhandene Geld zu jammern, statt Phantasie zu entwickeln. Oder sie versuchen einfach, um Geld zu betteln. Für mich besteht in einer solchen Situation der leeren Kasse die erste Aufgabe darin, den Kopf anzustrengen und Strategien zu entwickeln, wie ich zu dem benötigten Geld kommen kann. Denkfaulheit, so meint einmal Karl Rahner, ist keine Gabe des Heiligen Geistes. Aber manchmal erlebe ich gerade im Umgang mit Geld sehr viel Denkfaulheit. Wenn die dann noch als Frömmigkeit hochstilisiert wird, kann ich nicht viel damit anfangen.

Phantasie entwickeln heißt in diesem Zusammenhang für mich einmal, durch eine Produktion, die auf heutige Bedürfnisse eingeht, Geld zu verdienen. Zum andern aber heißt es auch, die Instrumente heutiger Geldwirtschaft zu nutzen, um Geld durch Denken zu verdienen. Auf diesem Gebiet begegne ich vielen Puristen, die ihr Leben lang mit einer weißen Weste herumlaufen möchten und sich daher die Finger mit Geld nicht schmutzig machen möchten. Sie delegieren dann lieber die Aufgabe an andere. Die sollen sich die Finger schmutzig machen. Dann kann man von ihnen mit gutem Gewissen Geld fordern. Wer mit Geld umgeht, muss ethische Prinzipien befolgen. Es gibt inzwischen eine ganze Palette von ethischen Geldanlagen. Doch Purist darf man nicht sein. Denn die absolute Garantie, dass man auch bei ethischen und ökologischen Geldanlagen keine schmutzigen Finger bekommt, hat man nicht.

Die wichtigste Aufgabe des Geldes ist, dass es Menschen dient. Ich verdiene nicht Geld, um reich zu werden, um mir etwas leisten zu können, sondern um den Menschen zu dienen. Ohne Geld kann ich keine sinnvollen Projekte starten, kann ich keine Arbeitsplätze zur Verfügung stellen. Geld dient dem Menschen und nicht umgekehrt. Bei manchen Firmen werden die Menschen ausgepresst, damit sie möglichst viel Geld erwirtschaften. Das ist für mich eine Perversion des Geldes. Wer phantasievoll mit Geld umgeht, kann mit Geld auch mal eine Durststrecke in einer Firma ausgleichen, ohne sofort die Hälfte der Mitarbeiter zu entlassen und sie erst bei besserer Konjunkturlage wieder einzustellen.

Was bedeutet aber spiritueller Umgang mit Geld: Wesentlich dafür ist die innere Freiheit. Geld kann auch eine Eigendynamik entwickeln, die zur Folge hat, dass man immer mehr Geld verdienen muss. Freiheit heißt zunächst einmal innere Freiheit: Ich gehe mit Geld um, ich gehe Risiken ein, aber ich denke nicht ständig darüber nach. Ich kann das Geld lassen. Ich kann auch Geld verlieren. Es darf mich innerlich nicht bestimmen. Für mich selber ist es immer ein wichtiges Kriterium, ob ich auch bei der Meditation ans Geld denke. Wenn das vorkommt, dann übt es zuviel Macht über mich aus. Das ist dann ein Alarmsignal, und ich weiß dann, dass ich mich innerlich vom Geld distanzieren muss. Ich darf mich nicht über das Geld definieren. Ich darf nicht habgierig werden.

Benedikt von Nursia fordert vom Cellerar vor allem das rechte Maß. Er soll nicht geizig sein, aber auch nicht verschwenderisch. Ich darf nicht alles, was ich kann. Ich muss mir gerade beim Geld selber Grenzen setzen. Wenn ich immer mehr wachsen möchte, dann verliere ich irgendwann einmal das Maß. Und damit auch die Freiheit.

Geld ist Tauschmittel. Es hat also immer schon mit Beziehung zu tun. Denn nur wer in Beziehung zueinander kommt, wird etwas austauschen. Geld soll nicht isolieren, wie es bei manchen Reichen geschieht, die hohe Mauern um ihr Vermögen bauen, damit es ihnen keiner wegnimmt. Geld kann isolieren. Geld muss daher geteilt werden. Dann schafft es ein neues Miteinander. Aber sein Geld wird nur der teilen, der ihm gegenüber innerlich frei ist und wer sich von der Überzeugung leiten lässt, dass Geld den Menschen dient und nicht dem eigenen Reichtum, nicht dem eigenen Image. Manche Reichen verstärken durch Geld ihre Maske. Wer Geld teilt, der nimmt seine Maske ab und tritt in Beziehung zum andern.

So ist es für mich die Herausforderung der Zukunft, Geld nicht zu verteufeln, sondern spirituell mit dem Geld umzugehen, phantasievoll und kreativ, in innerer Freiheit und in der Bereitschaft, den Menschen zu dienen, in ihnen Leben zu wecken.

Roger de Weck

Generationen

Nichts ist besser für das Zusammensein als das Zusammensein

In Deutschland herrscht Apartheid, Alt und Jung leben getrennt. Fast nirgends auf der Welt ist das Zusammenleben der Generationen so verkümmert und verkommen wie in der Bundesrepublik.

Kinder, die jahrelang ihre Eltern nicht sehen, nicht besuchen. Eltern, die möglichst wenig mit ihren Kindern zu tun haben möchten. Oder die nicht warten können, bis sie endlich aus dem Haus sind. Die tausendmal gehörte Klage, Weihnachten und sonstige Familienfeste seien unerträglich. Die Erfahrung, dass wir in der Freizeit meist mit Gleichaltrigen zusammen sind. Die Beobachtung, dass in der Kneipe Jung mit Jung sitzt und Alt mit Alt.

Wir alle wissen darum. Total normal? Nein, totalitär normal wie jede Apartheid. Es ginge anders. In vielen Ländern ist es (ein bisschen) anders. Wie konnten die Deutschen, allen voran die Städter, das schöne Zusammen- und Wechselspiel der Generationen vergessen? Warum sehen sie vor allem Zwang, wo Beisammensein auch Solidarität und Stimulus bedeutet?

Nichts liegt mir ferner, als frühere Verhältnisse zu verklären. Die Großfamilie, die drei oder vier Generationen unter ein Dach stellte, war keine Idylle. Patriarchat und Matriarchat waren schwer erträglich, Nähe konnte sehr wohl in Unfreiheit umschlagen – die Literatur ist voller Beispiele.

Nun ist die Großfamilie tot. Ist das eine Rechtfertigung für das Aneinandervorbeisehen der Generationen? Im Gegenteil, heute könnten sie sich in größerer Freiheit denn je finden und bereichern.

In meiner kleinen Heimatstadt (die ich hier nicht nenne, weil sie als Typus gelten soll) sind die Verhältnisse herrlich: Man lebt zusammen. Selbstverständlich haben die Jüngeren ihre Partys. Sonst aber gibt es sozusagen keinen gesellschaftlichen Anlass, an dem nicht alle Generationen teilhaben, am Stammtisch, am langen Klapptisch beim Stadtfest, rund um den Sitzungstisch des Vereins, vor dem Altar, hinter dem Abgeordnetenpult im Stadtrat: Überall vermengt sich Altvorderes, Mittelalterliches und Junges. Nichts ist lebendiger als ein Abendessen, an dem das Gespräch zwischen den Generationen geführt wird. Streit wird ausgetragen, Groll nicht lange vor sich hin getragen. Dadurch gedeihen beide, die Jungen *und* die Alten, gerade Letztere: In einer Stadt ohne Apartheid können sie es sich nicht leisten, lehrhaft zu tun. Sobald die Alten das Alte und die Jungen das Neue idealisieren, laufen sie auf.

Was waren denn die zwei schlimmsten Folgen der Apartheid zwischen Weiß und Schwarz? Man hatte Angst voreinander und nur noch Klischees voneinander. Genau dasselbe gilt in Deutschland für das Grundverhältnis zwischen Alt und Jung. Aus Unkenntnis erwächst ein wechselseitiges Unwohlsein. Die Vorurteile sind bald so groß, dass es schwierig wird, auf den anderen zuzugehen, geschweige denn, sich ihm zu öffnen. Für das Zusammensein aber ist nichts besser als das Zusammensein.

Doch es wird, in der Bundesrepublik, leider von Anfang an getrennt. Als ich in dieses Land kam, bewunderte ich die schönen Kinderspielplätze, die in jedem größeren Park eingerichtet worden sind. Bis ich darauf kam, dass sie vor allem dem Zweck dienten, die Kleinkinder in einer Ecke des Parks zu versammeln und sie mithin von den ruhebedürftigen Erwachsenen fernzuhalten. Spielplätze sollte man abschaffen, sie sind nicht viel besser als Altersheime. Kinder sollen sein, wo Erwachsene sind.

Eine andere deutsche Art, die Kinder auf ihre Generation zu verweisen, ist der Hang und Drang, sie wohlbehütet aufwachsen zu lassen, sie möglichst lange vor den Härten der Erwachsenenwirklichkeit zu schonen – mitunter bis ins vierte Lebensjahrzehnt hinein! Denn nirgends studiert der Nachwuchs so lange wie in Deutschland. Die Franzosen zum Beispiel sind weniger pädagogisch; mit Kindern gehen sie ähnlich um wie mit Erwachsenen, aber sie nehmen sie ernster: Die Kinder sind einfach dabei, mitten im Stadtpark und mitten im gesellschaftlichen Leben.

Weg mit der Wand zwischen den Generationen! Das ist die Losung für die kommenden Jahrzehnte. Jeder kann kleine Schritte auf die anderen Generationen hin tun, die Erzieher aber können Riesenschritte machen: indem sie die Kinderwelt nicht länger separieren. Die Lebensqualität der Erwachsenen wird dadurch nicht geringer, dass sie vielleicht etwas mehr Lärm in Kauf nehmen und dafür viel stärker an der Jugend teilhaben. Die Lebensqualität der Kinder wird keineswegs gemindert dadurch, dass sie schneller mit der Realität konfrontiert werden, also früher mit ihr umzugehen lernen.

Im Grunde bietet die moderne Gesellschaft beste Voraussetzungen, dass sich Jung und Alt intensiver austauschen, in Freiheit statt unter (ökonomischen oder moralischen) Zwängen. Wird jedoch die Chance genutzt, wenn die Vorurteile und Verhaltensmuster so klar in die andere Richtung weisen: in Richtung Vereinsamung nicht nur der Menschen, sondern auch der Generationen?

Die Debatte über das Zusammenleben verschiedenster Jahrgänge – die bei fortdauernder Apartheid ohnehin einen unerbittlichen Verteilungskampf um Renten und Gesundheitskosten austragen würden – ist tausendmal wichtiger als weltfremde Abrechnungen mit der Vergangenheit von Joschka Fischer. Nötig wird eine neue Politik, dazu ein neues Wort: Generationenpolitik.

Uwe Pörksen

Gen-Tomate

Bewusster Landbau statt erdeloser Gemüsefabrik

Lange Glashallen, die weiß ausgelegt sind.
Man betritt sie durch ein Desinfektionsbad.

Die Tomate wurzelt in quadratischen Mineralwollekästchen, durch die in einem Schlauch eine Nährlösung hindurchgeführt wird, die zirkuliert und rezirkuliert wird.

Die Pflanze wächst also in geschlossenen Systemen auf, beheizt – sie wird, in Stufen gelegt, acht bis zwölf Meter hoch und erzeugt bis zum Zehnfachen der im Freiland wachsenden Tomate.

Die fast menschenleeren Hallen, durch die Arbeitskräfte auf Fahrrädern fahren, machen den Eindruck einer Intensivstation.

„Und es gibt keine Probleme?“

„Ja doch, die Entsorgung der Mineralwolle, in der die Pflanzen wurzeln – 20 000 Lastwagen jährlich –, stellt vorläufig noch ein Problem dar, bedenken Sie aber, welche Argumente sich für die neue Technik ins Feld führen lassen:

Da die Hydrotomate ohne Bodenkontakt in geschlossenen Hallen wächst, belastet sie weder Grundwasser noch Erde, noch Atmosphäre. Sie ist das umweltschonendste Gemüseprodukt. Auf eng umgrenztem Raum wird Nahrung erzeugt für eine Riesenzahl.

Und dieser Vorteil wird unterstützt durch das Hinzutreten der nicht minder sauberen Gentechnik. Durch einen kleinen Eingriff in die Erbbahn immunisiert sie eine Pflanze gegen Schädlinge oder stimuliert und steigert das Wachstum. Erdelose Kultur und Gentechnik zusammen steigern um ein Vielfaches den Ertrag der Gemüseproduktion, verringern deren Nebenwirkungen, tun also im Riesenmaßstab etwas für die Umwelt. Die Niederländische Regierung hat das Ziel, bis zum Jahr 2001 die Gemüseproduktion ohne Bodenberührung per Gesetz durchzusetzen.“

Das war im Frühjahr 1989, und wir fragten uns:

Wie reagieren wir auf diese naturrettende Erfindung? Was kann ein anständiger Mensch gegen die Hydro-Gen-Tomate haben? Was lässt sich, buchstäblich, gegen sie setzen? Die Argumente können einen schon kleinlaut machen:

1. Sie ist die Rettung in der Bevölkerungsexplosion.
2. Sie lässt die Landschaft wieder aufleben, gibt die Natur sich selbst zurück.
3. Sie ist von überragender Produktivität.
4. Sie ist extrem ökologisch.

Ein paar Jahre lang vertieften wir uns in die Nährfilmtechnik.

Alle vier Argumente erwiesen sich bei genauem Hinsehen als Illusion.

1. Eine steigende Bevölkerungskurve verlangt nach einer steigenden Nahrungsmittelkurve, das klingt logisch, aber die umgekehrte Rechnung ist genauso logisch: eine steigende Nahrungsmittelkurve lässt die Bevölkerungszahl in die Höhe schnellen. In Mexiko sprach man nach der Erschließung neuer Erdölfelder von den Ölpesokindern. Und weiter.

Die Hydro-Gen-Tomate kommt dem Welthunger gar nicht zugute. Die Teilmenge der Weltbevölkerung, die von ihr profitiert, kann vor Tomaten kaum aus den Augen sehen, und für den beachtlichen Rest gilt eher das Umgekehrte: Die Ausbreitung erdeloser Kultur zerstört ähnlich wie die Hochleistungssorten in den Jahren der grünen Revolution die Reste der Selbstversorgung, der Subsistenz in der sogenannten Dritten Welt, enteignet die Menschen, verstärkt den Zug in die Megastädte und lässt durch Verarmung die Zahl der Neugeburten zunehmen. Fruchtbarkeit korreliert mit sozialer Unsicherheit.

2. Der Mensch zieht sich zurück, und hinter ihm beginnt das Paradies? Pure Illusion. Die Vielfalt auf einer Wiese hängt davon ab, wie ich sie bewirtschafte. Überlasse ich sie sich selbst, dann verdistelt sie, versteppt, verbuscht, wird zum Beispiel von der Birke, der Fichte erobert.
   Was wir „Natur" nennen, ist die Begleiterscheinung einer sich wandelnden Agrikultur. Ihre überlieferte Vielgestaltigkeit ist die Rückseite der bisherigen Landwirtschaft. Natur lässt sich nicht „stilllegen". Wenn die Nahrung in gläsernen Reservaten produziert wird, braucht man gleichzeitig auch außerhalb eine Laborbedingung, braucht also zwei Labors:
   - das Tomatenlabor und
   - das Naturlabor mit dem Landschaftspfleger.
3. Die Hydro-Gen-Tomate ist sehr produktiv, aber auch diese Produktivität hat eine Vorder- und eine Rückseite. In dem Maß, in dem man den Ertrag der Tomate steigert, steigert man auch die Technik, die das ermöglicht, den Abfall, der anfällt, und den Transport, der sie an den Mann bringt. Sie produziert hochtechnische Hallen und einen aufwändigen Vertrieb, vernichtet die Arbeit und Verdienstmöglichkeiten anderer, setzt also Arbeit und Landschaft frei und macht sie zum „Problem". Auf der Rückseite des Ertrages werden ein Aufwand und ein Verlust erkennbar, die man auch als „Negative Produktivität" bezeichnen könnte.
4. Wenn dem so ist, dann ist auch das vierte Argument, wonach die Hydro-Gen-Tomate ein extrem ökologisches Erzeugnis ist, blanke Täuschung. Was sie auf der Gegenseite hervorruft, schlägt nur darum nicht zu Buch, weil wir die Rechnung ohne den Wirt machen und das Gegenkonto nicht aufstellen.

Die vier Hauptargumente beruhen also auf Illusionen. „Groß ist die Wahrheit", bemerkt Aldous Huxley in seinem Zukunftsroman „Schöne neue Welt" (1930), „größer aber, vom praktischen Gesichtspunkt, ist das Verschweigen der Wahrheit".

> Die Hochleistungstomate versorgt nicht nur eine große Bevölkerung, sondern erzeugt sie.
>
> Sie befreit nicht nur Landschaft und Landwirte, sondern macht sie versorgungsbedürftig.
>
> Sie bringt nicht nur einen hohen Ertrag, sondern einen noch höheren Verbrauch.
>
> Sie ist nicht nur, an ihrem Platz, sehr hygienisch, sondern als Ganzes gesehen extrem umweltbelastend.

Was folgt daraus? Die Notwendigkeit einer Blickverlagerung, einer neuartigen Betrachtungsweise:

Die Hydro-Gen-Tomate ist eine Lebensform. Produktionsformen sind Lebensformen. Und diese ist, zumindest hierzulande, nicht zwingend.

Denn zum einen sind die globalen Argumente, welche die Hydro-Gen-Tomate zwingend machen wollen, nicht einmal Halbwahrheiten, und zum andern hat die wissenschaftlich-technische Entwicklung einen Stand erreicht, der uns mittlerweile ein enormes Spektrum, ein offenes Spiel von Möglichkeiten zur Verfügung stellt.

Wenn aber der Möglichkeitsspielraum derartig gewachsen ist, dann muss es erlaubt sein, wieder elementare Fragen zu stellen:

Was wollen wir essen?

Wie wollen wir leben?

Hat es einen Sinn, dass eine Tomate, eine Bohne, eine Gurke aus der Erde wächst?

Dann führt die Einsicht, dass Produktionsformen die Form gemeinschaftlichen Lebens bestimmen, den entscheidenden Schritt weiter, dass die Lebensform zum Angelpunkt werden kann: Wie sieht diese oder jene Produktionsform aus, wenn wir sie als Sozialform befragen? Welche erscheint dann als die bessere? Die erdelose Gemüsefabrik oder ein neuer bewusster Landbau?

Dann spricht erstaunlich viel für die Tomate an der Hauswand, im Garten, in jahreszeitenabhängigen Glashäusern, auf den Feldern. Paris hat im 19. Jahrhundert Gemüse exportiert.

Statt der Gen-Tomate die Gegend-Tomate? Gewiss, sie strahlt nicht rund um das Jahr in ewiger Schönheit von den Regalen. Aber sie hat einen Geruch.

Ruth Pfau

Gerechtigkeit

Wenn für jemand ohne Hoffnung Zukunft geschieht

Gerechtigkeit – nein, freiwillig hätte ich das Thema nicht gewählt. Weiß ich doch nicht einmal, was Gerechtigkeit eigentlich bedeutet. Nicht einmal, was es für mich bedeutet. Zu oft ist Gerechtigkeit für den einen Ungerechtigkeit für den anderen. Und überdies ist Gerechtigkeit ständig in Gefahr, unbarmherzig zu werden, wenn wir nicht gleichzeitig Verstehen, Zuwendung mitdenken …

Ungerechtigkeit – da werden die Fronten klarer. Ungerechtigkeit kann ich einfach nicht ertragen. Das ist keine Tugend bei mir – das ist ein Computerprogramm, aus dem ich nicht aussteigen kann. Ich sehe einfach rot. Und kann nicht schlafen, ehe wir nicht etwas dagegen unternommen haben – irgendetwas, auch wenn es nur symbolisch ist, auch wenn wir nur unsere Stimme erhoben haben, aber es nur registrieren, nein, diese Reaktionsweise steht mir schlicht nicht offen.

Gestern schenkte mir Suraya eines jener seltenen Lächeln, die den ganzen Tag vergolden und kostbar werden lassen. Suraya … Ein bildschönes Kind. Charmant, zutraulich, intelligent, warmherzig, unternehmungslustig und kreativ. Voller Träume. Mutter und Vater verkrüppelte entstellte Leprapatienten, die auf den Straßen Karachis bettelten, um dem Kind die Schulbildung zu ermöglichen. Suraya widerstand tapfer allen Versuchungen zur Entmutigung und Bitterkeit – wenn sie sie „Bettlerkind" und „Aussätzigengöre" nannten, dann war das zwar nicht nett, aber es war doch auch keine Lüge!

Kein Jahr, in dem Suraya nicht den ersten Platz in der Klasse besetzte. Kein Jahr, in dem die Träume nicht in weitere Ferne rückten: ihr Stamm würde ihr nicht erlauben, unverheiratet zu bleiben, bis sie eine Ausbildung abgeschlossen hatte. Was nutzte es ihr, dass wir ihr Freunde gewonnen hatten, die ihr Studium bezahlten? Karriere in Pakistan wird nicht von deinen Leistungen entschieden, sondern von deinen Familienverbindungen …

Bis sie, an einem staubigen heißen Augustabend, in einem der engen stinkenden Seitengässchen des Aussätzigencamps Khairdin begegnete. Khairdin – hochgewachsen, hellhäutig, aus den Bergen des Himalaya – leprakranke Bettler auch seine Eltern. Wir hatten ihm einen Ausbildungsplatz in der Hauptstadt verschaffen können, dank der Behinderten-Quote, jetzt war er zurück in der Siedlung, hatte einen Posten als Laborant und träumte die gleichen Träume wie Suraya … Die Eltern willigten ein. Der erste Sohn wurde nach knapp einem Jahr geboren, im zweiten Jahr ein Töchterchen, Suraya unterbrach ihre Ausbildung, gab Nachhilfe-Unterricht, um das Familien-Einkommen aufzubessern, sie bauten ihren Kindern eine neue Zukunft

… als das Unglück erneut zuschlug. Khairdin verunglückte tödlich mit dem Motorrad, auf dem Wege zur Arbeit. Suraya war allein – eine junge Witwe, ohne Einkommen, mit zwei kleinen Kindern, die sich standhaft weigerte, erneut zu heiraten – und damit sich aller Unterstützung der Familie beraubte. Verzweifelt, gebrochen fanden wir sie eines Tages auf den Stufen zum Krankenhaus, die Kinder weinend an die Mutter geschmiegt.

Heute hält Suraya das Universitäts-Zeugnis in Händen. Das Abschluss-Examen hat sie erfolgreich bestanden. Morgen können wir sie in der Apotheke anstellen, eine Apothekerin, die für die Versorgung des gesamten Nationalen Lepra-Tuberkulose-Erblindung-Bekämpfungs-Programmes verantwortlich sein wird. Sie hat studiert, halbtägig in unserer Apotheke gearbeitet, ihren Haushalt geführt, sich den Angriffen des Stammes sanft und entschieden widersetzt … Es wird nicht lange dauern, und sie wird Abteilungsleiterin sein, und wenn ihre Kinder in der Schule gefragt werden, wer ihr Vater sei, dann werden sie sagen, dass er tödlich verunglückt sei und dass die

Mutter die verantwortliche Apothekerin im Lepraprogramm sei, und sie werden Akademikerkinder sein, und keiner wird wissen, dass die Großeltern noch, verstümmelt, auf den Straßen Karachis gebettelt haben …

Wenn immer wir ein wenig, ein klein wenig dazu beitragen können: durch unsere Geduld, durch unser Verständnis, mit unseren Herzen und Händen, dass für jemand ohne Hoffnung Zukunft geschieht – dann geschieht ein wenig Gerechtigkeit in unserer Welt.

Hans-Georg Gadamer

Geschichte

Freiheit der Ungewissheit

Gedenk- und Geburtstage bieten eine gute Gelegenheit, die Geschichte der jeweiligen Jubilare Revue passieren zu lassen und sie durch Rückblicke zu würdigen. Im Hintergrund steht dabei oft die Frage, ob denn aus der bedachten Geschichte etwas zu lernen sei.

Das heißt aber nicht, dass es nicht sinnvoll ist, sich an seiner eigenen Geschichte zu prüfen – in meinem Falle also vornehmlich an der jüngeren Geschichte der Philosophie. Dafür ist es erforderlich, sich die geistige Situation des 19. Jahrhunderts in Erinnerung zu rufen.

Das 19. Jahrhundert schuf ein neues politisches Bewusstsein. Die wichtigste Voraussetzung dafür schuf die Französische Revolution: den Einbruch des Bürgertums in die Kultur. Das führte zugleich zu einer Blüte der Naturwissenschaft, die rasch zum Vorbild der Geisteswissenschaften wurde – was sich auch auf die Philosophie auswirkte. Wie kam es dazu? Die erste Hälfte des Jahrhunderts stand weitgehend unter der Nachwirkung von Hegel und der deutschen Romantik. In der zweiten Hälfte des Jahrhunderts nahm dann der Fortschritt der Wissenschaften und der Technik ungeahnte Ausmaße an. Die herrschende Philosophie dieser Zeit, der Neukantianismus, war durch die Rückkehr zu Kant geprägt und vor allem durch die machtvolle Ausstrahlung eines Hermann Cohen. Aber konnte eine

Philosophie, die sich noch in der Nachwirkung der Romantik bewegte, den Aufgaben gewachsen sein, die sich zum Beginn des 20. Jahrhunderts durch die dramatischen Veränderungen der politischen Welt ergaben?

Mit dieser Frage nähert man sich dem zu Beginn des 20. Jahrhunderts immer dringlicher werdenden Problem einer Zusammenführung von klassischer Kultur und moderner Industriegesellschaft sowie der damit einhergehenden Aufgabe, in einem monarchistisch geprägten Land ein demokratisches Bewusstsein zu wecken. Diese Situation führte zu einer Entwicklung der Philosophie, die an der Endphase des Neukantianismus in der Marburger Schule gut abzulesen ist. Nach dem Tode Cohens befreite sich vor allem Paul Natorp aus dem Erbe der Romantik, wie in seiner modifizierten Platon-Lektüre sichtbar wird. An die Stelle einer Deutung der Idee als Naturgesetz trat nun eine neue Systematik der Philosophie, in der die zu neuem Leben erweckten griechischen Begriffe Theorie, Praxis und Poiesis leitend wurden. Auch die jüngeren Vertreter der Marburger Schule, vor allem Ernst Cassirer und Nicolai Hartmann, fühlten sich nicht mehr an den Gesetzesbegriff der Naturphilosophie des Neukantianismus gebunden.

Parallel dazu gedieh in Göttingen und Freiburg die phänomenologische Schule Edmund Husserls, die am Ende die Marburger Schule in den Schatten stellte. Sie tat es deshalb, weil im Anschluss an Husserl der junge Martin Heidegger das philosophische Nachdenken für den Wahrheitsanspruch der Kunst öffnete. Diese Entwicklung zeichnete sich bereits in Natorps Hinwendung zur Poiesis ab, Heidegger blieb es dann vorbehalten, der Philosophie die entscheidende Richtung zu verleihen. Er tat dies, indem er das Augenmerk darauf lenkte, dass das Werk der Kunst über alle Wendungen und Wandlungen des Wertens und des herrschenden Geschmacks erhaben ist – dass es eine eigene Wahrheit für sich reklamiert. Aber was für eine Wahrheit ist dies? Das ist die Frage, die Heidegger – in der Schule von Dilthey und Husserl – in seiner Wiederbelebung der Philosophie des Aristoteles in Gestalt der Seinsfrage zur eigentlichen Frage des Philosophierens erhoben hat. Dies ist bis heute so geblieben.

Fragt man nun danach, was aus dieser entscheidenden Entwicklung der Geschichte des Denkens zu Beginn des letzten Jahrhunderts für die heutige Situation zu lernen ist, so ist noch keine eindeutige

Antwort möglich. Wer kann sich anmaßen, den weiteren Fortgang des weltgeschichtlichen Geistes zu deuten? Da lohnt es sich eher, bei den alten Griechen in die Lehre zu gehen. Sie haben in ihrem Prometheus-Mythos die passende Antwort auf diese Frage gegeben – nicht in der Gestalt desjenigen Prometheus, der wegen seiner revolutionären Haltung gegen Zeus an den Felsen gefesselt und dessen Leber dann von einem Adler zerrissen wird. Ich denke vielmehr an den Prometheus, der sich selber rühmt, das Größte und Beste für die Menschen geleistet zu haben. Dieses Prometheus-Drama schildert, wie einst die Urmenschen trübsinnig in ihren Höhlen lebten, weil sie den Tag ihres Todes bereits kannten. Prometheus aber nahm ihnen dieses Wissen. Nun wachten sie auf, begannen den nächsten Tag zu nutzen, die Natur um sich zu gestalten und tätig zu werden – unwissend, für wie lange Zeit, aber doch ganz auf diese neue Freiheit des Unwissens gebaut.

Seitdem sollten wir wissen, dass wir die Zukunft nicht kennen – und dass es gut ist, dass wir die Zukunft nicht kennen. Und wir sollten wissen, dass wir eine Philosophie nicht ernst nehmen können, die nicht mit dem Ungewissen zu leben weiß. So nähert man sich der neuen Weltaufgabe. Die Menschheit lebt in verschiedenen Kulturkreisen und daher mit ihren eigenen Sprachen und Sitten und mit ihren eigenen Religionen. Und doch müssen wir jetzt lernen, mit-einander zu leben. Dieses Einander ist das, was im Gespräch Verstehen heißt. Das ist die Hermeneutik, die in die offene Zukunft hineinlebt. Sie duldet nicht, dass das Miteinander nur Regeln folgt, sondern sie verlangt im Gegenteil, das eigene Urteil zu wagen. Echte menschliche Kultur muss selbst etwas wagen.

Bärbel Bohley

Gespräch

Reisen in ein unbekanntes Land

Psychologen und Philosophen kommen zum gemeinsamen Ergebnis: Die Wahrheit beginnt zu zweit. Verstehen ist nur im Dialog möglich, der Mensch braucht das Gespräch. Aber der „Andere" muss kein Mensch, das kann auch ein Buch, ein Film oder ein Erlebnis sein, das uns intensiv beschäftigt. Meistens sehnen wir uns dann allerdings nach einem Diskurs über unsere Gedanken, und wenn der auf Dauer verweigert wird, wird man krank.

Wie sehr wir das Gespräch brauchen, merkt man besonders, wenn man in einer Einzelzelle sitzt. In dieser Zeit wurde für mich das Gespräch mit den Toten besonders wichtig. Diese Gespräche haben mir Kraft gegeben, und ich kann nicht sagen, dass ich nichts gelernt hätte.

Es gibt ein Grundbedürfnis nach Kommunikation und Information als „quasi genetisch veranlagte" Grundnotwendigkeit des Menschseins. Es macht uns wesentlich als Menschen aus. Wenn es nicht befriedigt wird, entsteht ein Vakuum, das gefüllt werden will. Wenn man dieses Recht sogar ganzen Gesellschaften verweigert, kommt es zu solchen Eruptionen wie im Herbst 1989. Damals haben sich die Menschen als erstes das Recht auf Information und freie Kommunikation zurückerobert.

Ich brauche keine besondere Situation oder Atmosphäre für ein Gespräch. Ich kann mich an gute Gespräche erinnern, die ich an meinem Küchentisch, in der Eisenbahn oder sonst wo geführt habe. Voraussetzungen waren ein interessantes Thema und Vertrauen in den Gesprächspartner, manchmal eine Flasche Wein. Ein solches Gespräch ist wie eine Reise in ein unbekanntes Land. Man beginnt es und weiß nicht, wo und wie es endet. Man muss sich einfach darauf einlassen.

Dass Rhetorik, sprachliche Kompetenz und Ausdrucksfähigkeit wichtig sind für ein gutes Gespräch, das glaube ich. Aber sie sind keine Bedingung für das Gelingen, denn gerade mit diesen Eigenschaften kann man seinen Gesprächspartner ja auch an die Wand drücken. Viel wichtiger ist: dass man wirklich miteinander sprechen will. Aus dem Kopf des anderen die Gedanken herausholen zu wollen und sie zuzulassen, bedeutet auch, dass man selbst ungestraft sagen kann, das oder jenes weiß ich nicht. Ich selber habe sehr oft mit Menschen gesprochen, die sich schlecht ausdrücken konnten, aber viele dieser Gespräche waren sehr, sehr wichtig für mich. Manchmal hatte ich den Eindruck, dass das Fehlen dieser Fähigkeiten diese Menschen zu wahren Philosophen hatte werden lassen, die ihre Gedanken ausbreiteten, wenn sie sahen, dass jemand bereit war, diese ein wenig zu ordnen.

Es gibt andererseits durchaus Faktoren, die ein Gespräch ersterben lassen, und unter vielen Umständen ist ein Gespräch zum Scheitern verurteilt. Die Gewalt und die Lüge aber sind der sichere Tod für jedes Gespräch. Wer, wie ich, fast sein ganzes Leben in der DDR verbracht hat, weiß das sehr genau. Wir haben uns in der Schule, an der Universität, auch während der Arbeit versteckt hinter unseren Fragen, zu denen wir die Antworten oft schon wussten. Wir haben sie aber nicht gesagt, weil dies die einzige Möglichkeit war, die von uns geforderte Lüge zu umgehen. Unter solchen Umständen kann kein Gespräch entstehen. Zu einem Gespräch gehören auch die Neugier und die Offenheit. Ich will in einem Gespräch auch verführt werden zu neuen Erkenntnissen, Einsichten und Fragen.

Immer habe ich damals die Westdeutschen bewundert, die gelassen ein Thema diskutieren konnten. Sie waren fast durch nichts aus der Ruhe zu bringen. Für uns ging es immer um Leben und Tod. Wenn wir es endlich gewagt hatten, unsere Meinung zu formulieren, musste sie auch gleich verteidigt werden, so dass kaum Platz in unserem Kopf war für die Gedanken des anderen, die man abwehren musste, um nicht den Mut zu verlieren, seine eigenen auszusprechen. Das Gespräch mit dem lebendigen Gegenüber war fast unmöglich, weil zu viel Misstrauen im Raum war, zu viel Halbgesagtes, zu viel Bedürfnis, sich selbst zu schützen vor hohlen Worten oder den möglichen Folgen eines ehrlichen Gesprächs.

Ich habe in der Nachwendezeit drei Jahre in dem vom Krieg gezeichneten Bosnien gearbeitet, in einem Land, dessen Sprache ich kaum sprechen konnte. Aber ich habe mich dort nicht unverstanden gefühlt und die Menschen auch sehr gut verstanden. Wichtiger als

Worte war die Augen- und die Gebärdensprache. Diese Sprache ist manchmal sehr viel ehrlicher, barmherziger und tröstlicher als jedes Wort.

Welche Rolle wird das Gespräch in unserer Gesellschaft künftig spielen? Liegt die Zukunft der Kommunikation in den neuen Medien? Ich stelle nur fest: Diese neuen Gesprächsmedien wie Handy und Chat im Internet zerstören die Rituale unserer bisherigen Gesprächsform. Überzeugt bin ich aber auch: Sie werden eines Tages ihren wirklichen Platz zugewiesen bekommen. Zuvor aber wird es schick sein, kein Handy zu haben, weil man damit zeigt, dass man es sich leisten kann, es zu Hause zu lassen.

Arno Gruen

Gewalt

Zum Menschlichen erziehen

Gewalt meint Macht über einen anderen. Gehorsam ist Unterwerfung unter den Willen eines anderen, weil er Macht und Gewalt ausübt.

In einer Studie über „Pathologische Treue“ beschrieb Friedtjov Schaeffer, Psychosomatiker aus Heidelberg, die verheerenden Auswirkungen einer Treue seitens einer jungen Frau zu einer Großmutter, die unmenschlich, sadistisch, quälend und gewalttätig mit ihr umging. Ihre eigenen menschlichen Regungen wurden von dieser Großmutter und ihr selber als hassenswerte Schwäche bekämpft.

Diese Treue ist in der Tat ein Gehorsam, durch den diese junge Frau jede Regung der Großmutter zu ihrer eigenen machte. Dadurch wurden die Missstände ihres Lebens nicht nur aufrechterhalten, sondern auch moralisch gerechtfertigt und verteidigt. Es ist genau diese moralische Rechtfertigung, die wir im gesellschaftlichen Leben immer wieder da treffen, wo Menschen ihrem Unterdrücker beigetreten sind. Die Kehrseite jeder Treue ist eben der Gehorsam, und umgekehrt impliziert jeder Gehorsam diese Treue. Nur glauben Menschen sich treu und deswegen nicht gehorsam, weil sie sich als treu – also aus „freier Wahl“ – erleben. Aber der Tatbestand, dass man Treue als einen moralischen Wert empfindet, den man selber wählt, verhüllt seine Wurzeln in einem Gehorsam, der der Identifikation mit dem Mächtigen, der Gewalt, dient, wodurch die resultierende freiwillige Knechtschaft zu etwas Bewundernswertem wird. Solches Verhalten ist das Resultat eines destruktiven Vorgangs, indem eigener Wert zum Unwert und Unwert zum Wert umgewandelt werden.

Es ist schon etwas Eigenartiges, dass der Mensch, wenn er mit Terror und Nichtexistenz bedroht ist, sich mit der ihn bedrohenden Instanz identifiziert, um vermeintliche Rettung zu erlangen. Um unsere eigene Einheit zu bewahren, werden wir blind, um den uns konfrontierenden Terror nicht zu registrieren. Stattdessen halluzinieren wir eine Einheit mit dem uns bedrohenden Andern und verlieren so unsere eigene Identität und manchmal unser Leben. Das ist, was Gewalt bewirkt und zugleich steuert. Es ist ein uralter Mechanismus, dessen Wurzeln in frühester Kindheit liegen, als wir dem Versuch der uns versorgenden Erwachsenen ausgesetzt waren, uns ihren Willen aufzuzwingen. Diese Erfahrung der Gewalt bedroht jedes Kind mit dem Erlöschen seines eigenen, gerade im Keimen begriffenen Selbst. Das Ergebnis dieses Prozesses ist, dass gerade solche Kinder, deren Willen besonders stark einem Ausmerzen unterworfen war, einen verhängnisvollen Gehorsam und eine Treue gegenüber Gewalt entwickeln. So beginnt ein Kreislauf, in dem Gewalt zur Grundlage des Seins wird.

Noch etwas Grundlegendes geschieht während dieses Vorgangs. Wenn ein Kind sich fügt, sich unterwirft, glaubt es, selber Schuld zu tragen für das, was ihm mit Gewalt angetan wird. Dadurch bleibt die Hoffnung aufrechterhalten, seine Lage dadurch zu bessern, dass es sich selber ändert, weil es seine eigene Schuld ist. Und so rechnen Kinder ständig damit, sich schuldig fühlen zu müssen. Da aber Schuld den Selbstwert erniedrigt, ist es schwierig, Schuld bewusst auszuhalten. Stattdessen werden Kinder und Erwachsene wütend, aggressiv und gewalttätig, um die Schuld abzuwälzen. Für das Menschsein schrecklich ist, dass durch Gewalttätigkeit ein Mensch keine Verantwortung für sein eigenes Tun übernehmen und sich deswegen auch nicht als wertvoll erleben kann. Unterbleibt diese Fähigkeit, so entstehen Menschen, die ihre Schuld immer abwälzen müssen, weil sie ihnen unerträglich ist. Gewalttätigkeit ist dann der Weg, um sich als aufrecht gehend zu erleben.

Menschen mit einer solchen Entwicklungsgeschichte müssen alles, was zur Wahrheit, wie auch zur wirklichen Liebe führen könnte, nicht nur hassen, sondern auch zerstören. Das führt unaufhaltsam zur Entfremdung des Menschen von sich selber.

Ein erschreckendes Beispiel dieser Gewalttätigkeit: Eine Nachricht aus der „New York Times" vom 7. Februar 1968: „Phoenix, Arizona, USA. Linda … tötete sich selbst, berichteten Polizisten heute, um ihren Hund Beauty nicht strafen zu müssen wegen der Nacht, die sie mit einem Mann verbracht hatte. ‚Ich habe sie getötet. Ich habe sie getötet. Es ist genauso, als hätte ich sie selbst getötet', so zitierte ein Kriminalbeamter ihren leidgebeugten Vater. ‚Ich gab ihr die Waffe. Ich habe niemals gedacht, dass sie so etwas tun würde …' Linda kam nach einem Tanzvergnügen in Tempe am Freitagabend nicht nach Hause. Am Samstag gab sie zu, die Nacht mit einem Leutnant der Luftwaffe verbracht zu haben. Die Eltern beschlossen eine Strafe, die Linda eine Lehre sein sollte. Sie befahlen ihr, den Hund zu erschießen, der ihr seit zwei Jahren gehörte. Am Sonntag brachten sie Linda und den Hund in die Wüste in der Nähe ihres Hauses. Das Mädchen musste ein Grab schaufeln, dann hielt die Mutter den Hund fest, und der Vater gab seiner Tochter eine Pistole und befahl ihr, den Hund zu erschießen. Statt dessen setzte das Mädchen die Pistole an ihre rechte Schläfe und erschoss sich selbst."

Gewalt ist nicht nur alltäglich, sie wird oft wie in diesem Beispiel gar nicht als solche erkannt. Indem Eltern sagen: „Ich bestrafe dich nur, weil es zu deinem Besten ist", verleugnen sie den Tatbestand ihres gewalttätigen Verhaltens. Aber das ist nicht anders, als was unsere Kultur tagtäglich predigt. So orientiert sich Geschichtsschreibung an Herrschern, an Eroberern, an mächtigen und gewalttätigen Feldherren. Unsere Sicht von Größe verhüllt die dahinter liegende Gewalt. Das erlaubt nicht nur, Gewalttätigkeit zu verleugnen, sondern auch ihren Ausdruck zu billigen.

Eric Neumann stellt die Frage, „ob für eine Epoche des Totentanzes, von dem der Nationalismus in Deutschland nur ein Vorspiel war, die Frage nach der Ethik … überhaupt zulässig ist". Seine Antwort lautet ja, denn man „muss erkennen, dass der Entstehung des Individuums die höchste Anstrengung der Spezies Mensch von jeher galt … (doch) eine Psychologie, welche die Individualität gerade heute als Zentralproblem der Gemeinschaft ansieht, steht anscheinend auf verlorenem Posten. Aber immer wieder hat sich herausgestellt, dass die verlorenen Posten die Punkte sind, an denen das für die Menschheit Entscheidende geschieht." Die Kritik lautet häufig, dass dies ein Psychologisieren sei. Hinter diesem Einwand versteckt sich eine verdrießliche Absicht: dem Menschen seine Verantwortung für sich selbst zu nehmen. Hier sehen wir eine weitere Form versteckter Gewalt: wirklicher Schuld (also Verantwortung) zu entkommen!

Der Fremdenhass und die allgemeine Destruktivität rund um uns herum sind offensichtlichere Arten der gegenwärtigen Gewalttätigkeit. Die Ausschreitung des Fremdenhasses und die Gewalttätigkeit bei sportlichen Ereignissen sind Ausdruck derselben Krankheit. Trotz scheinbarer Rebellion haben sich die meist jugendlichen Teilnehmer hier der Ideologie der männlichen Stärke ergeben, sind ihr gegenüber gehorsam. Ohne Bewusstsein sind sie Opfer der Ideologie derer, von denen sie beherrscht und unterdrückt werden. Sie selber tragen zum Fortbestand dieser Ideologie bei, indem sie Macht und Gewalt zu ihrem Ideal erhoben haben. Mögen ihre Handlungen auch wie Rebellion aussehen, in den tiefsten Schichten ihres Seins sind sie Konformisten. Sie alle können sich nur gegenseitig anmachen und aufschneiden, um zu zeigen, wie groß und stark sie sind. Wie ein Skinhead es so klar einmal sagte: „Ich würde verrecken, wenn ich nicht zuschlagen könnte."

Gewalt ist immer der Versuch, der eigenen Menschlichkeit zu entkommen, weil man nicht die Kraft zu ihr hat. Und man hat nicht die Kraft, weil das eigene Menschliche, das uns allen bei der Geburt eigen ist, zum Fremden gemacht wurde. Das war es, was die Eltern von Linda in ihr töten wollten. Sie wehrte sich, indem sie sich ihr eigenes Leben nahm. Leider. Aber das bedeutet auch, dass sie sich diesem Versuch nicht unterwarf. Menschen, die Gewalt ausüben, in welcher Form auch immer, politisch, wirtschaftlich, zwischenmenschlich, sind immer auf der Suche nach dem eigenen verworfenen Anteil, den sie bestrafen müssen. Durch das Bestrafen – das heißt, indem sie anderen Gewalt antun – geben sie weiter, was ihnen selber angetan wurde. Sie suchen Opfer, weil sie das eigene Opfer in sich selber nicht als solches erkennen können und dürfen. Gewalttätigkeit ist deswegen beides, Verleugnung des eigenen Opferseins und Hass auf das eigene Menschliche, das verworfen werden musste. Gewalt ist immer wieder ein Abtöten der eigenen Menschlichkeit. In diesem Umstand liegt aber auch Hoffnung. Denn indem Menschlichkeit Bestandteil unserer Grundausstattung bei der Geburt ist, geht es darum zu identifizieren, wie diese abhanden kommen kann.

Gewalt und Destruktivität sind uns eben nicht angeboren. Bei der Geburt hat der kleine Mensch in sich, was dazu führt, andere Menschen mit Anteilnahme, Einfühlungsvermögen und gegenseitigem Verstehen zu begegnen. Die Basis dieser Fähigkeit ist die Empathie, moduliert durch unser kinästhetisches Nervensystem. Es konstituiert die ursprünglichste Basis unserer Wahrnehmungen, welche sich schon im Mutterleib anfangen zu formieren. Nach der Geburt setzt sich diese Entwicklung fort, wenn wir in den Armen der Mutter sie mit unserem „suchenden Mund" (wie Erik Erickson es poetisch formulierte) in ihrer Freude, wie auch ihrem Leid, zu erkennen lernen.

Es geht darum, die Entwicklung und Sozialisation des Kindes so zu gestalten, dass alles, was seine Empathie optimiert, gefördert wird. Dafür müssen wir Kinder in ihrem eigenständigen Wesen erkennen, sie nicht zum Symbol unserer persönlichen Entwicklung als Eltern missbrauchen. Wenn die Freude am Lebendigen des Kindes gesichert ist, wird sich solch ein Vorgang verstärken können. Das bedeutet, Müttern nicht das männliche Ideal der perfekten Mutter aufzubürden, denn dieses Ideal führt dazu, dass wir Kinder dafür benützen, unser Bild, dass wir gute Eltern sind, zu befestigen. Zusätzlich müssen wir Kindern Erlebnisse sichern, die auf ihre eigene Kreativität zielen. Hier wird wichtig, die Schule, die dies fördern kann, zur primären Aufgabe der Gesellschaft zu machen. Der Gehorsam als gesellschaftliches Ideal muss abgebaut werden. Er dient nur dazu, den Missbrauch der Kinder zu sichern und ihre Kreativität zu beschränken und zu verstümmeln. Wenn Kreativität behindert wird, erzeugt dies nur Destruktivität. Indem Kinder wahre Liebe, Anerkennung und Mitgefühl erleben, werden sie diese weitergeben können.

Profit als Leitmotiv unserer Zivilisation wird heute überall gepredigt. In dieser Terminologie muss aber erkannt werden, dass der wichtigste und nützlichste Profit die Erziehung zum Menschlichen ist. Wenn hier nicht investiert wird, fördern wir nur Gewalt und Destruktivität, also eine Fehlentwicklung des Menschen. Wir alle sind von Müttern geboren. Jeder war einmal ein Kind. Menschen und Nationen nehmen ihren Anfang im Kinderzimmer. Eine Gesellschaft besteht aus Einzelnen, die aus einer Entwicklung vom Kind zum Erwachsenen hervorkommen. Nur in dem Maß, in dem wir Kinder in ihrer Eigenständigkeit wahrnehmen, werden wir das Böse zurückdrängen können.

Bernhard Vogel

Gewissen

Ein Fenster nach vorn

Jeder Mensch kennt das Wort, und doch ist schwer zu bestimmen, was unter „Gewissen“ zu verstehen ist. Ein Lexikon definiert es als „inneres Bewusstsein vom sittlichen Wert oder Unwert des eigenen Verhaltens“. Martin Luther verstand es im Zusammenhang mit der christlichen Freiheit als das durch die Beziehung zu Gott befreite Bewusstsein. Nimmt man Kants „kategorischen Imperativ“ als Leitfaden für das menschliche „gute“ Gewissen, setzt man es mit Moral gleich, nennt man es „Über-Ich“, wie es Freud getan hat, nennt man es „innere Stimme“ oder nennt man es schlicht „Verantwortungsbewusstsein“ – alle Beschreibungs- und Bestimmungsversuche greifen für sich alleine zu kurz.

Das deutsche Wort „Gewissen“ ist eine Übersetzung, die dem lateinischen „conscientia“ entlehnt ist. Wollte man wörtlich übersetzen, dann müsste man von „Mitwissen“ sprechen. In der Tat hat das Gewissen etwas mit „Wissen“ zu tun: Mit dem Wissen, gegen sich selbst oder gegen andere verantwortlich oder unverantwortlich gehandelt zu haben; mit dem Wissen, gegen Regeln zu verstoßen oder Regeln zu befolgen, die wir uns selbst setzen, die die Gesellschaft, die eine Gruppe gesetzt haben.

Die Geschichte der Menschheit ist eine Geschichte der Gesellschaftsentwicklung – aus dem Wissen heraus, dass der Einzelne für sich ganz alleine kaum überlebensfähig ist. Die alte Frage nach der besten Gesellschaftsordnung zielt auf die Frage nach der Legitimität der jeweiligen Ordnung. Und die Debatte über die Legitimität von Gesellschaftsordnungen, über die Richtigkeit von Regeln und Vorgaben, aber auch die Interpretation des Begriffes Gewissen zieht sich seit der Antike wie ein roter Faden durch die Jahrhunderte.

Wie auch immer wir den Begriff des Gewissens heute interpretieren wollen, wie legitim wir Werte finden, die unsere Gewissensentscheidungen beeinflussen: Jeder Mensch wächst in einer bestimmten Gesellschaft und damit in einem bestimmten Wertesystem auf, das er kennt und sich zu eigen macht. Das Gewissen des einzelnen Menschen bildet sich durch seine individuellen positiven und negativen Erfahrungen, durch gute und schlechte Vorbilder. Entscheidend bleibt also, wie wir ein Wertesystem vermitteln, wie Werte beispielsweise in der Familie und in der Schule vorgelebt werden, welchen Wertekanon wir unserer Staatsordnung zugrunde legen.

In unserem Grundgesetz ist dem Gewissen eine herausgehobene Rolle zugewiesen. Im ersten Absatz des Artikels 4 ist die Unverletzlichkeit der „Freiheit des Glaubens, des Gewissens und die Freiheit des religiösen und weltanschaulichen Bekenntnisses“ festgeschrieben. Im dritten Absatz ist garantiert, dass niemand „gegen sein Gewissen zum Kriegsdienst mit der Waffe“ gezwungen werden darf. In Artikel 38 des Grundgesetzes heißt es, dass die Abgeordneten des Deutschen Bundestages „nur ihrem Gewissen“ unterworfen sind.

Es hat gute Gründe, dass der Begriff des Gewissens von den Vätern und Müttern des Grundgesetzes so deutlich betont worden ist. Unrecht und Menschenverachtung in der Zeit des nationalsozialistischen Terrors lehren uns, dass als letzte Kraft, als letzte Instanz zur Verteidigung der Menschenrechte und der Menschenwürde nur das Gewissen des Einzelnen übrig bleibt. Wo Gewissen als „Volksgewissen“ kollektiviert wird, wo Weltanschauung vorgegeben wird, wo nicht die individuelle Entscheidung für das richtige Verhalten im Vordergrund steht, wo der Mensch als individuell handelnde und denkende Person aus dem Blickfeld verschwindet, da ist der Weg zur Gewissenlosigkeit nicht mehr weit.

„Gewissenlosigkeit ist nicht Mangel des Gewissens, sondern der Hang, sich nicht an dessen Urteil zu kehren“, so hat es Immanuel Kant einmal formuliert. Dass die Gewissensfreiheit nach den dunklen Zeiten in der deutschen Geschichte, nach den Jahren des Unrechts und der Unfreiheit in zwei Diktaturen, nunmehr als unantastbares und in der Verfassung verankertes Gut in ganz Deutschland Geltung besitzt, das gehört für mich zu den „Lichtblicken“ in der deutschen Geschichte. Es hat sich in der Tat ein „Fenster nach vorn“ geöffnet, das uns allen Grund gibt, hoffnungsvoll in die Zukunft zu blicken.

Die Gewissensentscheidungen, vor denen wir heute stehen, sind freilich nicht einfacher geworden: Die Fortschritte in der Gen- und Biotechnologie, Umweltprobleme, die Armut in der Welt stellen uns vor ganz neue Herausforderungen für einen gewissenhaften Umgang mit Mensch und Natur. Herausforderungen, bei denen wir einen verlässlichen Wertekompass brauchen: Die Begriffe „Freiheit“ und „Gewissen“ stehen nach meiner Überzeugung in einem engen Zusammenhang: Freiheit bedeutet Verantwortlichkeit. Freiheit, von der gewissenlos Gebrauch gemacht wird, endet in der Despotie. Deswegen müssen wir uns immer wieder darüber klar werden, welche Werte für eine gemeinsame verantwortete Zukunft notwendig sind. Eine Diskussion, die wir ohne Zeitdruck führen müssen und bei der alle gesellschaftlichen Gruppen, die Wissenschaftler, vor allem aber auch die Kirchen und natürlich die Politik gefragt sind.

Ein gutes Gewissen setzt verantwortliches Handeln, aber auch Vertrauen in die eigene Stärke voraus. Die Menschen, die 1989 in der DDR für Freiheit und Demokratie demonstriert haben, haben das eindrucksvoll unter Beweis gestellt. Wer aufgegeben hat, dem fehlt die Kraft, seinen Gewissensüberzeugungen Geltung zu verschaffen. Resignieren wir nicht angesichts der Probleme, vor denen wir stehen, sondern trauen wir uns und anderen mehr zu.

Hans-Joachim Meyer

Glauben

Mut zum offenen Blick

Bis heute ruft das Wort Glauben in mir die Erinnerung an Auseinandersetzungen herauf, die für meine Zeit als Schüler und Student in der Frühzeit der DDR prägend waren. Die Angriffslust jener, die auf die innerweltliche Hoffnung des Marxismus leninistischer Lesart und des sowjetischen Sozialismusmodells setzten, war noch frisch, und ihre Zuversicht, einst die ganze Menschheit unter ihrer Herrschaft einen zu können, konnte sich auf nicht wenige Entwicklungen in dieser Richtung stützen. Schon vor dem Zusammenbruch dieser Ordnung durch die Revolution des Jahres 1989 im östlichen Europa hatte sich diese Siegesgewissheit in die Resignation des reinen Machterhalts und in die vom Eingeständnis wiederholten geschichtlichen Versagens genährten Zweifel verkehrt. Was dennoch blieb, war das Vertrauen in eine Weltanschauung, die von sich ernsthaft meinte, wissenschaftlich zu sein und die Bewegungsgesetze der Geschichte entdeckt zu haben. Heute, da nicht nur die staatliche und gesellschaftliche Ordnung dieses Sozialismus elend zusammengebrochen ist, sondern sich auch kaum Verkünder und Verteidiger seiner theoretischen Grundlagen finden lassen, ist nur noch schwer vorstellbar, welche argumentative Kraft von diesem System ausging und was für eine geistige Gewalt es auf Menschen ausübte. Man könnte dies wie so manchen anderen Sturm von Gewalt und Zerstörung, der über die Menschheit hinwegging, für eine Sache der Vergangenheit halten, wäre der Anspruch des Marxismus auf Wissenschaftlichkeit nicht nur ein Spezialfall des von diesem behaupteten und in der Geschichte immer wieder neu aufbrechenden Gegensatzes zwischen Glauben und Wissen.

Dieses Drama, das gerade jetzt in Bezug auf die Erzeugbarkeit und Perfektionierung des Menschen neu inszeniert wird, geht stets von dem gleichen Grundkonflikt zwischen Angreifern und Angegriffenen aus: Jene, die etwas tun oder verändern wollen, deklarieren das, was sie für richtig halten, als Wissen, das allen gemein ist oder sein müsste.

Wer dagegen ist oder etwas anderes will, vertritt unbeweisbare Annahmen und Forderungen, die eine Sache der Vergangenheit oder das Anliegen einer Sondergruppe sind und daher – je nach Militanz der vorgeblich Wissenden – in geeigneter Weise zu beseitigen sind oder für den privaten Raum toleriert werden können, solange sie nicht gesellschaftliche Wirkung erreichen wollen. Obwohl jene, die sich auf das Wissen berufen, meist etwas Neues repräsentieren und – jedenfalls im Anfang – eine Minderheit darstellen, erscheint der zu überwindende Glaube nicht selten als ein mehr oder weniger verträgliches Konglomerat von Überzeugungen und Meinungen, von Wesentlichem und Unwesentlichem, von zeitlos Gültigem und Zeitbedingtem, wenn nicht Überholtem. Kennzeichen militanten Wissens sind Selektivität und deutende Darstellung der als Grundlagen dienenden Kenntnisse und hohe Systematik ihrer Kombination zu einem geschlossenen Gedankengebäude. Das gibt ihrer Aggressivität – zumindest in der Anfangsphase – den Vorteil des wirkungsvollen Überraschungsangriffs. Und rafft sich der Glaube zur systematischen Gegenwehr auf, so erscheint er nicht selten so unterlegen wie der preußische Drill bei Jena und Auerstedt gegenüber der napoleonischen Strategie.

Die Stärke des Glaubens liegt im Mut zum persönlichen Bekenntnis und zur persönlichen Erfahrung. Eben weil der Begriff des Glaubens beides umschließt – die von Gott geoffenbarte Wahrheit und die Annahme dieser Wahrheit im gläubigen Vertrauen –, bedarf er in einer weithin glaubensfernen Welt der fragenden und erprobenden Offenheit eigenverantwortlicher Lebensgestaltung und der kritischen Sicht auf sich als selbstverständlich gebende Programme von Lebenssinn. Freilich schließt dies auch Distanz zu einer nur tradierten und nicht durch eigene Entscheidung bejahten Glaubensbindung ein. Die Kraft der Glaubensbotschaft erweist sich, wenn die Garantie gelingenden Lebens in der Hinwendung zum Größeren und in der Überschreitung der eigenen Grenzen erkannt wird, und nicht in dem, was menschlich machbar erscheint – sei es durch individuelle Leistung oder durch gesellschaftliche Bewegung. Eine solche Erkenntnis erwächst nicht aus einem rein argumentativen Vorgang, sondern erfordert eine personale Entscheidung, die die gesamte menschliche Existenz betrifft und verändert.

Darum gibt es auch keinen christlichen Glauben ohne die innere Begegnung mit Jesus Christus. So sehr der Glaube der gedanklichen

Anstrengung bedarf und so viele Gründe der Glaubende auch vorzuweisen vermag, letztlich beruht die Entscheidung zum Glauben darauf, sich von diesem Gottes- und Menschensohn gewinnen zu lassen und sich ihm anzuvertrauen. Er ist die uralte Situation jener, die aus den Umständen ihres Lebens keinen anderen Ausweg sehen, als seinem Wort zu glauben und auf sein Wort hin zu handeln. Die existentielle Glaubensentscheidung ist also mehr als eine argumentative Konsequenz. Dennoch besteht sie nicht außerhalb des Denkens und nicht ohne Bemühen um gedankliche Klarheit. Der Weg zu Jesus Christus führt meist über Menschen, die uns überzeugen, aber viele Menschen, die andere für sich und ihre Ziele gewinnen, führen nicht zum Glauben, sondern zu völlig anderen Angeboten von Lebenssinn und geschichtlicher Perspektive. Auch können Menschen durch ihr Handeln und durch ihr Sosein trotz ehrlichen Wollens, den Weg zum Glauben blockieren. Dafür liefert nicht zuletzt die Kirchengeschichte überreiches Anschauungsmaterial.

Ein typisches Grundmuster dafür, wie die Weitergabe des Glaubens misslingt, ist der Konflikt zwischen den Generationen, dem der Konformismus innerhalb der gleichen Generation entspricht. Dazu tritt die Verführungskraft von Ideologie, die scheinbar die Wirklichkeit zu klarer Überschaubarkeit sortieren und damit griffige Erklärungen und Handlungsnormen bieten. Daher muss neben dem Entschluss zur persönlichen Bindung und zum persönlichen Bekenntnis immer der Mut zum offenen Blick auf die verwirrende und widersprüchliche Wirklichkeit bleiben. Denn dann erfahren wir die Botschaft des Glaubens – wenn wir uns denn um ihre ganze Fülle bemühen und uns nicht mit dem wohl sortierten Weltbild und den Handlungsanweisungen theologischer Ideologien abspeisen lassen – als das erhellende Licht im Dunkel der Welt und des eigenen Lebens. Dann zeigt sich diese Botschaft als deutender Sinn im Stillstand und Wandel der Geschichte. Dann zeigt sich in den alten Bildern und Erzählungen, in denen der Glaube bewahrt und weitergegeben wird, der Sinn geschichtlicher Wirklichkeit, wie sie sich auch in unseren Tagen ereignet, nämlich der ewige Dialog zwischen Gott und Mensch, und in der Frohen Botschaft wird uns durch alle Zeitbedingtheit ihrer Verkündigung der unveränderliche Kern der Wahrheit sichtbar, so weit dies uns trotz aller geschichtlichen Bedingtheit möglich ist. Und dann erweist Glaube als Begriff, der die göttliche

Botschaft der Wahrheit und die menschliche Antwort der Zustimmung zusammenführt, seine Lebenskraft auch in einer Zeit, die von sich meint, sie sei die neue Wissensgesellschaft.

Christian Nürnberger

Glück, privates

Im Plan der Schöpfung?

Die Philosophen halten nichts vom Glück, schon gar nichts vom privaten. Im Falschen kann es nichts Richtiges geben, sagen sie, im Sinnlosen nichts Sinnvolles und im Unglück kein Glück. Und außerdem, sagt Freud: „... die Absicht, dass der Mensch ‚glücklich' sei, ist im Plan der ‚Schöpfung' nicht enthalten".

Neulich war ich aber trotzdem glücklich, Herr Freud. Ich erinnerte mich an einen Urlaubstag, an dem ich meine einjährige Tochter auf meinem Rücken durch Pompeji schleppte. Im Museum standen wir vor einer stattlichen, bärtigen Statue. Es war Zeus. Die Kleine zeigte mit dem Finger auf die Figur und sagte: „Papa."

Nein, das ist noch nicht das Glück, das ich meine, ist auch schon zehn Jahre her, und ich fürchte den Tag, an dem wir ein zweites Mal vor diesem Zeus stehen und meine inzwischen sehr kritisch gewordene Tochter alles revidiert. Aber es wird wohl sein müssen, zur Auffrischung des Gedächtnisses und der Familiengeschichten, damit sie später, wenn ich tot bin, ein drittes Mal vor Zeus tritt und ihren Kindern erzählt, dass sie damals als gerade Einjährige ...

In solchen Momenten und Vorstellungen scheint es auf – mein ganz privates Glück. Und gibt mir und all den anderen Naivlingen Recht, die trotzdem nach Glück streben. Ja doch, wir haben Recht, denn was uns da als tiefere Erkenntnis über unser Dasein aufgetischt wird, das ist Philosophie, Logik, Wissenschaft. Es ist nicht das Leben. Dieses schert sich nicht um Philosophie und Wissenschaft. Dieses strebt einfach nach Glück, instinktiv, zwar oft vergeblich, zugegeben, aber doch nicht immer.

In einem Meer des Sinnlosen für sich selbst ein kleines Eiland der Glückseligkeit errichten zu wollen, ist darum stets einen Versuch wert. Es könnte ja gelingen.

Die meisten versuchen es mit dem Liebes-, Ehe- und Familienglück. Natürlich summt dabei im Hintergrund der Chor der philosophischen Unken sein Lied von den zerbrochenen Beziehungen, glücklosen Ehen, tief zerstrittenen Familien und den heillos verkrüppelten Seelen, die aus scheinbar heilen Familien hervorgehen. Und er erzählt von der großen Weltpolitik, welche schicksalhaft in das Leben jedes einzelnen hineinfunkt und jederzeit jedes kleine Glück zertrümmern kann. Und es oft genug auch tut.

Im Jahr 1999 gab es einen schönen Film über eine Jugend in der DDR kurz vor der Wende. „Sonnenallee" hieß er und zeigte die Fähigkeit der Menschen, in kleinen Nischen ihr privates Glück zu finden.

Ja gut, die Stasi. Diktatur, ja sicher. Alles grau, alles knapp, trist, eingemauert und bewacht vom SED-Regime. DDR eben. Der Film verschwieg das Falsche, Unglückliche der DDR nicht, aber endete mit dem Kommentar eines der jungen Männer aus der Sonnenallee: „Es war die schönste Zeit meines Lebens, denn ich war jung, und ich war verliebt."

Wer verliebt ist, hört nicht auf das Gesumm der Unken, und wer anschließend Kinder kriegt, ist plötzlich viel zu beschäftigt, um noch darauf zu hören. Hinzu kommt: Plötzlich ist dir die Welt auch nicht mehr so egal. Wegen mir kann ja das Wasser im Rhein zu 50 Prozent aus Schwefelsäure bestehen. Wo steht geschrieben, dass im Rhein Fische schwimmen müssen?

Aber wer sich plötzlich fragen muss, ob der Säugling noch an der Brust trinken kann, ohne sich zu vergiften, interessiert sich auf einmal, wie es eigentlich den Fischen im Rhein geht, und fängt an, Tunnels für die Krötenwanderung zu bauen. Man trifft dabei zwangsläufig auf andere Väter und Mütter, die ebenfalls graben und ebenfalls irgendwo ihre Eiländer aufgeschüttet haben. Wenn die nun die Wassergräben zwischen ihren Inselchen zuschütten würden, könnte mit der Zeit eine richtig große Insel daraus entstehen, die so schnell kein Brecher mehr wegspült.

So erwiese sich als richtig: Das Glück von zweien, die sich selbst genügen und sich in ihrem kleinen privaten Glück einmauern, ist begrenzt. Nur wer sein Glück teilt, vermehrt es. Und nur wer am

Glück der anderen mitwirkt, verlängert sein eigenes, denn wer von Unglücklichen umgeben ist, wird nicht lange glücklich bleiben.

Das vergessen oft jene, die behaupten, jeder sei seines Glückes Schmied.

Fast alle Glücklichen und Erfolgreichen behaupten das, sehen den Grund ihres Erfolgs vor allem in sich selbst, in ihrem eigenen Fleiß, ihrer eigenen Tüchtigkeit und ihrer eigenen Genialität. Natürlich, soviel geben sie zu, bedürfen auch sie jenes Quäntchen Glücks, ohne das der Erfolg nicht zu haben ist, aber selbst dieses letzte Quäntchen rechnen sie sich dann auch noch als eigenes Verdienst an, denn hier handelt es sich eben um das ihnen zustehende „Glück des Tüchtigen".

Aber woher kommt denn all dies „Eigene"? Es kommt vom Elternhaus, von den ererbten Genen, Verwandten und Bekannten, Peergroups, Kindergärtnerinnen, Lehrern. Was aus einem Menschen wird, das hängt zum Geringsten von einem selber ab. Viel entscheidender ist, ob einer in einem Dorf in Anatolien geboren wurde oder in einer Villa in München-Grünwald.

Die Entwicklung eines Menschen hängt weiter davon ab, ob in seinem Land Demokraten regieren oder Diktatoren, ob er vor 20 Jahren geboren wurde, vor 40 oder gestern, im Krieg oder im Frieden, mit weißer Hautfarbe und männlichem Geschlecht oder schwarz und weiblich, ob er als Kind geliebt wurde oder gehasst, ob er eine robuste Konstitution mitbekommen hat oder eine schwache.

Das „Eigene" – es ist zum größten Teil Zugefallenes, Zufälliges. Wenn sich von all diesen Schicksalsfaktoren die günstigen mehrheitlich in einem Menschen vereinen, dann kann dieser durch eigenes Zutun sein Glück zu Ende schmieden, und selbst dabei braucht er noch ein bisschen Glück. Er muss auch noch zur richtigen Zeit am richtigen Ort schmieden und dort die richtigen Personen treffen, und ob wirklich alles richtig war, weiß man immer erst hinterher.

Es muss viel zusammenkommen, bis man von jemandes Leben sagen kann, es stehe unter einem glücklichen Stern. Und selten kommt in einem einzigen Leben alles zusammen, was nötig ist. Die Absicht, dass wir glücklich sind, ist im Plan der Schöpfung tatsächlich nicht vorgesehen.

Die Absicht ist aber auch nicht ausgeschlossen.

Darin steckt unsere Chance.

Karl Forster

Handy

Kommunikation total

Für Sprachpuristen und Denglish-Bekämpfer ist dieses Wort ein gefundenes Fressen. Macht es doch deutlich, wie armselig und einfallslos die moderne Technik hierzulande ist, wenn es um die sprachliche Einordnung ihrer eigenen Errungenschaften geht. Die Amerikaner nennen es nüchtern, aber treffend „cell phone", die Russen sprechen in ihr „Mobilny", wenn sie der Gattin mitteilen wollen, dass es heute Abend etwas später werden könnte. Nur die Chinesen zeigen hier dezente Sprachverwandtschaften mit uns, nennen sie das mobile Telefon doch „shouji", was ganz simpel Handapparat bedeutet und so immer noch logischer ist als das deutsche Handy. Es sei denn, man verweist auf den Uralt-Scherz, demzufolge das tragbare Telefon in Schwaben erfunden wurde und ein Käufer desselben mit der Frage „Hän di koi Kabl?" dem Kind den Namen verschaffte. Doch sei's drum: Das Handy hat, unter welchem Namen auch immer, die Welt erobert und also auch verändert, was in den Feuilletons und Grübelstuben der Nation manches Stirnrunzeln verursacht hat. Ist es doch Sache der Denker und Räsonierer, alles, was neu ist, zunächst einmal einer harschen Kritik zu unterziehen und die Frage zu stellen: Brauchen wir das Ding überhaupt?

Was das Handy betrifft, so braucht vor allem die Riege der Satire- und Streiflichtschreiber das kleine Ding, weil man sich ja herrlich über diese Kommunikationsform und -technik lustig machen kann. So manche feine Feder aber, die ach so gerne darüber sinniert, dass es doch zu komisch sei, wie Menschen sich auf offener Straße mit sich selber unterhalten („Oh, ja, affengeil. Wie bitte? Nein, bitte heute kein Schnitzel!"), trägt selbst ein klitzekleines Handy in der Jackentasche, um gegebenenfalls ein Späterkommen der Gattin mitteilen zu können – die Ruflautstärke ist natürlich auf minimal eingestellt, auf dass man nicht ertappt werde. Als Handy-Prolet.

Sic transit gloria handy.

Denn war es nicht so, dass die damals nicht ganz so kleinen Dinger als Zeichen für Ruhm, Erfolg und Reichtum galten? Damals, als es noch mit einer Schnur am Auto fest hing, ging die Sonne der Bedeutung auf für das Nichtfestnetztelefon. Politiker, Manager und natürlich die ganz wichtigen Journalisten gaben viel Geld aus für so einen C-Netz-Apparat, der aber immer dann nicht funktionierte, wenn sich Politiker, Manager und ganz wichtige Journalisten irgendwo in der Republik trafen zum Plausch. Weil sofort das Netz überlastet war und nach ein paar Sekunden zusammenbrach („Hallo, Frau Müller, hier ist Meier, schreiben Sie, hallo! Gottverdammter Mist." Piepiepiepiep).

Doch es ging ja weniger ums Telefonieren als darum, dabei gesehen zu werden. Die Eitelkeitsindustrie produzierte gar Fake-Phones, Autotelefone, die aussahen wie Autotelefone, aber so hohl waren wie der Kopf solch eines Autonichttelefonbesitzers. Und natürlich musste das Auto zum Hörer passen. Wer damals meinte, auch ein kleiner Minicooper mache sich als Telefontransporteur nicht schlecht (Understatement + Statussymbol = sexy), hatte bald den ADAC am Gerät. Weil nämlich beim Telefonieren ohne laufenden Motor die minimäßige Mini-Batterie binnen Minuten leer war. Es war die Lernphase des mobilen Telefonierens. Hauptsache, die zweite Antenne wippte stolz am Heckkotflügel (beim Mini vorne) und signalisierte allzeitige Erreichbarkeit, respektive die Notwendigkeit derselben. So soll es durchaus Autotelefonbesitzer gegeben haben, die gar nicht froh waren über die Erfindung des wirklich mobilen, total drahtlosen Telefons, weil damit die herrliche Kombination Auto-Antenne-Telefon obsolet geworden war.

Es begann die Zeit der Identitätskrisen. Plötzlich hatten nicht nur Politiker, Manager und ganz wichtige Journalisten so ein Ding in der Hand und am Ohr, sondern ganz banale Menschen wie Brezenverkäufer, Berufsschüler oder unwichtige Journalisten. Mittlerweile ist es so, dass Politiker, Manager und ganz wichtige Journalisten, sollten sie überhaupt noch ein Handy haben, es meist abgeschaltet im Büro liegen lassen, weil es nichts mehr hermacht in der schönen neuen Eitelkeitswelt. Heute ist es schick, nicht erreichbar zu sein.

Doch ist das Grund genug, dieses wunderbare Gerät zu verteufeln oder sich auch nur darüber lustig zu machen? Zugegeben, es ist schon etwas eigenartig, wenn plötzlich neben dir ein wildfremder

Mensch brüllt: „Hey, Schatz, ich liebe dich!" Erst auf den zweiten Blick siehst du das Kabel, das von seinem Ohr in die Manteltasche hängt. Aber ist es andererseits nicht schön, dass es noch Liebe gibt, eine Liebe, die man täglich, mehrmals täglich, der oder dem Geliebten via Mobiltelefon beteuert? Und ist es nicht schön, vier Freunden am Kneipentisch zuzuschauen, wie sie lachen und ratschen – ein jeder für sich mit dem Handy am Ohr?

Von wegen Einsamkeit der new generation. Noch nie in der Geschichte der Menschheit wurde so viel miteinander geredet wie heute. Kommunikation total. Selbst das Briefeschreiben kommt wieder in Mode. „Bin gleich da :-)" sagt das SMS-Display und lacht fröhlich mit Doppelpunkt, Strich und Klammer. Auch für Randsportarten wie etwa das Gleitschirmfliegen gilt: erhöhte Sicherheit dank Handy! Wer abgestürzt ist und noch lebt, zückt das Handy und gibt die Position durch. Das macht es dem Bergehubschrauber leichter.

Jedem sein Handy, so lautet der fromme Wunsch der Hersteller. Und deren Aktionäre hoffen auf baldige Realisierung und auf immer neuere, leistungsfähigere, kleinere Modelle. Ist es Zufall, dass der Kabarettist heute kalauert, das Handy sei umgekehrt proportional zum Machogehabe der Männer: je kleiner, desto besser?

Das Handy hat Zukunft, und die liegt im Handy. Es wird demnächst für viele Menschen in Afrika tröstlich sein, via Mobiltelefon über ihre aktuelle Hungersnot berichten zu können; per WAP-Funktion können sie sich in Mosambik die nächsten Sturmfluten aufs Display holen oder in Sibirien die Aktienkurse der russischen Öl-Konzerne, obwohl es dort gerade kein Öl gibt bei minus 40 Grad. Vielleicht wärmt ihnen eine Konferenzschaltung mit ein paar Aborigines in den Outbacks von Australien wenigstens das Herz, wenn sie hören, dass mit dem Ende der Olympischen Spiele dort die zarte Flamme der Gleichberechtigung wieder erloschen ist. Es ist auch nicht einzusehen, warum den Straßenkindern von Bombay verwehrt bleiben soll, was ihren Kollegen in der Bronx längst zum Überlebenssymbol geworden ist. Das Handy macht die Welt nicht besser, aber man kann besser drüber reden, wie sie ist. Und es hat doch schließlich lebensrettende Funktion, wenn beispielsweise die gute alte allein lebende Tante beim ersten Anzeichen eines Herzinfarktes ihren Neffen verständigen kann, wo das Testament liegt.

Wenn Alexander Graham Bell hätte erleben können, was aus der von ihm erfundenen Umwandlung von Schallschwingungen in elektrische Spannungsschwankungen geworden ist: Er wäre stolz.

Erwin Teufel

Heimat

Emotionale Ankerplätze

Heimat – so meinte der Humanist Erasmus von Rotterdam – „ist dort, wo ich meine Bibliothek habe." Bemerkenswert ist die Formulierung von Erasmus auch deshalb, weil sie einen Begriff von Heimat beschreibt, der in einer Zeit, die mit Schlagworten wie „Globalisierung", „Digitalisierung" und „Virtualisierung" belegt wird, hochaktuell erscheint.

Ein Wesensmerkmal unserer Gegenwart besteht darin, dass Informationen heute weltweit annähernd in „Echtzeit" verfügbar sind und dass die elektronischen Medien die Voraussetzungen für neue Formen der Kommunikation und des sozialen Miteinanders schaffen. Von realen Gemeinschaften wie der Familie, der Nachbarschaft oder der Ortsgemeinde unterscheiden diese virtual communities sich dadurch, dass sie nicht an einen bestimmten geographischen Raum gebunden sind. Sie haben keinen Ort. – Oder vielmehr: sie tragen ihn in sich selbst. Eine solche innere Topographie schwebte vor 500 Jahren auch Erasmus vor, als er seine Bibliothek zum Nullpunkt seines persönlichen Koordinatensystems ernannte. Heimat war für ihn weder eine vorfindliche noch eine beliebige Größe, sondern ein Standpunkt, den er sich durch die gedankliche Auseinandersetzung mit der Welt immer wieder neu erschaffen musste.

„Heimat ist dort, wo ich mir meine Himmelsleiter bauen kann", lautet eine alte Volksweisheit. Auch wenn die Leitern einer säkularen Gesellschaft heute nicht mehr mit der gleichen Notwendigkeit in den Himmel wachsen wie in früheren Zeiten, verweist diese Definition auf eine wesentliche Funktion, die das Zu-Hause-Sein für den einzelnen Menschen hat: Heimat ist ein Ausgangspunkt, ein Ort, an dem man aufbauen kann, der emotionalen Rückhalt vermittelt, ein Basislager für die Zukunft. Im Umkehrschluss ergibt sich aus diesem Sprichwort aber auch, dass Heimat nicht unbedingt im räumlichen Sinne mit der Region von Herkunft und Geburt identisch sein muss, sondern durchaus auch ein selbstgewählter Ort sein kann: eben der Punkt, der die besten Voraussetzungen bietet, sich seine eigene „Himmelsleiter" zu bauen.

Hier wird deutlich, dass Heimat kein statischer, kein ein für allemal festgelegter Begriff ist. Er steht nicht in erster Linie für eine Ortsbezeichnung, sondern für eine Beziehung. Dass Boden und Landschaft, Vaterland und Muttersprache dabei eine sehr wichtige Rolle spielen, ist unbestritten. Dennoch ist Heimat mehr als eine bloße geographische Verankerung. Heimat ist das, was man sich dazu macht. „Das gelobte Land ist dort, wohin wir es tragen", lautet eine trotzige Aussage von Theodor Herzl. In diesem Sinne verstanden, ist Heimat nicht einfach ein konservativer Rückbezug auf Vorhandenes, sondern eine dynamische Größe, die von der Spannung zwischen Herkunft und Zukunft lebt.

Und vielleicht liegt es an dieser Dynamik, dass auch heute in Deutschland auffallend viele Menschen positive Erfahrungen und Erwartungen mit „Heimat" verbinden. Nach einer Emnid-Umfrage vom Dezember 2000 finden 94 Prozent aller Deutschen den Begriff „Heimat" sympathisch. Auf den ersten Blick mag dieses Ergebnis erstaunen: Nach dem furchtbaren Missbrauch im Dritten Reich, nach vielfältigen Verkitschungen und nach der ideologischen Denunziation in den Jahren nach 1968 wäre eigentlich zu erwarten gewesen, dass die so genannte Globalisierung die Heimat endgültig ins gleichnamige Museum verbannen würde.

Doch das Gegenteil ist geschehen. In einer erfrischend unideologischen Weise hat Heimat bei uns Konjunktur. Das zeigte sich spätestens Mitte der 1980er Jahre bei einem Phänomen, das man auch als „das Wunder von Schabbach" bezeichnen könnte. „Schabbach" ist ein virtuelles Dörfchen im Hunsrück, das 1984 die Kulisse für den Filmklassiker „Heimat" von Edgar Reitz bildete. In diesem elfteiligen Filmepos erzählt Reitz die Geschichte einer Familie während des 20. Jahrhunderts: Erster Weltkrieg, Inflation, Drittes Reich, Krieg, Niederlage, Wiederaufbau, Studentenrevolte – all dies hat seinen Ort in Edgar Reitz' ungewöhnlichem Heimatfilm, der bei seiner Erstausstrahlung die ganze Nation vor den Bildschirmen versammelte.

Der Film von Edgar Reitz hat eines gezeigt: Heimatgefühle sind keine Alterserscheinung. Und manchmal hat man den Eindruck, dass gerade bei jungen Menschen die Sehnsucht nach einem emotionalen Ankerplatz besonders ausgeprägt ist. Möglicherweise ist dieser Wunsch nach überschaubaren Einheiten ja sogar eine Reaktion auf die Globalisierung. Denn gerade in der Unübersichtlichkeit und Unsicherheit, die mit diesem Phänomen verbunden sind, scheint beim einzelnen Individuum die Sehnsucht nach Orientierung, nach Überschaubarkeit und nach persönlicher Bindung eher zu- als abzunehmen. Die Gegenstände dieses Bindungswunsches mögen ganz verschieden sein: Landschaften, Sprache, Personen, Ideen – all dies ist Heimat. In diesem Zusammenhang ist es sicherlich kein Zufall, dass das Streben nach Authentizität in den letzten Jahren deutlich zugenommen hat – bis hin zu Modeaccessoires. Je stärker die Tendenzen zur Herausbildung einer Einheitskultur sind, desto größer wird das Bedürfnis nach der Demonstration von Eigenheiten. – Man denke nur an die boomenden Ethno-Stile in den Vereinigten Staaten (eine Entwicklung, die so stark ist, dass sie schon längst von der Kommerzialisierung erfasst wurde).

Dass es allen kulturpessimistischen Thesen zum Trotz auch unter jungen Menschen eine ausgeprägte Bindungssehnsucht gibt, lässt sich auch auf anderen Feldern belegen: So ergab beispielsweise eine Emnid-Umfrage vor zwei Jahren, dass 69 Prozent der 14- bis 18-jährigen in Deutschland die Familie für ihren wichtigsten persönlichen Wert halten. Und nach einer Untersuchung der Universität Konstanz leben heute in Deutschland nur 20 Prozent der erwachsenen Kinder weiter als eine Fahrstunde von ihren Eltern entfernt. Bei 80 Prozent aller Familien leben Großeltern, Eltern und Enkel an einem Ort. Diese Zahlen zeigen, dass Globalisierung und Mobilität keineswegs den nomadisierenden Weltbürger hervorgebracht haben, sondern Menschen, die sich ihrer Herkunft bewusst sind und die ihre Bindungen pflegen. Dass diese Bindungen sich heute mitunter andere Formen und Wege suchen als in früheren Generationen, sollte eigentlich nicht mehr als normal sein.

Aber Heimat hat nicht nur eine individuelle Seite. Auch unsere

Gesellschaft als ganze profitiert davon, dass ihre Mitglieder eine Vielzahl von „Heimaten", von Erfahrungen, Standorten und Bindungen in sie einbringen und so ein vielfältiges Mosaik schaffen, über das man mit den Worten von Paul Tillich sagen kann: „Die Grenze ist der fruchtbarste Ort der Erkenntnis."

Navid Kermani

Hoffen

Die Tage, die wir nicht gesehen haben

Das Prinzip Hoffnung habe ich in Kairo kennen gelernt. Als ich dort studierte, schaute ich zum Ende beinah aller Tage in dem Teehaus vorbei, das nicht weit von meiner Wohnung am Opernplatz lag. *Asch-Schams* hieß es, „Die Sonne". Zum schwarzen Tee mit frischer Pfefferminze rauchte ich Wasserpfeife und schaute auf das Leben, wie es sich gleich der Ebbe langsam zurückzog. Im Ohr verwöhnten mich die freundlichsten Geräusche Arabiens: das Blubbern der Pfeifen, der Singsang des Oberkellners, der wie ein Denkmal inmitten seiner Kundschaft stand und den übrigen Kellnern, dem Teekocher, dem Kohlenmann und dem Pfeifenbereiter die Anweisungen zurief, nicht zu vergessen die Würfel und Karten der Spieler, die das friedvolle Plaudern der übrigen Gäste gelegentlich durch einen Aufschrei des Jubels oder der Wut belebten, um sich lachend wieder ins Orchester der Klänge einzufügen. Und natürlich hörte ich die schepperndsten Streichorchester des Mittelmeeres und die großen Stimmen der klassischen arabischen Musik wie Umm Kolthum oder Abdelhalim Hafiz, deren Tremolo erst im überforderten Lautsprecher des Transistorradios wahrhaft zur Geltung kam. Immer nur von jenen Tagen einst schienen sie zu singen. Und ich – manchmal dachte ich nach, manchmal gelang es mir, nicht nachzudenken. Ein, zwei Stunden blieb ich im Teehaus, um zeitgleich mit den Katzen und Kellnern nach Hause zu stolpern, von der Pfeife leicht benebelt und in froher Erwartung, dass „Die Sonne“ auch morgen Nacht wieder für mich aufgehen werde.

In diesem Teehaus war es, dass ich „Das Prinzip Hoffnung“ von Ernst Bloch las. Dass ich die drei Bände überhaupt mit nach Kairo genommen hatte, verdankte ich einem Umstand, der normalerweise abschreckt: Sie waren so dick. Wenn man für ein Jahr ins Ausland geht, überlegt man sich genau, welche Bücher man in den einzigen Koffer steckt. Natürlich kannte ich die gängige Meinung, wonach Bloch hoffnungslos veraltet sei, aber 1500 enggedruckte Seiten Philosophie, das schien mir doch zu genügen, um mein Bedürfnis nach deutschem Lesestoff für mindestens zwei, drei Monate zu stillen. Romane von Dostojewski sind ebenfalls dick, nur ist das Verhältnis von Gewicht und Lektüredauer längst nicht so günstig, weil man sie viel schneller liest. Also war in meinem Koffer mehr als jede Literatur die deutsche Philosophie vertreten.

Wahrscheinlich erwartet man von mir an dieser Stelle den Beweis für die Gegenwärtigkeit des Prinzips Hoffnung. Ich wünschte, ich könnte ihn antreten. Die Wirklichkeit ist, dass mir ein Denken wie das Blochsche, das aus der realen Geschichte ausgerechnet das Motiv der Hoffnung zu destillieren versucht, in der Tat hoffnungslos veraltet zu sein schien, schon damals im Teehaus. Die Betonung liegt auf „hoffnungslos“, denn wie wenig Hoffnung in die Geschichte ist verblieben, dass sich ein damals sehr junger, keineswegs zynischer Leser wie ich zu einem solchen Urteil hinreißen ließ, das ihm selbst nicht geheuer war. Ich zog periodisch an meiner Wasserpfeife und staunte, wie fern es mir war, dieses Buch, das noch von meinen älteren, den Ausläufern Achtundsechzigs berührten Brüdern gepriesen worden war. Ich studierte es fasziniert, eben weil ich es nicht mehr verstand, weil ich eine Stimme vernahm, die selten eindringlich klang, aber eine Sprache sprach, die ausgestorben war und mit meiner Sprache, meiner Welt, meiner Wahrnehmung nichts mehr zu tun hatte. In keinem anderen Buch habe ich so schmerzlich gelernt, dass die Menschen einmal mit der Hoffnung aufwuchsen. Und ich lernte, dass es noch nicht lange her war, zwei, drei Jahrzehnte nur. Sagenhaft jene Zeiten, in denen ein Autor die „Grundrisse einer besseren Welt“ skizzieren konnte, ohne zu lügen. Eben weil wir Bloch hinter uns gelassen haben, lesen wir in ihm, was wir verloren haben.

Die Hoffnung in einem umfassenden gesellschaftlichen, ja heilsgeschichtlichen Sinne, wie Bloch sie beschworen hat, ist veraltet. Aber der Befund spricht nicht gegen ihn, er spricht gegen uns. Ich glaube, die spezifische Kraft, die eine Philosophie der Hoffnung heute entwickeln kann, die Schärfe und die Provokation, liegt nicht in den Versuchen, ihre Gegenwärtigkeit mühsam zu behaupten, sondern im Gegenteil: die Distanz, die uns trennt, zu empfinden und zu benennen. So muss „Das Prinzip Hoffnung“ nicht aktualisiert, es muss erinnert und gegen die Gegenwart gelesen werden, damit sie nicht am Ende doch alles bleibt.

In der letzten Woche meines Kairoer Jahres verliebte ich mich in eine Frau, eine Palästinenserin. Natürlich nahm ich sie auch mit in mein Teehaus, oder ehrlich gesagt: Leider trafen wir uns fast nur in meinem Teehaus und anderen öffentlichen Orten. Sie war sehr stolz, und weil sie der Liebe eines Abreisenden nicht über den Weg traute, ließ sie sich nicht verführen. Na gut, ich bin kein großer Verführer, das kam hinzu. Über den Kuss hier und die Umarmung dort wuchs unser Verhältnis nicht hinaus. Ich erzählte ihr auch von Bloch und seiner Hoffnung. Das klang ihr, der Palästinenserin, zu messianisch. Am siebten Tag schenkte sie mir eine Kassette mit den Liedern von Umm Kolthum und Abdelhalim Hafiz. Darauf hatte sie einen Vers von Nazim Hikmet geschrieben, wonach unsere schönsten Tage jene waren, die wir nicht gesehen haben. Wir verabschiedeten uns mit Tränen, und ich lief durch die Absperrung am Flughafen.

Später trafen wir uns wieder, aber, um es kurz zu machen: Es war ein Fiasko. Die Frau hatte sich geirrt. Schöner als in jener Woche, in denen die Lieder uns von einst sangen und die Gedichte uns jene Tage verhießen, die wir noch nicht gesehen hatten, konnte eine Liebe nicht sein.

Stefan Münker

Internet

Utopie gelungener Globalisierung

Im Jahr 1940 hat der französische Philosoph und Jesuit Pierre Teilhard de Chardin unter dem Titel „Noosphäre" die Entstehung einer globalen Sphäre des Geistes prophezeit, die wir Menschen eines Tages mit Mitteln der Technik um die Biosphäre der Erde spannen werden. Sechs Jahrzehnte später (und sicher ein wenig anders, als Teilhard de Chardin sich das gedacht hatte) ist diese Vision Wirklichkeit: Ein gigantisches Netz, gewoben aus Gedanken, Worten, Zahlen, Bildern und Tönen, überzieht pünktlich zu Beginn des dritten Millenniums den blauen Planeten – das Internet. Das *INTERnational NETwork* ist dabei mehr als der vorerst letzte Schritt in einer langen Reihe medienhistorischer Entwicklungen; realisiert durch den telematischen Zusammenschluss ungezählter Computer, ist das Internet zugleich zu *dem* Symbol der globalen Informationsgesellschaft geworden.

Die Erfindungen von Rad und Schrift, Druckerpresse, Dampfmaschine oder Telefon mögen zivilisationshistorisch bedeutsamer gewesen sein. Dennoch gilt: Kein Medium hat jemals zuvor so schnell so viele grundlegende gesellschaftliche Änderungen und technische Innovationen mit sich gebracht. Neue Kulturtechniken – Stichwort: E-Mail, Chat – entstehen und wirken auf alte zurück. Wir kommunizieren und arbeiten anders, informieren uns schneller und bewegen uns immer wieder neu durch eine tatsächlich irgendwie kleiner gewordene Welt. Heute ist das Internet Teil des alltäglichen Lebens. Es ist Motor ökonomischen Wachstums und wissenschaftlichen Fortschritts, Instrument sozialen und politischen Handelns, Medium künstlerischen und literarischen Schaffens, es ist Marktplatz, Darkroom, Labor, Archiv und Suchmaschine. Und es ist vor allem eines – nicht mehr wegzudenken.

„Wo du bist, ist egal" und: „Was du suchst, du wirst es finden". Mit diesen Versprechen zieht das Internet uns User in seinen Bann. Die Verheißung, die aus der Verknüpfung der Speicherkapazität der digitalen Maschinen mit den Übertragungsmöglichkeiten der telematischen Medien spricht, klingt dabei wie die Utopie einer glücklich gelungenen Globalisierung. Sie lautet: Alles ist immer präsent – und jeder stets dabei. Millionen Nutzer teilen Milliarden Seiten; und manchen mag im Eintauchen in das Meer der Daten und Informationen gar ein „ozeanisches Gefühl" (Freud) überkommen.

Doch so rasant und spektakulär der Siegeszug des Internets seit Mitte der 1990er Jahre sich vollzogen hat, so langsam und unmerklich vollzog sich lange Zeit das Knüpfen des Netzes der Netze: Schuld an seiner Entstehung war, gewissermaßen, Sputnik; genauer: die Angst der USA, nach der ersten erfolgreichen Erdumkreisung einer sowjetischen Rakete im Kampf um die Vorherrschaft im All ins Hintertreffen zu geraten. Ende der 1950er Jahre rief das Pentagon aus diesem Grund unter anderem auch eine neue Forschungsgruppe ins Leben, die sog. Advanced Research Project Agency, kurz: Arpa. Ein Jahrzehnt später, im Jahr 1969 – der Kampf ums All war mit der gelungenen Landung von Apollo 11 vorläufig zugunsten der Amerikaner entschieden –, entwickelten die Forscher der Arpa mit dem sog. Arpanet ein dezentrales Netzwerk, das Computer verschiedener Militärstützpunkte derart miteinander verbinden sollte, dass selbst nach einem Nuklearschlag die Kommunikation nicht abreißen sollte. Nur für kurze Zeit rein militärisch genutzt, wurde das Arpanet schnell von einzelnen amerikanischen Universitäten als Medium des Informationsaustausches genutzt. Die Zahl der angeschlossenen Universitäten stieg schnell – und die technischen Möglichkeiten des Netzes wurden beständig entwickelt. Ende der 1980er Jahre dann umspannte das Netz, das mittlerweile in Internet umgetauft worden war, schließlich den Globus.

Gleichwohl blieb es noch einige Zeit relativ unbekannt – nicht zuletzt, weil es recht umständlich zu bedienen war. Die Lösung dieses Problems und den Internetboom ins Rollen brachte die Erfindung des World Wide Web durch Tim Berners-Lee im Jahr 1991. Das Netz wurde multimediatauglich – und kam damit in der Gegenwart an. Mittlerweile sind die drei Buchstaben des WWW fast zum Synonym für das Internet geworden – und kaum einer erinnert sich noch an die bilder- und tonlosen Zeiten der Pioniertage des Netzes zurück, als die Programmlotsen, die durch das Datenmeer führten, so schöne Titel trugen wie Gopher, Veronica oder Archie …

Der Rest der Geschichte ist bekannt: Das Internet hat sich vom strategischen Instrument des amerikanischen Militärs über eine internationale Kommunikationsplattform der universitären Forschung zu einem Medium entwickelt, das für viele bereits das Attribut eines „Tagesbegleitmediums" verdient. Diese Geschichte aber ist noch lange nicht vorbei. Ihr Weitergang wird vor allem durch drei Faktoren bestimmt: Durch 1) schnellere Übertragungswege, 2) übersichtlichere Eingangsportale und 3) die zunehmende (technische und inhaltliche) Konvergenz verschiedener Medien (wie des Fernsehens, Radios oder des mobilen Telefons) mit dem Computer.

Zunehmende „Netzverdichtung", so der Philosoph Hermann Lübbe, ist immer schon Teil der Geschichte der Zivilisation. Netzverdichtung aber heißt zugleich: Die Maschen werden enger – und fast nichts schlüpft mehr hindurch. Diese Einsicht nun kann man auch umdrehen. Pointiert formuliert lautet die Konsequenz: Was nicht im Netz ist, das ist auch nicht. Im wachsenden Nutzen, den Individuen, Unternehmen oder Institutionen gleich welcher Nation aus den Möglichkeiten des Internets ziehen, spiegelt sich zugleich der zunehmende Ausschluss jener, die offline bleiben. Als Motor der globalen Integration zieht das digitale Netz zugleich neue Grenzen – und wird damit, das steht zu erwarten, auch neue soziale, ökonomische und politische Konflikte produzieren. Schon deswegen gilt es, daran zu erinnern: Auch das Internet ist *nur* ein Medium. Mag es technisch auch ein Netz aus Maschinen sein, so verbindet es doch Menschen – die es vermehrt nutzen werden als Forschungsinstrument oder Arbeitsgerät, als Plattform ihrer Kommunikation oder schlicht zum Vergnügen. Mehr aber dann auch nicht. (Merke: Nicht das Netz denkt, sondern wir.)

Janwillem van de Wetering

Joghurt

Die Vision des Indianers

Mein Haus in Maine (USA) liegt an einem Fluss – genauer gesagt, einem Flussarm –, der rund zwei Kilometer lang ist und an der breitesten Stelle fünfzig Meter misst. Wir wohnen in der Nähe der Flussmündung, und als wir vor ungefähr 25 Jahren hierher zogen, waren wir glücklich – nur der Müll störte uns. Zweimal am Tag wurde mit den Gezeiten ein Teppich aus ekelerregendem Dreck ins Meer gespült. Es bringt nichts, ihn herauszufischen, sagten die Leute. Weiter oben, flussaufwärts, würden die anderen – sie selber natürlich nie – doch immer wieder von neuem Müll in den Fluss werfen. Oder im Hafen oder direkt aus den Booten und sogar aus den Häusern. Es bringe nichts, sich zu beschweren, sagten die Leute. Die Welt wird von Tag zu Tag dreckiger, die Menschen sind eine wahre Plage für den Planeten, sie besudeln alles, was sie anfassen, und dabei vermehren sie sich immer weiter. Nicht wir. Sie. Aber was soll's. Nach ihnen die Sintflut, und in der Zwischenzeit den vorbeischwimmenden Müll einfach ignorieren – die verschiedenen grellfarbigen Plastikbehälter, verbeulte Bierdosen, gebrauchtes Verbandszeug, verhedderte Nylonschnüre und zerrissene Netze, unterwegs ins Meer, wo Fische und Meeressäuger sich darin verwickeln werden, unterwegs, um den Atlantik zu vergiften. Besser, man schaut über das Wasser und nicht auf das Wasser.

Ich hatte mir ein anderthalb Meter langes Dingi aus Zedernholz gekauft, das weniger als 30 Kilo wog. Zwei Monate hatte ein wirklich guter Zimmermann daran gearbeitet. Man konnte damit auch segeln. Ich träumte davon, in der Bucht so schnell zu sein, dass das Dingi bebte. „Wie willst du das denn machen?" fragte mich mein Nachbar. „Du kannst auf dem Fluss doch gar nicht rudern. Deine Ruder werden in dem vorbeitreibenden Dreck stecken bleiben."

So fing ich an, mit meinem Boot den Müll einzusammeln, eine Ladung, zwei Ladungen voll am Tag, soweit das Wetter es zuließ. Was wiederverwertbar war, sortierte ich aus und stopfte den restlichen Müll in Säcke. Ich tauschte meinen Wagen gegen einen Pick-up ein, um meine „Ernte“ zur Deponie zu bringen. Dazu brauchte ich eine Genehmigung. „Ein teures Hobby“, sagten die Nachbarn, „und nutzlos.“ Sie erzählten von Tankwagen, aus denen Altöl in den Fluss gekippt wurde. „Deswegen gibt es hier auch keine Vögel mehr. In diesem stinkenden Schlamm können keine Tiere leben. Wirf ein Streichholz in den Fluss, und er wird brennen.“ Doch sie klangen nicht sehr überzeugt, und bald begann einer von ihnen, mir an den Wochenenden zu helfen. Andere taten es ihm gleich. Jahre vergingen. Das Abwasser wurde nun in einem Wasserwerk in der Stadt aufbereitet, so dass nur sauberes Wasser ins Meer floss. Unerlaubtes Ablassen von Öl wurde strafbar.

Jahr um Jahr verging. Wenn ich Glück hatte, fand ich gelegentlich noch eine einzelne Bierdose. Fischadler wurden wieder häufiger. Der Fluss färbte sich silbern durch die vielen jungen Heringe. Otter kehrten in einen nahe gelegenen Bau zurück. Bei Sonnenaufgang fischte ein Bär nach Lachsen. „Hey“, fragte ich einen Adler, der über mein Boot flog, „habt ihr Typen überhaupt etwas von dem mitbekommen, was ich die ganze Zeit über hier getan habe?“ Er ließ eine Feder auf mein Dock fallen. Sie leuchtete im Abendlicht. Mein Nachbar sagte, ich könne sie nicht behalten. Nur Indianer, die Ureinwohner Amerikas, können Federn besitzen.

Zu jener Zeit – vor ungefähr zehn Jahren – lebte ein alter Indianer auf einer Insel, die zu einem National-Park in der Nähe gehörte. Früher war er Lehrer in der Schule des Reservats gewesen, ein aktiver Stammesälterer also, der aber seit dem Tod seiner Frau zum Eremiten geworden war.

Einen Tag lang segelte ich, nutzte dabei die Gezeiten und die Strömung, bis ich die Kapeechee-Insel erreichte. Sie ist wie ein Halbmond vor einer kleinen Bucht gelagert, die „Toshiwonikti“ (gewaltiges silbernes Wasser) genannt wird. Der Indianer trug ausgeblichene Jeans und die Überreste einer Strickjacke. Sein Haar war zu Zöpfen geflochten, er war barfuß und zahnlos. Er machte heftige Gesten, um mich zu vertreiben. Doch als ich ihm die Adlerfeder zeigte, wurde er zugänglicher. Sein Name sei Joghurt, sagte er. Wie dieses gesunde weiße Zeug aus Ungarn? Ja, doch er hatte sich nicht so genannt, weil er an die Verlängerung des Lebens durch Joghurtessen glaube. Penobscoten würden sowieso meist sehr alt. Vor noch nicht allzu langer Zeit, bevor es Pocken, den starken Süßwein, Essensmarken, Crack und Fernsehen gab, wurden die Indianer an der Küste Maines oft über 100 Jahre alt.

Vor dem Völkermord natürlich auch.

Joghurt nahm die Feder feierlich mit beiden Händen an und berührte damit erst seine Stirn, bevor er sie vorsichtig in ein mit der amerikanischen Flagge bedrucktes Taschentuch wickelte.

Ich bewunderte sein mit Zeichnungen von Seehunden und Elchen dekoriertes Tipi. Getrocknete Kräuter und Seetang hingen von einer zwischen zwei Stangen gespannten Leine. Auf dem Boden stand ein Korb mit riesigen getrockneten Pilzen. Mein Blick fiel auf eine Antenne, Solarkollektoren und den leuchtenden Bildschirm eines Computers.

„Und warum nennst du dich Joghurt?"

„Ach so, ja", sagte er.

Wir aßen Steak vom Hundshai, gebackene Süßkartoffeln, Algensalat und Cappuccino-Eiscreme, die er in einem Kühlschrank aufbewahrte.

Er spannte zwei Hängematten zwischen die Kiefern, und er wies mir diejenige mit dem besseren Meeresblick zu. Er machte es sich in der anderen bequem. Dann erzählte er mir mit seiner volltönenden Baritonstimme von der Prophezeiung, einer mündlich überlieferten Tradition der nordamerikanischen Indianer, die, so sagte er, in den Mayatempeln in Mexiko in Steinplatten gehauen worden sei. Auch die Inkas kannten diese Prophezeiung und – so hatte er gehört – auch die Mongolen und die Ägypter. „Und ein paar weiße Priester, Druiden."

Die degenerierte Welt der Menschen, wie wir sie kennen – so sagte Joghurt –, hätte die Geduld der Engel, die uns erschaffen haben, so strapaziert, dass nun ihre Vernichtung nahe sei. Wie war es dazu gekommen? Der Große Geist hatte seinen Engeln aufgetragen, geistige und fleischliche Wesen zu schaffen, um so die Schönheit dieses Planeten zu feiern. Nachdem sie an verschiedenen Pilottypen herumprobiert hatten, schufen die Engel den Typus Homo sapiens mit schönem Körper und regem Geist. Um dieses hochentwickelte Modell kontrollieren zu können, setzten sie ihm einen Chip ein, genannt Ego. Und genau an diesem Punkt begingen die Engel einen Fehler. Damit das Produkt optimal funktionieren konnte, mussten sie ihm so etwas wie einen freien Willen einprogrammieren. Und dadurch konnten wir uns ihrer Kontrolle entziehen.

Der Rest war eine Katastrophe.

„Also stehen wir kurz vor dem Jüngsten Tag?" fragte ich ihn.

Joghurt hatte es in seiner Inselvision gesehen. Erdbeben, Stürme, einbrechende Aktienkurse, Hungersnöte, Seuchen, Überschwemmungen – kein New York, kein Bangladesh, Miami oder Holland mehr –, Tsunamis würden uns die große Geistige Vibration ankündigen.

„Wird es uns vernichten?"

„Es wird aussondern", sagte Joghurt. „Jeder, der der Geistigen Vibration standhalten kann, wird überleben."

„Viele?"

„Vielleicht."

„Und die anderen? Vernichtet?"

„Verwandelt", sagte Joghurt. „Alles, was wir sind, ist Energie, und Energie verschwindet nicht, sie verändert sich nur. Die Auserwählten werden sich weiterentwickeln, die anderen werden zu fruchtbarem Schlamm werden, einer Art weißem Kompost. In meiner Vision sieht das aus wie Joghurt." Er lachte und breitete seine Arme aus. „Überall hier werden glückliche Jagdfelder sein, damit das ‚Wahre Volk' sich daran erfreuen kann."

Deshalb nannte er sich Joghurt.

Um sich immer daran zu erinnern, sagte er.

Und vielleicht andere.

Das potentielle „wahre Volk". Wir alle.

Vielleicht, so sang Joghurt für mich in seinem Abendlied – die Sonne ging bereits unter –, vielleicht ist noch etwas Zeit bis dahin.

Aus dem Amerikanischen von Astrid Barth

Thomas Gottschalk

Jugend

Mit 20 der Nabel der Welt?

Unseligerweise lässt sich Jugend nur von der „Rückseite" her definieren: Nur wer sie hinter sich hat, versteht ihre Einzigartigkeit. Die Tatsache, jung zu sein, wird von Jugendlichen nicht genossen, sondern als Selbstverständlichkeit hingenommen. Und irgendwann beginnt das Tricksen. Dem objektiv nicht mehr Jungen bleibt noch die fragwürdige Möglichkeit, sich jung zu „fühlen". Aber die einzige ehrliche Alternative zu jung ist eben: alt. Wann dieser Zustand eintritt, ist allerdings keine Frage der Arithmetik und auch nicht der Optik, sondern eher Ergebnis einer übereinstimmenden Definition, die immer wieder neu gefunden werden muss. Diese Diskussion wäre dann allerdings überflüssig, wenn man aufhören würde, „jung" grundsätzlich als Vorzug und „alt" generell als Nachteil zu verstehen. Unsere Gesellschaft ist bisweilen fast neurotisch auf Jugend fixiert. Dabei geht es weniger um eine Abwertung als um eine komplette Abkoppelung des biologischen Älterwerdens.

Warum soll man nicht mehr alt werden dürfen?

Die allgemeine Kurzatmigkeit zeigt auch hier ihre Spuren. Statt der Kriterien von objektiv gut oder schlecht gilt heute das subjektive „in" oder „out" – und es ist fast nicht mehr möglich, über einen längeren Zeitraum „in" zu bleiben. Ich bin fasziniert von den Automatismen der Musiksender, wo Manager Ende der Dreißig Moderatoren Ende der Zwanzig entlassen müssen, bevor sie spätestens mit Ende Vierzig selber das Schicksal ereilt. Mein persönlicher Vorteil und damit meine Rettung in dieser schnelllebigen Medienwelt ist die Tatsache, dass ich meinen Erfolg nicht so sehr meiner Jugend, sondern eher meiner Andersartigkeit verdanke. Wer nur jung ist, muss zwangsläufig alt werden. Wer jung und anders ist, kann wenigstens anders bleiben und auch anders alt werden.

Wir marschieren auf das Phänomen der tätowierten Senioren zu. Das Thema Piercing kann man vergessen, nachdem glücklicherweise Schrauben aus Zungen entfernt werden können und die Eigenart haben, in alternden Nabeln von selbst zu verschwinden. Die Industrie gefällt sich natürlich in einer Kundschaft, die modellierbar und verführbar ist. Produkt und Werbung sind auf solche Weise verdammt dazu, so hip zu sein, dass ältere Kunden von vornherein ausgeschlossen werden. Aber ebenso ausgeschlossen sind junge Menschen, die dem Design dessen, was gerade angesagt ist, nicht entsprechen und die damit nicht im Trend liegen. Wer als junger Mensch in der Lage ist, sich diesem Körperkult zu entziehen, wird nicht eines Tages mit dem Problem fertig werden müssen, von den Predigern dieses Kults verstoßen zu werden.

Mein ältester Sohn ist Absolvent einer amerikanischen Highschool und verbringt eine definitiv andere Jugend als ich. Wenn ich ihn mit dem Text „Im Frühtau zu Berge wir ziehn ..." konfrontiere, schaut er mich fassungslos an, anstatt „Fallera" zu rufen. Ob das ein Verlust ist, wage ich nicht zu beurteilen. Auch dass für ihn die Front meiner 70 Karl-May-Bände so unüberwindbar ist wie die Eiger-Nordwand, ist kein Grund, ihn zu enterben. Was mich stört, ist die Unfähigkeit meiner Kinder, Dinge zu speichern und bei Bedarf abzurufen. Als wir kürzlich über den Krater eines erloschenen Vulkans flogen, las der eine in einer Musikzeitung und der andere spielte Gameboy. Diese „coole" Weltsicht gibt mir zu denken. Wir hatten das Gefühl, die Jugend hinter uns bringen zu müssen, um erwachsen und damit „vollwertig" zu sein. Unsere Kinder sind jetzt bereits Zentrum jedes Interesses.

Die Werbung spricht im wesentlichen sie an. Das Fernsehen wird weitgehend für sie gemacht, und es entsteht für sie der Eindruck, mit zwanzig der Nabel der Welt zu sein. Für mich ging es bis 50 bergauf, und ich mache mich so langsam auf die Talfahrt gefasst. Ob meine Kinder dazu verflucht sind, einen Zenit mit 30 zu erleben? Ich wünsche es ihnen nicht.

Als Moderator einer Pop-Sendung im Radio habe ich vom Musik-Feeling der Jugend gesprochen, das die Alten niemals haben werden. Gibt es das junge Musik-Feeling und ist Musik das Medium, in dem Jugend lebt?

Mein Musikinteresse heute ist eher distanziert, entspannt. Ich bekomme Hits mit, wenn sie mir gefallen oder wenn meine Kinder sie nudeln. Früher habe ich in der Musik gelebt, gewisse Lieder sind auf ewig mit gewissen Erlebnissen verbunden. Musik spiegelt auch jeweils den aktuellen Zeitgeschmack wider, der nur von jungen Menschen gespürt und verstanden werden kann. Die rausgehusteten Flegeleien eines Eminem werden für mich nie irgendwelche Gefühle ausdrücken, mit denen ich mich identifizieren kann. Mein 12-Jähriger kann mit „All you need is love“ nichts anfangen und ich nichts mit „Aint't nothin' but music“.

Schärfer noch als die Musik trennt das andere Jugend-Medium, nämlich die Werbung, zwischen Gut und Böse. Diese ist sicherlich die arroganteste Art des Jugendwahns, aber: So ärgerlich diese Arroganz der Agenturen ist und so unglaublich die Blindheit derer, die ihnen auf den Leim gehen, am meisten ärgert mich das schafsartige Verhalten der Betroffenen. Beleidigt sollten wir mit Konsumterror alle zum Umdenken zwingen, die uns als Kunden offensichtlich nicht mehr zu den Lebenden zählen. Lasst allen Kreditbanken ihre gepiercten Kinder und kurzgeschorenen Buntbrillenträger. Der Rest sollte sein Geld abheben. Wenn nur diese barfüßigen Männer Computer kaufen würden, die sich in der Werbung gerne mit hinter dem Kopf verschränkten Armen um die eigene Achse drehen, dann sähe der Neue Markt noch düsterer aus. Ich werde versuchen, zum Märtyrer dieser betrogenen Generation der „jungen Alten“ zu werden.

Thich Nhat Hanh

Kinder

Lernen, in Harmonie zu leben

Ich erinnere mich an meine Kindheit in Vietnam. Damals gab es noch große Gärten um die Häuser. War ich als Kind angespannt, lief ich nach draußen. Wir konnten rennen, am See oder am Teich spielen, den Libellen oder Schmetterlingen zusehen, oder zu einem Onkel oder einer Tante, zu einem Cousin oder einer Cousine gehen, die alle in unserer Nachbarschaft lebten. Heute leben die Menschen zur Miete in sehr kleinen Häusern, wo es keinen Onkel, keine Tante, keinen Cousin und keine Cousine gibt, keinen Teich mit Lotusblumen, keine Kokospalme. Nur Autos unten auf der Straße, jede Menge Lärm und Staub. In den Hochhaussiedlungen des Westens ist das nicht anders. Kinder haben heute kaum mehr eine Möglichkeit, der Anspannung zu entkommen. Manchmal erzählt man mir davon, dass ein Kind sich ins Badezimmer flüchtet. Es leidet so sehr, dass es sich von innen einschließt. Und seine Eltern wissen oft gar nicht, wie sehr ihr Kind im Badezimmer leidet. Ein Badezimmer ist nicht der heilsame Schutzraum, den ein Kind braucht. Die gespannte Atmosphäre dringt durch die Tür. Die Belastung bleibt.

Wir sollten unseren Lebensraum anders gestalten. Vielleicht wäre das Atem-Zimmer eine Lösung. Es sollte in jeder Wohnung ein Zimmer der Ruhe geben. Architekten sollten uns ein Zuhause entwerfen, das Bereiche hat, die inmitten des turbulenten Ozeans der Alltagswelt eine Insel der Stille sind. Kindern und Erwachsenen böten solche Räume Schutz vor dem Lärm, die Möglichkeit zum Aufatmen, ein Zuhause. Es wäre das „Reich Gottes“, das „Reine Land“.

Beide, Kinder wie Erwachsene, leiden heute unter ihrer Situation. Wir müssen erkennen, dass ihr Leiden zusammengehört. Erst wenn wir das sehen, können wir fragen: Wie kann man Eltern dabei helfen, mit ihren Aggressionen, ihrem Leiden umzugehen, damit sie sie nicht an ihren Kindern auslassen? Und wie kann man den Kindern dabei helfen, wie sie mit ihren Aggressionen umgehen, wie kann man diese umlenken, damit sie nicht in Hass auf ihre Eltern umschlagen? Beide Generationen müssen aus ihrer Opferrolle herausfinden. Das geht nur durch tiefe Einsicht: Die Kinder denken, sie seien die Opfer ihrer Eltern. Und die Eltern denken, sie seien die Opfer der Kinder. Wenn wir herausfinden, dass Kinder anderer Familien nicht wie meine Kinder sind, sind wir geneigt, uns weiter gegenseitig die Schuld zuzuschieben. Wir sollten die Wahrheit akzeptieren: dass in beiden von uns Gewalt steckt. Wenn es Konflikte zwischen Eltern und Kindern gibt, sollten wir uns, statt uns zu streiten, lieber zusammensetzen und einen Ausweg finden. Das ist nicht anders als im Konflikt zwischen zwei Partnern. Wir müssen nicht dem anderen weiter Leid zufügen, weil wir selber Leid erfahren haben. Wir leiden – blicken wir nur tief genug – aus demselben Grund. Der Buddha sagte: „Du solltest lernen, tief in das Wesen all dessen hineinzublicken, was existiert.“ Hat man erst einmal angefangen, das Wesen des Leids zu begreifen und wie dieses entstanden ist, dann befindet man sich bereits auf dem Pfad der Befreiung.

Ich kenne einen jungen Menschen, der sehr wütend auf seinen Vater war und sagte: „Ich möchte nichts mit meinem Vater zu tun haben." Der junge Mann hat das Gefühl, dass all sein Leiden von seinem Vater herrührt. Er will vollkommen anders sein als sein Vater, nichts über seinen Vater erfahren, nichts von ihm sehen. Aber wenn er lernt, auf den Grund der Dinge zu blicken, wird er sehen, dass er eigentlich sein Vater *ist*. Er ist die Fortsetzung seines Vaters. Auch wenn er ihn aus tiefstem Inneren hasst. Seinen Vater zu hassen bedeutet: sich selbst hassen. Das erfahren wir, wenn wir lernen, tief genug auf den Grund der Dinge zu blicken. Es gibt für diesen Jungen letztlich keine Alternative außer der, den Vater zu akzeptieren und ihn in die Arme zu schließen.

In unserem Alltag als Eltern sollten wir uns von Einflüssen befreien, die unser Herz vergiften und unsere Seele belasten. Lasst uns aber auch unsere Kinder schützen. Es gibt zu viele Giftstoffe, denen sie jeden Tag ausgesetzt sind. Eltern sind heute oft so beschäftigt, dass sie sich nicht so um ihre Kinder kümmern können, wie es gut wäre. Wenn sie aber dem Fernsehen die Aufgaben des Babysitters übertragen, wenn Kinder am Tag fünf Stunden vor dem Fernseher sitzen, dann hat das negative Folgen für alle, weit über die Familie hinaus. Ein Bericht über schwarze Jugendliche in Amerika, von denen viele mehr als zehn Stunden am Tag fernsehen, zeigt: Wenn die Überflutung durch äußere Reize zu stark wird, dann nimmt auch die Gewalt zu – Ärger und Wut suchen ihre Entladung in der Gesellschaft. Seien wir also achtsam auf das, was in unserer Gesellschaft vor sich geht: Die Auswirkungen unseres achtlosen Konsums sind bereits überall sichtbar.

In der Schule lernen unsere Kinder Lesen und Schreiben, Mathematik, Naturwissenschaften und all die Fächer, die ihnen einmal dabei helfen können, sich ihren Lebensunterhalt zu verdienen. Doch nur sehr wenige Lehrpläne sehen vor, den jungen Menschen auch beizubringen, wie man lebt – wie man mit Wut und Ärger umgeht, wie man Streit schlichtet und sich versöhnt, wie man atmet, lacht und all das ins Positive verwandelt, was an innerlicher Spannung in einem Menschen ist. Wir brauchen eine Revolution auf dem Gebiet der Erziehung. Wir müssen darauf hinwirken, dass den Schülern in unseren Schulen beigebracht wird, wie man in Frieden und Harmonie lebt. Es ist nicht leicht, lesen und schreiben zu lernen, oder zu verstehen, wie man eine Mathematikaufgabe löst, aber Kinder schaffen dies. Zu lernen, wie man atmet, lacht und Ärger kompensiert, kann ebenfalls schwierig sein. Doch ich habe schon genügend junge Menschen gesehen, die dies geschafft haben. Wenn wir unsere Kinder richtig unterrichten, werden sie im Alter von zwölf Jahren auch wissen, wie man in Harmonie mit den Mitmenschen lebt. In unseren Schulen herrscht viel Gewalt. Eltern, Lehrer und Schüler müssen gemeinsam daran arbeiten, diese Gewalt umzuwandeln. Schulen sind nicht nur Orte, an denen technisches Wissen übermittelt werden sollte. Sie müssen auch Orte sein, wo Kinder lernen können, fröhlich, liebend und verständnisvoll zu sein, Orte, an denen Lehrer ihre eigenen Einsichten, ihr Glück und ihre Zufriedenheit an die Schüler weitergeben. Wir alle also brauchen Orte, wo wir ruhig werden können. Kindern kommt das dann ganz besonders zugute.

Aus dem Amerikanischen von Astrid Barth

Eberhard Jüngel

Klugheit

Fehlbare Tugend

Wie klug muss man sein, um über die Klugheit Kluges sagen zu können? Muss man gar mehr als nur klug, muss man nicht geradezu weise sein, um der Klugheit denkend und redend gerecht zu werden? Oder erweist sich der Weise gerade darin als weise, dass er über die Klugheit schweigt – jedenfalls über die eigene? Verdient, wer über die eigene Klugheit räsonieren und reden zu müssen meint, wenn nicht töricht, so doch dümmlich genannt zu werden?

Nur das nicht! Denken wir also auf keinen Fall an uns selbst, und dünken wir uns auf keinen Fall selber klug! Man liefe sonst Gefahr, sich von einem so urteilssicheren Mann wie Immanuel Kant nachsagen lassen zu müssen, man sei ein „*Klügling*" und mithin „ein ekelhaftes Subjekt" (I. Kant, Anthropologie in pragmatischer Hinsicht, BA 128, Werke, hg. von W. Weischedel, Bd. 6, 1964, 516). Und wer mag das schon sein?

Halten wir uns also lieber von vornherein für einen Toren, um dann umso ungenierter das – am Ende des erasmischen Lobliedes auf die Torheit mit Bedacht in Erinnerung gerufene – alte griechische Sprichwort auch für uns in Anspruch zu nehmen: „Oft redet auch ein törichter Mann vernünftige Worte!" (Vgl. Erasmus von Rotterdam, Das Lob der Torheit, c. 68, Ausgewählte Schriften, hg. von W. Welzig, Bd. 2, 1975, 211.)

Das erste solcher klugen Worte aus törichtem Mund sei ein Wunsch: Gebt dem Namen der Klugheit seinen unschuldigen Klang zurück! Die wahre Klugheit wird seit langem von der falschen verstellt. Gilt doch heutzutage schon als klug, wer dem Finanzamt ein Schnippchen schlagen zu können meint. So muss es freilich kommen, wenn das Gute nur noch das bonum utile, das nützliche Gut, zu sein scheint und nicht mehr das bonum honestum ist, also jenes edle Gut, das aller Ehren wert ist. Dann gedeiht die „Klugheit des Fleisches", vor der der Apostel warnt (Röm 8, 6f.) und die sich als Verschlagenheit und Kunst der Intrige (vgl. 2 Kor 4, 4; 11, 3) ins Werk setzt. Nicht dass man dabei dumm zu Werke geht! Ganz im Gegenteil: die falsche Klugheit ist überaus raffiniert, sie ist die sich selbst missbrauchende Klugheit. Wer indessen für eine anständige Klugheit plädiert, muss auch einen anständigen Begriff vom Guten haben. Und den hat er nur, wenn er das Gute der Wahrheit zugesellt. „Alle Gesetze und Sittenregeln lassen sich auf … die Wahrheit" zurückführen – soll der alte Goethe gesagt haben. (Vgl. J. W. Goethe, Gespräch mit Müller am 28. März 1819, Anhang an Goethes Werke: Abtheilung für Gespräche, Bd. V/4 [1889], Nachdruck der Weimarer Ausgabe, 1990, 6.)

Ohne Wahrheit ist das Gute nicht wahrhaft gut und folglich auch die Klugheit nicht wahrhaft klug. Denn wer klug sein will, muss *erkennen,* was der Fall ist und worauf es am Ende ankommt. Der Kluge ist wirklichkeitsorientiert und zielbewusst. Deshalb ist er in doppelter Hinsicht auf Wahrheit angewiesen: auf das Erfassen dessen, was ist, und dessen, was sein soll. Falsche Klugheit manipuliert, was der Fall ist, und täuscht selbstersonnene Ziele vor. Im Erfassen des Seienden und im Erfassen des Ziels hingegen ereignet sich die Wahrheit, die das Gute und die Klugheit davor bewahrt, ihren ehrlichen Namen zu verspielen. Die Wahrheit leitet dazu an, klug zu sein wie die Schlange und doch ohne Falsch wie die Taube (vgl. Mt 10, 16).

Das Seiende und das zu erreichende Ziel aber, das erfindet die Klugheit nicht, sie kann es nur finden.

Wenn jedoch der Fall bzw. das Seiende der Klugheit ebenso vorgegeben ist wie das Ziel, dann hat es die Klugheit mit den Entscheidungen, Wegen und Mitteln zu tun, die es ermöglichen, von einem gegebenen Fall aus das Ziel überhaupt zu erreichen und es auf beste Weise zu erreichen. Klugheit ist auf das Handeln bedacht, das zum Ziel kommen will. Der große Kant hat denn auch den vom Klügling unterschiedenen wahrhaft Klugen für einen Menschen gehalten, der „Urteilskraft in Geschäften zeigt“ und „dabei zugleich Witz“ hat (I. Kant, aaO., BA 128, S. 516): gewitzte Urteilskraft!

Sie erweist sich als solche, indem sie mich zunächst einmal dazu bestimmt, überhaupt tätig zu werden. Die schon präsente Wirklichkeit vor Augen und das zu erreichende Ziel im Auge weiß die Klugheit, wann es Zeit ist, sich zu entscheiden. Entscheidungen sind nicht jederzeit an der Zeit. Sie können verfrüht sein oder zu spät kommen und dann so oder so das Erreichen des Zieles verfehlen. Dann ist man dumm dran. Wer weiß, wann die Zeit reif ist, und wer dementsprechend zur Tat schreitet, der ist klug.

Damit ist aber auch schon gesagt, dass es alles andere als klug ist, sich vor der Entscheidung zu drücken. Die Klugheit duldet keine Feigheit, sondern setzt Tapferkeit (fortitudo) aus sich heraus: Hic Rhodos, hic salta!

Der Sprung in die Praxis will allerdings genau bemessen sein, und die ihm folgenden Handlungen wollen es auch sein. So wie die zur falschen Zeit getroffene Entscheidung, so können auch maßlose Aktionen ausgesprochen kontraproduktiv sein. Μηδὲν ἄγαν, ne quid nimis – sagt sich der Kluge, während der Dumme zuviel will und zuviel tut: „wir suchen viele Künste und kommen weiter von dem Ziel“ (M. Claudius, Der Mond ist aufgegangen, EG 482,4). Klugheit setzt Besonnenheit (temperantia) aus sich heraus.

Klugheit denkt in Alternativen. Sie weiß nicht nur, wann es Zeit zum Handeln ist. Sie wählt, ganz gewitzte Urteilskraft, von mehreren Wegen und vielfältigen Mitteln diejenigen, die – wie die Mathematiker sagen würden – am elegantesten zum Ziel führen. Die Eleganz darf allerdings nicht zum Feind des Guten werden. Sie muss sich mit Verantwortlichkeit vertragen. Klugheit wird zwar den kürzesten Weg zum Ziel bevorzugen, dies aber nur, wenn in der Kürze nicht mehr Gefahr lauert als auf umständlicheren Wegen. Mitunter führt der Umweg besser zum Ziel. Deshalb: „Quidquid agis, prudenter agas et respice finem!"

Klugheit wird mithin die Proportionen beachten, die die verschiedenen möglichen Wege und Mittel zum Ziel und zum Handelnden ins Verhältnis setzen und sich dann für das im Blick auf alle beteiligten Größen sachgerechteste Verhältnis entscheiden. Klugheit setzt Gerechtigkeit (iustitia) aus sich heraus.

Das ist allerdings nur dann möglich, wenn die einzelnen Schritte sich als individuelle Handlungseinheiten identifizieren lassen und als solche sich der Unterscheidung von besser und schlechter, ja – in bestimmten, nicht in allen Fällen – von gut und böse unterwerfen lassen. Nicht alle Fragen sind Ermessensfragen. Es gibt auch gut zu heißende und zu verwerfende Handlungseinheiten. Und mitunter kann ein einziger verwerflicher Schritt den ganzen Weg zum Ziel derart in Misskredit bringen, dass sich das Ziel dem zu ihm Gelangenden mit Abscheu verweigert.

Dass die Tugend der Klugheit die anderen Tugenden der Tapferkeit, Besonnenheit und Gerechtigkeit aus sich heraus setzt – oder sich selbst voraussetzt –, dürfte der Sinn der scholastischen Behauptung sein, die Klugheit sei Gebärerin aller anderen Tugenden: Prudentia dicitur genitrix virtutum (Thomas von Aquin, Kommentar zu den Quattuor libri sententiarum, libr. 3, dist. 33, q. 2, a. 5. Josef Pieper hat einen hinreißenden Traktat zum Thema geschrieben, dem ich Anregung und Belehrung verdanke: Traktat über die Klugheit, [17]1965).

Zur Klugheit gehört es nicht zuletzt, dass sie sich selber zu korrigieren vermag. Denn der Kluge prüft stets aufs Neue, ob sich das Frühere bewährt, ob es dem Ziel noch gemäß ist.

Doch Ziele selber zu setzen – das wäre von der Klugheit zuviel verlangt. Und nichts ist der Klugheit schädlicher als ein Zuviel davon. Ein Zuviel an Klugheit macht die Klugheit verkniffen. Meint sie doch weiter blicken zu können, als sie vermag. Das macht sie humorlos. Die wahre Klugheit hingegen kann lachen – auch über sich selbst. Wahre Klugheit vermag sogar über ihre eigenen Dummheiten zu lachen. Denn sie weiß, dass sie fehlbar ist.

Bernardin Schellenberger

Kontemplation

Aufwachen und sich satt sehen

„Ich werde mich satt sehen an deiner Gestalt, wenn ich erwache“: so formuliert der Dichter des 17. Psalms seine Hoffnung auf Erlösung, nachdem er dramatisch geschildert hat, wie er als Armer derzeit verfolgt und unterdrückt werde „von Leuten, die im Leben schon alles haben“. Ist das nicht „Kontemplation“: das Geschenk, endlich „sich satt sehen“ zu können? Leben wir folglich nicht in einem auf Kontemplation bedachten Zeitalter, mit unserer in einem Höchstmaß auf das Visuelle, das Sehen ausgerichteten Alltagskultur? Sitzen doch immer mehr Menschen täglich viele Stunden vor Bildschirmen oder schauen auf Displays; werden Form, Gestalt, Ästhetik in vielen Bereichen fast wichtiger als Inhalte; gehören zu den weltweit bekanntesten Figuren, ja Idolen, denen ähnlich zu werden zahllose Menschen keinen Aufwand scheuen, „Models“, Menschen, die nichts bemerkenswert Anderes zustande zu bringen brauchen, als ihre physische Gestalt in Topform zum Anschauen darzubieten; und steckt doch im Begriff der Tele-Vision, der sich der heutige Mensch etliche Stunden am Tag hingibt, buchstäblich der visionäre Aspekt.

Nun ist allerdings im Psalmvers nicht nur vom heute begehrten „sich satt Sehen“ die Rede; als Bedingung dafür ist vielmehr das „Erwachen“ genannt. Das wurde mir vor kurzem schlagartig bewusst, als ich auf ein bemerkenswertes Buch über die Kontemplation stieß, dessen Verfasser *blind* ist und folglich ausgeschlossen aus der heutigen aufs Visuelle ausgerichteten Welt. Kann ein Blinder kontemplativ leben? Der Autor, John M. Hull, zeigt auf, dass die Bibel zunächst als ein Buch von Sehenden über einen sehenden Gott erscheine; Blindheit werde als schuldhafte Unfähigkeit zum Verstehen und Begreifen gedeutet. Doch in einem zweiten Anlauf revidiert er diesen Befund: Man könne die Bibel auch als Schrift Blinder über einen nicht zu sehenden Gott verstehen. Gottes Geheimnis bleibe – wie alle Mystiker bezeugten – in Dunkel gehüllt; in seiner Gegenwart erblinde jeder Mensch, weshalb im Hebräerbrief ausführlich der „blinde“ Glaube nahe gelegt und an etlichen Stellen der Bibel geschildert werde, wie gerade im Nicht-mehr-Sehen Erkenntnis aufblitze. Hull beschreibt aus eigener Erfahrung, wie ein physisch Blinder besondere intensive Wahrnehmungsweisen entwickle; wie wichtig die Stimme werde, wie kostbar das Berühren, wie intensiv das Spüren mit dem Herzen. „Meine Blindheit ist eine seltsame, dunkle, geheimnisvolle Gabe von Gott.“ Der kontemplative Sucher ruht nicht, bis er den Grund seiner Erblindung findet.

Zum einen wurde mir damit klar, dass es gilt, sich bei der Rede von der Kontemplation davor zu hüten, sie als eine Art elitärer Übung für „Leute, die im Leben schon alles haben“, vorzustellen. Es gibt seit der Antike eine lange Tradition dieser Art Kontemplation von Müßiggängern und Ästheten, die alle „niedrigen“ Arbeiten von ihren Sklaven verrichten ließen. Die christliche Spielart der Kontemplation muss dem Kriterium standhalten, ob sie grundsätzlich jedem Menschen, ja sogar vorzugsweise dem armen Menschen zugänglich sei.

Und zum andern wurde mir klar, dass die Rede vom „Sehen“ oder „Blindsein“ eine Rede in Metaphern ist und unsere derzeitige Seh-Kultur blind an den Metaphern hängen bleibt, statt zur damit gemeinten Wirklichkeit durchzustoßen und damit zu „erwachen“. Die Folge ist, dass eine Seh-Sucht, eine Sucht nach immer neuen und immer noch perfekteren und hinreißenderen Bildern grassiert. Doch werden die Bilder dabei immer flacher und wirkungsloser, flimmern immer rascher vorbei. Die Bilder sind nur noch sie selbst, verweisen auf nichts mehr; der Betrachter gebraucht sie nur noch für sich selbst und bleibt in sich verschlossen.

Der Satz von J. F. Lyotard: „Ein (wirkliches) Bild sagt zu seinem Betrachter: Sie werden mich nicht so bald kennen lernen“, könnte fast die Definition eines Zen-Koans sein, also jenes im Zen-Buddhismus verwendeten unauflösbaren Rätselspruchs, der den Meditierenden in die Verzweiflung an seinem üblichen Wahrnehmen und Begreifen treibt und schließlich für eine neue Dimension aufbricht. Bilder dieser Art dienen nicht dem Zweck, den ästhetischen Sinn zu sättigen, sondern sie wollen zum „Erwachen“ für eine andere Art der Wahrnehmung jenseits der fünf Sinne und des Verstandesdenkens provozieren. Die Mystikerin Margarite Porète formulierte das paradox so: „Die Seele hört dann stets, was sie nicht hört. Sie sieht oft, was sie nicht sieht. Sie ist oft dort, wo sie nicht ist. Und sie spürt oft, was sie nicht spürt."

Das mag nun sehr abstrakt klingen. In Wirklichkeit ist es das Einfachste und Konkreteste: das „Wahrnehmen mit dem Herzen", das „Wissen aus Liebe" (Bede Griffiths), das eine Klarheit, Geborgenheit und Zuversicht jenseits aller – vielleicht ganz schlimmer – gefühls- und verstandesmäßiger Wahrnehmungen schenkt. So kann einem aufgehen, dass sich die „Herrlichkeit", die überwältigende Schönheit Gottes am souveränsten in seiner bedingungslosen Selbsthingabe am Kreuz offenbarte (wie Hans Urs von Balthasar darlegte) und sich folglich authentische Kontemplation eher in einem unscheinbaren, hingebungsvollen Alltagsdasein als in einer ästhetisch gestylten Umgebung finden lässt. Das ist also das gerade Gegenteil der heutigen Sucht nach immer neuen, noch schöneren Bildern. In der echten Kontemplation wird die vordergründige, allzu ich-verliebte Vorstellung vom „Sattwerden durch Schauen" auf den Kopf gestellt: Der Mensch schaut gar nicht mehr, sondern erfährt sich als von der gesamten Wirklichkeit wohlwollend Angeschauter: „Unter den Augen des göttlichen Zuschauers wohnte er ganz bei sich selbst." So definierte Gregor der Große die Kontemplation des Mönchsvaters Benedikt. Für mich ist das die treffendste Definition: Das Wahrnehmen eines mir wohlwollend, lächelnd zugewandten Gesichts, das „Wohnen im Fest der Liebe", *in solemnitate amoris habitare,* wie Gregor weiter sagt. Das ist auch dem Armen und Blinden zugänglich. Und man kann es jedem Menschen erschließen durch die Art, wie man ihn anschaut und sein lässt.

Klaas Huizing

Kreativität

Werdet Poeten des Logos!

Wer von Kreativität redet, ruft zunächst eine ungetrübt sympathische Atmosphäre auf – und ist deshalb besonders anfällig dafür, instrumentalisiert zu werden.

Wen wundert es, wenn geübte Strategen dieses Stichwort zum Massenphänomen aufbauschen, um alle relevanten Bevölkerungsschichten zur Selbstdressur (J. Strasser) an die Gesetze des Marktes zu bewegen. Märkte prosperieren, wenn sie kreative Energie produzieren. Und Kreativität macht Spaß. Und Spaß verspricht Glück. Im wohlverstandenen Eigeninteresse handelt also, wer im Kreativitätswettstreit mitmischt. Wer dabei nicht mithalten kann, wird, weil englische Vokabeln weniger schmerzen, pathologisiert: Burn out. Drastischer formuliert, wer den Gesetzen des Marktes nicht entspricht, wird zu Recht bestraft. Wirtschaftsbosse, Börsenjunkies, Fußballprofis (in Deutschland mit geringem Erfolg, wenn man das müde Ballgeschiebe im Fernsehen präsentiert bekommt), Kindergärtnerinnen – keine Branche bleibt draußen.

Auch die Kindergärtnerinnen nicht. Vor zwei Monaten hat meine Schwägerin G. ein Burn-out-Jahr beantragt, eine Woche nach ihrem zwanzigjährigen Arbeitsjubiläum. Sie war an einem ganz gewöhnlichen Morgen aufgestanden, hatte einen Blick auf den Kalender geworfen und hatte angefangen zu weinen. In zehn Tagen drohte der St.-Martin-Umzug. Besonders ausgefallene Lampions basteln. Danach Weihnachtsgestecke. Die Weihnachtsfeier mit Kinderpunsch. Und dann ihr Horror vor Karneval. Sie war Hexe, Astronautin, Clown, Barbie, Saloondame, Charlie Chaplin, Bäuerin, grüne Politikerin, Frau Holle, Gretel, Kaktus, Auerhahn, Funkenmariechen, Balletttänzerin, Krankenschwester, Schornsteinfeger, Polizistin, Krümelmonster, Apothekerin und Beduinin gewesen. Sie mochte nichts mehr werden. Und ihr fiel beim besten Willen nichts mehr ein. Eier für das Osterfest mit ausgefallenen Motiven anmalen mochte sie auch nicht mehr. (Ihr wäre es am liebsten gewesen, das Osterfest würde ausfallen.) Und eigentlich findet sie Kinder auch nicht mehr niedlich. Die meisten Kinder sind verwöhnte und ewig gelangweilte Wohlstandsmonster. Als ein Kind sie an jenem Morgen ‚Fotze' rief, war ihr die Hand ausgerutscht. Der Elternbeirat empfahl ihr eine Therapie.

Die Kreativitätskeule ist aber nicht nur gern geschwungenes Druckmittel im Kontext der alltäglichen Rollenspiele, sondern viel grundsätzlicher wird die Kreativität als Ziel der eigenen Lebensführung ausgegeben. Die von Foucault favorisierte Ästhetik der Existenz, unter dem Stichwort Lebenskunst seit Jahren gefeiert, reagiert auf den „Sachverhalt", dass das Selbst oder das eigene Leben nicht länger Schicksal oder Vorgabe, sondern Aufgabe ist. Jeder soll (und muss) seinen eigenen Stil entwickeln, einen ganz singulären Charakter erarbeiten, und wehe dem, der sich an Vorbildern anlehnt. Der wird zumindest übersehen. Verkrampfungen und Überforderungen sind auch hier vorprogrammiert.

Wie kann man hier gegensteuern? Vielleicht, indem man die Kreativität an spezifische Traditionen (und damit an Vorbilder) zurückbindet, deshalb:

Kreativität und Tradition: Zwar ist die Theologie nur begrenzt geeignet, dem Stichwort Kreativität eine neue Erdung zu verschaffen, weil die Theologen zwei Jahrtausende lang schöpferische Menschen der Selbstapotheose verdächtigten (und waren sie Dichter, dann logen sie, wie man wenig originell im Rückgriff auf Platon zitierte), aber ein kreatives Missverständnis kann die Zusammengehörigkeit von Tradition und Innovation, die in heutigen Kreativitätsschulen vernachlässigt wird, in Erinnerung rufen. Der sprachmächtige Martin Luther gibt bekanntlich eine Stelle aus dem Jakobusbrief wieder: „Seid aber Täter des Worts und nicht Hörer allein." Schaut man in den griechischen Text und übersetzt kreativ, dann ergibt das, wie Hermann Timm vorgeschlagen hat: „Werdet Poeten des Logos!" Damit ist nicht nur die alte Dichterschelte ironisch in die Schranken gewiesen, sondern Kreativität wird lebenskünstlerisch an die Person rückgekoppelt, die als Parabelerzähler Jesus von Nazaret Karriere gemacht hat. Die dort gezeigte Kreativität bestand nicht zuletzt darin, eingeschliffene Wahrnehmungsmuster außer Kraft zu setzen und die Menschen an die eigene Kreatürlichkeit zu erinnern; vielleicht sogar den Lesern durch die poetische Kraft der Parabeln zu dieser neuen

Kreatürlichkeit zu verhelfen. Eigentümlich für diese Erzählkunst war dabei immer der Ausgriff auf Sozialität. In nuce: Ein dem kreativen Geschichtenerzähler Jesus abgelauschter Kreativitätsbegriff betont die eigene Kreatürlichkeit im Spielraum mit anderen Kreaturen.

So fokussiert, hat der Begriff eine kritische Kraft zur Beurteilung heutiger gesellschaftlicher Prozesse. Wenn die Kreativität nur eindimensional dazu dient, Marktmechanismen, die dem Gesetz der gnadenlosen Kreativität unterliegen, zu bedienen, der Einzelne dieses Gesetz sogar internalisiert, dann wird der Einzelne einer anonymen Macht zugerichtet. Zweitens kann dieser Begriff ein Angebot machen und zeigen, wie eine Ästhetik der Existenz, die sich am Geschichtenerzähler Jesus orientiert, die Freiheit besitzt, sich nicht neu erfinden zu müssen. Das schafft, so steht zu vermuten, auch die nötige Muße für kreative Prozesse.

Schließlich: Der neutestamentliche Imperativ ‚Werdet Poeten des Logos' erschließt dem Schriftsteller einen kreativen Spielraum, nämlich fiktive Lebensläufe zu inszenieren, die, auch im Versagen, Wahrnehmungen neu justieren und für Solidarität sensibilisieren.

Das Bücherschreiben nimmt kein Ende. Das zumindest steht zu hoffen.

Wolfgang Schmidbauer

Kreditkarte

Wie die Dschinns des Aladin

Manchmal träume ich davon, wie die Zeit sich selbst aufhebt, der Fortschritt sich ad absurdum führt und wir, wie einst Adam und Eva vor dem unglücklichen Gespräch mit der Schlange, in einen Stand unschuldiger Armut zurückfallen, den wir uns durch die unendliche Anhäufung von Gütern verscherzt haben. Plastic money könnte ein Symbol dafür sein, ein Hinweis auf die Reduktion, die Konzentration auf das Wesentliche. Da gibt es diesen Werbespot mit einer Schönen im Bikini, die an eine Küste schwimmt, einkauft und bezahlt – mit ihrer Visa Card. Nicht, was sie kauft, ist hier wesentlich, sondern dass sie nichts dazu braucht als ein (fast) unsichtbares, (fast) wertloses Stück Materie. Ist sie nicht ein Engel auf dem Weg in die Entmaterialisierung?

Das ist das Atemberaubende an der Moderne, dass sie derart einfache Lösungen im Komplizierten entwickeln kann. Wenn Adorno einmal behauptet hat, es gäbe kein richtiges Leben im falschen, so ist das durch die Technik längst widerlegt. Die meisten Konsumgüter, die uns beeindrucken, bieten lauter richtige Lösungen im falschen System. Autos werden immer perfekter, sie beschleunigen geschmeidiger, sind zuverlässiger, fahren leiser, verbrauchen weniger, widerstehen Unfällen besser – und sind doch Ausdruck eines destruktiven Prinzips, eines Verkehrssystems, das unseren Kindern Rohstoffe und Umweltreinheit raubt, das Klima gefährdet, die Luft vergiftet.

Geld ist sinnlich, heißt es manchmal. Und doch ist es abstrakt. Es ist vielleicht die Wurzel des abstrakten Denkens schlechthin, Sachen durch einen Wert zu definieren, der zählbar ist, aber außer dieser in Zahlen ausgedrückten Beziehung zu den Dingen keinen Bezug zu den Sinnen aufnimmt.

Dieser sinnliche Bezug ist in der Geschichte des Geldes immer dünner geworden, er hat sich davongeschlichen, verdünnt, verfeinert, abstrahiert. Angefangen hat die Zeit nach der Tauschgesellschaft mit dem sogenannten „Primitivgeld“: behauenen Steinscheiben der Polynesier, Stein- und später Glasperlen, die in Westafrika noch vor hundert Jahren als Zahlungsmittel galten, Eisen-, Bronze- und Silberbarren der frühen Metallzeit. Das Geld war Symbol und Nutzen zugleich, es bedeutete Prestige, das für jedermann sichtbar war – die Steinscheibe lehnte neben dem Haus, die Nomadinnen trugen ihre Silber-, Korallen- und Bernsteinperlen am Leib, Metall wurde zum Tausch aufbewahrt oder vom Schmied verarbeitet.

Lange Zeit war es selbstverständlich, dass Geld dem „realen“ Wert der Münze entsprach; die Reihe ging vom Kupfer über das Silber zum Gold. Am längsten hat sich dieser Standard beim Gold gehalten. Goldmünzen waren noch „wirklich“ das wert, was darauf geprägt stand, als das für Kupfer und Silber schon lange nicht mehr galt. Goldvorräte der Staatsbanken sollten noch im Zeitalter des Papiergeldes garantieren, dass die bedruckten Zettel in pures Gold umgetauscht werden konnten. Wenn heute ein Kreditkartengeber seinem plastic money besondere Würde verleihen will, verleiht er ihm den Titel „gold".

Wenn Geld, wie Schopenhauer formuliert hat, Glück in abstracto ist – dann ist die Kreditkarte Geld in abstracto, eine Steigerung, die sich selbst aufhebt. Sie stellt die reine Möglichkeit, eine Tauschbeziehung aufzubauen, über deren konkreten Vollzug. Man hat Kredit – auch ohne Geld (dabei) zu haben. Dieser feine Unterschied verschwindet bei Kreditkartenbenutzern nur allzu häufig: Wo ihre Zahl wächst, wächst auch die Zahl der verschuldeten Haushalte und der Schuldnerberater in den Sozialämtern, die ein Lied singen können von der gewissenlosen Ausbeutung menschlicher Dummheit durch zinsgeile Bankinstitute.

„Zahlen Sie mit Ihrem guten Namen?" Unsinn; der Name muss nicht gut sein, nur das Konto gedeckt. Ermöglicht wird das nicht durch Vertrauen, sondern durch die superschnelle Datenübermittlung, die dafür sorgt, dass von jedem Kreditkartenträger überall, wo sein Symbol akzeptiert wird, in wenigen Minuten geklärt werden kann, ob er den Kredit hat, den er haben möchte. Die Kreditkarte ist jederzeit als Instrument der Überwachung einsetzbar; in jedem Thriller werden Gauner schnell geortet, wenn sie mit Kreditkarten bezahlen. (Wer bar bezahlt, ist ebenfalls verdächtig: Er will seine Spuren verwischen.)

So erwache ich aus meinem Traum von der Rückkehr ins Paradies. Die Schöne, die fast nackt aus dem Meer taucht und nichts braucht, um ihr Paradies zu finden, als ein kleines Kärtchen aus Kunststoff, wird in einem Netz von Datenverarbeitungsmaschinen registriert. Sie dünkt sich frei, aber ihre Spur ist schwerer zu verwischen als die eines Piraten, der zwei Geldsäcke aus seinem Boot wuchtet. Die Zukunft der Kreditkarte wird in jedem Fall eine Zukunft von Kontrolle, Überwachung, Verfeinerung von Datenschutz und persönlicher Identifizierung sein. Unterschriften können gefälscht werden, Geheimzahlen entschlüsselt. Vielleicht werden wir demnächst Fingerabdrücke oder Irismuster auf Kreditkarten speichern.

Es war einmal die Zeit vor dem Telefon, da besuchte man sich gegenseitig, gab eine Visitenkarte ab und wurde hereingebeten. Die Kreditkarte ist die Visitenkarte von heute; wer sie hat, dem bietet sich ein Apparat an, so mächtig wie die Dschinns des Aladin. Aber ob er diesen Apparat beherrscht, oder dieser ihn? Ob dieses handliche Format, auf dem wir bald vielleicht ganze Verlagsprogramme speichern und abrufen werden, unser Diener sein wird oder ein Schlüssel zur Macht der Bürokratien und Apparate über uns? Krankenkassen, Bibliotheken, Photoapparate, Türschlösser, Autos, Hotelsafes, Bankomaten, Telefone – alle akzeptieren heute ihre speziellen Visitenkarten aus Plastik. Es gibt Behälter für diese Karten, die im Fall unbefugten Öffnens ihren Inhalt vernichten, und organisierte Banden, die den Geheimcode einer gestohlenen Kreditkarte in wenigen Minuten knacken und das Konto abräumen können.

Nein, die Welt wird nicht paradiesischer werden durch die Kreditkarte. Das Versprechen, ohne Bargeld sei Raub und Diebstahl unmöglich, wird sich nicht einlösen lassen. Wir werden beides brauchen, das Bargeld und das Geldversprechen aus Plastik. Wo die Netze der Informationsgesellschaft nicht funktionieren, wo es keinen Strom und kein Telefon gibt, können wir auf Bargeld nicht verzichten. Das gilt für die Trinkgelder und für die Bettler, für mexikanische Dörfer und jemenitische Städte, für den Flohmarkt und das Geschäft zwischen Freunden, das niemanden etwas angeht. Vielleicht werden auch Organisationen für anonyme Schuldner Kreditkartenopfer in Selbsthilfegruppen behandeln, wo diese sich täglich verpflichten müssen, bar zu bezahlen und nicht mehr auszugeben, als sie verdienen.

Gero von Boehm

Labor

Die Kollaborateure Gottes?

Es wird ein Mensch gemacht ...
Wie sonst das Zeugen Mode war,
Erklären wir für eitle Possen ...
Das Glas erklingt von lieblicher Gewalt,
Es trübt, es klärt sich: also muss es werden.
Johann Wolfgang Goethe:
Faust, der Tragödie zweiter Teil
„Laboratorium"

Goethe der genialische Visionär? Wie konnte er ahnen, was sich 170 Jahre, nachdem er das handschriftliche Faust-Manuskript versiegelt hatte, in den Labors der modernen Welt abspielen würde? Schon dreizehn Jahre zuvor hatte sich Mary Wollstonecraft Shelley die wohl berühmtesten Laborszenen der Weltliteratur einfallen lassen: Viktor Frankensteins frühe biotechnologische Montagehalle, in der die Kreatur, die erschafft, verzweifelt ausruft: „Sogar du, mein Schöpfer, verabscheust mich und trittst mich mit Füßen, mich, dein Geschöpf ... ich sollte ja dein Adam sein. Doch bin ich eher mit dem gefallenen Engel zu vergleichen, den du um nichts von dir gestoßen." In Wahrheit liegen die Wurzeln eines Mythos vom Menschen, der Schöpfer spielt, noch viel tiefer in der Geschichte. Er lässt sich schon im Gilgamesch-Epos nachweisen, das die Sumerer um 2500 vor Christus mit keilartigen Zeichen auf Lehmtafeln ritzten. Gilgamesch aus der Dynastie der Uruk war der erste Mensch, der nach Unsterblichkeit strebte, um zu werden wie die Götter. Und heute wird in tausenden Labors auf der ganzen Welt mit unterschiedlichen und immer besseren Strategien tatsächlich alles getan, um die Lebensspanne des Menschen immer weiter auszudehnen. All diese Ideen, letztlich geboren aus der ewigen Angst vor dem Tod, hat die Menschen immer fasziniert und ihre Phantasien beflügelt. Bühne für diese bald sehr konkreten Phantasien war und ist jenes *Laboratorium*, das im Mittelalter die Hexenküche der Alchemisten bezeichnete. Die sahen sich durchaus als *Kollaborateure* Gottes und gerieten deshalb schnell in Konflikt mit der Kirche – auch dies eine merkwürdige Parallele zu den Menschenmachern des 21. Jahrhunderts, das ganz entscheidende Schritte für die Menschheit bringen wird. Vorbereitet wurden sie in den Labors der Forscher, die damit tatsächlich ungeahnte Macht in die Hand bekamen. Alle grundlegenden Entdeckungen sind bereits gemacht. Zum ersten Mal in der Geschichte der Menschheit kennen wir alle wichtigen Naturgesetze: Die DNA als Basis alles Lebendigen ist entschlüsselt, wir haben Relativitäts- und Quantentheorie, immer schnellere Rechner, wir verstehen das Verhalten der Materie. Schon 1910 hatte das amerikanische Patentamt allen Ernstes verkündet, man könne die Akten schließen, weil alles schon erfunden sei. Aber damals konnte man sich noch nicht vorstellen, dass der Mensch *tatsächlich* irgendwann in der Lage sein würde, im Labor die Natur aktiv zu beeinflussen.

Und in Zukunft könnte er sogar seine eigene Evolution in die Hand nehmen, indem er den Eingriff ins Erbgut wagt und damit seine eigene Spezies immer weiter „verbessert". Machen wir uns nichts vor: Das vor Urzeiten formulierte Ziel rückt täglich näher. Die Forscher – und nicht nur sie – haben inzwischen die Naturwissenschaften zu einer Art monotheistischer Religion unserer Zeit erklärt. Das Labor ist ihr Tempel, und die dort gewonnenen Resultate tragen sie wie Monstranzen vor sich her – das Erbgut als Hostie. Andauernd stellen uns die Forscher, die uns den Zutritt zu ihren Labors zunächst verweigern (wir würden auch gar nichts verstehen), vor vollendete Tatsachen. Eine Sensationsnachricht aus den Laboratorien dieser Welt jagt die andere, macht uns – und die Forscher selbst – staunen („Es steigt, es blitzt, es häuft sich an", ruft schon der Famulus Wagner im Labor begeistert aus), und niemand kann die Ergebnisse der Naturwissenschaften wirklich noch in einen größeren Zusammenhang einordnen. Vielleicht hat Goethe den letzten ernst gemeinten Versuch unternommen. Denn eigentlich brauchen die Wahrheiten der Naturwissenschaft die Weisheit vergangener Zeiten und die gewachsenen Grundlagen unserer Kultur schon lange nicht mehr. Sie sind nur unnötiger Ballast im atemlosen Geschäft heutiger Forschung – obwohl eben, paradox genug, vielfach jene archaischen Mythen den Antrieb darstellen.

Heute bestimmt die Wissenschaft die gesamte Kultur der westlichen Welt – einfach weil sie so effizient ist. In weiten Bereichen hat sie tatsächlich den Platz der Religion eingenommen. Das aber führt dazu, dass sie Fragen so beantwortet, als *sei* sie eine Religion – obwohl sie sich mit Fragen nach Sinn und Ziel doch gar nicht auseinander setzt. Und so fällt denn in den heutigen Labors eine Schranke nach der anderen. Wie sagte doch gleich der wissenschaftliche „Vater" des ersten Retortenbabys 1978, über das sich damals noch die ganze Welt echauffierte? „Ethik muss sich dem Fortschritt anpassen." Ein denkwürdiger Satz. Er deutet an, dass es an der Zeit ist, bestimmte Illusionen ad acta zu legen. Beispielsweise die Vorstellung, man könne es der Wissenschaft selbst überlassen, die Dinge zu regeln. Die Forschung in den Labors von heute impliziert keine Selbstkritik – und wirklich ernsthaft hat sie es wohl nie getan. Eines müssen wir endlich begreifen: *Alles, was gemacht werden kann, wird auch in die Tat umgesetzt.* Es gibt tatsächlich kein überzeugendes Beispiel in der gesamten Geschichte der Wissenschaft, mit dem man diese These widerlegen könnte.

Und nun kommen also die Ergebnisse aus den Labors der Genbastler und Reproduktionsmediziner hinzu, jeden Tag neue, im Eiltempo. Das bisherige ethische Instrumentarium wird nicht mehr ausreichen, um die drängenden Fragen, die aus dieser Entwicklung resultieren, zu beantworten. Denn es muss jetzt beispielsweise neu und präziser bestimmt werden, was ein Mensch sei.

Christen geraten in den vielleicht größten Zwiespalt in ihrer zweitausendjährigen Geschichte: Einerseits sehen sie sich in der Verantwortung, anderen zu helfen, Leiden zu lindern, andererseits soll das mit dem Opfern grundlegender Prinzipien verbunden sein.

Im übrigen gilt, dass keine Religion allein diese Fragen lösen kann. In einem interkulturellen Prozess müssen Lösungsansätze gesucht werden. So wird eine Menschheitsfrage auch zur historischen Chance. Positionen, wie sie unsere westliche Zivilisation entscheidend beeinflusst haben, werden uns wieder neu und durchaus drastisch bewusst. So wird das Labor zum Testfall, übrigens auch für die Rechtssysteme. Mögen Regeln wie das deutsche Embryonenschutzgesetz und Institutionen wie der Nationale Ethik-Rat noch so plausibel sein und mögen sie uns schließlich die Möglichkeit geben, unsere Hände in Unschuld zu waschen – andere Länder haben keine solchen Vorschriften. Und in welchem Labor auf der Welt man zum ersten Mal das Erbgut eines Menschen in der Keimbahn „verbessert“ oder wo der erste Mensch geklont wird, ist im Grunde unerheblich. Beides werden gewaltige Schritte für die Menschheit sein. Wollen wir sie?

Man kann versuchen, Dämme zu errichten – einfach, um Zeit zu gewinnen. Gesetze können die Entwicklung, im Weltmaßstab, nicht aufhalten, aber vielleicht wenigstens verlangsamen. Eine demokratische Diskussion muss geführt werden, wie sie beispielsweise am Beginn der Atomtechnik gefehlt hat. Im Vergleich dazu werden übrigens die Entwicklungen in der Biotechnik viel weiter in unser aller Leben eingreifen, weil es praktisch keinen Lebensbereich gibt, den sie nicht berühren.

Manchmal werde ich gefragt, warum ich trotz allem optimistisch bin und glaube, dass wir als Menschheit die Kurve immer wieder kriegen werden, auch wenn die Geschwindigkeit höher wird: Weil der Mensch dazu gemacht ist, neue Grenzen zu suchen, sei es im Weltall, auf dem Papier oder im Labor. Ikarus war nicht bloß ein dummer Junge. Sein Mut stand eigentlich für eine befreiende Eigenschaft des Menschen. Vielleicht lässt sich mit dem Bild des Ikarus das Paradoxon unserer Existenz und unserer Zivilisation auf den Punkt bringen: Denn wenn wir nicht herausfinden, wie hoch wir fliegen können, bevor unsere Wachsflügel in der Sonne schmelzen, ist Stillstand die Folge. Und der ist unserer Spezies am wenigsten gemäß.

Michel Baeriswyl

Langsam

Zeitvielfalt macht das Leben süß

Hummeln gehören zur artenreichen Gattung geselliger lebender Bienen. Die bekanntesten Arten sind die Erdhummel *(Bombus terrestris)*, die Feldhummel *(Bombus agrorum)*, die Gartenhummel *(Bombus hortorum)* und die Steinhummel *(Bombus lapidarius)*.

Verbreitet vor allem in den klimatisch gemäßigten nördlichen Zonen, sind *Bombidae*, wie Hummeln wissenschaftlich korrekt lauten, von eher plumper Statur. Dicht behaart zudem, entsprechen sie kaum zeitgemäßen Schönheitsidealen. Hätten sie nicht die evolutionär wichtige Aufgabe, Blüten zu befruchten, wären sie wohl längst konzertierten Aktionen der globalen Schädlingsbekämpfungsindustrie zum Opfer gefallen.

Damit wären aber nicht nur Flora und Fauna um eine weitere Art ärmer, unwiederbringlich verloren wäre vor allem uraltes, von Generation zu Generation sorgsam überliefertes Wissen. Denn Hummeln haben ein Geheimnis: Sie lieben es gemütlich.

Bei der Futtersuche fliegen Hummeln nämlich nicht – wie Forscher der Universität Würzburg kürzlich herausgefunden haben – mit der Höchstgeschwindigkeit von zwanzig Kilometern pro Stunde, sondern bummeln mit bloß 0,1 Kilometer pro Stunde von Blüte zu Blüte. Selbst wenn sie von Hunger getrieben werden, sind Hummeln also rund zweihundertmal langsamer unterwegs, als es ihre Flugmuskulatur erlauben würde.

Hummeln sind somit der lebende Beweis dafür, dass im Tierreich nicht bloß Muskelkraft und Speed, sondern auch Köpfchen das Tempo des Lebens bestimmen.

„Das haben wir ja schon immer gesagt!“ höre ich die Apologeten der Langsamkeit unisono rufen: „An Langsamkeit soll die Welt genesen!“ Und als Kronzeuge ihrer Vision von einer entschleunigten Welt zitieren sie flugs den lieben Gott, der nichts von Eile gesagt haben soll, als er die Zeit schuf.

Doch halt, liebe Freunde, ihr habt zu schnell gefolgert. Wenn's um Leben und Tod geht, geben Hummeln durchaus Vollgas. Bloß beim Fressen nehmen sie's gemütlich und passen ihr Tempo dem Gebot der Verhältnisse an: Sie fliegen nämlich nur so schnell, als ihr Gehirn einzelne Blüten noch erkennen kann.

Es genügt also nicht, so die Moral der Geschicht', quasi in Umkehrung der Devise „Schneller ist besser" ein Loblied auf die Langsamkeit anzustimmen. Allzu simpel ist die Gleichung „Geschwindigkeit gleich schlecht" und „Langsamkeit gleich gut", als dass sie bruchlos aufgehen könnte.

Damit wir uns recht verstehen: Ich habe nichts gegen Langsamkeit. Selbstverständlich ist eine Gesellschaft nur so sozial, wie sie auch den Langsameren Zeit für ihre Entwicklung lässt. Wer langsam unterwegs ist, entdeckt zudem Abzweigungen, an denen er sonst achtlos vorübergebraust wäre.

Gerade deshalb ist ja die Fortbewegung zu Fuß die dem Menschen angemessenste Geschwindigkeit, denn nur sie erlaubt den Rundblick. Mit zunehmender Geschwindigkeit aber verengt sich unser Wahrnehmungshorizont, bis wir gar nichts mehr wahrnehmen und uns in der Unendlichkeit der Fluchtlinien verlieren.

Wer die Zeit nicht mehr bekämpfen will, muss somit auch die Langsamkeit hegen. Doch Langsamkeit ist kein Allheilmittel gegen die Tempoexzesse einer überhitzten Gesellschaft. So macht es beispielsweise wenig Sinn, bezüglich eines ökologisch nachhaltigen Umbaus der Industriegesellschaften einer Verlangsamung das Wort zu reden. Auch die Gleichstellung der Geschlechter benötigt weniger Weile, als vielmehr Eile. Und wer einen Unfall erleidet, ist froh, wenn die Ambulanz nicht bummelt, sondern rasch vor Ort ist.

Was wir von den Hummeln lernen können, ist somit weniger der Umgang mit Langsamkeit als vielmehr die Erkenntnis, dass wir unser Lebenstempo der Umwelt anzupassen haben: mal langsam, mal schnell.

Ein neuer Umgang mit Zeit meint somit nicht bloß den simplen Reflex eines machtvollen Griffs zur Bremse, als vielmehr die Suche nach kulturellen Zeitmaßen, die sich mit den Rhythmen und Eigenzeiten der inneren und äußeren Natur des Menschen vertragen.

Dies aber kommt einer Revision der Aufklärung gleich. Einer Aufklärung der Aufklärung, an deren Wurzel nicht mehr der Wille zur Herrschaft über die Natur steht, sondern die Bereitschaft, deren

Eigendynamik zuzulassen und sich auf eine Neusynchronisation zwischen den Zeiten der Natur und den Zeiten der Kultur einzulassen.

Eine Aufklärung also, die nicht mehr die heil- und haltlosen Begriffe der Entbettung, der Entgrenzung und der Autonomie fortspinnt, sondern sich um die Begriffe der Einbettung, der Grenze und des Maßes rankt.

„Alles Tun der Menschen hat seine Zeit." Aber nicht nur Geborenwerden und Sterben, Säen und Ernten, Weinen und Lachen, Reden und Zuhören haben ihre Zeiten, wie schon der Prediger Salomo wusste. Letztlich hat – schrieb der Philosoph Johann Gottfried Herder – „jedes veränderliche Ding das Maß seiner Zeit in sich, keine zwei Dinge der Welt haben dasselbe Maß der Zeit. Es gibt also im Universum zu einer Zeit unzählbar viele Zeiten."

Auch die moderne Wissenschaft hat mittlerweile wieder erkannt, dass nicht alle Zeiten gleich sind, und übersetzt: Jedes System hat seine Zeit, seine systemspezifische Eigenzeit. Zeitvielfalt ist somit der Leitwert einer neuen Zeitkultur und die Neusynchronisation von Rhythmen und Eigenzeiten deren Aufgabe.

Machen wir uns also auf den Weg in ein Land jenseits von Chronos, um die unter dem Industrieregime und dem Tempodiktat der Uhr verschüttete Vielfalt an Rhythmen und Eigenzeiten wiederzuentdecken. Denn Zeitvielfalt, nicht Langsamkeit macht das Leben süß.

Wolf-Rüdiger Schmidt

Leiden

Preis für das Wunder des Lebens

Leid versteckt sich. Das große Leid in der Geschichte der Menschheit und das andere große Leid in der Biographie jedes einzelnen Menschen. Wie überrascht und sprachlos sind wir gelegentlich, wenn wir hören, was sich hinter den Mauern einer Wohnung, in einem Nachbarhaus, in der Klinik um die Ecke abgespielt hat. Und wie groß mag das Konto der verborgenen Leiden sein, das sich über die evolutiven Zeitstrecken angesammelt hat. Völkermord, Katastrophen, Kriege über Kriege, Schmerzen, Demütigungen, Verlassenheit, Todesangst, Verzweiflung nach innen und außen, gegen den Himmel und in die Erde gewachsen.

Und doch scheint das andere stärker zu sein: die Erfahrung des Neuanfangs, des Vergessens, des Glücks und der Liebe. „Wie schön, dass du geboren bist", sagt die Mutter des zehnjährigen Mädchens, das seit seiner Geburt an Muskelschwund leidet. „Wie herrlich sind deine Berge, die Wasser in den Tälern, die Tiere auf dem Feld, die Saat zu Nutz des Menschen", lobte bereits vor 2500 Jahren ein Unbekannter die Herrlichkeit der geschaffenen Welt. Ist das Leid nur eine kleine versteckte Bremse, um den Menschen in seine endlichen Spuren zu zwingen? Ist es der Preis für die einmalige Gabe des Lebens, des Bewusstseins, der Erkenntnis?

Jane Goodall, die englische Primatenforscherin, war zutiefst erschüttert, als sie Anfang der 1970er Jahre von brutalen Angriffen ihrer Schimpansenmänner auf eine Nachbarhorde hörte. Zehn Jahre war sie bereits im tansanischen Gombe am Ostufer des Tanganjika-Sees und hatte der Weltöffentlichkeit ihre sensationellen Beobachtungen unter frei lebenden Menschenaffen mitgeteilt. Mit Richard Leakey, einem revolutionären Kopf, war sie auf der Suche nach dem Ursprung des Menschen. Nicht allein die immer zahlreicheren Fossilien des Vor- und Frühmenschen sollten das Rätsel unserer Herkunft und unseres Verhaltens ein wenig lösen. Forschungsziel war auch die Beobachtung lebender Nachfahren der prähistorischen Geschöpfe, die unsere gemeinsamen Vorfahren sind.

Jane Goodall glaubte zunächst, die sanften Schimpansen seien letztlich die besseren Primaten. Behutsam ergriff David Greybeard, ein erwachsener Schimpansenmann, einmal ihre Hand, die sie ihm mit einer Nuss entgegenstreckte. Aber er wollte nicht die Nuss, er ließ sie fallen und ergriff die Menschenhand. „Wir hatten in einer Sprache miteinander kommuniziert", berichtet die nüchterne Frau später, „die viel älter ist als Worte, einer Sprache, die uns mit unseren prähistorischen Ahnen verband, eine Sprache, die unsere zwei Welten überbrückte."

Aber dann nach zehn Jahren harmonischer Primatenforschung geriet ihre Sicht vom „edlen" Affen in eine tiefe Krise. Jane Goodall erfuhr und erlebte brutale Angriffe auf andere Schimpansen, die Tötung eines 18 Monate alten Schimpansenkindes, der kannibalistische Überfall einer hochrangigen Schimpansenfrau auf ein Neugeborenes ihrer eigenen Gemeinschaft, die Leiden eines älteren Schimpansenmannes, der aufs Schrecklichste von vier anderen zu Tode gequält wurde, einen vierjährigen blutigen Krieg gegen eine abgespaltene andere Horde.

Es muss eine spezifische Erbschaft in uns stecken, die uns in Konfliktfällen dazu verleitet, anderem Leben bedenkenlos Leid anzutun. Dies entschuldigt nichts, aber erklärt manches. Im langen Prozess der Menschwerdung, über viele Irrwege der menschlichen Evolution vom Australopithecus afarensis über den ersten Menschen, den homo rudolfensis, bis zum Neandertaler und schließlich zum Homo sapiens sapiens, also uns selbst, muss sich das Wissen um die Gewaltfähigkeit des Menschen stetig vergrößert haben. Strategien der Religion stemmten sich gegen das Leid, das Menschen anderen Menschen antun: etwa die Zehn Gebote, der buddhistische Weg zur Achtsamkeit gegenüber allem Sein oder die Tradition des Sich-Erbarmens in den drei monotheistischen Religionen, am deutlichsten die Bergpredigt mit ihrem leidenschaftlich-visionären Aufruf zur Sanftmut und Liebe. Der Schritt zu Gewalt und Leid, das erkannte die menschliche Gemeinschaft frühzeitig, ist kurz. Dazu bedurfte es häufig nur eines kleinen Anlasses und einer schlichten, das Gewissen beruhigenden Sprachregelung, um erbarmungslos andere Menschen niederzumachen, zu treten, zu quälen, zu töten.

Aber unser biologisches Erbe umfasst auch die hochkarätige Fähigkeit zur Pflege, zur selbstlosen Zuwendung, zur Sorge um den anderen, zu Liebe und Kooperation. Auch das lehrt uns der Blick auf die Evolution des Menschen. Bedrängend hat der Kampf um Leidverminderung und die Sehnsucht nach Leidvermeidung die Entwicklung der Religion, die Geschichte von Kultur und Wissenschaft in Atem gehalten. Der letzte große Feldzug gegen das Leid, gegen Elend und Hunger, Katastrophen und Entbehrung ist bekanntlich unser wissenschaftlich-technisches Zeitalter. Selbst wenn die Dimension des Prometheischen im gentechnologischen Fortschritt viele unter uns zutiefst irritiert, so bleibt die Spur der Leidverminderung neben der Dynamik menschlicher Herrschaftsentfaltung deutlich erkennbar.

Die Antworten der Religionen auf die Frage nach den Ursachen des Leidens sind vielfältig. Eindeutig ist die Haltung des Buddhismus: „Alles ist Leiden", verkündet der Gautama vor 2500 Jahren angesichts der unausweichlichen Realität des von ihm erlebten Leidens. In der jüdisch-christlichen Linie wird das Leiden zunächst mit menschlicher Schuld in Verbindung gebracht. Erst mit Ijob wird zaghaft durchlebt, dass es ein unschuldiges Leiden geben müsse. „Wäre ich nicht geboren worden", klagt der von Leid und Not Geplagte vor Gott. Aber Ijob bleibt in seiner Verzweiflung in der Liebe und der Gewissheit seines Gottes. Es ist das klassische abendländische Thema, ob sich die Liebe zu Gott im Leid durchhalten lässt. Es ist die ungelöste Problematik der Theodizee.

Aus unserer modernen Sicht klingen die Antworten der Religion zum Leiden der Menschen dissonant. Einerseits sind alle großen religiösen Zeugnisse ein Protestaufruf, das Leid in einer neuen revolutionären Zuwendung zur Liebe zu überwinden. Andererseits wurde in einer Art Leidensmystik das konkrete gesellschaftlich verursachte Leid allzu oft in frommer duldender Ergebenheit in den Willen Gottes hineingenommen. Gelegentlich treffen wir bei der Imitation des leidenden Christus in der Kirchengeschichte sogar auf eine pathologische Leidenssehnsucht.

Im Kontext eines naturwissenschaftlich-technischen Weltbildes weist die Realität des Leidens noch einmal über die vertraute abendländisch-religiöse Sprache hinaus. Für Zeitgenossen, die von der Plausibilität des alles durchdringenden evolutiven Paradigmas fasziniert sind, stellt sich die Frage des individuellen Leidens angesichts eines gnadenlosen Kampfes ums Überleben neu. Auch wer sich nicht davon überzeugen lässt, dass der Mensch nur ein Zufallsprodukt der Evolution sei, kann sich dem neuen naturwissenschaftlichen Denken und Fühlen nicht entziehen. Selbst wer den Restbestand einer religiösen Weltdeutung im Wissen um eine sinnvolle „creatio continua", einer Schöpfung im Werden, für sich selbst bewahrt hat, wird sich wie zu Ijobs Zeiten dem Ausmaß des menschlichen wie des nicht-menschlichen Leidens in der Geschichte des Lebens sprachlos stellen müssen. Nichts vom Leid der einzelnen Kreatur bleibt und blieb erhalten, es sei denn, die kurze kulturelle Evolution schafft sich vergängliche Instrumente der Leiderinnerung. Mythen, Legenden, Symbole, Denkmäler, Gräber sind Ausdruck dafür, dass Leid nicht nur versteckt, verdrängt und vergessen wird. Aber sonst geht die Evolution des Lebens über Leiden erbarmungslos und uninteressiert hinweg, als gäbe es nur das Spiel der immer neuen Komplexitäten, der genetischen Variationen, der Selektion und der besten Anpassung an jeweils veränderte Umwelten.

Vielleicht ist am Ende eines langen Weges das Leid die harte Münze für jenes unerklärliche Wunder, dass aus bewusstloser Materie und kosmischem Staub Leben, Geist, Bewusstsein entsteht? Leid als ein Warnsystem, als ein Ausgleich für das erlebte Hier und Jetzt, für Glück und Erfüllung? Ein menschlicher Umgang mit dem Leiden oder gar dessen zaghafte Überwindung wäre somit nicht nur die Einsicht, dass alles Leben Leid ist, wie es der Buddha sah. Auch nicht allein die Botschaft, dass Einer alles Leid der Welt auf sich genommen habe. Und sicher nicht die Klage über die Härte des Schicksals, die Willkür der Götter oder die Anklage gegen eine ungerechte Weltordnung, wie sie in der griechischen Tragödie formuliert wurde.

Die Durchbrechung des Leides – gemeint ist noch immer das Leid, das schicksalhaft über uns kommt – wäre dann die zaghafte Vergewisserung, dass Leben trotz allem besser ist als der Tod. Dass es auch in Zukunft etwas unerhört Einmaliges bleibt, als ein Ich unter vielen Dus, unter anderen Menschen, mit der Kreatur, den Pflanzen und Tieren eine Strecke weit sinnvoll und verantwortlich zu leben. Es wäre die Vergewisserung, dass ich als endliches Geschöpf in etwas unendlich Kreatives hineingeboren bin.

Wenn wir alles dem Menschen Mögliche zur Verminderung des Leidens getan haben, könnte so nicht aus der Klage Dankbarkeit werden? Dankbarkeit für die unendliche Gabe des Lebens? Es gibt genügend Zeugnisse, dass diese Leidbewältigung auch in unserer Zeit nicht versagen muss.

Kurt Beck

Leistung

Was sich wieder lohnen muss

Eine Schicht habe ich einmal bei der Müllabfuhr geleistet, vor einigen Jahren. Mit den Kollegen fuhr ich durch die Straßen einer Stadt in der Pfalz, im Overall, Mülltonnen leeren. Freundlich habe ich Leute gegrüßt, die auf den Bürgersteigen gingen; kaum jemand hat meinen Gruß erwidert, niemand hat mich erkannt.

Wenn ich sonst in der Stadt unterwegs bin, ist das anders: Höflich bis herzlich werde ich begrüßt, angesprochen, aufgemuntert, um Autogramme gebeten. Ich trage dann auch keinen Overall in Orange, sondern den grau-blau-dezenten Dienstanzug eines Ministerpräsidenten.

Die Schicht mit den Männern der Müllabfuhr war anstrengend, aber ich habe etwas geleistet für unsere Umwelt und war danach müde und verschwitzt. Vor der Leistung der Müllarbeiter, die täglich diese schwere Arbeit auf sich nehmen, habe ich den größten Respekt. Aber ich wette, dass auf die demoskopische Frage nach dem Begriff „Leistung" nicht zuerst die Müllabfuhr genannt würde.

Die „Leistungsgesellschaft" schätzt nicht alle Leistungen gleich ein. Und wer den flotten Spruch sagt: „Leistung muss sich wieder lohnen", denkt an Steuerprivilegien für Vielverdienende. Oder? An die Müllmänner?

Die physikalischen Formeln für „Leistung" sind bestimmt und eindeutig; die politischen Formeln zum gleichen Wortinhalt scheinen einseitig. Beim Nachdenken über diesen Inhalt ist das Nachschlagen im Grimmschen Wörterbuch immer noch eine Hilfe. Leistung hat verschiedene Bedeutungen, die Erfüllung einer Obliegenheit, die Übernahme einer Verpflichtung, die Bewährung einer Fähigkeit, die jemand besitzt. Also sollten wir „Leistung" nicht nur egoistisch definieren. Eine Leistung erbringt man für sich, aber auch für die Allgemeinheit.

Die Gesellschaft erkennt Leistungen aber sehr unterschiedlich an – und ungerecht. Für mich ist eine Leistung gleich einzuschätzen, ob sie im Blaumann oder im weißen Kittel vollbracht wird. Es gibt nur eine Unterscheidung: gute oder schlechte Leistung.

Was man „Leistungsprinzip“ nennt, ist oft schlechtgeredet worden. Ich bin für das Leistungsprinzip. Es soll auch schon in der Schule vermittelt werden. Dazu gehört aber nicht nur Wissen, und damit sind nicht nur bestimmte Fertigkeiten gemeint. Für mich gehören auch soziale Grundwerte und Grundtugenden dazu wie Pünktlichkeit, Höflichkeit und Fleiß, aber auch Teamfähigkeit, Selbstbewusstsein und Toleranz.

Wer Leistung fördern will, muss Leistungsanreize geben. Eine Regierung kann das bei ihren Mitarbeiterinnen und Mitarbeitern, im öffentlichen Dienst. Ich habe die Erfahrung gemacht, dass das gar nicht immer gewollt wird. Der Bildungsminister wollte Leistungsanreize, auch finanzielle, für Lehrerinnen und Lehrer schaffen; die Resonanz war sehr kritisch bis ablehnend – bei den Betroffenen. Dennoch werden wir die Leistungsanreize verstärken müssen.

Mein Eindruck ist: Die Leistungsbereitschaft bei uns ist groß. Das gilt besonders auch für das Ehrenamt. Die „Bürgergesellschaft“ ist auf das ehrenamtliche Engagement angewiesen. Das Ausmaß an bürgerschaftlichem Engagement ist beeindruckend. So wie für die Belebung des Arbeitsmarkts die Formel „Arbeit muss sich lohnen“ diesen Anreizcharakter umschreibt, so muss auch für den Ehrenamtsbereich das Ziel gelten: „Bürgerschaftliches Engagement muss sich lohnen.“

Gibt es Leistungen in der Politik, auf die ein Politiker stolz sein darf? Der Frage weiche ich aus – mit einer Antwort des berühmten Regisseurs Billy Wilder, der nach einer Filmszene sagte: „Das war perfekt, Freunde. Und nun machen wir es besser.“

Allan Guggenbühl

Lernen

Das Beispiel der Skateboarder

Der große Saal ist halb voll. Ein Vortrag über Qualitätssicherung für die Psychotherapie ist angesagt. Vor den drei Eingangstüren herrscht dichtes Gedränge. Die Teilnehmer, ausschließlich psychotherapeutisch tätige Ärzte und Psychologen, lassen sich ein Loch in eine spezielle Karte einpressen. Nach Abschluss des Vortrages wird die Karte nochmals gestanzt: Schlusskontrolle, denn schließlich geht es hier um ein Angebot, das der obligatorischen Fortbildung angerechnet wird. „Die Hälfte der Zuhörerschaft wird während des Vortrags dösen oder sogar schlafen!" raunt mir ein Organisator zu. „Sie sitzen ihre Fortbildung ab, genießen jedoch das Klima auf dieser Nordseeinsel." Vor dem Vortragssaal erblicke ich eine Gruppe Jugendlicher. Auf einer Treppe vor dem Eingangsportal üben sie mit ihren Skateboards unermüdlich. Etliche Stürze konnte ich verfolgen.

Wenn wir den Anschluss an neue Entwicklungen nicht verpassen wollen, müssen wir uns *weiterbilden*. Wir können uns nicht mit dem ursprünglich erworbenen Wissen und Können zufrieden geben, sondern „Education permanente" ist gefordert. In dieser sich „rasant entwickelnden Zeit" sehen wir uns gern als Lerngesellschaft: Nur so sind wir befähigt, die beruflichen Herausforderungen anzunehmen. Wieso schlafen denn diese Ärzte und Psychologen?

Lernen geschieht nicht im luftleeren Raum, sondern meistens in einem sozialen Kontext. Was als wertvolle Wissensvermehrung oder brauchbare neue Kompetenz betrachtet wird, definiert die Gemeinschaft, der wir angehören. Gut ist, wenn Kompetenzerweiterungen mit den Zielen und Vorstellungen des eigenen Standes, der eigenen Institution oder des eigenen Teams vereinbar sind. Das Morsealphabet oder Stenographie zu lernen wäre sicher interessant, jedoch in den meisten Berufen ziemlich unnütz. Wollen wir etwas lernen, dann orientieren wir uns nach den Vorstellungen unserer Bezugsgruppe. Wir passen uns diesen Kollektiven an, weil wir uns mit ihnen emotional und ideologisch verbunden fühlen oder unsere berufliche Zukunft von ihnen abhängig ist. Außerdem wird das Gelernte dort registriert und erhält damit einen gesellschaftlichen Wert. Als Psychologe kann man sagen, dass man sich nun erfolgreich zum Familientherapeuten oder als Lehrperson zum Spezialisten für den Einsatz von Computern ausgebildet hat, ein Kurs über die Ikonenmalerei in Byzanz erhielte wahrscheinlich nicht dieselbe Akzeptanz.

Standesorganisationen haben jedoch eine ambivalente Beziehung dem Lernen gegenüber. Nicht immer richten sie sich nach den Bedürfnissen und Anliegen ihrer Mitglieder. Nicht das Interesse an neuen Themen, sondern Standesinteressen stehen im Vordergrund. Die Macht und Kompetenzen des Standes gilt es gegenüber anderen, dem Staat, Versicherungen, Ausbildungsinstitutionen, anderen Ständen oder den Universitäten, zu markieren. Der Stand muss dafür besorgt sein, dass möglichst viel Wissen und Kompetenzen *ihm* zugeordnet werden. Ärzte sehen sich auch als Lebensberater, Sozialarbeiter als Therapeuten oder Schneiderinnen als Designer. Das akkumulierte Wissen dient der *gesellschaftlichen Legitimation*. Neue Kompetenzen sind ein Argument, den Einflussbereich zu erweitern oder Eindringlinge abzublocken. „Wir brauchen keine Gewaltspezialisten, wir haben alle einen Kurs über Gewalt absolviert!" kann ein Lehrerteam nach einem halbtägigen Kurs deklamieren und jeden Rat zu diesem Thema ablehnen. Ob man sich für das Thema interessiert oder ein Talent für die entsprechenden Herausforderungen hat, ist nebensächlich. Das eigene Wissen und Können dient der Abgrenzung und der Erhaltung von Privilegien. Durch Diplome, Titel und Fachverbände wird signalisiert, wer die entsprechenden Kompetenzen besitzt. Nur der akademische Psychotherapeut darf sich seelischer Probleme annehmen oder nur staatlich diplomierte Pädagogen können Kinder unterrichten. Nur wer am berufsspezifischen Wissensfundus partizipiert und die entsprechenden Zertifikate besitzt, ist berechtigt für die entsprechende Position, wird der Umgebung signalisiert.

Es geht hier nicht um Lernen, sondern um Politik. Lernen wird in dieser Sichtweise nicht als spielerisches, neugieriges Erkunden eines neuen Gebietes oder einer neuen Tätigkeit, sondern als gesellschaftliches Machtmittel verstanden. Es geht nicht mehr um die Freude am Lernen oder die Aneignung neuer Kompetenzen, sondern um den Einflussbereich des eigenen Standes. Natürlich gibt man vor, dass die Praxis wichtig ist und man sich neues Wissen aneignen will, doch das gehört zur Standesrhetorik. Die Themenauswahl folgt taktischen Überlegungen.

Wenn aber Erwachsenen auf dieser Grundlage obligatorische Weiterbildung vorgeschrieben wird, dann droht sich das eigentliche Lernen zu verflüchtigen. Es reduziert sich zu einem leeren Ritual. Man ist zwar physisch präsent, doch das Herz ist woanders. Das nimmt dem Lernakt die natürliche Neugier: Lernen ist kein Wagnis mehr, sondern droht zu einer lästigen Verpflichtung zu werden. Wirklich neue Lerninhalte oder ketzerische Ideen haben keinen Platz, denn sie machen politisch keinen Sinn. Wenn die Ärzte und Psychologen also die Fortbildung hindurch schlafen, dann ist diese Reaktion nachvollziehbar. Sie wissen, dass es nicht um Lernen geht, sondern darum, Unterschriften und Weiterbildungspunkte zu sammeln. Statt sich neue Kompetenzen anzueignen, in neue Territorien zu wagen, schottet man sich ab, lässt nichts Neues an sich herankommen, wohl wissend, dass es genügt, zu tun als ob. Lernen wird zur Anpassungsleistung. Es entsteht nicht wirklich Neues, sondern wir unterziehen uns einem Standesritual.

Das Lernen, dieser oft schmerzhafte, anarchische, jedoch auch lustvolle und herausfordernde Prozess des sich Annäherns an einen neuen Wissensinhalt oder eine neue Fähigkeit, geschieht auch bei Erwachsenen am besten aus *Eigenmotivation*. Wenn wir für den Stand lernen, dann verlieren wir dieses intrinsische Interesse.

Vielleicht sollten die jungen Skateboarder uns ein Vorbild sein: Sie wagen etwas, lernen neue Techniken: Und dies alles freiwillig – und lustvoll.

Dieter Stolte

Lesen

Schlüsseldisziplin für Mediennutzer

„Lesen“ – im ursprünglichen Wortsinn – heißt „sammeln“. Wie man bei einer Weinlese Trauben sammelt, so sammelt man beim Bücherlesen Buchstaben, Wörter, den Sinn von Wörtern, Sätzen, Texten, Büchern und damit von Buchinhalten, also von geistigen Gehalten. Diese innere geistige Dimension ist dem Medium Buch originär eigen wie dem Medium Fernsehen eine vergleichsweise äußere, weil visuelle Dimension. Allerdings hinkt der Vergleich zwischen Innen und Außen: Auch das Sehen von Bildern ist kein allein sinnlicher, passiver Akt. Sofern es kein bloßes „Glotzen“ ist, ist Sehen ein zwar sinnlich vermittelter, aber doch auch geistiger Akt. Auch Bilder wollen „gelesen“, verstanden, verarbeitet werden. Und überdies bleiben auch Fernsehbilder in den seltensten Fällen ohne ein begleitendes Wort. Wir sehen Menschen reden, wir hören Bilder durch Kommentare sprechen, wir lesen auf seine Weise auch das Fernsehen.

Gleichwohl ist es ein anderes Lesen. Der Unterschied wird uns bewusst, wenn wir zurückgehen in die Zeit Gutenbergs mit der Erfindung des Buchdrucks: Das gedruckte Wort war ursprünglich eine Sache der Geistlichen und eben der Geistigen, war von hoher reflektorischer und existentieller Intensität in jenen religiösen Regionen, von denen man sich bewusst „kein Bildnis“ machen soll. Dass – gegenüber dem geschriebenen Wort – das gesprochene und in einem visuellen Medium gesendete Wort deutlich säkularere Züge aufweist, ist daher keine kulturpessimistische Wertung; es liegt vielmehr in der Natur und Struktur der unterschiedlichen Medien.

Auch wenn längst vom „Ende der Gutenberg-Galaxis“ die Rede ist, so ist damit nicht das Ende des Buches überhaupt und schon gar nicht das des Lesens gemeint, sondern nur das Ende des Buches als Leitmedium: Der Bildschirm wird das Buch nicht verdrängen, es findet lediglich eine Art „Führungswechsel“ statt. Aus dieser Ablösung des Buches als kulturelles Schlüsselmedium der Welterfahrung durch die elektronischen Bildschirm-Medien als – wörtlich zu verstehende – „Fenster zur Welt“ ergeben sich allerdings Konsequenzen für das Leseverhalten: Lesen wird im Zeitalter der Neuen Medien – jedenfalls im Umgang mit Computertexten – selektiver, oberflächlicher, auch illusionsloser. Die vorherrschend funktionale Programmiersprache enthält Texte, die nicht mehr linear verfasst, nicht mehr kohärent gedacht und nicht mehr kontinuierlich gelesen werden. Sprünge verdrängen Zusammenhänge, Häppchenlektüre ersetzt tagelanges Leseabenteuer, und das Zappen am Bildschirm findet im Diagonallesen von Online-Texten seine Fortsetzung.

Allerdings bleibt das Lesen – in welcher Form auch immer – trotz des „Führungswechsels“ die Schlüsseldisziplin der Mediennutzer. Es ist – so Klaus Ring als Geschäftsführer der *Stiftung Lesen* – der „Führerschein für die Datenautobahnen“. Diese Grundfunktion unterstreicht auch die letzte Studie der *Stiftung Lesen* durch zwei Erkenntnisse: Zum einen werden die Buchleser zwar weniger, doch die Wenigen lesen mehr, und zum anderen liest derjenige, der mehr elektronische Medien nutzt, deswegen nicht weniger, sondern ebenfalls eher mehr. Dies ist weder ein Trost noch eine Tragödie; es ist ein positiver Ansatz dafür, was uns in der Informationsgesellschaft an Möglichkeiten offen steht: Informationen werden nicht ausschließlich dem jeweils neuesten Medium entnommen, sondern werden dort gesammelt, wo sie jeweils am spezifischsten und effektivsten zu finden sind: sowohl im traditionellen Buch als auch auf CD-ROM oder schließlich online im Internet.

All dies bedeutet: Multimedia ist nicht nur der Inbegriff neuer Medien, sondern auch unser Nutzungsverhalten ist multimedial. In diesem weiteren Sinne bedeutet Multimedia nicht nur die Summe neuer, sondern die Summe sämtlicher Medien, umfasst also das Buch ebenso wie den Computer, den Hörfunk ebenso wie das Fernsehen. Es gibt kein Sehen ohne Hören und kein Surfen ohne Lesen, und Hören wie Lesen verweisen dabei immer wieder zurück auf das Wort.

Im Anfang war das Wort: der Logos, der Geist, der Sinn. Und der Geist ist es, der im griechischen Ursinn das, was sich dem Auge zerstreut zeigt, zusammennimmt, der es sammelnd wahrnimmt und der zu erkennen sucht, was die Welt im Innersten zusammenhält. So wie wir von einer „Denke“ oder „Schreibe“ sprechen, können wir daher auch von einer „Lese“ im Sinne einer Sammlung sprechen. Als solche ist das Lesen weit mehr als nur eine so genannte „Kulturdisziplin“ unter anderen. Und sie ist daher auch nicht unter dem oberflächlichen strategischen Aspekt der Verdrängung durch andere Disziplinen und andere Medien zu beurteilen, sondern unter dem existentiellen Aspekt ihres eventuellen Verlustes: Mit dem Lesen ginge uns nicht nur das verloren, was der Kommunikationswissenschaftler Norbert Bolz als „literarischen Humanismus“ bezeichnet; mit dem Lesen würden wir einen wesentlichen Teil des Humanen selbst verlieren: Wer liest – und wer schreibt –, sammelt nicht nur Buchstaben, sondern sammelt sich letztlich selbst, indem er sich, sein Leben, Gott und die Welt reflektiert. Als „gesammelter“ Mensch lebt er aus einem gefestigten Kern heraus, der ihn die Anfechtungen seiner Existenz überhaupt erst oder zumindest besser bestehen lässt.

Dies muss keineswegs hochphilosophisch oder -theologisch verstanden werden: Bertolt Brecht zeigt in seinem berühmten Gedicht „Fragen eines lesenden Arbeiters“, was es bedeutet, wenn jemand, von dem man es nicht erwartet, also ein Arbeiter, zum Leser wird. Nicht die Herren der Welt haben Geschichte gemacht, sondern ihre Arbeiter, Sklaven und Soldaten. Lesend und fragend vergewissert sich der sogenannte „kleine Mann“ – und somit der Mensch überhaupt – seiner konkreten Bedeutung und Stellung in der Welt. Lesen ist daher nicht primär eine Frage der Bildung und schon gar nicht eine Sache der Zerstreuung; es ist vor allem eine Frage innerer Sammlung und existentieller Orientierung im Leben und im Sein.

Dorothee Sölle

Liebe

Das Glück des „Siehe da!"

Zum Begriff „Liebe“ fällt mir als erstes ein mittelalterliches Lied ein, das heute, durch die Taizé-Bewegung bekannt geworden, viel gesungen wird. Es geht auf einen Bibelvers zurück. „Ubi caritas et amor, ibi Deus est.“ Wo Liebe ist, da ist Gott. Nicht Gottesverehrung in Demut und Ergebenheit, nicht Anbetung eines höheren unbegreiflichen Wesens ist das Herz der Religion, sondern Liebe im Doppelsinn dieses Wortes, das uns als Geliebte und als Liebende benennt. An die Liebe zu glauben, heißt sich selber zu erfahren als bejahte, gewollte, angenommene Wesen und zugleich als solche, die selber Liebe werden. Liebesfähig zu werden, ist das Ziel des Lebens. Was die Tradition mit dem – für uns oft missverständlichen – Ausdruck „die ewige Seligkeit“ benennt, bedeutet nichts anderes, als dass Liebe und Gerechtigkeit ihre Kraft zeigen: in allen, für alle.

„Wer nicht liebt, hat von Gott nichts verstanden, denn Gott ist Liebe“ (1 Johannes 4, 8). In diesem kleinen Satz „Gott ist Liebe“ gibt das Neue Testament seine einzige „Definition“ des nicht definierbaren Gottes an. Und gerade hier sind die beiden Qualitäten der Liebe, zu geben und zu nehmen, neu zu werden und neu zu machen, Leben zu schenken und lebendig zu werden, zusammen gegenwärtig. Sie sind untrennbar. Das patriarchale Verständnis von Sexualität, das genitale Sexualität abspaltet von dem großen Geflecht der Beziehungen unserer Körper und Seelen zu anderen Menschen und zur Welt, hat hier nichts zu suchen.

Agape ist die Fähigkeit der Selbsthingabe des Ego. „Im Anfang war die Beziehung“, so drückt der jüdische Religionsphilosoph Martin Buber dieses Grunddatum menschlicher Existenz aus. Wir sind nicht einfach der wirtschaftsfähige Mensch, für den es genügt, seinem erleuchteten Selbstinteresse zu folgen, wir brauchen etwas mehr zum Leben als „self interest“. „Am Anfang“ war nicht der Homo oeconomicus, dieses geschäfts- und genussfähige Einzelwesen, zu dem wir gemacht werden sollen, sondern die Selbsttranszendenz der Liebe.

Geliebt zu werden ruft unsere Fähigkeit zu lieben hervor. Aber ist, um das zu verstehen, eigentlich Religion notwendig? Genügt nicht die rationale Analyse? Leistet nicht die Psychologie das, was da zur Aufarbeitung der Eltern-Kind-Beziehung notwendig ist? Inwiefern ist da mehr notwendig? Ist die religio, die Rückbindung, zumal in ihren institutionalisierten Formen nicht eher ein verkrustetes Gewebe um diesen glühenden Kern herum, das eher ablenkt als aufbaut? Ich denke, dass unsere Beziehungsfähigkeit eine Sprache braucht, die mehr ist als die Sprache der Argumente. Das Geheimnis des Lebens, dem Menschen in den verschiedensten Religionen Namen wie der Ewige, der Dreieinige, Allah, die Energie, die Gütekraft, das Unaussprechliche gegeben haben, will geteilt werden. „Gott ist das Allermitteilsamste", sagt Meister Eckhart, ein Satz, der mich oft in Verzweiflung stürzt, weil es häufig absolut unmöglich scheint, auch nur das Mindeste von diesem Geheimnis weiterzugeben. Die Religion erwächst aus der Notwendigkeit, eine Sprache zu finden, die aufs Ganze geht, die mehr einklagt und herbeiruft als das, was ablesbar ist und machbar ist.

Es liegt im Interesse der Liebe, auf die Notwendigkeit einer Sprache hinzuweisen, die uns mit anderen und mit einer Tradition verbindet, die über die reine Subjektivität hinausgeht. Wir sind alle „unheilbar religiös", wie Nikolai Berdjajew gesagt hat. Sich von dieser Krankheit zu verabschieden, ist zugleich eine Aufgabe der Erotik Gottes, ohne die Leben nicht lebt. Meine Zweifel an den Menschen, die sich von dieser Krankheit „geheilt" glauben, die mit Religion „nichts am Hut" haben, sind mit der Totalisierung unserer Ökonomie immer mehr gewachsen.

Können wir denn ohne „die Liebe Gottes, die höher ist als alle Vernunft", leben? Ist nicht der Verzicht auf Religion ein Verzicht auf Eros? Von einem Menschen zu sagen, er oder sie sei „unerotisch", scheint mir eine Art Todesurteil. Die Zerstörung unserer anderen Wünsche und Träume vom Leben aller auf diesem Planeten schreitet mit der Erübrigung von Religion voran. Ist nicht das, was viele für eine Art aufgeklärterer Intelligenz halten, eher nach dem Muster „Behandlung (der Krankheit Religion) erfolgreich, Patient leider tot" zu beschreiben?

Manchmal frage ich mich, warum es gerade in den christlichen Konfessionen so wenig Sprache der Gottesliebe gibt, sondern meist nur ein abgeblasstes Reden vom uns liebenden, uns beschützenden, von uns kleinen Winzlingen bloß nichts erwartenden Herren-Gott. Eine der Ursachen für die Schwäche institutionalisierter Religion in unserer Welt scheint mir in einem religiösen Wunsch, möglichst lange, möglichst immer Kind bleiben zu wollen, begründet. Diese krampfhaft festgehaltene Kindlichkeit ist kindisch – und hat nichts mit den offenen staunenden Augen der Kinder, die Jesus im Sinn hatte, zu tun. Erwachsenwerden, gegen und mit den religiösen Institutionen zugleich, heißt vor allem, die Liebe in ihrer ganzen Gegenseitigkeit ernst zu nehmen. „Ich weiß, dass ohne mich/Gott nicht ein Nu könnt leben“ (Angelus Silesius) ist mystischer Ausdruck dieser Gegenseitigkeit, gegen alle hierarchisch im Schema von oben und unten denkende Orthodoxie.

Du sollst Gott lieben „von ganzem Herzen, von ganzer Seele, von allem Vermögen“: Wann tun wir denn etwas ganz, ohne Vorbehalte, ohne Wenn und Aber, ohne Lohnerwartung oder Strafbefürchtung, ohne Zwänge und ohne dieses tödliche „und dann?“, das den Augenblick zerstört? Wann leben wir denn etwas, das reines Jetzt wird und in dem wir ganz das sind, was wir tun? „I am what I do“ ist eine klassische mystische Formulierung für dieses Ganzsein. In der Liebe fallen Sein und Handeln zusammen. Wann erreichen wir diese Sammlung, diese unabgelenkte Aufmerksamkeit, die zur Liebe gehört?

Der buddhistische Mönch Thich Nhat Hanh drückt das gleiche Grunddasein mit der Formel aus: „Das Geschirr spülen, um das Geschirr zu spülen.“ Es ist ein Akt unabgelenkter Hingabe – und sie setzt die Fähigkeit des oder der Einzelnen, sich an das Ganze zu binden, voraus. Das Ego ist nicht der letzte Horizont des Selbst. Wir können aus uns selbst herausgehen, die Wolke werden, die wir vorüberziehen sehen, das Lied werden, das wir singen. Wir sind nicht nur das begrenzte und berechenbare Produkt, zu dem wir uns oft machen. Im Anfang war die Beziehung, die uns konstituiert. Wir existieren, wie Emmanuel Levinas das ausgedrückt hat, „im Akkusativ“, angesprochen, angehaucht, angesehen und gebraucht. Ganzsein bedeutet dieses Glück des „Siehe da!“

Angela Merkel

Macht

Freiheit entfalten

In der Politik geht es um die Gestaltung der Zukunft. Gestaltung braucht Entscheidungen, sie braucht Führung. Das ist die grundlegende Aufgabe der Politik. Um ihr gerecht zu werden, ist Macht notwendig. Jedes Unternehmen, in dem nicht deutlich ist, wer „den Hut aufhat", wird aufgrund unklarer innerer Strukturen auch am Markt nicht effizient handeln können. Ähnliches gilt in der Politik. Macht gehört dazu. Und doch ist Macht nicht gleich Macht. Vor dem Hintergrund meiner Erfahrung mit zwei grundverschiedenen politischen Systemen – dem Sozialismus in der DDR und der bundesrepublikanischen Demokratie – gibt es für mich zwei Faktoren, in die Macht eingespannt sein muss. Beide haben mit ihrem Verhältnis zur Freiheit zu tun. Der eine ist die Phantasie, der andere die Erfahrung.

Die Orientierung auf die Zukunft hin hat die Politik mit der Börse gemeinsam. Und nachdem nun mittlerweile Politiker aller Couleur ihren Pragmatismus so betonen (er ist notwendige, aber nicht hinreichende Bedingung für eine gute Politik), waren es die Börsianer, die einem Begriff zu einer Renaissance verholfen haben, der schon auf dem besten Wege war, in die Welt der Kinder und Künstler abgedrängt zu werden: der Phantasie.

Die Börse versteht Phantasie als die begründete Hoffnung auf steigende Kurse. Für die Börse wie für die Politik gilt: Phantasie mit Blick auf das, was die Zukunft bringt, ist ein kostbares Lebenselixier. Aber es braucht bestimmte Bedingungen, um sprudeln zu können. Phantasie entsteht nicht per Dekret – weder an der Börse noch in der Politik. Der amerikanische Notenbankpräsident Alan Greenspan gilt vielen als der mächtigste Mann der Welt. Seine Macht besteht, bei Licht betrachtet, jedoch vor allem darin, ein positives Klima zu schaffen, also die richtigen Rahmenbedingungen zu setzen. Positive Wirtschaftsdaten und eine aufwärts weisende Konjunktur kann auch er nicht anordnen. Für das Verständnis von Macht ist das aufschlussreich: Weder steigende Kurse noch ein florierendes Gemeinwesen lassen sich auf Befehl von oben erzielen. Sie verdanken sich letztlich der Motivation und der Initiative des Einzelnen.

Fast möchte ich sagen: ohne Phantasie keine Phantasie! Mit anderen Worten: ohne die Freiheit zu Innovation und neuen Wegen keine Aussicht auf wirtschaftliches, soziales und persönliches Wohlergehen. Das haben auch die Gründer der Sozialen Marktwirtschaft von Anfang an begriffen. In der Sozialen Marktwirtschaft übt Politik Macht aus, indem sie Rahmenbedingungen schafft. Rahmenbedingungen, die es möglich machen, dass der Einzelne seine Freiheit entfaltet – im Einklang mit dem Gemeinwesen, nicht auf seine Kosten. Wie viel Gemeinnutz sich dank entfalteter Freiheit entwickelt, lässt sich am neu erblühten bürgerschaftlichen Engagement in den neuen Ländern hervorragend ablesen.

Erst Freiheit schafft die Möglichkeit, Dinge, auch wenn sie Vielen so bewährt erscheinen, in Frage zu stellen; sie schafft Raum für die, die nach besseren Lösungen streben und damit Innovation schaffen. In der Wirtschaft wie in der Politik gilt: Wo Freiheit sich entfaltet, schafft sie Phantasie, also die beflügelnde Aussicht auf eine positive Entwicklung.

Denkverbote hingegen sind Gift für Innovation. Das musste die Staatsführung der DDR erleben – ihr Staat brach zusammen. Den Wunsch der Bürger nach politischer Freiheit ließ sich mit dem System des Überwachungsstaates lange Zeit niederhalten. Aber als das Zeitalter der Wissensökonomie anbrach und die wirtschaftliche Bedeutung der klassischen Industrieproduktion zu sinken begann, war die DDR endgültig am Ende. Denn es entstand ein Widerspruch, der sich nicht mehr auflösen ließ: Einerseits sollten die Menschen am Arbeitsplatz durch eigenständiges, freies Denken Höchstleistungen erbringen, andererseits sollten sie beim Verlassen des Arbeitsortes diktatorische Mechanismen unterstützen. Diesen Widerspruch konnte das geschlossene System Kommunismus nicht überleben.

Es scheiterte – politisch und wirtschaftlich. Und das nicht zuletzt aus einem Missverständnis von Macht heraus. Macht, die auf Bevormundung und Reglementierung der Menschen basiert und auf dem Anspruch einer kleinen Schicht zu wissen, was gut für alle sei, untergräbt sich selbst. Denn die Menschen sind nicht gleich, und sie wollen auch nicht so behandelt werden. Welche Vorkehrungen zur

Machtsicherung ein solches System auch immer treffen mag: Kein politisches System überlebt, das den Einzelnen in seiner Individualität und in seinem Willen zur Freiheit mit System übergeht. Das Gebot der Gleichheit lässt der Phantasie keine Luft – nicht der Innovationskraft und nicht der positiven Zukunftserwartung. Das politische und wirtschaftliche Desaster, das am Ende von vierzig Jahren Kommunismus in der aufbrechenden DDR des Jahres 1989 offenbar wurde, ist dafür der Beweis; die Kraft, mit der sich der Freiheitswille der Menschen Bahn brach, ebenso.

Ich bin überzeugt, die Politik braucht Phantasie – ein motivierendes Leitbild und die Bereitschaft, neue Wege zu gehen. Aber sie ist gut beraten, der Phantasie die Erfahrung gleichberechtigt zur Seite zu stellen, vor allem die Erfahrung der Natur des Menschen mit seinen Bedürfnissen, Wünschen und Bestrebungen. Das schützt sie davor, in die Utopie abzugleiten und nach einem „neuen Menschen“ zu streben. Zu viele Utopien sind schon in Unfreiheit und Despotie geendet.

Wenn wir Politik betreiben (und dabei auch Macht ausüben) im Rahmen eines christlichen Verständnisses vom Menschen, sind wir zumindest vor diesem einen Fehler gefeit: nämlich uns selbst und unsere Politik zu überschätzen. Die Politik wird das Paradies auf Erden nicht schaffen. Denn sie wird von Menschen gemacht – und Menschen sind fehlbar. Diese Erfahrung müssen wir beherzigen, um die Freiheit zu schützen. Dann können wir ein unglaubliches Potenzial, eine unglaubliche „Phantasie“ entwickeln. Denn in der Ära der Freiheit, in der wir seit dem Mauerfall in Europa leben, hat Politik vor allem die Aufgabe, jedem Menschen dabei zu helfen, seine Talente und Fähigkeiten zu entwickeln. Damit jeder Einzelne seine Freiheit in Verantwortung wahrnehmen kann. Daran wollen wir – sozusagen „mit aller Macht“ – arbeiten. Demokratisch legitimierte und verantwortungsbewusst gehandhabte Macht – als die Fähigkeit, Entscheidungen herbeizuführen und zu realisieren – ist eine ebenso notwendige wie positive Sache. Denn sie erlaubt, Zukunft bewusst und nachhaltig zu gestalten. Das ist in einer so schnelllebigen und komplexen Welt wie der unsrigen schwieriger, aber auch notwendiger denn je.

Wolfgang Huber

Maß

Wo beginnen unsere Grenzen?

„Das Maß ist das Beste", sagt ein Sprichwort aus dem frühen Griechentum. „Für einen Fortschritt mit menschlichem Maß" wirbt Bundespräsident Johannes Rau in seiner Berliner Rede vom 18. Mai 2001, mit der er nach den Grenzen der wissenschaftlichen Bemächtigung menschlichen Lebens fragt.

Die Fähigkeit, Maß zu halten, betrachtet schon Platon als eine Kardinaltugend, durch die der Kosmos im Ganzen, das politische Gemeinwesen und die Seele des Einzelnen zueinander ins Verhältnis gesetzt werden; auch für Aristoteles ist die Fähigkeit, Maß zu halten, für alle Tugenden exemplarisch – geht es doch in ihnen stets darum, die Mitte zwischen einem Zuviel und einem Zuwenig zu wahren. Die Fähigkeit, Maß zu halten, spielt aber auch für den christlichen Glauben eine große Rolle. Zu ihr fordert insbesondere der Apostel Paulus eindringlich auf, wobei er dafür zwei Orientierungen angibt: das Maß des Glaubens und der Liebe (Römer 12, 3 und 9f.).

Kaum ein Thema verbindet also die antike und die christliche Ethik stärker als das Thema des Maßes. Zugleich aber kann man auch den Unterschied zwischen beiden deutlich sehen. Die Fähigkeit, Maß zu halten, gilt griechischem Denken als notwendiges Mittel dazu, Vollkommenheit und Glück zu erlangen; sie ist, um einen neuerdings häufig verwendeten Begriff aufzugreifen, Ausdruck und Mittel der Selbstachtung. Dem christlichen Glauben aber ist die Fähigkeit, Maß zu halten, um der Beziehung zu Gott und zum Nächsten willen wichtig. Deshalb sind Glaube und Liebe die entscheidenden Bezugspunkte. Die Fähigkeit, Maß zu halten, ist Ausdruck und Mittel der Achtung des andern. Die Tradition der christlichen Ethik hat versucht, beide Perspektiven miteinander zu verbinden. Deshalb hat sie die Kardinaltugenden – Klugheit, Gerechtigkeit, Tapferkeit und Maß – mit den theologischen Tugenden – Glaube, Hoffnung und Liebe – verbunden.

Der Rhythmus der Zeit und die Endlichkeit des Lebens sind zwei herausgehobene Beispiele für die Fähigkeit, Maß zu halten, wie für ihre Gefährdung. Die Auseinandersetzung darüber wird gerade gegenwärtig lebhaft und mit Leidenschaft geführt.

Sieben Tage umfasst Gottes Schöpfungswerk. So schildert es die Bibel auf ihren ersten Seiten. Nicht eine rechnerische Auskunft ist damit gemeint; sondern es geht um den Hinweis auf einen Rhythmus besonderer Art, den Rhythmus von Arbeit und Ruhe. Dieses Maß der Zeit hat im Einflussbereich der jüdischen und christlichen Kultur den Lebensrhythmus über Jahrtausende geprägt. „Denn in sechs Tagen hat der Herr Himmel und Erde gemacht und das Meer und alles, was darinnen ist, und ruhte am siebenten Tage. Darum segnete der Herr den Sabbattag und heiligte ihn."

Was wäre, wenn wir aus diesem Traditionszusammenhang heraussträten? Wir hätten dann vielleicht eine Zehntagewoche, wie die Französische Revolution sie mit Gewalt einzuführen suchte. Wir hätten vielleicht auch jenes ununterscheidbare Gleichmaß der Tage, das manche unter dem Gesichtspunkt der Profitmaximierung heute am liebsten einführen würden. Sie würden dem gemeinsamen Ruhetag gern ein Ende machen, damit jeder Tag zu Produktion, Verkauf und Konsum genutzt werden kann. Die Arbeitsruhe soll individualisiert werden; der eine hat am Montag, der andere am Mittwoch, der letzte am Sonntag seinen freien Tag. Insbesondere der Streit um die Öffnung von Geschäften und Kaufhäusern offenbart gegenwärtig den Konflikt zwischen Kommerz und Sozialkultur. Die Ladenöffnung am Sonntag nur aus der Sicht der Konsumenten zu betrachten ist freilich oberflächlich. Zuallererst sollte man sie vielmehr aus der Sicht derer betrachten, die am Sonntag arbeiten müssen. Die Gefährdung der gemeinsamen Lebenskultur ist für diejenigen schon jetzt sehr belastend, die regelmäßig am Sonntag arbeiten müssen, um den Dienst in Krankenhäusern, Verkehrsbetrieben oder Gaststätten abzusichern.

Wer flexiblere Ladenöffnungszeiten nicht nur erreichen, sondern auch verantworten will, sollte dem arbeitsfreien Sonntag, einen besonders hohen Stellenwert einräumen; ja er sollte ihn hüten wie den eigenen Augapfel. Das Leben ist mehr als Arbeiten und Konsumieren; es braucht das rechte Maß an Zeit zu Besinnung und Ruhe, zu Gespräch, Spiel und Fest.

Die Fähigkeit, Maß zu halten, ist auch im Umgang mit der Endlichkeit des menschlichen Lebens herausgefordert. Mit der Entschlüsselung des menschlichen Genoms verbindet sich die Aussicht, die genetische Disposition des Menschen vollständig unter Kontrolle zu bekommen. Mit der Aussicht auf gentherapeutische Verfahren, insbesondere das therapeutische Klonen, verbindet sich die Vision, Krankheiten aus eigener Kraft vollständig zu überwinden. Organtransplantation oder Xenotransplantation erscheinen vor einem solchen Hintergrund schon jetzt als veraltete Technologien der „Lebenswissenschaft".

Gewiss gehen manche dieser Erwartungen über die Wirklichkeit weit hinaus. Alle Unsterblichkeitsphantasien werden nichts daran ändern, dass die menschliche Lebensspanne endlich ist. Mediziner sprechen davon, dass diese Lebensspanne – also die im äußersten Fall denkbare Lebenszeit des Menschen – etwa 120 Jahre beträgt. Auch wenn die Fortschritte der Medizin dazu führen, dass wir mit unserer individuellen Lebenszeit diese Lebensspanne in höherem Maße ausschöpfen als bisher, so hat dies doch mit Unsterblichkeit nichts zu tun. Man kann die skeptische Frage stellen, bis zu welcher Grenze ein solches Ausschöpfen überhaupt sinnvoll und wünschenswert ist; man sieht schon jetzt, wie diesem Hinausschieben der Grenze die Forderung nach einer Beendigung menschlichen Lebens durch aktives Eingreifen des Arztes – die sogenannte aktive Sterbehilfe oder Euthanasie – zur Seite tritt. Aber unabhängig von dieser Frage und von anderen kritischen Einwänden, die man im Blick auf Entwicklungen in den Biowissenschaften stellen muss, bleibt es dabei: Unsterblichkeit werden sie nicht bewirken; die Todesgrenze überspringt der Mensch auf diese Weise nicht. Auch dann nicht, wenn das biblische Altersmaß überschritten wird, von dem es im 90. Psalm heißt: „Unser Leben währet siebzig Jahre, und wenn's hoch kommt, so sind's achtzig Jahre."

Die Möglichkeiten menschlichen Handelns ändern sich. Je mehr sie wachsen, desto dringlicher ist die Tugend gefragt, die antikes und christliches Ethos miteinander verbindet: die Tugend des Maßes.

Anca-Monica Pandelea

Musik

Zwischen Kommerz und Demokratie

„Ich bin da, um der Musik zu dienen,
nicht um mich ihrer zu bedienen."
Sergiu Celibidache

Als eine Kunst der höheren Offenbarungen, dazu auserwählt, „geschickte und angenehme Klänge lieblich herauszubringen, damit durch ihren Wohllaut Gottes Ehre und alle Tugenden befördert werden", so sah der barocke Theoretiker Johann Mattheson die Musik. Wahrnehmung und die soziale Wirklichkeit haben sich gewandelt: Musik ist von der abstrakten, geheimnisvollen Macht zum alltäglichen Konsumgut geworden.

Musik ist heute zumindest *auch* ein Wirtschaftsfaktor. Sie wird verkauft, vermarktet, verramscht; endverbrauchergerecht verpackt und mit der hohen Schule des Marketings an den Mann gebracht – wie Coca-Cola oder Rasierwasser. Aus dem Heer von andächtig Lauschenden ist heute eine konsumierende Masse geworden. Geleitet und verführt von Managern, Marketingstrategen, Imageberatern und Medienvertretern. Musik wird dauernd gebraucht und verbraucht. Wir hören Unterhaltungsmusik, Opernmusik, barocke oder neue Musik. Beim Autofahren, beim Einkaufen, beim Einschlafen. Hören wir Musik? Oder ist sie nur akustische Kulisse geworden? Durch ihre mediale Omnipräsenz hat sie an Bedeutung verloren, sie ist zum Hintergrundgeräusch degeneriert. Die allmähliche Erschöpfung unserer inneren Aufmerksamkeit lässt ihre wirkliche Wahrnehmung nicht mehr zu. Weil Stille heute oft für Leere oder Langeweile gehalten wird und wir Angst vor der Stille haben, muss die Musik die Klangtapete liefern.

„Die Zeiten werden schwieriger für den Komponisten; es wird jetzt zu viel Musik gemacht. Das Publikum ist von Jugend auf zu sehr an sie gewöhnt, die Reizbarkeit dafür geht immer mehr verloren." An Aktualität hat dieser Ausspruch nicht verloren, dabei ist er schon über 150 Jahre alt – er stammt von Carl Maria von Weber.

Welche Rolle spielt Musik in der Gesellschaft von heute? In früheren Jahrhunderten war es eine Selbstverständlichkeit, dass auf den Konzertprogrammen fast ausschließlich zeitgenössische Musik auftauchte. Heute ist es in der Regel umgekehrt: Neue Musik erscheint den Meisten verschlossen – Access for Members only! Konzertveranstalter wie Plattenfirmen setzten daher auf die Klassik – klassisch dargeboten. Unser Markt bedient sich einer Musik, die die Kunst von gestern und vorgestern ist. Die x-ten Interpretationen der Evergreens – wie Mozarts „Jupiter-Symphonie" oder der unverwüstlichen „Mondscheinsonate" Beethovens – halten den Musikbetrieb mehr in Atem als die Uraufführung eines zeitgenössischen Werkes.

Unterstützt wurde diese Entwicklung durch die Medien und die Tonträgerindustrie. Die elektronische Konservierung musikalischer Interpretationen, die Reproduktion der Vergangenheit wurde wichtiger als die Neuproduktion – Mainstream-Repertoire mit immer denselben verkaufsträchtigen Stars. Ist das die vielbeschworene Richtung „Demokratisierung" von Kultur?

Vor dem Finale der Fußballweltmeisterschaft 1990 in Italien gaben die Drei Tenöre ein Konzert. Millionen saßen vor den Bildschirmen, einige hörten wohl zum ersten Mal in ihrem Leben klassische Opernarien – und waren hingerissen. Die Oper war beim breiten Publikum angekommen. Der Livemitschnitt dieses Konzertes verkaufte sich über 10 Millionen Mal und brach sämtliche Rekorde. Die Branche hatte verstanden. Sie musste ihre Strategie ändern und das hinzugekommene neue Publikum anders bedienen: kleine Appetitanreger, leichte Kost, auf keinen Fall ganze Opern, bloß nicht das Publikum überfordern. Aus geistiger Nahrung ist Fast Food geworden, beiläufig konsumierbar. Ein Radiosender kürzt seit Jahren gnadenlos jedes Meisterwerk auf verträgliche Länge zurecht, zerkleinert unbarmherzig die Musik Schuberts und Schumanns in leicht verdauliche Häppchen. Und das alles erscheint dann als sogenanntes „Konzept-Produkt" in gefragten Reihen wie „Dinner-Klassik" oder „Rendezvous der Sinne".

Es dauerte nicht lange und auch die Werbung erkannte den potenziellen Klassikfan. Trendige Werbestrategen setzten geschickt das Pathos der „Carmina Burana" von Orff als zusätzlichen Verkaufsanreiz für ihre Süßigkeiten ein. Vor dem Missbrauch klassischer Musik zu Gunsten einer oberflächlichen Werbeprospektästhetik warnten zwar die Kulturpessimisten, in deren Ohren jedes Verkaufen gleich wie Ausverkauf klang. Haben sich ihre Kassandrarufe bestätigt? Tatsache ist nicht nur, dass sich die Musik in ihrer Emotionalität „verkaufsfördernd" auf Kunden auswirkt, sondern der „Ehrmann"-Konsument bekommt jetzt im Plattengeschäft das Tschaikowsky-Klavierkonzert in die Hand gedrückt, wenn er sich nach dem Werbesong erkundigt. Und damit die Möglichkeit, über die paar Takte der Werbung hinaus in die ganze, grandiose Welt dieses Meisterwerkes einzutauchen.

Was ist also verkehrt an der Popularisierung der Klassik? Jeder mag diese Musik hören und genießen, wie er will. Ob im Smoking oder im Trainingsanzug, ob in der Philharmonie oder in der Küche – wichtig ist doch nur, dass diese Musik uns allen nicht verloren geht. Natürlich besteht dadurch die Gefahr, dass die beliebtesten Werke 100fach, komplexere aber nur sehr selten und zeitgenössische fast gar nicht rezipiert werden, dass sich ein Mainstream-Standard kanonisiert, der vor allem der Unterhaltung dient. In einer Zeit, die von der Unterhaltung geprägt wird, muss die klassische Musik auch ihre Existenzberechtigung neu definieren.

Musik will immer bewegen, die menschlichen Emotionen ansprechen und – unterhalten. Niemand tut der Klassik einen Gefallen, wenn er sie auf ein Podest erhebt und für unerreichbar und damit unnahbar erklärt. Das befrackte Styling im philharmonischen Ritual oder die edle Versunkenheit gehören zur Vergangenheit. Aber weder der Werbespot, noch der im Leder-Outfit spielende Geiger oder der kupierte Andantesatz werden jemals die Klassik ernsthaft beschädigen können. Die Schönheit dieser Musik, ihre Größe, ihre Einzigartigkeit, ihre auratische Qualität, das sind Kostbarkeiten, die unberührt von solchen Markterscheinungen bleiben.

Musik will gehört werden. Auch wenn junge Menschen sich heute einen anderen Zugang zur klassischen Musik suchen, ohne großartiges Hintergrundwissen, sie wollen sich von der Musik ganz unmittelbar ansprechen lassen. Klassische Musik ist niemandes Eigentum, jeder darf sich ihr nähern; wie er will und wie er kann. Um in der Musik wieder etwas Ursprüngliches zu finden: das sinnliche Erleben ihrer geistig-seelischen Kraft.

Hilde Domin

Mut

Zivilcourage – ein Fremdwort?

Wir reden hier nicht von Tapferkeit im herkömmlichen, also im militärischen Sinne. Oder dem Mut bei einer Rauferei. Wir reden hier von der Zivilcourage, die ein Mut inmitten von Feinden oder Andersdenkenden sein kann, oder auch die „Tapferkeit vor dem Freund", wie Ingeborg Bachmann das nannte. Auf jeden Fall der Mut zu sich selbst, zu dem eigenen Urteil. Und dass man dem eigenen Gewissen nicht die Stimme stranguliert. Der Mut, die Dinge beim Namen zu nennen und nichts umzulügen, einer Opportunität halber. „Das genaue Wort zu finden für den stimmlosen Ton des Herzens heißt sich selbst nicht belügen", definierte es Konfuzius.

Ich kann als Dichter nicht umhin, auf die Bedeutung dieser Haltung hinzuweisen: für den Autor, der ein Rufer ist, und für seine Leser. Für jeden Menschen, der Mensch sein will. Also den alltäglichen Mut, den wir immerzu brauchen.

„Zivilcourage zum Beispiel
diesen Mut den kein Tier hat
Mit-Schmerz zum Beispiel
Solidarität statt Herde
Fremd-Worte
heimisch zu machen im Tun."

Ich zitiere einen Dichterkollegen:

„Wer geduckt steht, will auch andere biegen …
Alles, was gefürchtet wird, wird wahr.
Bleib erschütterbar,
Bleib erschütterbar und widersteh",

schreibt Peter Rühmkorf.

Rühmkorf lehnt hier den „Radfahrer"typ ab, den, der nach oben katzbuckelt und nach unten tritt: den Gegentyp zum Menschen mit Zivilcourage, die ja gerade ein Mut angesichts des Mächtigeren ist, ein Mut nach oben und nicht der billige Mut nach unten. Wenn er sagt „widersteh", so meint er hier: widersteh der Versuchung, dich zu konformieren. Aber leg dir keine dicke Haut zu. Bleib verwundbar, konformier dich nicht.

Damit ist schon fast alles zu unserem Thema gesagt. Ich nehme noch zwei konkrete Fälle, vergleichbar, aber doch durch die Umstände sehr unterschiedlich. Der eine spielt im Jahre 1935 in Florenz. Der zweite 1970 in Heidelberg. (Es sind Modellfälle, die Personen sind gleichgültig.) In beiden Fällen wurde der Gruß eines Menschen nicht erwidert, in beiden Fällen wurde der Mensch zur Unperson gemacht, „verniemandet".

1935 begegneten wir, zwei Hitlerflüchtlinge, in Florenz einem älteren Studienfreund meines Mannes, mit seiner Frau. Steinernen Gesichts gingen die aus dem NS-Staat kommenden Besucher an ihren Freunden vorbei, als hätten sie sie nie gekannt. 1954 begrüßten sie die aus dem Exil Heimkehrenden mit der größten Herzlichkeit und hießen sie als alte Freunde willkommen. Die peinliche Begegnung in Florenz wurde von den Rückkehrern zur Sprache gebracht, wie hätte man sonst anders als verstellt miteinander umgehen können. „Ja, es war die Angst um meine Stelle." Als das ausgesprochen wurde, konnte man ein neues Kapitel miteinander beginnen.

1970 wurden Professoren, selbst beliebte Professoren, als Teil der „Institution" zu „Kontrastfiguren". Ungegrüßt betraten sie ihr Institut. Das war ein Schema, dem man sich anpasste, ohne Gestapo auf den Fersen. Man wollte nicht die „falschen" Sympathien zeigen. Kein kleiner Schock für einen Heimkehrer aus dem Exil, einen Mann, der ein Training in Tapferkeit hinter sich hatte, das sich sehen lassen konnte. – Die Verhaltensmechanik dieser Phase bekamen noch die Jüngsten zu spüren, kaum kreuzten sie, bei ihrem ersten Lehrauftrag, die Linie vom Angreifer zum Angegriffenen. Ich erinnere mich an einen jungen Freund, der fast weinend zu mir kam. „Was ist passiert?" sagte er. „Ich bin doch derselbe."

Gelegentlich eine Art Ballett mit Rollenwechsel, mindestens so betrübend wie die Ausgangssituation. Die möglichen Einschüchterer, die Autoritäten, als Eingeschüchterte. Das musste nicht sein, aber es kann zum Beispiel so sein: Ein Schriftsteller hält eine Schullesung. Vor ihm fummeln Schüler an einem Tonband, kommen nicht klar damit. „Setzen Sie sich bitte", sagt der Autor. Die Schüler folgen der Bitte sofort. Später, im Lehrerzimmer, gratuliert der Direktor dem Gast zu seinem „Mut". „Wieso Mut?" fragt der Autor erstaunt. Der Direktor also hätte es nicht gewagt, die Schüler zu bitten, sich zu setzen. Dies Bekenntnis leitet weitere Bekenntnisse ein. „Ich wage es nicht einmal, einen Schüler zu bitten, eine Coca-Cola-Büchse aufzuheben, wenn er sie vor mir auf den Gang wirft. Ich tue es lieber selbst", erklärt der nächste. „Sonst könnte noch ein ‚Vorgang' darüber aufgenommen werden, wer die Büchse hingeworfen hat", fügt er hinzu. Gewiss ist es leichter, einmal auf so ein Pult zu steigen, noch dazu Gegenstand gewisser Neugier, als es täglich zu tun, wozu Standfestigkeit gehört.

Am besten fängt man bei der kleinen Zivilcourage an und nimmt sich vor, es zu riskieren, einmal nicht „in" zu sein bei seiner Gruppe. Wenn man das von sich verlangt und das übt, dann wird es in den wichtigen Augenblicken des Lebens möglich sein, den Nächsten nicht zu verraten. Und sich selbst nicht zu verraten. Denn Verrat und Selbstverrat sind identisch. Mitläufertum ist immer auch Verzicht auf Selbstachtung. Nur das Training in Wahrhaftigkeit – Lyrik ist eines der Trainings in Wahrhaftigkeit – wird den Menschen befähigen, trotz aller Gleichschaltung durch Medien und Computer, Zivilcourage zu leisten. Und also Solidarität, wo sie vonnöten ist.

Ob die junge Generation, auf die Probe gestellt, darin tüchtiger sein würde als die in den bösen zwölf Jahren Gescheiterten, das kann heute keiner beantworten. So harten Prüfungen war sie bisher nicht ausgesetzt. Möge der Testfall nicht eintreten.

Den Mut der Mutigen muss man kennen und ehren. Steht in irgendeinem Schulbuch etwas über diese Gezählten? Über diese wenigen, die so wenige retten konnten: ihnen beim Untertauchen helfen. Sie mit Nahrungsmitteln versehen. Sie vorübergehend verbergen. Ihnen ihren Beistand geben noch in der Nacht vor dem Abtransport. Die täglich das Leben riskierten, um die Demütigungen, die Verachtung aufzuwiegen durch Liebe und Gegenwart, und die den Glauben an den Menschen aufrecht hielten, auch wo sie das Schlimmste nicht verhindern konnten. Anonym sind sie geblieben, diese Helfer. Aber aufregend ist es, dass es sie gegeben hat, in dem Klima von Hass,

Denunziationsbereitschaft, Mitläufertum, Einschüchterung: die, die sich zuwandten, wo alle sich abwandten.

Wir brauchen historische Vorbilder. Aber wichtiger als die Vergangenheit ist unser aller Verhalten heute und hier. Das ist wichtiger als das Versagen der Großvätergeneration.

Die Toten stehen nicht auf. Beweist den Lebenden unser aller Glauben an die Menschlichkeit. Tut was dafür. Jeder. Es kommt auf jeden an. Nur wer überzeugt ist, dass es auf jeden ankommt, nur der riskiert sich: den Prämien und den Strafen zum Trotz. Nicht „in" sein müssen: Das ist Zivilcourage. „In" sein müssen, das ist Konformismus. Sich so verhalten, dass man möglichst morgen schon „in" ist, das ist Vorauskonformismus. Das schafft die Verhältnisse, vor denen einer aus Angst sich selbst und die anderen verrät.

„Was versprichst du denn denen, die die Prämien ablehnen sollen und die Strafen dafür auf sich nehmen? Denen du rätst, sich unpopulär zu machen?" fragte mich einer. Ich gab die Frage an einen Abiturienten weiter, der gerade anrief. „Zivilcourage gibt Kraft", antwortete er sofort. Ein 18-Jähriger!

Margot Käßmann

Muttersein

Neue Balancen

Mutterwerden war für mich eine überraschende Erfahrung. Ich war gerade 23, als mit der Heirat dieser Wunsch nach einem Kind unbändig wurde: Wenn wir beide ein Leben lang zusammenbleiben wollen, gehört doch auch ein Kind dazu. Aber könnte ich eine gute Mutter sein? Bin ich in der Lage, mit einem eigenen Kind richtig umzugehen? Da hatte ich eher Zweifel. Und dann kam die überwältigende Geburtserfahrung, dieses hilflose Wesen, ein Teil von mir und doch eigenständig. Ich habe das erste Mal den Eindruck gehabt, zu verstehen, was völlige Hingabe bedeutet: bereit sein, das eigene Leben zu geben für einen anderen Menschen. Mir ist wohl bewusst, dass dies kein Automatismus ist und Mutterliebe oft auch überhöht wird. Bei allen vier Töchtern aber hat sich bei mir das Staunen je neu eingestellt über dieses Wunder eines neugeborenen Menschen, gewachsen in meinem Körper. Die Erfahrung einer Zwillingsgeburt hat dieses Staunen noch gesteigert. Und die Erfahrung einer Fehlgeburt hat mich den Schmerz über den Verlust eines Kindes gelehrt.

Muttersein ist eine wunderbare Lebenserfahrung, die ich nicht missen möchte. Sie ist auch eine Herausforderung über Jahre und Jahrzehnte hinweg.

Jahrhundertelang wurden Frauen erst durch ihre Mutterschaft wertvolle Menschen. Gleichzeitig hat das Gebären vieler Kinder ihr Leben erheblich verkürzt. Die Pille hat diese Situation entscheidend verändert. Seit den 1960er Jahren können Frauen selbst über eine Schwangerschaft entscheiden. Leider gibt es zwar noch immer viele nicht erwünschte Schwangerschaften, was die hohe Zahl der Abtreibungen in Deutschland belegt. Die Fähigkeit zur Entscheidung für oder gegen Muttersein hat in den Gesellschaften, in denen sie Frauen möglich ist, zu einem dramatischen Abfall der Geburtenrate geführt. Gab es im Jahr 1900 noch 35,6 Geburten auf 1000 Einwohner in Deutschland, so sind es im Jahr 2000 9,2. Diese Entwicklung ist parallel in ganz Westeuropa zu verfolgen. Frauen sind berufstätig, nicht mehr abhängig von einem Ernährer. Sie sind gut ausgebildet und wollen ihre Berufstätigkeit auch wahrnehmen. Nur noch in 24,6 Prozent der Haushalte in Deutschland leben Kinder unter 18 Jahren. Ist Muttersein also out? Bedeuten die Überbelastung der Alleinerziehenden, die hohe Zahl der scheiternden Ehen das Ende von Mutterschaft?

Mutter-Sein ist gewiss in vieler Hinsicht heute ein Krisenphänomen. Jede Frau muss mit dem Konflikt zwischen Erziehungs- und Berufszeit fertig werden. Kindererziehungszeiten werden weder angemessen honoriert noch anerkannt. So sind Mütter beispielsweise bei der Rente benachteiligt. Und dennoch kennt auch das 21. Jahrhundert diesen starken Wunsch nach dem Kind. Gentechnologen basteln an den unglaublichsten technischen Varianten, ein Kind zu zeugen. Da werden im Reagenzglas fremde Samen und Eizellen vermengt und implantiert. Da wird über das Klonen von Kindern nachgedacht. Da werden Kinder im Internet zur Adoption preisgegeben. Hätte ich ein Kind! Sehnsucht nach Sinn durch Kinder ist weiterhin vorhanden.

Die Chance, den Zeitpunkt der Geburt zu wählen, übt ja nicht nur Druck aus und verschiebt den Zeitpunkt auf ein immer späteres Lebensalter, sondern gibt auch die Chance zum Wunschkind. Dabei besteht die Gefahr, dass das Wunschkind natürlich auch eine Projektionsfläche für die eigenen unerfüllten Wünsche sein kann. Das Kind soll all das leisten, was die Mutter vermeintlich verpasst hat im Leben.

Nicht nur von Projektionen in das Kind, auch von überhöhten Mutterbildern gilt es, sich zu verabschieden. Die perfekte Mutter ist wohl kaum diejenige, die sich vollkommen aufgibt und sozusagen mausgrau verschwindet hinter dem Glück ihrer Kinder. Eine glückliche Mutter ist eher eine Frau, die als Mutter auch eigenständige Person bleibt und den Überforderungen von Perfektionsansprüchen widersteht. (Und die Hoffnung besteht, dass Väter Vatersein ernst nehmen und entdecken als sinnvolle Rolle, auch wenn sie nicht bezahlt wird.) In all den Problemkonstellationen aber gibt es sie auch, die erfüllte und glückhafte Mutterschaft, die eine eigenständige Entwicklung der Frau ebenso ermöglicht wie der Kinder.

Es wird darauf ankommen, neue Balancen zu finden, die Frauen ermöglichen, Beruf und Kindererziehung zu verknüpfen, vor allen Dingen aber auch verschiedene Frauen- und Rollenbilder zu akzeptieren: Frauen, die sich bewusst gegen Kinder entscheiden, weil ihnen der Beruf wichtig ist. Es wird Frauen geben, die sich bewusst ganz und gar für die Familie entscheiden; Frauen, die den Balanceakt wagen; Frauen, die keine Kinder bekommen können. Es gilt, so verschiedene Lebensentwürfe bzw. Lebenszwänge gleichwertig zu sehen, ohne sie in eine Wertetabelle aufzunehmen.

Neue Lust am Muttersein? Mutterglück und Mutterliebe wird es weiterhin geben, weil Frauen diesen Prozess des Werdens eines eigenständigen Lebens im eigenen Körper weiterhin mit Staunen verfolgen werden, soviel uns auch Ultraschallbilder und Technik aufklären. Das Wunder von Schwangerschaft und Gebären wird jede Mutter neu ergreifen. Frauen brauchen aber Hilfestellung, Anerkennung für die Arbeit, die sie als Mütter leisten. Und Frauen in aller Welt sollten die Chance haben, zu wählen zwischen Muttersein und Nichtmuttersein. Konkret heißt das: Zugang zu Verhütungsmitteln, eine Entbindung unter würdigen Umständen. Individuelles Mutterglück und gesellschaftliche Akzeptanz – in dieser Konstellation wird auch in Zukunft Muttersein ein positiv besetztes Thema sein.

Annemarie Schimmel

Mystisch

Höher als alle Vernunft

„Oh, Sie beschäftigen sich mit Mystik – wie wunderbar, ach, all diese Liebe ...", schwärmt der eine, und der andere meint: „Aber das hat doch in einem Zeitalter der Vernunft und der Computerwelt nichts zu suchen!" Solche konträren Reaktionen kann man immer wieder erleben, ob man sich nun mit der Mystik allgemein oder mit der einer bestimmten Religion – in meinem Fall der Sufik – befasst. Ist nicht Mystik etwas, das uns verdämmern, ja verdummen lässt, uns unserer intellektuellen Fähigkeiten beraubt, in vage Träumereien versinken lässt oder, wie strenggläubige Muslime meinen, das dazu führt, die Pflichten des wahren Gläubigen zu vernachlässigen, sich dem Gesetz der Gemeinschaft zu entziehen?

Was ist Mystik denn eigentlich? Man hat sie als den großen Strom bezeichnet, der unter allen Religionen fließt. Religionswissenschaftler, vor allem Nathan Söderblom und Friedrich Heiler, haben den Unterschied zwischen mystischer und prophetischer Religiosität herausgearbeitet: Der Prophet wird von Gott berufen, kann dem Ruf nicht widerstehen und muss das, was er von Gott erfahren hat, der Welt verkünden. Der Mystiker aber sucht Gott in der Einsamkeit, bemüht sich, in Liebe sein „Herz zu polieren", damit es als reiner Spiegel das ewige Licht, die göttliche Schönheit reflektiert und er – vielleicht – sein höchstes Ziel, absolute Gottesnähe, erreicht. Ein indischer Sufi des 16. Jahrhunderts hat den Unterschied treffend formuliert: „Muhammad von Arabien erreichte Gott und kam zurück. Ich schwöre, hätte ich diesen Standort erreicht, wäre ich nicht zurückgekehrt."

Doch auch innerhalb der Mystik gibt es weitgehende Unterschiede, die manch einen zweifeln lassen, ob es überhaupt einen gemeinsamen Nenner zwischen etwa dem Zen-Buddhismus und der jüdischen Kabbala, zwischen der leidenschaftlichen Poesie Maulana Rumis und der „theosophischen" Mystik der Ibn-Arabi-Schule gibt.

Doch es gibt Persönlichkeits- und Unendlichkeitsmystik – der Sucher bemüht sich, seinem göttlichen Geliebten auf dornenreichem

Pfad immer näher zu kommen, und drückt seine Sehnsucht in der Symbolik menschlicher Liebe aus. Oder aber er erfährt das Göttliche als impersonal – als überhelles Licht, als absolute Weisheit oder als „positives Nichts", auf das nur negative Ausdrücke angewendet werden können. Doch oft singt ein Mystiker in einem Vers von verzehrendem Liebesschmerz, im nächsten von dem Wunsch, als Tropfen im Ozean zu vergehen – denn die letzte Erfahrung kann nur in Paradoxen ausgedrückt werden – der Mystiker ist „gleich dem Stummen, der keinen Mund hat, seinen Traum zu sagen" (Tayumanavar).

Man kann zwischen voluntaristischer und gnostischer Mystik unterscheiden – der Sucher folgt der ethischen Maxime „Qualifiziert euch mit den Qualitäten Gottes", d. h., ersetzt euere negativen Qualitäten durch gute. Das bedeutet eine Sublimierung der menschlichen Qualitäten. Nicht umsonst wird die störrische Triebseele gern mit einem Pferd verglichen, das durch jahrelanges hartes Training zum Renner wird, der den Sucher zu seinem Ziel tragen kann. Andere suchen das Göttliche durch intuitives Wissen zu finden, den Aufbau der göttlichen Hierarchie, die Form der geistigen Welt zu erkennen und die „Schleier der Unkenntnis" langsam zu heben.

In jedem Fall aber stützt sich die Mystik auf eine Weisheit des Herzens, die jenseits des intellektuellen Wissens liegt. Es ist eine Erfahrung, dass die Seele nur auf einem langen harten Weg ihr Ziel – mit Hilfe der Gnade – erreichen kann. Nicht umsonst haben fast alle Religionen das Bild des Pfades, der *ṭariqa* des *marga,* des „Pilgrim's Progress" verwendet und haben auch das Symbol der Alchemie geliebt: das Rohmaterial, wertlos und unrein, wird durch schmerzvolle Destillation gereinigt, im Feuer der Trübsal geläutert, bis das Kupfer zu Gold geworden ist. Denn alle Mystiker wissen, dass, wie Meister Eckhart sagt, „Leiden das schnellste Pferd ist, das den Menschen zur Vollendung führt". Ein indo-muslimischer Mystiker des 18. Jahrhunderts hat den Weg in einem wunderbaren Gleichnis beschrieben: Die Seele wandert im steten Gottgedenken durch die Buchstaben des Wortes Allah (das sind drei Vertikale und am Ende der runde *h*), bis sie am Ende in dem *h,* dem essentiellen Buchstaben des göttlichen Namens, ruht, umschlossen von dem ewigen Licht dieses Buchstabens, in völliger Seligkeit.

Wann immer wir mystische Werke lesen, erfahren wir von den Leiden der „dunklen Nacht der Seele" und entdecken doch, dass am Ende des Weges ein solches Strahlen steht, ein Zustand, der „höher ist denn alle Vernunft". Nach dem Durchschreiten der – traditionell sieben – Stufen oder Täler, nach dem scheinbaren Verlöschen im „strahlenden Schwarz" des Entwerdens findet der Sucher den smaragdenen Berg, wo er, unlösbar mit Gott verbunden, auch in der Welt wirken kann, die er nun in neuem Lichte sieht. Er hat, wie die Naqschbandi-Mystiker sagen, „die Hand am Werk, das Herz beim göttlichen Freunde". Und wenn das so ist, darf man wohl sagen, dass Mystik nicht eine Abschottung des Menschen von den Mitgeschöpfen ist, sondern, wie Rumi sagt, „zur Zeit des Kummers Freude im Herzen findet" – es ist die Haltung des Menschen, der ganz im Willen Gottes ruht und die göttliche Offenbarung überall zu finden fähig ist. Mystik ist eine überreiche Tradition, die uns aus der lebendigen Geschichte der Religionen noch heute unmittelbar anspricht. Und Mystik wird auch eine Zukunft haben, solange Menschen die Unruhe spüren nach der Wirklichkeit einer Liebe, die unendlich viel größer ist als ihr eigenes Herz.

Karl Kardinal Lehmann

Nachhaltigkeit

Eine große Idee und die vielen kleinen Schritte

Der Begriff „Nachhaltigkeit" hat in den letzten Jahren eine steile Karriere gemacht. Seit der Konferenz der Vereinten Nationen für Umwelt und Entwicklung in Rio de Janeiro (1992) gewann er immer stärker an internationaler Anerkennung und Verbindlichkeit. Als Prinzip und als Forderung ist er mittlerweile kaum noch aus gesellschaftlichen, politischen und auch kirchlichen Konzepten, die sich mit der Zukunft der Menschheit beschäftigen, wegzudenken. Wenn der Begriff jedoch nicht zu einem bloßen Schlagwort verkommen soll, ist es wichtig, sich genauer über seinen Sinn zu verständigen.

„Nachhaltigkeit“ ist eine Übersetzung von „sustainable development“, das man im Deutschen am besten mit „dauerhaft-umweltgerechte Entwicklung“ wiedergibt. Dieser Begriff bezieht sich zuerst zwar auf ökologische Erfordernisse, aber er stellt im Blick auf Entwicklung überhaupt ein umfassenderes Konzept als Orientierungshilfe dar. Er ist Leitbegriff und Schlüsselwort für die gemeinsame Bewältigung der Menschheitszukunft. Man kann unsere künftigen Probleme jeglicher Entwicklung, auch in den hochzivilisierten Gesellschaften, nur lösen, wenn man die wechselseitige Abhängigkeit ökonomischer, sozialer und ökologischer Entwicklung im Auge behält. Etwas ist nur wirklich ein echter „Fortschritt“, wenn diese drei Komponenten ausgeglichen und aufeinander abgestimmt sind.

Manchmal mag uns dieses Leitbild enttäuschen, weil es nur Eckdaten vorgibt, aber keine eindeutigen Handlungsanweisungen enthält. Aber dies genau ist auch eine seiner Stärken: Für viele Sachgebiete und verschiedene Auffassungen weltanschaulicher, religiöser und ethischer Art stellt das Leitbild „Nachhaltigkeit“ einen gemeinsamen Orientierungsrahmen dar. Dauerhaft-umweltgerechte Entwicklung ist ein offenes Programm, das die Vielzahl der notwendigen Bemühungen bündelt und insgesamt in eine bestimmte Zielrichtung lenkt. Dies ist wichtig in einer Welt, in der die Lösung wirtschaftlicher, sozialer und ökonomischer Probleme immer stärker von einem gemeinsamen globalen Handeln abhängt. Unsere Welt ist in vielerlei Hinsicht eng vernetzt; wirtschaftliche und ökologische Sorgen oder Katastrophen einzelner Länder haben unmittelbar und mittelbar Auswirkungen auf den Rest des Globus. Immer bewusster wird uns daher, dass auch Problemlösungen nur Sinn machen, wenn sie das ganze komplexe System Erde im Blick haben. Ein Leitbild „Nachhaltigkeit“ kann den Rahmen liefern für Initiativen unterschiedlicher Herkunft und Motivation. Bei aller Vielfalt von Meinungen und Motivationen, die ein globales Vorgehen mit sich bringt, kann „Nachhaltigkeit“ als gemeinsames Ziel dienen und viele verschiedene Aktionen unter einem Dach sammeln.

Das globale Konzept braucht Gruppen und Einzelne, die es vor Ort in die Tat umsetzen. Immer mehr kleine und kleinste Projekte gibt es, die die „Nachhaltigkeit“ im konkreten Alltagsleben verankern, immer mehr Menschen beteiligen sich daran. Das weltweite Handlungsprogramm AGENDA 21, das ebenfalls auf die UN-Konferenz in Rio de Janeiro zurückgeht, ist in den letzten Jahren in vielen Ländern und Kommunen in lokale Initiativen „übersetzt" worden. Auch in vielen deutschen Kirchengemeinden geschieht zur Zeit eine konkrete Umsetzung des Prinzips von „nachhaltiger Energie" durch die Förderinitiative der Bundesstiftung Umwelt „Kirchengemeinden für die Sonnenenergie", die Solarenergieanlagen an kirchlichen Gebäuden unterstützt.

Warum diese zahlreichen Anstrengungen und Initiativen, warum ein solch globales Leitbild? Aus christlicher Sicht bieten sich gleich mehrere Antwortmöglichkeiten an auf die Frage, warum „Nachhaltigkeit" ein sinnvolles Prinzip ist, für das es sich zu engagieren lohnt.

Die Schöpfung, so kann als Erstes betont werden, ist aus christlicher Perspektive ein höchst schützenswertes Gut. Unsere Erde, so sagen es die ersten Seiten der Bibel, ist uns nicht übergeben worden als Spielball menschlichen Genusses und menschlicher Willkür. Sie ist uns anvertraut als Gottes Geschenk, das es zu schützen und zu bewahren gilt; als Ebenbild und Sachwalter Gottes sind wir mit der Fürsorge für Gottes gute Schöpfung betraut. Das ökologische Ziel der Erhaltung und Bewahrung unserer Umwelt und Mitwelt ist darum eine zutiefst biblische und christliche Aufgabe. Papst Johannes Paul II. rief in diesem Sinn im Januar 2001 zu einer „humanen Ökologie" und zu einer „ökologischen Konversion" des Menschen auf. Im gemeinsamen ökumenischen Reden und Handeln – etwa im Konziliaren Prozess für „Frieden, Gerechtigkeit und Bewahrung der Schöpfung" oder im Dokument „Für eine Zukunft in Solidarität und Gerechtigkeit" (1997) – haben Schöpfungsverantwortung und „Nachhaltigkeit" mittlerweile ihren festen Platz.

Die Verantwortung für die Schöpfung dient auch aus christlicher Sicht als Korrektiv für das, was dem Menschen an technischem und wissenschaftlichem Fortschritt möglich ist: Nicht alles Machbare ist sinnvoll und erlaubt; der technische Fortschritt muss immer eingebettet sein in das Netzwerk der Natur.

Aber auch die Dimension der Zukunftsverantwortung findet ihre Verwurzelung und Bestätigung im biblisch-christlichen Denken. „Lasst uns essen und trinken, denn morgen sind wir tot", so reden nach dem Apostel Paulus diejenigen, die nicht an die Auferstehung Jesu Christi glauben. Christliche Hoffnung aber verbindet sich mit einer anderen Wahrnehmung von Zukunft: Sie ist zum einen die von Gott geschenkte Verheißung auf Leben und Heil; zum anderen besteht die Zukunft aber auch aus dem Wachsen des Reiches Gottes, an dem wir selbst mitbauen dürfen und sollen. Den Kopf in den Sand zu stecken angesichts von bedrohlichen Zukunftsprognosen und Schreckensszenarien: Dies kommt aus christlicher Sicht nicht in Frage. Gerade wer an Gottes Handeln für unsere Zukunft glaubt, setzt sich ein für eine menschenwürdige Zukunft auf diesem Planeten.

Ebenso kann die Solidarität mit den kommenden Generationen aus christlicher Überzeugung heraus begriffen werden. Als glaubende Gemeinschaft, aber auch als Schöpfungsgemeinschaft sind wir nicht nur mit denen verbunden, die zu unserer Zeit leben. Wir verdanken uns denen, die vor uns waren; wir behalten sie im Gedächtnis, wie auch Gott sie nicht vergisst. Wir sind aber auch Vorläufer weiterer Generationen: Es ist unsere Aufgabe, ihnen Gottes Schöpfung so zu übergeben, dass auch sie menschenwürdig darin leben können.

„Nachhaltigkeit" ist also ein Prinzip, das eng mit biblischen Vorstellungen und Prinzipien zusammengesehen werden kann. Und doch ist es deswegen natürlich für Christen nicht leichter umsetzbar und lebbar: Die Handlungsweisen, die sich aus dem Nachhaltigkeitskonzept ableiten, fordern oft genug die Bequemlichkeit und Nachlässigkeit jedes und jeder Einzelnen heraus. Wie gehe ich mit Energievorräten um? Wie viel Abfall produziere ich? Welche Verkehrsmittel benutze ich? Eine große Idee in viele kleine Schritte umzusetzen: dies ist das Schwierigste an einem Leitbegriff. An dieser Umsetzung in den Alltag vieler Menschen wird sich erweisen, ob die „Nachhaltigkeit" ein leeres Schlagwort oder ein nachhaltig wirksamer Begriff bleiben wird.

Wolfgang Thierse

Nation

Entzaubern und gestalten

„Nation" – was für ein schwieriges, vielschichtiges, strapaziertes Wort! Gerade in Deutschland, das die aggressivste, extremste, perverseste Form des Nationalismus hervorgebracht hat, hat dieses Wort immer auch einen bitteren, beschämenden Beigeschmack. Und doch hat ein deutscher Schriftsteller 1988 auch mit Blick auf Deutschland die Behauptung gewagt: „Die Nation ist im Menschenmaß das mächtigste geschichtliche Vorkommen." Es war Martin Walser, und er hat bald darauf auf unerwartete, glückliche Weise Recht bekommen: In Osteuropa hatte nationales Zusammengehörigkeitsgefühl die Kraft entwickelt, Freiheit und Selbstbestimmung zu erkämpfen. 1989 riefen auch die Ostdeutschen „Wir sind das Volk" und schließlich: „Wir sind ein Volk". Die Illusion von einer „sozialistischen Nation" zerplatzte, die Freiheit der Deutschen wurde im Nationalstaat verwirklicht und vollendet.

Die Nation ist auch in Europa nach wie vor ein geschichtsmächtiges Phänomen. Wissenschaftler, Politiker oder Literaten haben in den letzten zweihundert Jahren immer wieder versucht zu erklären, was eine Nation zur Nation macht. Doch bis heute enthalten alle Definitionen ein subjektives Moment, das der Franzose Ernest Renan 1882 als „plebiscite de tous les jours" bezeichnet hat und das sich verbindlichen rationalen Erklärungen entzieht: Letztlich gäbe es keine Nation ohne den Willen und ohne das Bekenntnis der Menschen, einer bestimmten Nation anzugehören. Dieser Wille und dieses Bekenntnis haben überall auf der Welt ungeheure Kraft entfaltet: eine befreiende, aber auch eine zerstörerische, menschenverachtende Kraft.

Die europäische Integration war die Antwort auf und die Absage an einen übersteigerten Nationalismus, der zwei Weltkriege ausgelöst hatte. Nicht von ungefähr hat sich Deutschland 1990 im Einigungsvertrag ausdrücklich darauf verpflichtet, dass die Wiederherstellung der staatlichen Einheit einen Beitrag zur europäischen Integration leisten solle. Inzwischen ist die „Selbstentmachtung" der Nationalstaaten viel weiter vorangeschritten, als wir noch vor wenigen Jahren zu hoffen gewagt hätten. Ist aber in dem Moment, in dem so viele europäische Staatsnationen endlich Freiheit und Selbstbestimmung erlangt haben, der Begriff der Nation überflüssig geworden? Ich glaube nicht.

Die letzten Jahre haben gezeigt: Je tiefer die europäische Integration geht, desto zäher wird das Ringen um Macht und Kompetenzen, desto größer werden auch die Ängste um den Bestand und die Identität der Nationalstaaten. Das vereinte Europa ist ein großartiges Friedenswerk, aber das europäische Band wird – zumindest in absehbarer Zeit – wohl kaum das Band der Nation ablösen und ersetzen können. Die ungebrochene Lebens- und Identifikationskraft der gewachsenen Nationalstaaten ist aber aus meiner Sicht kein Grund, sich um das Projekt Europa zu sorgen. Europa hat ein starkes Fundament an gemeinsamen Werten: Menschenwürde und Menschenrechte, Freiheit und Selbstbestimmung, Demokratie und Parlamentarismus gehören zu keinem „nationalen" Erbe, sie gehören zu einer westlichen, zu einer europäischen Kultur.

Viel gefährlicher für die Zukunft Europas erscheint es mir, die politische Relevanz des kulturellen Phänomens „Nation" zu ignorieren. Nicht nur in Deutschland, auch in vielen anderen europäischen Staaten breitet sich Unbehagen aus über eine vermeintlich unkenntliche, anonyme Brüsseler Bürokratie, mit der sich viele Menschen offenbar nicht recht identifizieren können. Eine Reaktion darauf ist der Rückzug in die Regionen, eine andere, gefährliche, ist der Versuch rechtsextremer Kräfte, das emotionale Vakuum mit nationalistischen Parolen zu füllen. Abwehr und Aggression gegen Ausländer, die unverändert hohe Zahl an rechtsextremistischen Gewalttaten sind der traurige Beleg für ein Miss-Verständnis von „Nation", das sich in der deutschen Geschichte wiederholt als zerstörerisch für unsere Nachbarn und für uns selbst erwiesen hat. Auch zu Beginn des neuen Jahrhunderts gibt es in vielen europäischen Ländern nationalistisch gesinnte Minderheiten. Zu Recht hat Jan Ross in der Wochenzeitung „Die Zeit" davor gewarnt, den Nationalismus zu unterschätzen. Gerade in einem unideologischen Zeitalter habe der „unideologische Charakter dieser Ideologie" besondere Anziehungskraft. Um so wichtiger ist es zu klären, was für uns in Europa „Nation“ heute bedeutet, damit es nicht den Nationalisten überlassen bleibt, diesen Begriff mit Inhalt zu füllen und die Diskussion in eine falsche, fatale Richtung zu lenken.

Die deutsche Nation lässt sich festmachen an unserer gemeinsamen Sprache, an unserer Geschichte und Kultur – an dem, was die Menschen in Deutschland bei aller Verschiedenheit gemeinsam haben. Doch die bloße Tatsache, als Deutscher geboren zu sein, ist noch kein Verdienst, die zufällige Angehörigkeit zu einer Nation noch kein politisches Programm. Entzaubern wir die hohlen nationalistischen Parolen, setzen wir ihnen ein Verständnis von „Nation“ entgegen, das ohne alte – oder auch neue – Ausgrenzungsmechanismen auskommt. Schließlich hat schon in der Vergangenheit die eigentliche und besondere Leistungsfähigkeit der deutschen Kultur in ihrer Integrationskraft bestanden.

In den großen und glücklichen Phasen der deutschen Kulturgeschichte hat unsere Kultur in immer neuen Anstrengungen und geglückten Symbiosen Einflüsse aus West und Ost, Süd und Nord aufgenommen und sie zu eigener Kultur geformt. Genau in dieser geglückten Symbiose hat unser größtes künstlerisches Genie, nämlich Goethe, zu Recht Weltgeltung erlangt. Auf diese Geschichte und Tradition der kulturellen Integration sollten wir heute aufbauen, sie gilt es fortzusetzen. In der Mitte des Kontinents liegend, können wir unser kulturelles Selbstverständnis und ein gelassenes Selbstbewusstsein darauf gründen.

Unser Verständnis von Nation wird im vereinten Europa ohnehin immer weniger von dem der Staatsnation und immer stärker von dem der Kulturnation geprägt werden. Eine Vielfalt gewachsener Kulturnationen auf dem gemeinsamen Fundament der westlichen, demokratischen Werte – das wäre ein europäischer Umgang mit nationalen Identitäten, der sich nicht auf Ängste des Identitätsverlusts fixieren lässt, sondern der auf Aufnahmebereitschaft und kulturelle Bereicherung setzt. Das wäre ein europäisches Verständnis von Nation, das nicht mit der Überheblichkeit des Nationalismus liebäugelt.

Eugen Drewermann

Natur

Wir brauchen eine neue Ethik

„Und Gott segnete Noah und seine Söhne und sprach: Seid fruchtbar und mehret euch und füllet die Erde. Furcht und Schrecken vor euch sei über allen Tieren auf Erden und über allen Vögeln unter dem Himmel, über allem, was auf dem Erdboden wimmelt, und über allen Fischen im Meer, in eure Hände seien sie gegeben." So spricht der Gott der Bibel am Ende der Sintflut in Genesis 9, 1.2 zu den Menschen; so erneuert er seinen Auftrag bei der Erschaffung des Menschen, als er gebot: „Macht euch die Erde untertan und herrschet über alles Getier" (Gen 1, 28). „Herrschen" – das heißt auf hebräisch „unter die Füße treten", so wie ein König seinen Fuß in den Nacken eines besiegten Feindes stemmt. Der Mensch als Gottes Ebenbild, das Tier als Objekt seines göttlich legitimierten Macht- und Herrschaftswillens ... Selbst Menschen, die so gut wie niemals zur Bibel greifen und sich nicht in jüdisch-christlichem Sinne als „religiös" empfinden, teilen die Überzeugung der Anthropozentrik des abendländischen Welt- und Menschenbildes: Sinnzentrum, Mittelpunkt und Zielpunkt aller Weltveranstaltung ist der Mensch. Alles dreht sich nur um ihn. Alles ist für ihn gemacht; darum, dass der Mensch das Recht besitzt, alles mit allem zu machen, was für ihn nützlich und notwendig oder auch nur wünschenswert erscheint. Hat er aber erst das Recht dazu, so hat er auch die Pflicht, so zu verfahren. Selbst der kostbarste Begriff der Ethik: das Wort Verantwortung, verkommt unter diesen Denkvoraussetzungen zu einem bloßen Instrument der Interessenvertretung der menschlichen Spezies gegen den Rest der Welt, zu menschlichem Artegoismus, zu einem permanenten Krieg des Menschen gegen die Natur, die er als wild, gefährlich und bedrohlich erlebt und in der er immerzu Feinde, Schädlinge und Ungeziefer zu jagen und auszurotten sich bemüht.

Ich entsinne mich noch, wie mir als Kind die ersten Skrupel kamen, ob man ein Kaninchen, ein Huhn, ein Kälbchen, eine Ente töten darf, nur um sie zu essen. Hat man sie wirklich nur zu diesem

Zweck „gezüchtet“? In den 50er Jahren des 20. Jahrhunderts gab es noch keine „industrialisierte Landwirtschaft“, gab es noch keine „Massentierhaltung“, gab es noch keine „Produktionsstandards“, die zugunsten einer höheren „Effizienz“ und „Ertragssteigerung“ mit Tieren umzugehen nötigten, als handele es sich um fossile Lebensreste, nicht um empfindungsfähige Lebewesen.

So viel steht fest: Um in einem Tier nichts weiter zu sehen als einen verwertbaren Gegenstand beim „Aufkommen auf dem Schlachtviehmarkt“, muss eine Menge an Gefühlen in einem Menschen abgestorben sein. Doch auch dafür hat unser „christliches“ Welt- und Menschenbild gesorgt: Indem es dem Menschen die Herrschaft über die Tiere befahl, gebot es ihm sogleich, das „Tierische“ in seiner Seele: seine Gefühle, seine Triebe, seine Affekte, als etwas Primitives mit Verstand und Willen bis zum Neurotischen niederzuhalten und abzuspalten. Die Anthropozentrik, die den Menschen in Gegensatz zur Natur draußen stellte, ging Hand in Hand mit einer Logozentrik, die aus der inneren Natur des Menschen eine Quelle von Versuchungen und Sünden machte. Auf diese Weise entstand eine buchstäblich gefühllose Rationalität, die unter den gegebenen wirtschaftlichen und politischen Bedingungen in immer rascherem Tempo sich als einen ungehemmten Pragmatismus entlarvt, für den als „Wert“ nur das noch existiert, was sich als „Preis“ auf dem Markt in Geldform „realisieren“ lässt. Längst schon richtet eine solche „Ethik“ sich erkennbar gegen den Menschen selbst, in dessen Namen die Zerstörung großer Teile der Natur scheinbar unaufhaltsam voranschreitet. Mit der Vernichtung der tropischen Regenwälder, mit der Verseuchung der Meere, mit der Erwärmung der Atmosphäre provozieren wir selber eine Vielzahl von Katastrophen, die auch das menschliche Überleben in ganzen Landstrichen zunehmend gefährden. Die Erkenntnis ist nicht länger mehr vermeidbar, dass in dieser Welt Mensch und Natur eine Einheit bilden und es nicht möglich ist, die Stellung des Menschen rein parasitär zu bestimmen.

Charles Darwin hat 1859 in seinem Buch „Die Entstehung der Arten“ gezeigt, dass der Mensch eingebettet ist in den großen Strom des Lebens, als Teil der Natur. Der Philosoph Arthur Schopenhauer hat – lange vor Darwin – auf die verhängnisvolle Einseitigkeit und den unvermeidbaren Schaden der „christlichen“ Anthropozentrik hingewiesen, als Erster im 19. Jahrhundert. „In dieser Welt“, schrieb er, „leben die Tiere in der Hölle, und ihre Teufel sind die Menschen." Mit Recht empfahl er den „Christen", in die Lehre bei Buddhisten und Hindus zu gehen, um einer Religion und einer Ethik zu begegnen, die nicht auf dem Gegensatz von Mensch und Tier, sondern auf der Einheit beider basieren. In der Tat: Es wäre nicht möglich, in den Versuchslabors etwa des Militärs immer scheußlichere „Waffen" hunderttausendfach (und ohne jede demokratische Kontrolle) beim mutwilligen Zerstrahlen, Zersprengen, Vergiften und Verbrennen von Tieren zu erproben, wenn das in Geltung wäre, was Schopenhauer als das Gefühl des *Mitleids* beschrieb und zur Grundlage allen moralischen Handelns erklären wollte. Und umgekehrt: Wie sollte ein Mensch, der seine eigenen Gefühle ebenso ignoriert wie die Gefühle der Tiere an seiner Seite, zu Mitempfinden mit Menschen motiviert werden können? Alles, was wir den Tieren zufügen, werden wir ungeniert irgendwann auch mit Menschen machen. Ethik, meinte der Theologe und Kulturphilosoph Albert Schweitzer, sei ins Unendliche gedehnte Verantwortung. „Ich bin Leben, das leben will, inmitten von Leben, das leben will" – einzig eine solche *Identität* von Mensch und Natur im Ganzen der Schöpfung begründet eine Weltsicht, die psychologisch wie ökologisch stimmiger, weil weniger zerstörerisch ist. Nicht zum „Herrschen", zum Miteinander sind wir da.

Die moralrelevanten Folgen einer derartigen perspektivisch veränderten Sicht auf die Welt und den Menschen liegen auf der Hand.

Beispielsweise haben wir Grund, über unsere Nahrungsgewohnheiten nachzudenken. Welch ein Recht besäßen wir, Tiere zu essen? Die Völker, die als Jäger wirklich noch auf Tiernahrung angewiesen sind, legen einen ausgesprochenen „Tiertöterskrupulantismus" an den Tag, wie Ethnologen versichern; in unserer Kultur hingegen könnten wir schon seit langer Zeit auf Tiernahrung und auf zahlreiche „Tierprodukte" verzichten. Nicht nur den Tieren ließe sich damit ein ungeheueres Maß an Qualen und Leiden ersparen; mit den Mitteln, mit denen wir heute noch Tiere aufziehen, um sie dann zu schlachten, könnten wir auf direktem Wege Millionen Menschen vor dem Hunger bewahren. Die Zeit scheint reif, wo uns das Essen von Tieren auch moralisch als das sichtbar werden sollte, was es, biologisch gesehen, allemal ist: als eine Form von erweitertem Kannibalismus.

Oder: Mit welch einer Berechtigung ist die Menschheit dabei, ihre Zahl in immer kürzeren Zeiträumen zu verdoppeln und damit die Lebensgrundlage von immer mehr Tieren und Pflanzen zu zerstören? Zur Zeit Jesu lebten nur 250 Millionen Menschen auf dieser Erde, und es dauerte rund 1500 Jahre, um diese Zahl auf 500 Millionen zu vergrößern; in den letzten 50 Jahren haben die Menschen sich von 3 Milliarden auf 6 Milliarden verdoppelt. Gewiss, wer sagen wollte, es müsse weniger Menschen geben, damit Lemuren und Lurche eine Chance zum Überleben behielten, würde im Rahmen der überkommenen Ethik etwas Absurdes und Unverantwortliches verlangen. Betonen aber kann und muss man, dass beim heutigen Stand der Technik die Natur den Lebensstil von Westeuropäern und Nordamerikanern allenfalls bei einem Bevölkerungsstand von ca. 2–3 Milliarden Menschen ohne irreparable Schäden verträgt. Schon deshalb sind die Verteilungskämpfe zwischen der Ersten und der Dritten Welt voll im Gange. Es gibt aber unentrinnbar nur eine Welt. In ihr können wir nur leben, wenn wir es lernen, zu teilen und uns zu beschränken, als Menschheit gegenüber der Natur, die uns hervorgebracht hat, und als Menschen in Solidarität miteinander. Und beides, ganz offensichtlich, ist eins.

Raimon Panikkar

Ökumene

Wahrheit ist symphonisch

Wenn ich im Folgenden die Zukunft der Begegnung zwischen den Religionen unter dem Vorzeichen eines „Kritischen Ökumenismus" beleuchte, dann meint das einen bislang eher verborgenen Aspekt: Es geht um die Anerkennung und Wertschätzung des Rechts auf eine unerlässliche Kritik, die von außerhalb einer bestimmten Tradition stammt. Dieser kritische Ökumenismus überwindet allerdings nicht von vornherein die „deformierte" Sicht derjenigen, die nicht mit dieser Tradition sympathisieren, ebenso wenig die „Karikatur", die nach Meinung der Insider von denen draußen gezeichnet wird.

Einige Beispiele können zur Veranschaulichung dienen: Protestanten haben Probleme mit dem, was sie als katholische Götzenverehrung deuten. Katholiken dagegen kritisieren den vermeintlichen protestantischen Rationalismus, wobei jede Seite behauptet, das seien nur Karikaturen. Im Christentum finden sich Vorstellungen und Praktiken, die von einem hinduistischen Standpunkt aus absurd oder doch zumindest lächerlich erscheinen. Christen wiederum können es als grundlegendes Missverständnis betrachten, Christus als *Avatara* (Herabkunft oder Sichtbarwerdung des Göttlichen) zu deuten. Dennoch wird der Hindu annehmen, der Christ verstehe Christus einfach als den einzigen *avatœra*, als eine Art *pûrnavatœra* oder *mahavatœra* (vollständige oder höchste Inkarnation). Dem Hindu widerstreben die exklusivistische Haltung und das christliche Gefühl der Überlegenheit. Dagegen wird der Christ den Eindruck haben, der Hindu kümmere sich nicht um den Nächsten, und wird sich nicht mit seiner Antwort zufrieden geben, die auf dem kosmischen *karma*, auf *mœyœ* oder *korunœ* beruht, also auf der Vision einer universalen Solidarität, des vergänglichen Wesens dieser Welt und einer entsprechend gerechten und dem Mitgefühl verpflichteten Ordnung. Für den Buddhisten ist der islamische *jihad* ein grausamer und ungerechter Krieg, der für ein wie auch immer geartetes moralisches Bewusstsein unannehmbar ist. Demgegenüber betrachtet der Muslim den buddhistischen Atheismus als unerträgliche Verirrung. Natürlich sind das alles Karikaturen; aber de facto handelt es sich um verbreitete und gesellschaftlich wirksame Vorstellungen.

Innerhalb der verschiedenen Traditionen versuchen die meisten Denker natürlich, solche „Angriffe“ zurückzuweisen, und entwickeln immer raffiniertere Verteidigungsstrategien. Es ist allgemein üblich, dass man sich gegenüber seinen eigenen Anhängern verteidigt, aber auch Selbstkritik praktiziert und die eigene Schuld an Missbräuchen eingesteht. Aber das reicht nicht aus; es braucht vielmehr einen weiteren Schritt. Wir müssen dazu bereit sein, auch die kritischen Einwände von außen wahrzunehmen und zu akzeptieren. Wir dürfen sie nicht nur als Missverständnisse begreifen, die sich daraus ergeben, dass man draußen unsere internen Korrekturen nicht berücksichtigt, sondern auch als Teil unserer Grenzen. Jede Tradition muss anerkennen, dass sie nur über ein unvollkommenes, wenn auch der Absicht nach vollständiges Bild der Wirklichkeit verfügt. So entsteht das, was ich den *„pars pro toto"*-Effekt nenne: Wir beanspruchen, das Ganze zu sehen, weil wir uns nicht mit Teilvorstellungen begnügen; aber in Wirklichkeit sehen wir nur das totum in parte und per partem.

Kritische Einwände nicht von vorneherein als Missverständnisse abzuweisen ist ein wirkungsvolles Instrument zur Korrektur von Fehlern und Defiziten der verschiedenen Traditionen und ebenso ein heilsames Mittel, sich der Grenzen bewusst zu werden, die den Religionen, den Lehrgebäuden und letztlich sogar dem menschlichen Wesen innewohnen.

Eine solche Haltung verlangt Großmut, Gelassenheit, Bescheidenheit sowie ein bestimmtes Maß an mystischem Wissen um die Unsagbarkeit der Wirklichkeit. Das ohne Einfühlungsvermögen vorgebrachte Urteil des Fremden kann dem, der die Dinge von innen wahrnimmt, als übertrieben oder ungerecht erscheinen. Aber trotzdem wird gerade diese Sicht das Bild bereichern. Wir sollten solchen Kritikern deshalb dankbar sein. Kritischer Ökumenismus nötigt nicht nur zur Verdeutlichung der Missverständnisse und zu verbesserter Apologetik: Er ist vielmehr ein unerlässliches Instrument zur Selbstkorrektur, zu ständiger Bekehrung und zur Umformung der eigenen Tradition. Wir sind auf Korrekturen von draußen angewiesen; wir müssten auch für die schmerzlichste Korrektur dankbar sein. Sie bringt uns dazu, die Hybris der Selbstzufriedenheit zu überwinden, und wir beginnen so, die Beschränktheit jeder Tradition zu entdecken, was wiederum den Weg hin zu einem heilsamen Pluralismus eröffnet. Wir brauchen den anderen, um den Balken im eigenen Auge wahrzunehmen.

Ein kritischer Ökumenismus befreit uns von Verkümmerung, von Selbstzufriedenheit und narzisstischen Überlegenheitsgefühlen. Es ist normal und verständlich, zu glauben, die eigenen Kinder, Freunde oder Clanmitglieder seien die liebenswertesten und schönsten Menschen der Welt. Es ist ebenso normal, auf die eigene religiöse Gemeinschaft stolz zu sein, sei es eine Kirche oder etwas Vergleichbares. Aber ein solches Gefühl setzt eine persönliche und umfassende Beziehung voraus, die sich nicht in objektive Feststellungen umsetzen lässt. Man tauscht seine Eltern, Ehegatten oder Kinder nicht aus. Auf diese Ebene gehört auch die persönliche religiöse Überzeugung. Aber das sollte uns nicht davon abhalten, den kontingenten, begrenzten und unvollkommenen Charakter unserer Glaubensüberzeugungen anzuerkennen.

Der kritische Ökumenismus verfällt nicht in die Dichotomie zwischen Theorie und Praxis, er begnügt sich nicht mit einem Dualismus, der darin besteht, den „Häretiker" zu bekämpfen und den Sünder zu „lieben". Er lässt uns vielmehr spüren, dass der Kampf gleichermaßen in uns wie draußen stattfindet und sich die Wahrheit nicht nur in uns, sondern auch in Gegnerschaft zu uns findet. Es geht also um eine spirituelle Disziplin, die uns beständig dazu veranlasst, zu lernen, zu wachsen und in einer befreienden Großzügigkeit zu reifen. Auch in einer schmutzigen Pfütze kann eine strahlende Lotusblume heranwachsen.

Und noch eine weitere Funktion hat eine solche kritische Haltung: Sie verhindert, dass wir ausschließlich in die Vergangenheit zurückblicken und uns mit dem Rückbezug auf die Quellen begnügen, so wichtig dieser auch sein mag. In der gegenwärtigen Situation können wir uns mit keiner Tradition der Vergangenheit zufrieden geben, und sei es auch die wertvollste. Heute kann keine Religion für sich beanspruchen, ein Monopol auf den Besitz der Wahrheit oder das exklusive Recht auf die Wahrheit zur Bewältigung der großen Herausforderungen zu haben. Wir brauchen einander nicht nur gegenseitig, sondern wir müssen auch das leisten, was die Traditionen selber von uns dringlich verlangen: die Lehren der Vergangenheit so zu übertragen *(tradere)*, dass neue Einsichten entstehen, und eine neue Praxis in die Tat umzusetzen. Der Geist macht immer und in jeder Situation alles neu.

Der Auftrag der Übertragung an die kommenden Generationen fordert Verwandlung und Reifung der alten Einsichten. Es kann nicht darum gehen, nur alte Formeln automatisch zu wiederholen. Notwendig ist vielmehr ein schöpferischer Akt, bei dem das alte Feuer mit neuen Fackeln entzündet und der neue Wein in neue Schläuche gefüllt wird, ohne den alten Geschmack einzubüßen. Gerade heute können wir uns nicht mit den Antworten vergangener Zeiten begnügen. Wir brauchen alle eine beständige Bekehrung, eine radikale *metanoia.* Dazu trägt der kritische Ökumenismus bei. Ziel ist nicht die Einheit, sondern die Harmonie eines symphonischen Kosmos, in dem jedes Wesen seinen unverwechselbaren Klang hat und gleichzeitig alle diese Töne zusammenklingen.

Aus dem Spanischen von Ulrich Ruh

Wolfgang Schäuble

Privatsphäre

Die Bedrohung wächst

Für einen Politiker, der sich mit etlichen anderen zu den „Personen des öffentlichen Lebens“ zählen lassen will und muss, ist der Zugang zum Thema mit ganz speziellen Erlebnissen und Assoziationen angereichert, aber doch nicht so grundverschieden von den Erfahrungen der übrigen Zeitgenossen, dass er nicht mehr nachvollziehbar wäre. Denn einen gewissen Kern seiner Privatsphäre will jeder respektiert und gewahrt wissen, und darüber, wann irgendjemandes Privatsphäre von wem auch immer verletzt wird, lässt sich in vielen Fällen sicherlich sehr schnell Übereinstimmung erzielen. Wie jedes Gut wird uns die Privatsphäre in ihrem Wert dann besonders bewusst, wenn sie bedroht erscheint, und diese Gefährdung nimmt zu. Die Welt der Medien, der modernen Kommunikationsmittel und der Informationstechnologien birgt in ihrer rasanten Entwicklung und vor allem im Zusammenspiel ihrer technischen Möglichkeiten mit wirtschaftlichen Interessen ein wachsendes Bedrohungspotential für die Privatsphäre jedes Einzelnen, ein größeres zumal als der Staat, den noch in den achtziger Jahren – z. B. aus Anlass der Volkszählung – sehr viele als den eigentlichen Feind des Privaten empfinden und mit ebenjener Orwell'schen Metapher „Big Brother“ anklagen konnten, mit der heutzutage werbend und keineswegs abschreckend die Selbstpreisgabe der Privatsphäre einiger sogenannter Freiwilliger in einer Fernsehserie einem Millionenpublikum schmackhaft gemacht werden soll. Jedenfalls ist es die Vermittlungsinstanz der Medien, die Privatsphäre zu einem Thema macht, das zwischen Politikern und Bürgern, zwischen Objekten und Konsumenten von Berichterstattung diskutiert werden muss. Schließlich empfinden viele zu Hause im Fernsehsessel die Aufdringlichkeit von Kameras, Mikrofonen oder auch von gewissen Interview-Fragen fast noch plastischer als der oder die konkret Betroffene.

Der Mensch ist auf Gemeinschaft angewiesen. Ohne den Austausch von Informationen – Kommunikation – geht das nicht, und vermittelt wird das durch Medien. Aber der Mensch ist auch Individuum. Denken, Fühlen, Hoffen, Leiden, Angst-Haben und Sehnsucht sind höchst persönlich. Die Beziehung zu jedem anderen muss immer notwendig auch Elemente der Bewertung enthalten, und damit hängt Kommunikation unmittelbar mit den Eigenschaften des Menschen zusammen, von denen Neugier, Wunsch nach Anerkennung oder auch Neid nicht die unwichtigsten sind. Das Spannungsverhältnis zwischen Kommunikation und Persönlichkeit entspricht also dem zwischen Individuum und Gemeinschaft. Entsprechend ist es mit den grundlegenden Freiheitsrechten für Kommunikation – Informations-, Meinungs- und Pressefreiheit –, die für die freiheitliche Demokratie konstitutiv sind, die aber auch immer in einem Spannungsverhältnis zu den Persönlichkeitsrechten stehen.

Zunehmend wird in den Medien die Frage der Menschenwürde als solcher zentral, die sich bisher unmittelbar eher bei der Diskussion um die Grenzen von Wissenschafts- und Kunstfreiheit stellte. Verletzung der Menschenwürde kann auch nicht durch Einwilligung gerechtfertigt werden, weil sie der Verfügung des Einzelnen entzogen bleiben muss. Anderenfalls wäre sie nicht im Sinne von Art. 1 GG unantastbar.

Angesichts der unglaublichen Fortschritte in Wissenschaften, Technik und Medizin wird die Bewahrung des Menschlichen immer dringlicher. Wir spüren das in der anschwellenden Diskussion um Bioethik, auch Sterbehilfe, und die Wirkungen eines entfesselten wirtschaftlichen Wettbewerbs sind insoweit grundsätzlich kaum anders zu beurteilen. Dass Anfang und Ende unverfügbar bleiben müssen, scheint mir um des Menschen willen gewiss. Und auch dass die unantastbare Würde jedes Menschen grundlegend ist, nicht nur aus christlichem Glauben und Überlieferung, sondern auch ganz aufgeklärt für eine Ordnung von Menschenrechten. Wer sein Bild vom Menschen nicht auf Glauben gründet, braucht noch viel mehr die Unantastbarkeit der Menschenwürde, wenn er sich zu unveräußerlichen Menschenrechten bekennen will.

In der modernen Wirklichkeit von Globalisierung, Beschleunigung und Entgrenzung wächst das Bedürfnis nach Nähe und Vertrautheit. Der Mensch, der um seine irdische Begrenztheit und Endlichkeit weiß, braucht Geborgenheit, um das auszuhalten. Und

Privatheit, Vertraulichkeit, Freiheit und Angewiesensein auf Gemeinschaft fordern eben auch die Möglichkeit, sich zurückziehen zu können. Der Mensch ist Individuum und zugleich auf Gemeinschaft angewiesen, beides zusammen macht ihn erst als Menschen aus.

Angesichts der modernen Entwicklungen von Wissenschaft und wirtschaftlichem Wettbewerb wird das Element der Autonomie oder einfacher: der Privatheit, des Selbstseins, wichtiger, weil es eher bedroht scheint. Scham eignet dem Menschen wesensmäßig, und deshalb steht Schamlosigkeit grundsätzlich im Konflikt nicht nur mit der Privatsphäre, sondern auch mit der Menschenwürde, wie immer auch die Grenzen im Einzelnen gezogen werden mögen.

Wer Menschsein auf zwei verschiedene Eiweiße reduziert, wird kaum erklären können, worin das Einzigartige, Unverwechselbare, Unverfügbare jedes menschlichen Lebens sich begründet. Er braucht dann auch keine Tabus mehr – im Gegensatz zu allem, was wir aus der Geschichte der Menschheit und menschlicher Gemeinschaft zu wissen glauben. Die Freiheit wird scheinbar grenzenlos. Aber ohne Grenzen zerstört sie sich selbst, und mit der Privatsphäre geht die Menschenwürde dabei verloren.

Wie das rechtlich abzugrenzen, zu regeln ist und ob überhaupt – darüber werden die Rechtswissenschaft, die Rechtsprechung, die Rechtspolitik lange zu diskutieren haben. Aber es ist gar nicht nur – und nicht einmal zuerst – eine juristische Frage, sondern es ist die Frage, wie wir in Zukunft leben wollen. Und die geht alle an.

Ernst-Wolfgang Böckenförde

Reichtum

Mehr als Wohlstand

Reichtum gilt allgemein als hohes Gut, das mit Annehmlichkeit und auch Glück verbunden ist. Nach Reichtum zu streben erscheint vielen als Naturanlage des Menschen.

Aber was ist Reichtum eigentlich? Heute verstehen wir Reichtum durchweg als Besitz materieller Güter in großem Umfang, der über die täglichen Bedürfnisse hinausgeht, ja weit hinausgeht. Reichtum vermittelt materielle Sorglosigkeit. Er verschafft die Grundlage und Möglichkeit, das Leben äußerlich zu genießen, sich die so genannten Annehmlichkeiten des Lebens vermittels Geld zu verschaffen und auch – so man will – ein Leben in Luxus zu führen.

Darin liegt indes eine Verengung und Verkürzung dessen, was Reichtum ausmacht. Reichtum meint mehr und auch anderes als materiellen Wohlstand. Reichtum in seinem vollen Sinn bedeutet, dass jemand die vielfältigen Möglichkeiten menschlichen Lebens, bezogen auf sein eigenes Leben, in voller, eben reicher Weise verwirklichen kann. Das ist nicht auf den materiell-wirtschaftlichen Bereich beschränkt, umfasst auch und gerade den persönlichen, geistig-kulturellen und mitmenschlich-sozialen Bereich. Reichtum erscheint so gesehen als die Wirklichkeit eines erfüllten Lebens – in Familie, Beruf, Gesellschaft und Staat und im Anteil an den Gütern der Kultur. Ein reiches Leben ist ein Leben, das die im Menschen angelegten Möglichkeiten eigenen Lebens zur vollen Entfaltung bringt; Wohlstand ist ein Aspekt davon, aber nicht schon das Ganze. Wem es gelingt oder vergönnt ist, ein solches Leben zu führen, hat und erfährt Reichtum. Wird Reichtum demgegenüber auf einen, den materiell-wirtschaftlichen Aspekt des Lebens verengt, liegt darin eine Verarmung.

Zum Reichtum, wie er heute betrachtet wird, gehört die Tendenz, sich auszudehnen. Wer reich ist, will in aller Regel seinen Reichtum vergrößern. Was aber Reichtum inhaltlich ausmacht, ist nicht dessen größtmögliche Ausdehnung, sondern die Balance und Integration der verschiedenen Möglichkeiten und Aspekte, die zu einem erfüllten Leben gehören. Der Reichtum des Lebens ist vielgestaltig, hat zahlreiche und verschiedenartige Verwirklichungsformen, je nach den Gegebenheiten und besonderen Umständen, unter denen das Leben sich vollzieht. Er kann sich ausprägen als Leben in einer großen Familie, der Armut enthoben, aber ohne Überfluss; im überkommenen, jetzt zu Ende gehenden bäuerlichen Leben in der Verbundenheit mit Feld, Wald und Vieh; in handwerklicher, künstlerischer und auch erzieherischer Lebensform. Wichtig ist, dass die verschiedenen Aspekte, die in ihrem Zusammenwirken und ihrer Integration Reichtum herbeiführen, nicht auseinandergerissen und je für sich verselbstständigt werden. Reichtum ist nicht in der Form des „Alles zugleich" und in je größter Ausdehnung zu haben; es bedarf der Begrenzung und eben der Integration seiner verschiedenen Momente. Zum Reichtum gehört deshalb auch ein bestimmtes fürsorgendes Verhältnis zur Armut, die dem Reichtum gegenübersteht. Es wurde jahrhundertelang in der Pflicht zum Almosengeben an die Armen und der Freigebigkeit gesehen. Erst dann galt Reichtum als verantworteter Reichtum, von dem ein rechter Gebrauch gemacht wird, und entging der Reiche der – sündigen – Verstrickung in seinen Reichtum.

Die heute geläufig gewordene Reduktion des Reichtums auf materiellen Wohlstand, der in der Tendenz grenzenlos ist, nimmt dem Reichtum sein Maß. Sie hat nicht nur die anderen Momente, die Reichtum ausmachen, in den Hintergrund gedrängt, sie ist dabei, diese Momente zu zerstören. Wenn Reichtum im sich steigernden materiellen Erwerb, dem (wachsenden) Besitz von Geld und Vermögen besteht, werden im Streben nach Reichtum die anderen Seiten des Lebens diesem Ziel ganz und gar untergeordnet. Finanzieller Ertrag, im Wirtschaftsleben Profit, wird das dominierende Prinzip, alles andere muss sich seiner Funktionalität unterordnen. Das bewirkt – und wir sind kräftig dabei – die „produktive Zerstörung" von Natur, Umwelt, Lebensformen, die Verschwendung von Ressourcen, auch den Verlust von Gelassenheit und Hegung im Umgang mit Tieren und Kulturgütern. Nichts hat dies auch für das allgemeine Bewusstsein so deutlich werden lassen wie die Reaktion auf BSE-Krise und MKL-Verdacht: Tiere sind Ware geworden, nichts anderes als Ware. Besteht absatzmindernder Krankheitsverdacht (schon der *Verdacht* reicht aus), werden sie serienweise gekeult, um die Absatzsicherheit nicht zu gefährden; sinkt die Nachfrage, müssen die zur Überproduktion gewordenen Tiere beiseite geschafft, am besten verbrannt werden, um die Preise einigermaßen im Lot zu halten. Dies Beispiel zeigt, welches System des Verhaltens sich hinter unserem materiellen Reichtum auftut und ihn trägt: ein von ökonomischem Materialismus, der sich keine Grenzen setzt, angetriebener Prozess geistig-kultureller und sozialer Schrumpfung und Verarmung, ein Verstoß gegen das Telos von Natur und Schöpfung um der Erreichung hoher und stabilisierter Erträge willen, die Verstetigung materiellen Reichtums durch zerstörenden Missbrauch statt nutzenden Gebrauch der Kreatur, kurz: der Tanz um das goldene Kalb.

Etwas Weiteres kommt hinzu. Das Streben nach Erhalt und Wachstum des materiellen Reichtums bringt eine sozial-ökonomische Struktur hervor, die die Schere zwischen Arm und Reich nicht abbaut, sondern befestigt und wachsen lässt. Eine annähernde Chancengleichheit zwischen den Menschen, damit sie ihr Leben durch Erwerb und Gebrauch der Natur führen können, wird nicht hergestellt, vielmehr wird die Chancen*ungleichheit* zwischen ihnen verschärft. Die Vorteile, die der Besitz von Kapital und geistig-technischer Bildung den „entwickelten" Gesellschaften und den Menschen in ihnen gegenüber den noch „unentwickelten" Gesellschaften und Menschen verleiht, werden im weltweiten Handels- und Wirtschaftsverkehr nicht etwa um der Chancengleichheit willen abgeschöpft oder zumindest gedeckelt, sie können sich „frei", von institutionellen oder rechtlichen Begrenzungen nahezu ungehemmt, entfalten. Das verstärkt, ja potenziert diese Vorteile und vertieft die materielle und soziale Ungleichheit. Zwar mag das bloße Überleben der Armen dadurch als Folgewirkung in gewissem Umfang gefördert, Hunger und Elend ein Stück weit bekämpft werden. Aber die Ressourcen der Armen werden weiter ausgebeutet und das Verharren in Armut und Notlagen ist die Konsequenz. Auf diesem Weg wird gerade nicht bewirkt, dass sie sich selber daraus befreien – dazu fehlt ihnen die notwendige Anfangskraft. Globale Ausgleichsmechanismen, die als solche wirksam werden, fehlen. Denken wir nur, um an kleinen Beispielen ein großes Problem zu verdeutlichen, an den billigen Kaffee, den wir hier als Ausbeutungsprodukt kaufen, oder an die preiswerten Frischblumen, in Südamerika auf gespritzten Plantagen von sich dabei evtl. ansteckenden Frauen gepflückt, die unsere „heimischen“ Märkte und Zimmer zieren.

Es gibt einen entschiedenen Kritiker dieser Art von „Reichtum“ und des ökonomisch-sozialen Systems, das ihn hervorbringt, übrigens der schärfste Kritiker nach Karl Marx: Papst Johannes Paul II. Er spricht insoweit – schon seit Anfang seines Pontifikats – von „struktureller Sünde“ (Redemptor Hominis, Nr. 16). Er wird aber wenig gehört, vor allem nicht im „westlichen“ Katholizismus. Seine auf seinen Reisen wiederholt und kompromisslos vorgetragenen Äußerungen sind hoch aktuell. Sie verdienen alle Aufmerksamkeit.

Maybrit Illner

Reisen

Karl May als Argument

Die schönsten Reisen finden in unserem Kopf statt. Man setzt sich mit einem Buch in die Zimmerecke und verschwindet. Das ist ein großer Zauber. Manchmal bringt uns dieser Zauber in ganz unmögliche Situationen: Wir fahren mit fünf, sechs Büchern in den Urlaub nach Südamerika oder Asien, und plötzlich sind wir gar nicht in Südamerika oder Asien. Wir sind hineingekrochen in einen Kontinent, der nur für unwissende Menschen aus weißen Seiten mit schwarzen Lettern besteht. Wir könnten ebenso gut zu Hause in unserer Küche geblieben sein. Es wäre uns nicht aufgefallen. Und dann tauchen wir wieder auf und erinnern uns, dass wir uns ja auf einen weiten Weg in eine neue Welt gemacht haben, und sind ein wenig enttäuscht, weil diese neue Welt nicht halb so aufregend ist wie die, aus der wir gerade kamen.

Was für ein Zauber. Unser Kopf besitzt eine Decodiermaschine für Buchstaben. Eine tolle Sache.

Auf einem schönen Berg in der Steiermark lebt ein Schuster. Viel Arbeit hat der – Woche für Woche – und einmal am Tag Besuch. Von einem Jungen. Der ist gerade acht geworden und mag den Schuster, weil er eine ganz wundersame Fähigkeit besitzt. Wenn man ihm einen Ort irgendwo in Österreich nennt, stellt er sofort einen perfekten Reiseplan zusammen, mit Abfahrzeiten und Anschlusszügen und allem Drum und Dran. Der Schuster liebt die Eisenbahn, und er liebt das Reisen, und wenn ihm sein Vater damals nicht eingeredet hätte, er sollte unbedingt Schuster werden, wäre er bestimmt Lokführer geworden oder auch Schaffner. So sitzt er am Abend nach seiner harten Arbeit immer in dem großen Sessel mit dem Reichsbahn-Fahrplan auf dem Schoß und lernt die Orte und Verbindungen auswendig. Für den Jungen ist das ein großer Spaß. Sein „Fahrplanschuster" weiß alles, und nie irrt er sich, so oft der Junge auch versucht, ihn bei einem Fehler zu ertappen oder vor eine so knifflige Aufgabe zu stellen, dass er kapitulieren muss … Orte, Landschaften, ganze Bundesländer haben sie auf diese Art durchmessen und doch nie einen Fuß vor die Tür gesetzt.

Irgendwann verlieren sie sich aus den Augen, der Fahrplanschuster und sein kleiner Freund. Viele Jahre sind ins Land gegangen, und dann stehen sie plötzlich wieder voreinander. In der großen Stadt. Mitten auf der Straße. Der mittlerweile erwachsene Mann will natürlich sofort von dem alten Schuster wissen, ob er denn immer noch die Züge und Zugverbindungen auswendig kann und ob sie nicht noch einmal das alte Spiel spielen wollen. „Nein", antwortete der Fahrplanschuster, „Ich reise jetzt selbst."

(Nach Peter Rosegger „Der Fahrplanschuster")

Unsere Probleme fangen damit an, dass wir das Haus verlassen, sagt Blaise Pascal, und das sagt auch meine Freundin. Zu jeder noch so verheißungsvollen Fahrt muss sie überredet werden, wie eine Ballett-Tänzerin zum Boxen.

Ihr wichtigstes Argument ist Karl May. Der war in seinem ganzen Leben nur ein einziges Mal in Amerika, und das, nachdem er all seine „Winnetous" und „Old Shatterhands" geschrieben hatte, und machte doch Legionen von Jungen und Mädchen zu Söhnen und Töchtern von Intschu tschuna und Hadschi Halef Omar. Alles Phantasie. Und seien wir ehrlich: Keiner von uns hätte gedacht, dass der Mann die Plains von South Dakota nicht wenigstens mal gesehen und Winnetou, der Apachenhäuptling, nicht irgendein reales Vorbild gehabt hätte … Nein, Karl May brauchte das nicht. Der war ein Reisender in Gedanken.

Meine einzige Entgegnung lautet: Vielleicht *wäre* Karl May aus Sachsen schrecklich gerne gereist und konnte es nur nicht. Er war ein armer Hilfslehrer aus einem Kaff bei Chemnitz, der sich sein Leben spannend sponn. Hat deshalb zigmal im Knast gesessen, wegen Amtsanmaßung und Betruges. Ein armer Schlucker, der auch „durchs wilde Kurdistan" nur im Kopf gereist war und seine Skipetaren in einem alten Atlas entdeckt hatte ...

Am Ende verständigen meine Freundin und ich uns darauf, dass Karl May aus Radebeul in Sachsen ein wunderbarer Tourist gewesen sein musste, als er endlich mit fast 60 Jahren in den Orient reiste und erst kurz vor seinem Tode nach Amerika, ein Vorzeige-Tourist sozusagen voller Sehnsucht und jahrzehntelang trainierter Entsagung. Wie wenn man endlich ins gelobte Land darf.

Vielleicht sind die allerschönsten Reisen im Leben die, von denen man am längsten geträumt hat.

Jetzt fliegt ein Mann in den Orbit. Ein reicher Amerikaner, für 20 Millionen Dollar. Und James Cameron, der Regisseur von „Titanic", will auch ins Weltall. Es dauert nicht mehr lange, und wir werden ein Ticket in der Hand halten mit dem Ziel „Milchstraße". Internationaler Tourismus in die Sternenstädte. Die Flugabfertigung in Tegel verteilt „Sputnik"-Hefte und kündigt eine Verspätung zum dritten System von 3000 Jahren an ...

Ich stehe in Frankfurt auf dem Flughafen, muss jetzt mittags noch nach München und am Abend zurück nach Berlin. Nicht gerade eine Traumreise.

Willigis Jäger

Religion

Fenster zum Eigentlichen

Während ich diese Zeilen schreibe, denke ich daran, dass ich kürzlich meinen 76. Geburtstag feierte. Auf mein Leben zurückschauend stelle ich fest, dass ich lange Zeit einer Weltsicht und damit einer religiösen Überzeugung nachgelaufen bin, die ich als Mensch selbst kreiere, die aber der Wirklichkeit nicht entspricht. Es ist die Wirklichkeit, wie sie das menschliche Ich aufbaut. Alles, was ich dachte und tat, unterlag dem Zwang der Konditionierungen meines Menschseins. Meine Gene programmierten eine bestimmte Resonanz auf meine Umgebung. Die Umgebung wiederum brachte mir bestimmte Weisen bei, wie und was ich zu sehen habe. Eltern, Kindergarten, Schule, Religion, Gesellschaft, Staat – sie alle trugen dazu bei, Wirklichkeit in dieser eingeschränkten Art zu begreifen. Bis ich erfahren durfte, dass mir das Ich nur einen Ausschnitt von Wirklichkeit bieten kann.

Bereits als Kind hatte ich eine Ahnung von dem bekommen, was Wirklichkeit wohl sein mag. Es war in meiner Heimatkirche. Meine Mutter hatte mich mitgenommen. Die Kirche war fast leer. Aber vorne am Altar brannten viele Kerzen. Weihrauchschwaden zogen durch die Luft. Es war „Ewige Anbetung“. Hinten irgendwo leierten Frauen den Rosenkranz. Diese monotonen Stimmen und die Atmosphäre des Raumes hoben mich aus dem Tagesbewusstsein heraus in eine Ebene, die alle Dinge in einem anderen Licht erscheinen ließ: wirklicher und doch der normalen Wirklichkeit entfremdet. Ich wusste damals, soweit das ein Sechsjähriger wissen kann: Was wirklich ist, erfährt man in einem anderen Zustand. Aber zu wem sollte ich davon sprechen? Auch fehlten mir die Worte. Für das, was ich erlebt hatte, besitzt ein Kind keine Sprache. Es gibt Erlebnisse, über die kann man nicht reden. Sie sind zu anders, sie passen nicht in unseren Alltags-Wortschatz. Man schweigt daher besser über bestimmte Erfahrungen.

Als Kleriker hatte ich später ein entscheidendes Erlebnis. Ich liebte die kleine so genannte „Abtskapelle“ im Kloster. Einmal trat ich ein und wurde sofort in einen anderen Bewusstseinszustand gehoben. Die Beschreibung eines solchen Zustandes ist immer schwierig. Erfüllend, beglückend, Präsenz einer anderen Wirklichkeit und doch auch wieder ganz normal. ES kniet, ES steht, ES hebt den Kopf, ES breitet die Arme aus. Alles ist aufgehoben in dieser Einheit und Schlichtheit. Ich kann es auch ‚Gott' nennen, aber es ist nicht der Gott irgendwo, es ist diese absolute, zeitlose und raumlose Präsenz, die aller Namen und Vorstellungen spottet. Wie lange dieser Zustand dauerte, weiß ich nicht.

Doch plötzlich fiel mir ein: Ich war ja eigentlich auf dem Weg zum Fußballplatz und, weil noch ein paar Minuten Zeit war, kurz in die Kapelle gegangen. Noch vollkommen beeindruckt vom Geschehen in der Kapelle spielte ich Fußball. Aber nicht ich spielte. ES kämpfte um den Ball, ES schoss, ES rannte mit einer Leichtigkeit, die ich vorher nicht gekannt hatte. Wo war eigentlich der Unterschied zwischen dem Erleben in der Kapelle und dem Erlebnis auf dem Sportplatz? War das Psalmengebet etwas anderes als Fußballspielen? Im Chor war es manchmal ähnlich wie auf dem Fußballplatz. ES sang und rezitierte. Die Bedeutung der Worte war nicht wichtig. Was konnten sie schon neben dem Erlebnis des Einen noch bringen?

Durch meinen Orden beauftragt, hatte ich bald ein unstetes Leben mit vielen Reisen zu führen. Aber es schenkte mir bei einem Aufenthalt in Japan auch die Begegnung mit Zen. Ich spürte, dass ich etwas gefunden hatte, was meiner innersten Sehnsucht entsprach. Was ich da hörte, las und in den Zen-Tempeln sah, weckte in mir die alte Sehnsucht nach Erfahrung. Da waren Klöster und darin Menschen, die offensichtlich nichts anderes taten, als diese eigentliche Welt, die man fälschlicherweise ‚transzendent' nannte, zu erfahren und zu erforschen.

Als meine Gemeinschaft in Japan ein neues Kloster gründete, meldete ich mich zur Mitarbeit. Dies wurde mir erlaubt, und meine Gemeinschaft ließ mich sogar bei dem buddhistischen Tempel am Ort bleiben, als sie selbst umzog. Tag für Tag unterwarf ich mich viele Stunden dem ruhigen Sitzen, machte viele Sesshin, verbrachte ein halbes Jahr in einer buddhistischen Einsiedelei, um meine Erfahrungen zu vertiefen. Nach zwölf Jahren, sechs davon in Japan, erhielt ich eine Lehrerlaubnis.

Was hatte das mit Religion zu tun? Kann ein christlicher Ordensmann und Priester Zazen lehren? Für viele war das unmöglich. Das widersprach ihrer Ansicht nach den Grundprinzipien des christlichen Glaubens. Aber in den Grundprinzipien der Spiritualität fand ich keinen wesentlichen Unterschied zwischen Zen und Mystik. Es geht in den spirituellen Wegen nicht um eine Konfession, nicht um Theologie, sondern um die Erfahrung einer Wirklichkeit, die hinter jeder Begrifflichkeit zu finden ist und die nur Eine sein kann. Die Grundstruktur der Wege, die Zurücknahme des Ich, um die Non-Dualität, die Unio Mystica zu erfahren, findet sich in Ost und West in gleicher Form. Das Vokabular ist verschieden, aber die Wegbeschreibungen sind sich sehr ähnlich. Der Gipfel des Berges, der erreicht werden soll, kann nur einer sein, auch wenn man von verschiedenen Seiten aufsteigt.

Dieser Weg führt über das Bekenntnis hinaus. Konfessionen sind festgeschriebene Erfahrung. Diese Erfahrung kann ich in mein heutiges Weltbild und in eine zeitgemäße Interpretation der Konfession einfließen lassen. Astrophysik, Genforschung, Molekularbiologie, Entwicklungslehre, Geologie lieferten mir ein ganz anderes Weltbild ins Haus. Sie stießen mich geradezu in ein neues Bild vom Menschen: Meine Individualität ist ein kostbarer Schatz, gleichzeitig aber auch eine Einschränkung. Der Mensch ist nicht ganz ohne den transpersonalen Bewusstseinsraum, der zu seinem Wesen gehört. Nur von dort her machen 60, 70, 80 Jahre auf diesem absolut unbedeutenden Staubkorn am Rande des Weltalls Sinn. Es ist schwierig, einem anderen klarzumachen, was man spürt: dass unsere wahre Existenz und wirkliche Identität viel umfassender sind und dass unser ‚Ich' nur ein Organisationszentrum für ein viel größeres Bewusstsein ist. Man erwacht plötzlich und findet sich mitten unter anderen Menschen in einer anderen Welt, in einer viel klareren und bedeutsameren Welt. Die Erfahrung geht und kommt, aber sie hinterlässt eine tiefe Gewissheit: Leben ist mehr als Denken. Denken ist eine kostbare Gabe, aber es grenzt auch ein. Auch die traditionelle Auslegung christlicher Dogmen genügte mir nicht mehr.

Religionen werden leicht zu Mausoleen, wenn das EINE nur in traditionellen Begriffen beschrieben werden darf und nur in Dogmen erscheinen kann. Die Zukunft der Religion liegt in der Metaphysik, aber nicht in einer Metaphysik der Philosophen und Theologen, sondern in einer Metaphysik der Erfahrung. Dann wird Fußballspielen und Arbeiten im Haushalt, dann wird das ganz normale Leben – zur Religion. Religion ist unser Leben, und das Leben, recht gelebt, ist Religion. Der *ganze* Mensch ist bestimmt von personaler *und* transpersonaler Wirklichkeit. Oder, um in meinem christlichen Sprachgebrauch zu bleiben, er ist Gott-Mensch. Die institutionalisierte Religion hat Angst, weil am Schluss von Worten, Bildern und Lehrsätzen nichts bleibt.

Als ich mit meinen Schulkameradinnen und Schulkameraden meinen 75. Geburtstag feierte, kamen wir auf unseren Katechismus zu sprechen, den wir 1931, im Jahr unserer Einschulung, erhielten. Auf die Frage „Warum sind wir auf Erden?" antwortete er: „Wir sind auf Erden, dass wir den Willen Gottes tun und dadurch in den Himmel kommen." Heute würde ich anders antworten: Was wir Gott nennen, möchte in mir Mensch sein, so wie er im Baum Baum sein möchte und im Tier Tier. Aber Mensch-Sein bedeutet, alle Ebenen zu erschließen und zu leben, auch die transpersonalen und transmentalen. Das scheint mir der Sinn der Religion zu sein. Denn Religionen sind wie Glasfenster, die uns etwas sagen über das Licht dahinter: Es gilt, das Licht zu erfahren, das hinter den Glasfenstern liegt, und ins Leben zu integrieren. ‚Das Ziel ist der Marktplatz', sagt Zen, und ich wage zu ergänzen: Jede echte Mystik endet im Leben, oder sie ist Regression.

Ernst Elitz

Risiko

Das Auge des Parsen

„Rudert, Leute! Den Ersten, der aus diesem Boote zu springen sucht, in dem ich stehe, den harpuniere ich. Ihr seid nicht Menschen außer mir, seid nur mein Arm und Bein – und so gehorcht!", treibt Ahab, der Jäger des Weißen Wals, seine Mannschaft an. Männer gehen über Bord, das Schiff wird sinken, und eben noch wurde unter Entsetzensschreien der Mannschaft der verstümmelte Leichnam des Parsen Fedallah gesichtet, der sich in den Leinen verfangen hatte und nun „aber und abermals an den Rücken Moby Dicks geschnürt, gefesselt von Schlingen über Schlingen … seine schwarze Chinesenjacken zu Fetzen zerrieben, die geweiteten Augen voll auf Ahab gerichtet“, wieder aus der tosenden See aufgetaucht war.

Heute gerieren sich Manager multinationaler Konzerne wie die Jäger des Weißen Wals. Sie treiben ihr Spiel auf den Kontinenten, aber sie kennen ihre Mannschaften kaum. Täglich berichten Chronisten des ökonomischen Risikos, dass ferne Unternehmen zu „ausersehenen Opfern“ werden. Dann bringen sich „Heckenschützen“ wie Harpuniere in Position und nehmen die Gejagten ins „Fadenkreuz“. Schließlich wird der „strategische Schuss“ abgefeuert, während woanders schon die „Zeitbomben“ ticken, die künftig andere „Firmen zerreißen“. Weltweit kursieren „Todeslisten“ von Companies, die es „abzuschießen“ gilt. Die Ahabs des 21. Jahrhunderts sitzen am PC, schreiben sich E-Mails, füttern den „Noise“, die Gerüchteküche der Börse, und hantieren bei Währungsspekulationen mit Milliardensummen. Auf dem Screen ihrer Laptops erscheint das Auge des Parsen nicht.

Wer etwas riskiert, riskiert es zugleich auch für andere, es sei denn, er stürzt sich mit dem Aufschrei „no risk, no fun“ in zweitausend Meter Höhe aus einem Ballon, den Fallschirm noch ungeöffnet. Er springt am Bungee-Seil über den Niagara-Falls ab oder quält sich durch eisige Stürme zum Südpol oder auf die Achttausender-Gipfel des Himalaja. Ahab ging das Risiko blindwütig ein. Heute wird Risikovorsorge betrieben, Risikoanalyse und Risikomanagement. Und trotzdem geht vieles schief. Das Janus-Gesicht des Risikos kennt beides, denn wo der eine verliert, hat der andere seinen Gewinn. Und so war die Metapher vom „verbrannten Geld“, das die Bankrotteure der New Economy zu verantworten hatten, zwar eindrucksvoll, aber absurd. Niemand hat das lohende Feuer gesehen, in dem D-Mark-Scheine und Dollar-Noten sich in Rauchpartikel auflösten und gen Himmel flogen. Nichts ist verbrannt – außer ein paar Existenzen. Das Geld landete bei Banken, die sich ihre Hilfe beim Börsengang fürstlich entlohnen ließen. Es wurde in Computer-Hardware investiert, es landete auf den Konten der Immobilienbesitzer, in Beratungsfirmen und Werbeagenturen. Und Print- und elektronische Medien sackten dank des Anzeigenbooms saftige Gewinne ein. Geld geht nicht verloren, es wechselt nur seine Besitzer.

Und es gehört Glück und Erfahrung dazu, schließlich nicht mit leeren Taschen und geplünderten Konten der Chance für ein neues Risiko beraubt zu sein.

Der Mensch braucht das Risiko. Es ist der Treibstoff des Fortschritts. Jeder Arbeitsplatzwechsel, jedes Forschungsvorhaben, jedes Examen, jede Bindung bergen Unsicherheiten. Wer sich Herausforderungen stellt, weiß, dass er scheitern kann. Wer sie meidet, verschläft das Leben wie ein Murmeltier. Ohne Bereitschaft zum Risiko lebten wir immer noch im finsteren Mittelalter. Giordano Bruno hat das Risiko auf sich genommen, für die Wahrheit der Wissenschaft auf dem Scheiterhaufen zu sterben. Wären Christoph Kolumbus und Vasco da Gama, das Risiko ihrer Entdeckungsreisen scheuend, aus Furcht vor Schiffbruch und Skorbut daheim geblieben, so hätten Europas Pracht sich nicht entfalten, seine Wissenschaft und der weltumspannende Handel nicht erblühen können. Freilich wären auch Indios, Inkas und australische Aborigines nicht der Ausrottung anheim gegeben worden. Kollateralschäden des Fortschritts nennen das heute die Militärs. Am Anfang stehen immer Abenteurer, die ihre eigene Existenz aufs Spiel setzen, oder Forschertypen, denen die Risiken und Nebenwirkungen ihrer Entdeckungen noch unbekannt sind. Henri Becquerel trug seine Radiumproben noch in der Hosentasche mit sich herum. Doch auch als später die Risiken der Kernenergie längst erkannt und in Tausenden von Becquerels gemessen wurden, glaubte man noch, sie kalkulieren zu können. Man baute Atombomben und erfand die hilfreiche Nuklearmedizin, man baute das Atomei zu Garching und wunderte sich, als der Reaktor in Tschernobyl allen Risikoberechnungen zum Trotz in die Luft flog. Risiken kann man mindern, endgültig beherrschen kann man sie nicht.

Der Mensch lebt im Hochrisikotrakt. Sein biologisches System kann ohne psychische Spannung nicht funktionieren. Er braucht täglich einen Kick durch Adrenalin und den Ausstoß an Endorphinen. Und so sucht der Mensch, kaum hat er sich vor einem Risiko in Sicherheit gebracht, schon das nächste. Airbag und ABS-System im Auto verleiten ihn nur zu neuen Rasereien. Kaum haben EU-Richtlinien sichergestellt, dass kein Bürostuhl mehr umkippen kann, dass man sich an keiner Schreibtischkante verletzen kann und dass der Sicherheitsabstand zwischen Bildschirm und Netzhaut millimetergenau vermessen jeden Augenschmerz ausschließt, schon flüchtet der Angestellte sich vor diesem Sicherheitsterror in Extrem-Sportarten, bucht eine Survival-Tour, besteigt den Mount Everest oder wird zum Kettenraucher – und sichert sich ab. Wird er im Dschungel das Opfer von Geiselnahme, zahlt der Steuerzahler das Lösegeld. Das Bungee-Seil ist TÜV-geprüft, und das Lungenkarzinom wird bei der Krankenkasse abgerechnet. Für jedes Risiko hat die Menschheit eine eigene Versicherung erfunden. Und für die Versicherer die Rückversicherer. Für unsere Sicherheit gehen wir jedes Risiko ein. Wir zwingen die Flüsse in hohe Deiche und programmieren damit die Überflutung an anderer Stelle. Wir sichern die Flughäfen gegen Terroranschläge durch explosionssicheres Fensterglas und versperren damit den Fluchtweg bei Feuersbrünsten. Wir erfinden neue Waffen-Systeme, die sich bei einem falschen Computerklick gegen uns selber richten. Wir wollen durch Eingriffe ins menschliche Genom und Präimplantationsdiagnose die Risiken von Krankheiten meiden und riskieren dabei eine Monstergesellschaft, die sich zum Richter über lebenswertes und lebensunwertes Leben aufschwingt.

Die Spieler des Fortschritts wollen das Ergebnis aller Risikoexperimente dem freien Spiel der Kräfte überlassen, das irgendwo zwischen deterministischer Sicherheit und alcatorischer Unsicherheit schon die richtige Wahl trifft. Wo „die grundsätzliche Vermutung zugunsten der Freiheit verlangt, dass eine Handlung so lange frei bleibt, bis ihre Schädlichkeit nicht nur postuliert, sondern auch im Detail nachgewiesen ist“ (Rod Hunter), wird der Umgang mit dem Risiko zum Roulette. Der Nachweis ist dann erbracht, wenn der Atomreaktor seinen Schutzschild aus Stahl und Beton mit unbändiger Kraft durchbricht, und er wird künftig geführt, wenn genmanipulierte Wesen sich ihre eigene Ethik schreiben. Humane Risikoabschätzung dagegen vermeidet Risikoabwälzung auf Mitmenschen und künftige Generationen. Da weder die Naturwissenschaft noch eine rationalistische Logik mit all ihren Beweisen und Deduktionen dem Menschen ein Fernrohr für eine sichere Zukunft aushändigen können, ist Temponinderung die einzige Sicherheit vor einem möglicherweise tödlichen Risiko. Sozialverantwortliches Handeln braucht Stoppschilder zur Besinnung und Wendemöglichkeiten, bevor die Risiken unkalkulierbar werden. Und wer andere mit auf seinen riskanten Weg nimmt, wird den Beweis anzutreten haben, dass sein persönliches Risiko weit höher ist als das, das er seiner Gefolgschaft zumutet, die eben nicht wie auf Ahabs Schiff nur „Arm und Bein“ des Risikojägers und ihm zum blinden Gehorsam verpflichtet ist. Gegen monomanisches Risiko-Handeln, Forscherehrgeiz und Gewinnsucht steht soziale Verantwortlichkeit. Das Auge des Parsen ist die beste Risikofolgenabschätzung. Das Auge des Parsen blickt jeden an, der ein Risiko nicht nur für sich allein sucht, sondern der andere mit in den Strudel reißt.

Dieter Wedel

Rituale

Ankerstege und Schlupflöcher

Am Wochenende ist mir das ausgedehnte Frühstück mit Zeitungslektüre ebenso zum vertrauten Ritual geworden wie der sonntägliche Nachmittagskaffee mit Sahnetorte.

Rituale gehören zu unserem Alltag; von der Taufe bis zur Beerdigung begleiten sie uns. Vielleicht brauchen wir sie sogar, um das Leben zu bewältigen, denn wo alles im Fluss ist, in Bewegung, schaffen sie ein verlässliches Gerüst; Ankerstege im stetigen, nie berechenbaren Strom des Lebens. Und ganz sicher sind sie Schlupflöcher, die uns davor bewahren, uns unangenehmen Fragen stellen zu müssen. Rituelle Handlungen werden in der Regel vollzogen, ohne dass man sie hinterfragt: darin liegt ihre Gefahr.

Jede Zeit hat ihre Rituale. Besuchen Sie zum Beispiel mal eine Diskothek. Klar, dass man bei der hämmernden Musik sich unmöglich verständlich machen kann. Also nehmen die Männer an den Tischen Augenkontakt zu den Frauen auf und nicken dann in Richtung Tanzfläche. Ist die Erwählte einverstanden, zwängen sich beide durch die Menge, um anschließend, ohne den Partner auch nur einmal anzusehen, in ihre eigene Welt zu versinken. Das Ritual verläuft immer ähnlich: Augenkontakt, ein Nicken in Richtung Tanzfläche und dann das zuckende Gehoppel, das den Tanzenden die Mühe erspart, über ein Gesprächsthema nachzudenken. Konversation ist nicht mehr gefragt; die verlorene Fähigkeit dazu durch das Tanz-Ritual ersetzt.

Oder Vergangenheitsbewältigung! Ich selbst gehöre der ersten Nachkriegsgeneration an. Irgendwann haben wir gegen die heile Welt der Adenauer-Ära aufbegehrt und uns betroffen mit der politischen Vergangenheit auseinander gesetzt. Unseren Lehrern haben wir mangelnde Zivilcourage vorgehalten, Blindheit, Feigheit, Opportunismus. Und dann haben wir miterlebt, wie diese Auseinandersetzung zum Betroffenheitsritual verkommen ist – Betroffenheitsbekundungen ohne aufrichtige Betroffenheit führen unweigerlich zur Banalisierung.

Für meine Generation war die Beschäftigung mit der Geschichte des Dritten Reiches und des Holocaust prägend. Deswegen haben wir uns mit der Generation unserer Eltern und Lehrer auseinander gesetzt und uns von ihr abgesetzt. Das geschah nicht ohne moralische Kraft und Aufrichtigkeit. Leider wurde diese moralische Kraft auch weiter wie eine Fahne vorangetragen, als sie gar nicht mehr nötig war, weil niemand mehr überzeugt werden musste, dass die Vergangenheit nicht verdrängt werden darf. Mit der Ritualisierung der Vergangenheitsbewältigung wurden Erkenntnisse in zu kleiner Münze verspielt. Der Überdruss, mit dem die Jüngeren auf Hitler-Greuel und Nazi-Terror reagieren, hat wohl seinen Grund in der gebetsmühlenartigen Wiederholung von Betroffenheitsfloskeln, in den banalisierenden Ritualen, mit denen sich in Schule und Medien immer häufiger mit der Vergangenheit auseinander gesetzt wird, weil moralische Entrüstung, die nicht moralisches Engagement auslöst, irgendwann hohl, fade und unglaubwürdig wird.

Das gilt auch für die Politik. Die dauernden Schuldzuweisungen an die gegnerische Partei sind wohl nicht zuletzt der Grund für die wachsende Politikverdrossenheit. Die Berichterstattung der Medien scheint immer seltener der Klärung von Sachverhalten als vielmehr der Bestätigung von Vorurteilen zu dienen. Die Kraft, die für Reformen notwendig wäre, wird – so hat man jedenfalls den Eindruck – aufgebraucht vom Ritual des dauernd gegenseitigen Aufeinanderhackens.

Religion kommt natürlich nicht ohne Rituale aus. Die schon gar nicht. Oder ist das Sich-Bekreuzigen nicht genauso ein Ritual wie die skandierenden Ho-Ho-Tschi-Minh-Rufe der 68er Demonstranten.

Auch unsere Sprache ist von Ritualen durchsetzt – und verrät dabei einiges über uns: Offenbar ist Kannibalismus auch heute noch verbreiteter, als man denkt. Wir lassen jemand „schmoren", „verspeisen ihn zum Frühstück", haben ihn „zum Fressen gern". Vermutlich sind solche sprachlichen Rituale ein Schlupfloch: keine unangenehmen Fragen, stattdessen diese Form von Verdrängung. Wir bitten um Vergebung, um Gesundheit für uns und unsere Lieben, um Schutz, um Bewahren vor dem Bösen, wir falten die Hände, ohne zu hinterfragen, ob wir nun wirklich an eine große, ordnende Kraft da über uns glauben oder da nur schwarze, eiskalte Leere ist, in der Elementarteilchen sinn- und planlos mit unvorstellbarer Geschwindigkeit durch den Raum rasen. Man kann sich eben nicht täglich mit den Grundfragen unserer Existenz auseinander setzen. Schließlich kommen wir alle aus dem Dunkeln. Nachts schlafen wir, um nicht daran zu denken. Und eines Tages, wenn das Feuer der Sonne erlischt, kehren wir alle dahin zurück. Das Eis, auf dem wir uns sicher träumen, ist in Wahrheit ganz dünn. Was schützt uns vor dem Einbrechen? Brauchen wir aus Angst davor Stützpfeiler? Das Eis ist mit dem Vergehen der Jahre nicht dicker geworden; das Vergehen der Jahre hat uns nur gelehrt, in Rituale zu flüchten, die uns immerhin vergessen lassen, wie dünn das Eis ist. Wer sich das bewusst macht, will es auch wieder vergessen dürfen.

Ohnehin gibt es keine Bewältigung der offenen Fragen. Aber vermutlich ist es wichtig, dass man nicht aufhört zu fragen. Und es ist wichtig zu verhindern, dass leere Rituale auf Dauer an die Stelle der Fragen treten.

Nur wer sich unangenehmen Fragen stellt, wer es riskiert, gegen den Strom zu schwimmen, hat eine Chance, zur Quelle zu kommen.

Übrigens: eine der wunderbarsten Entlarvungen eines widerlichen Rituals ist für mich der Auftritt Hitlers in Lubitschs „Sein oder Nichtsein". Als da alle zackig „Heil Hitler" brüllen, grüßt Hitler artig zurück: „Ich heil' mich selbst."

Bea Wyler

Schabbat

Heiligkeit, einmal die Woche

Ohne Sonntag wäre jeder Tag ein Werktag. Vor einiger Zeit war der Sonntag Thema einer landesweiten Diskussion um das Ladenschlussgesetz. Die Befürworter der sonntäglichen Ladenöffnung betonten die Freiheit des Individuums, die Gegner die Gefahr der Abschaffung des Sonntags.

Weitgehend unbeachtet blieben dabei zwei Dinge. Erstens handelt es sich bei der Zeiteinheit Woche um ein biblisches Konzept: Einer von jeweils sieben aufeinanderfolgenden Tagen ist durch besondere Eigenschaften von den anderen sechs deutlich unterscheidbar. Zweitens haben die jüdische, christliche und muslimische Tradition je einen anderen der sieben Wochentage als heiligen Tag erhalten. In unserer Gesellschaft, die ihre Multikulturalität kaum in der Religion begründet, ist deshalb die Diskussion um die Ladenöffnung am *Sonntag* etwas deplatziert. Die Frage nach der heiligen Zeit dagegen ist unumgänglich.

Was ist Heiligkeit bezüglich der Zeit? Zur Erläuterung ziehe ich das Ende des biblischen Schöpfungsberichtes (Gen 2, 1–3) heran. „1 Und es waren vollständig: der Himmel und die Erde und all ihre Scharen. 2 Und es vervollständigte Gott am siebten Tag (Gottes) Schöpfungswerk, das (Gott) gemacht hatte, und hörte am siebten Tag mit allem Schöpfungswerk auf, das (Gott) gemacht hatte. 3 Und es segnete Gott den siebten Tag, indem (Gott) ihn abtrennte, denn an ihm hörte (Gott) mit allem Schöpfungswerk auf, das Gott erschaffen hatte, es zu machen.“

Was für eine holprige Übersetzung! Um das Konzept von Schabbat als heiliger Zeit zu erklären, ist es richtig, ganz nahe am hebräischen Text zu bleiben. Zwei hebräische Wortwurzeln stehen einander gegenüber: *‘ASAH* und *SCHAWAT. ‘ASAH* heißt machen: erschaffen, schöpfen, kreieren. *SCHAWAT* heißt aufhören: einstellen, niederlegen, streiken. Die göttliche Schöpfung mit all ihren Möglichkeiten war nach sechs Tagen so weit vollendet, dass nur noch die Zeit fehlte, die den Umfang des Tages definierte. So erschuf Gott den siebten Tag. Sein einziger Inhalt war, dass er sich von den vorangegangenen Zeiteinheiten unterscheiden sollte: sechs Tage der Schöpfung, ein Tag der Nicht-Schöpfung. Die neue, letzte Zeiteinheit blieb leer, erhielt aber einen göttlichen Segen und wurde dadurch von den anderen getrennt und gesondert: sie ist heilig. Die hebräische Wortwurzel *QADASCH* heißt heiligen: abtrennen, absondern, separieren.

Gott hörte auf zu schöpfen – und schöpfte dadurch leere Zeit. Gott ruhte nicht am siebten Tag, sondern legte die Schöpfung nieder und erschuf dadurch Schabbat. Gott distanzierte sich vom Schaffen, indem Gott streikte. Am Schabbat ist das Schöpfungswerk eingestellt – ein weißer Schimmel! Die Distanz vermittelt der Zeitleere Heiligkeit. Schabbat ist Gottes heilige Zeit.

Ausschließlich Gottes heilige Zeit, obschon der Mensch in Gottes Ebenbild erschaffen ist. Im gesamten Buch Genesis-*Bereschit* ist von Schabbat nach dessen Erschaffung nicht mehr die Rede. Die drei monotheistischen Traditionen berufen sich auf Abraham, wissen aber nicht, ob und, wenn ja, in welcher Form Abraham Schabbat – oder Sonntag oder Freitag – gehalten hat.

Erst im Buch Exodus-*Schemot* (Ex 16) wird die Einrichtung von heiliger Zeit als Gebot verordnet: zur Einhaltung für die Israeliten. Sie sind der Sklaverei Ägyptens entronnen, befinden sich in der Wüste, ernähren sich von Manna – mit wenig Begeisterung, denn sie trauern sehr schnell den Fleischtöpfen Ägyptens nach. Sie sollen nur so viel Manna auflesen, wie sie an jedem Tag aufessen können, und nichts übrig lassen. Nur am sechsten Tag darf, ja soll es eine doppelte Portion sein, denn am siebten Tag werden sie nichts finden. Wollte Gott am siebten Tag streiken? Ist das denn ein richtiger Streik, wenn die Arbeit ordnungsgemäß, aber vor Streikbeginn, ausgeführt wird?! Der Text ist eindeutig: Gott gab erstens Nahrung für zwei Tage und zweitens Schabbat als heilige Zeit. Es ist das erste Gebot nach der Befreiung. Schabbat ist somit ein Konzept der Freiheit. Schritt für Schritt sollen die Israeliten Kontrolle über ihre Freiheit gewinnen, den Anfang macht die Zeit.

Doch das Schabbatgebot hat nicht nur für die freien Israeliten Gültigkeit, wie das vierte von den Zehn Geboten (Ex 20) deutlich macht. Es gilt auch für die von ihnen Abhängigen, nämlich Söhne und Töchter, Knechte und Mägde, Tiere und Fremde – in dieser Reihenfolge. Die Erinnerung an den göttlichen Streiktag aus der Schöpfungswoche kann dann wach bleiben, wenn alle Gesellschaftsglieder die Möglichkeit haben, das eigene Zeitmanagement zu üben. Erst dann (Ex 23) kommt die Idee der Ruhe dazu: Ruhen bedeutet Aufatmen. Alle haben eine Rechtsverpflichtung auf Schabbat. Und der Familienvater, Gutsbesitzer, Arbeitgeber hat für sein Mehr an Freiheit zusätzlich die Pflicht, seinen Untergebenen Schabbat zu gewähren. An einem Tag in der Woche sind sämtliche gesellschaftlichen Schichten aufgehoben, so dass die Menschen Gottes heiliger Zeit gedenken und sie durch Nicht-Schaffen nachahmen.

Damit noch immer nicht genug. Selbst wer in heiligen Aktivitäten engagiert ist (Ex 31), soll Schabbat die gebührende Heiligkeit einräumen: Genau wie die Gegenstände des Stiftszeltes, also der göttlichen Wohnung, geschaffen *('ASAH)* werden, soll auch Schabbat geschaffen *('ASAH)* werden. Die Schöpfungsgegensätze von *'ASAH* und *SCHAWAT* werden voneinander abhängig, indem sie einander gegenseitig ergänzen. Schabbat ist nicht Pause, sondern der krönende Höhepunkt jeder Schöpfungswoche: Da wo die kreativen Fähigkeiten auf die Schöpfung von Leerzeit gelenkt werden, entsteht Heiligkeit. Einmal in der Woche.

Aleida Assmann

Scham

Schamkultur und Schuldkultur

Dass Scham unmittelbar am Prozess der Menschwerdung beteiligt ist, lässt sich bereits an der biblischen Schöpfungsgeschichte ablesen. Nach dem Sündenfall, der die beiden Aspekte von Erkenntnisdrang und sexuellem Trieb in sich vereinigt, werden sich Adam und Eva zum ersten Mal ihrer Nacktheit bewusst. Mit dieser Einsicht entsteht das neue Gefühl der Scham, das bis dahin ungekannte Reaktionen hervorruft: Sie verhüllen ihre Geschlechtsteile und verstecken sich. Genauer gesagt: Adam und Eva schämen sich plötzlich voreinander, und sie schämen sich gemeinsam vor Gott, gegen den sie verstoßen haben. Hier sind zwei Schamreaktionen miteinander verknüpft, eine Körperscham, die auf das neue Bewusstsein der Nacktheit zurückgeht, und eine Schuldscham, die sich aus dem Bewusstsein einer Verfehlung und der Angst vor den Konsequenzen ergibt. Die biblische Ursprungsgeschichte erzählt also von der Geburt des Menschen aus dem Affekt der Scham, wobei diese Scham eine Doppelreaktion auf körperliche Entblößung und konkrete Schuldgefühle ist. Diese beiden Aspekte, die im biblischen Mythos in einer Wurzel zusammengeführt sind, lassen sich in unterschiedliche Dimensionen verfolgen.

Die Sexual- und *Körperscham* gilt weithin als die prototypische Form der Scham. Als im 18. und 19. Jahrhundert anthropologische Diskurse entstanden, die der Alleinherrschaft des biblischen Menschenbildes ein Ende bereiteten, spielte wiederum die Scham eine große Rolle. Scham wurde zu einem menschlichen Wesensmerkmal aufgewertet, denn Tiere erröten nicht und zeigen sich in der Regel auch nicht peinlich berührt, was auf ein nicht bewusstes und daher auch weniger anfälliges Selbstverhältnis schließen lässt. Unter den möglichen Äußerungsformen des Schamgefühls spielte dabei das Erröten eine hervorragende Rolle. Erröten lässt sich weder unterdrücken noch simulieren; es ist keine symbolische Geste wie das Niederschlagen der Augen, sondern ein unwillkürlicher körperlicher Reflex. Obwohl Menschen beiderlei Geschlechts diesem Reflex unterworfen sind, wurde er im 18. und 19. Jahrhundert als spezifisch weiblich eingestuft. Das lag zunächst daran, dass europäischen Frauen bis in die Neuzeit hinein Schamhaftigkeit als „Schutzmauer der Keuschheit" kulturell vorgeschrieben wurde. Die Schutzreaktion der Scham, die heute auf die Intimsphäre und Menschenwürde bezogen wird, war zunächst also auf die weibliche Scham (im Doppelsinn) gerichtet.

Anders als die Körperscham, die als ein präventiver Selbstschutz für prekäre, fragile, ureigene Aspekte der Person eingesetzt wird, hat es die *Schuldscham* mit der Abwehr von Wirkungen zu tun, die aus negativ bewertetem Handeln hervorgehen. Hier besteht die Befürchtung, dass sich aus dem Fehlverhalten Konsequenzen für das Bild der eigenen Person in den Augen anderer ergibt. Es ist die Angst vor Bloßstellungen, Imageschaden und Reputationsverlust, die von der Gruppe oder der Gesellschaft für die eigene Person ausgehen. Instanz für die sozialen Normen und Werte des Anstands, die über Anerkennung und Aberkennung von Identität entscheiden, sind die Blicke der Mitmenschen, die man auf sich zieht und denen man ständig ausgesetzt ist. Diese Blicke von Zeugen, von anderen, von Öffentlichkeit formieren sich zu einem externen Tribunal, das über Status und Integrität der eigenen Person entscheidet. Kulturen, in denen dieses Prinzip der sozialen Regulierung über verinnerlichte Blicke im Zentrum der Verhaltensordnung steht, nennt man *Schamkulturen*. Ihnen sind die so genannten *Schuldkulturen* gegenübergestellt worden, in denen die Auseinandersetzung mit eigenem Fehlverhalten im Wesentlichen über das individuelle Gewissen oder eine religiöse Instanz geleistet werden kann. Die Integrität der Person ist demnach von ganz verschiedenen Instanzen abhängig: Entweder ist es die Gesellschaft, die von außen über Ruf und Reputation entscheidet, oder aber es steht in der eigenen Verantwortung, auf den Wegen einer universalistischen Moral oder Religion mit sich selbst und der eigenen Schuld ins Reine zu kommen. Schamkultur und Schuldkultur sind keine trennscharfen Begriffe. Sie markieren lediglich zwei verschiedene sittliche Instanzen, denen gegenüber sich eine Person zu verantworten hat. In der Regel hat man es mit beiden zu tun, man ist den Ansprüchen und der Kritik seiner gesellschaftlichen Umwelt ausgesetzt, und man fühlt sich einer höheren Instanz gegenüber verantwortlich, manchmal kann der bzw. die Einzelne aber auch wählen, welcher Instanz er oder sie den Vorzug geben möchte.

Bei aller Skepsis gegenüber einer plakativ vereinfachten Kulturtypologie ist die Gegenüberstellung der Begriffe Scham- und Schuldkultur dennoch instruktiv, weil sie den Prozess beschreibbar macht, in dem sich Gesellschaften in der Geschichte in die eine oder andere Richtung entwickeln können. Sie ist auch von Bedeutung, um überhaupt über das Phänomen eines *kollektiven Schamgefühls* ansprechen zu können. Die Gesellschaft des Zweiten Kaiserreiches zum Beispiel näherte sich dem Pol einer Schamkultur an. Das bedeutete, dass die transzendenten Ressourcen der universalistischen Moral und individuellen Selbstbestimmung dem immer größeren Druck einer sozialen, später nationalen Normierung wichen. Insbesondere war es der zunehmende Einfluss des Militärischen auf alle Lebensbereiche, der zu einer starken Außenstabilisierung der Person führte. In der militärischen Rangordnung steht und fällt der Einzelne mit seiner festen Einbindung in die Gruppe, und es sind diese Normen und Werte der Gruppe, die die Handlungsspielräume der Individuen festlegen und über Status und Reputation, Ehre und Schande, Wert und Unwert, Sein und Nichtsein entscheiden. Die Übertragung dieser Gruppenordnung auf eine ganze Gesellschaft hat zu einem schrittweisen Abbau an Individualität, Differenz und Vielfalt geführt. Die Duellkultur der Wilhelminischen Ära – man denke an Fontanes „Effie Briest" – und die Mythologie der Ehre im bürgerlichen Trauerspiel – man denke an Hebbels „Maria Magdalene" – waren Ausprägungen einer anschwellenden Schamkultur. Trotz des kritischen Einspruchs literarischer Werke wie der eben genannten wurde diese Tendenz der Kultur zur sozialen Vereinheitlichung nicht gebremst, sondern im Gegenteil mit dem Ersten Weltkrieg noch gesteigert. War zuvor von der Geburt des Menschen aus dem Affekt der (Körper-)Scham die Rede, so kann jetzt von der Geburt der Nation aus dem Affekt der Kollektivscham bzw. -ehre gesprochen werden. Die nationale Ehre, für die das deutsche Volk als Kollektivsubjekt in den Krieg gezogen war, hatte sich mit der Niederlage in eine „nationale Schmach" verkehrt. Die neuen Normen, denen man sich daraufhin willig unterwarf, und die Hoffnungen, die man auf Hitler setzte, hatten etwas mit der Reinigung des kollektiven Selbstbilds und der Erlösung von dieser Schmach zu tun. Im militärisch heroischen Kode (wie dem Duell) lässt sich der Verlust von Ehre nur durch den Tod oder die Wiederherstellung von Ehre beantworten. Hitler, der das deutsche Volk auf seine nationale Ehre einschwor und versprach, ihm diese zurückzugeben, schrieb 1945 in sein Testament, dass er den Freitod wählte, um der „Schande des Absetzens oder der Kapitulation zu entgehen". Nach dem Zweiten Weltkrieg und dem Holocaust hatten die Deutschen einen Ehrverlust von noch nie da gewesenen Ausmaßen zu verkraften. Sie waren weltweit blamiert, an die Stelle von kollektiver Ehre und Schande waren die neuen Begriffe von „Kollektivschuld" und „Kollektivscham" getreten. Sie betrafen, um es mit den Worten von Thomas Mann zu sagen, „ein Volk, das sich nicht sehen lassen kann".

Der militärische Scham-Kode ist minimalistisch. Er kennt nur die entgegengesetzten Pole von Ehre und Schande und damit die Aporie von Tod und Gewalt. Zum Überleben und Weiterleben hat er nichts anzubieten. Um mit der deutschen Geschichte in der Weltgeschichte weiterleben zu können, mussten jene Begriffe durch andere ersetzt werden, die in der ersten Generation Schuld und Sühne sowie Vergangenheitsbewältigung und Wiedergutmachung hießen und in der zweiten Generation Verantwortung, Erinnerung und Lernen heißen. Die deutsche Nachkriegsgesellschaft hat sich damit aus einer Schamkultur in eine Schuldkultur verwandelt, die die zutiefst destruktiven und beschämenden Stationen ihrer Geschichte nicht tabuisiert hat – denn ein Tabu ist nichts anderes als eine schamgeleitete Form des kollektiven Selbstschutzes –, sondern sie anerkennt und verinnerlicht, um auf diese kollektive Erfahrung eine demokratische Zivilgesellschaft zu gründen.

Hanns-Josef Ortheil

Schönheit

Ahnung vom fernen Paradies

Wenn ich an einem frühen Sommermorgen durch ein Fenster unseres Hauses in den recht großen Garten blicke, erlebe ich ihn als schön. Dieses Erlebnis ist eine unmittelbare Gewissheit, entsteht also weder durch langes Nachdenken noch durch ein zielgerichtetes Handeln. Ich schaue hinaus und betrachte, mehr braucht es nicht, um eine solche Gewissheit zu erlangen. Jedes Mal aber überrascht es mich neu, oft hat das Schöne sogar etwas von einem plötzlichen Schock. Im Verhältnis zu dem, was ich sonst sehe, überwältigt es, denn es stellt sich diesem Alltäglichen entgegen, als gebe es ein reines Ideal jenseits der Dinge, mit denen wir uns umgeben. So spielen in seiner Wahrnehmung zunächst einmal zwei Momente zusammen: ein eruptives, das mich packt, und ein ordnendes, das mich in eine kontemplative Stimmung versetzt.

Wäre ich ein antiker Philosoph, würde ich das Schöne meines Gartens zu verstehen versuchen, indem ich einige seiner Ordnungsmomente noch genauer bezeichnete. Dass die vier Apfelbäume am Rand eines größeren Beetes entlang laufen und dieses Beet dadurch rahmen, wäre ein solches Ordnungsmoment. Dass dieselben Apfelbäume so hintereinander stehen, dass sie durch ihren unterschiedlichen Wuchs eine aufsteigende Linie vom vordersten kleinsten bis zum hintersten größten bilden, wäre ein zweites.

Als antiker Philosoph käme es mir also vor allem auf die Beschaffenheit meines Gartens an, auf seine Symmetrien, seine Farben, sein Leuchten, auf all das also, was meinen Sinnen so große Freude bereitet.

Hätte ich als antiker Philosoph dadurch aber schon viel vom Schönen verstanden? Gewiss, ich hätte das Schöne als ein hervorstechendes Sinnenerlebnis erkannt, als einen Moment, in dem die sonst so zerstreute und chaotische Welt in einem Bruchstück eine Art vagen Zusammenhang demonstriert. Andererseits aber hätte ich noch nicht genau zu sagen gewusst, warum ein solch schöner Zusammenhang mich derart für sich einnehmen kann.

Als mittelalterlicher Philosoph hätte ich mich mit dieser weiterführenden Frage einfacher getan und – wie etwa Hugo von St. Viktor – dargelegt, dass die Schönheit des sichtbaren Universums auf die Schönheit des unsichtbaren Schöpfers verweise.

Schaute ich mit einem derart mittelalterlichen und geleiteten Blick noch einmal in meinen Garten, so würden mich seine vielfältigen Ordnungen und Zusammenhänge ja in der Tat erst dadurch überraschen, dass sie einmal von Menschenhand hergestellt wurden. In diesem Sinn würde die schöne Ordnung des Gartens auf die Ideen eines Schöpfers oder Gärtners verweisen, der sie erst zusammen gebracht und dadurch komponiert hätte.

Was mich an meinem Garten packt und entzückt, hat aber genau damit zu tun. Es ist nämlich gerade nicht die bloße Symmetrie oder ein momentanes Zusammenspiel der Farben, sondern die planerische Phantasie, die sich mir freilich ohne viel Aufhebens, und ohne an erster Stelle auf sich aufmerksam zu machen, präsentiert.

Als neuzeitlicher Philosoph hätte ich die Schönheit meines Gartens dann jedoch vor allem als Stimmung meiner Sinneseindrücke verstanden. Gott und die göttlichen Ordnungen hinter mir lassend, hätte ich darauf verwiesen, dass das Schöne immer nur eine bloß subjektive Empfindung sei, die im jeweiligen Betrachter ein Gefühl harmonischer Übereinstimmung ganz unterschiedlicher Momente hervorrufe.

In der Perspektive des neuzeitlichen Philosophen hätte ich meinen Garten nicht als weniger schön, sondern eher als Anlass zur Erzeugung einer schönen Empfindung betrachtet. Auch diese Empfindung aber hätte etwas von einem starken Reiz und einer unmittelbaren Anziehung, die ich ja schon dadurch in mir feststellte, dass ich die schöne Empfindung nicht nur hinnehmen, sondern immer wieder hervorzubringen suchen würde. Beruhte dieser Reiz auf einem bloßen Wohlgefühl und bloßer Empfindung, könnte er mich nicht derart fesseln und beeindrucken, er würde sich mit der Zeit verbrauchen.

Gerade so ergeht es mir aber mit dem Schönen nicht. Ich bin von seinem Eindruck, mag er nun zu den Dingen selbst gehören oder von mir hervorgebracht sein, derart gebannt, dass ich der stummen Versenkung, die zu diesem Zustand gehört, immer wieder nachgehe. Auch das Suchen und Leben des neuzeitlichen Menschen ist derart – bis in unsere Gegenwart, die sich so schwer tut, sich zur reinen Schönheit zu bekennen – von einer Suche nach und einem Leben des Schönen bestimmt, und wie seit ewigen Zeiten erweist sich dieses Schöne als umso haltbarer und beständiger, je mehr ich es auf eine planerische Idee und damit gleichsam auf die Phantasie eines Gärtners beziehe.

In diesem Sinn treffen sich die drei grundlegenden Vorstellungen von Schönheit über die historischen Grenzen hinweg. Wenn ein schöner Zusammenhang mich packt, so erlebe ich ihn unter der Voraussetzung einer mir übergeordneten Phantasie, eines Weltplans, einer universellen Übereinstimmung.

Selbst wenn ich mich also nicht mehr zu einem ordnenden und planenden Gott bekenne – das Schöne erweckt doch noch immer den Anschein eines fernen, idealen, dem Menschen überlegenen Konzepts.

Das Erlebnis des Schönen ist daher heute eine Erfahrung, in der ich gleichsam „jenseits der Zeiten" die drei grundlegenden Ideen vom Schönen zusammenbringe: indem ich das Schöne erlebe als momentane Überwältigung durch Ordnungen, die eine andere Herkunft haben müssen als eine bloß kontingente oder menschliche. So gesehen ist die Wahrnehmung des Schönen eine Art Träumen, es ist der märchenhafte Traum des Menschen von seinem Umgang mit Gott, eine Ahnung von der Ferne des Paradieses.

Maria Jepsen

Schuld

Türen der Vergebung

In Gedanken versunken im Sommer, allein durch den Garten gehend und unter die Bäume, summe ich. Summe Johannes Petzolds Wintermelodie – das tue ich manchmal, unbewusst, weil sie so schön ist – die Melodie von „Die Nacht ist vorgedrungen". Und die Sonne scheint. Und Wörter stellen sich mir ein zur Melodie, von Jochen Klepper, die Wörter, die dazugehören. Und ich summsinge es in mir.

Wer schuldig ist auf Erden,
verhüll nicht mehr sein Haupt.
Er soll errettet werden,
wenn er dem Vater glaubt.

Lautet so überhaupt Kleppers Text?

Später dann und wieder im Haus sehe ich nach und bemerke den Unterschied.

… wenn er dem Kinde glaubt, hat Klepper gedichtet. Nicht: *… wenn er dem Vater glaubt.*

Das ist schon ein komischer Fehler, den ich da mache.

Als wäre die Schuld, dieser schwarze Kasten, den ich auf dem Rücken trage, voll mit meiner eigenen Schuld, als wäre die Schuld nichts für Kinderfinger. Vom Vater sing' ich, sang ich, in mir.

Als dürfte, könnte und müsste ich ihn – den Kasten, die Kiste, das Kästlein, was weiß ich, wie groß das ist auf mir – vor Gott selber auspacken, dem Allmächtigen, dem Weltenlenker, dem Pantokrator.

Und nun hör' ich Klepper sagen und andeuten: die Schuld, dein Schuldigsein, wo du *schuldig bist auf Erden* geworden, das ist Kinderkram. Das musst du gar nicht ganz bis in den Himmel mitschleppen, bis zum Jüngsten Gericht am Jüngsten Tag, zu dem erhabenen Gott; das kannst du im Stall von Betlehem abstellen. Beim Kind. Schon mal' ich's mir aus, wie das Marienkind nach den königlichen Geschenken greift, Gold, Weihrauch und Myrrhe, nach den Gaben der Hirten und all dem andern der andern auch. Und wie es danach dann an meinen Schwarzkasten gerät, ihn öffnet – als wären's ihm Spielsachen darin und gar nicht schlimm.

Oder verletzt er sich daran, schneidet es ihm feine Kratzer in die Haut? Wie weit geht, wie tief, was ich tat und tue, dieses Kindlein an?

Fürwahr, er trug unsere Krankheiten und lud auf sich unsere Schmerzen, ist um unserer Missetat willen verwundet und um unserer Sünde willen zerschlagen – sagt das Jesaja, vorausahnend, wirklich über Jesus und mich?

Wie früh werden wir unsere Schuld los, was darf ich anderen sagen, ohne zu lügen? Erst am Ende der Zeit, ganz, ganz spät? Oder ist wirklich schon der Tag von Betlehem der große Versöhnungstag, und es hat sich mit der Geburt Jesu Christi wirklich alles verändert?

Schwer war das Kind, das Christophorus trug, schwerer als Kinder sonst, erzählt mir die Legende.

Wer schuldig ist auf Erden,
verhüll nicht mehr sein Haupt.
Er soll errettet werden,
wenn er dem Kinde glaubt.

Dem Kind schon, sagt Klepper.

Es ist noch leichter, als du denkst, sagt Jochen Klepper mir also, mitten im Sommer. Leichter als in den Himmel oder auf den Kalvarienberg ist's, in einen Stall zu gelangen. So leicht sei es, die Vergebung der Schuld zu finden. Wie durch eine Stalltür zu gehen, so leicht. Die Stalltüren der alten Zeit sind nie abgeschlossen.

Fast wie bei Kafka gegen Ende des Prozesses:

Hier konnte niemand sonst Einlass erhalten, denn dieser Eingang war nur für dich bestimmt. Ich gehe jetzt und schließe ihn.

Auch der war die ganze Zeit unverschlossen gewesen.

Eine Stalltür – für mich. Für alle andern aber auch. Dahinter das Kind.

Das Paradies wird bewacht. Betlehem nicht.

Gott hat uns das Schwere leichter gemacht, als wir denken.

Als wollte Gott uns auch noch die Angst nehmen, vor ihm zu stehen, als wollte er uns auch noch den schrecklichen Blick auf das

Kreuz ersparen, mutet er uns nur den Blick auf ein Kind zu: da ist das Heil, der Heilmacher deines Lebens – so singt es mir Klepper vor.

Ich werde das Lied, nachdem ich dies hier aufgeschrieben habe, nicht mehr falsch vor mich hinsummen können, in der größten Hitze nicht.

So leicht, wie Schatten zu finden unter den Bäumen im Garten, ist es, Vergebung zu finden der Schuld.

Was ich mit Gott abzumachen habe, ist abgemacht. Hat er mit mir abgemacht, lange bevor ich geboren bin und ich ihn kenne, in Betlehem und auf Golgota, dann bei meiner Taufe und bei jedem Abendmahl. Daran glaube ich. Darauf vertraue ich.

Also gut mit Gott, mit Gott ist es relativ leicht, aber unter uns Menschen, auf Erden, hier und jetzt: Finde ich da auch offene Türen? Da muss ich erst Türen bauen. An mir selber. Da muss ich Türen suchen an den anderen. Da muss ich auf Leute hoffen, die Türen bauen und Türen zu öffnen bereit sind. Mehr als Klöndöörs.

Am liebsten möchte man ja eine Schule einrichten dafür, so wie es Schulen gibt für Kompliziertes: Tanzschulen, Zirkusschulen und Lehranstalten für Stenographie. Eine Schule für den Umgang mit Schuld und Vergebung, deren Klassen man dann zu durchlaufen hätte. Die Klasse des Vergebenlernens; die Klasse des Vergebung-Empfangens; die Klasse des Schuldbenennens und -bekennens; das Seminar Verdrängen und Aushalten; Kurse über Albträume, Rache und Strafe, und so weiter. Einen Musikraum. Groß wie ein Schloss wäre diese Schule.

Doch wer sollten die Lehrkräfte sein in ihr?

Oder es ist doch ganz anders: und genau so leicht, wie wir unter den Augen unserer Eltern das Laufen lernten oder uns selbst das Radfahren beibrachten, mit ein paar Stürzen, ist es auch mit dem Umgang mit der Schuld, und wir brauchen gar nicht die Fähigkeiten eines Trapezkünstlers dafür?

Tolstoi deutet das einmal an in einer Erzählung über das Streiten und Vertragen: wie die Eltern noch erregt am Schlichten sind, aber die Kinder spielen längst wieder zusammen.

Der Mensch kann schuldig werden. Der Mensch kann vergeben, kann entschuldigen und kann um Entschuldigung bitten.

Jeder und jede. Es gibt da keine Genies, besonderen Talente. Es liegt in allen.

Und die Religionen, sie sind solche Schulen für das Elementare. Seit je. Sie wissen, wozu der Mensch fähig ist. Im Bösen wie im Guten.

Meine Schuld vor Gott und meine Schuld vor Menschen kann, muss ich nicht ganz voneinander gelöst sehen, genauso wenig wie Krippe und Kreuz.

Vergib uns unsere Schuld, wie wir vergeben unseren Schuldigern – das weiterzusagen bleibt unsere Chance und Hoffnung. Gegen alles Verschweigen und gegen alle Gleichgültigkeit und Verrohung.

Günther Jauch

Schule

„Erotik des Gripses"

Ich möchte, dass meine Kinder in der Schule angehalten werden zu lernen, damit sie später in der Wissensgesellschaft mithalten können. Sie sollen deswegen im Unterricht natürlich etwas über Sprachen, Naturwissenschaften, Deutsch, Kunst und Musik erfahren und zumindest mehr oder weniger darüber Bescheid wissen. Sie sollen in der Schule aber auch lernen, dass man anderen beistehen soll, dass Teamfähigkeit wichtig ist und dass es sich lohnt, Verantwortung zu tragen. Vor allem geht es mir darum, dass ihnen nicht nur zusammenhangloses Faktenwissen vermittelt wird, um damit vielleicht einmal in einer Quizshow glänzen zu können, sondern dass sie analysefähig werden, d. h. fähig, Zusammenhänge zu erkennen und zu durchschauen. Das bezieht sich nicht nur auf die Lern- und Wissensfächer und meint auch nicht nur intellektuelle Fertigkeiten. Viele Tugenden, deren Vermittlung ich mir von einer Schule erhoffe, werden gerade in den musischen Fächern und besonders im Sportunterricht erlernt und geübt.

Schule soll Lernen lehren. Deshalb habe ich auch auf einen Schulwechsel meiner Töchter bestanden. Wenn ich sie nachmittags gefragt habe, wie es in der Schule war, erntete ich regelmäßig ein gelangweiltes „gut“. Gleichzeitig stellte ich fest, dass es bei den Grundfähigkeiten Lesen, Schreiben, Rechnen doch länger haperte, als mir lieb war. Ich stellte fest: Manchen Lehrern war es offensichtlich wichtiger, dass die Kinder sich wohl fühlten, als auf eine gewisse Leistungsfähigkeit zu achten. Die Kinder wurden aber nicht zwangsläufiger lebensfroher, im Gegenteil. Ständige Unterforderung führt genauso zur Verdrossenheit wie eine, natürlich ebenfalls fatale, Überforderung.

Ich konnte mich jedenfalls nicht damit anfreunden, dass ein Diktat mit sieben Fehlern immer noch mit „sehr gut“ bewertet wurde und der Klassenspiegel lauter Einsen und drei Zweien auswies. Ich glaube auch nicht, dass auf lange Sicht eine solche Schule Kindern Spaß macht.

Mittlerweile gehen die Mädchen auf Schulen, auf denen sie gefordert werden. Da schreiben sie mal eine Zwei und manchmal eine Vier. Und ausnahmsweise eine Fünf und noch seltener eine Eins. Aber sie haben einen Maßstab – und sie strengen sich an. Sie lernen, wie man lernt. Und sie lernen, dass das Scheitern dazugehört. Deswegen finde ich es auch wichtig, ein Instrument zu lernen und Sport zu treiben. Musik ist ständige Übung und permanentes Scheitern. Gleichzeitig macht es Spaß, wenn man die Fuge endlich fehlerfrei hinbekommt oder die 1000 Meter zum ersten Mal unter 3:30 Minuten gelaufen ist.

Wenn ich an meine eigene Schulzeit denke, bleibt ein gespaltenes Gefühl. Als Kind habe ich die Schule als lästig, einengend und auch als partiell nutzlos erlebt. Im Nachhinein sehe ich natürlich, dass ich bis heute von vielem profitiere, was ich damals nur fluchend zur Kenntnis nahm. Profitiert habe ich von Lehrern, die leidenschaftlich waren. Die nicht nur den üblichen Stoff heruntergerasselt haben, sondern eben auch einmal ein Arbeitsblatt mehr entwickelt haben. Lehrer, die nicht im Anzug und der Trillerpfeife im rechten und der Roth-Händle im linken Mundwinkel Sportunterricht erteilt haben, sondern taktisch und technisch etwas draufhatten. Am liebsten waren mir selber immer die Lehrer, die sich auch für die soziale Situation der Schüler interessierten und sich bemühten, uns auch menschlich zu formen.

Zwei Lehrertypen haben für mich ausgedient: die autoritäre Knallcharge und das mediokre Weichei. Mein bester Lehrer unterrichtete Deutsch. Er brachte mir bei, vernünftig und abgewogen zu argumentieren, andere Meinungen gelten zu lassen, erst hinzusehen, dann zu urteilen – und schließlich entsprechend zu handeln. Er bemängelte selbst glänzende Aufsätze, wenn sie zu viele Rechtschreibfehler enthielten, und er durchschaute schnell die Schwadroneure einer Klasse. Er hielt Distanz zu den Schülern und war uns trotzdem sehr nah.

Ich halte eine zu frühe Spezialisierung für problematisch und meine, dass eine möglichst breite Allgemeinbildung wichtig ist. Ich bin auch dafür, dass jedes Kind die ihm gemäße Schule besucht und nicht zur Projektionsfläche seiner ehrgeizigen Eltern wird. Wichtig scheint mir auch, dass die Schule eine gewisse Stetigkeit vermittelt. Die Kinder sollen lernen, sich Zeit zu nehmen und sich auch mal länger als eine halbe Stunde mit einem Gegenstand auseinander zu setzen. Sie sollen lernen, sich zu konzentrieren. Sie sollen auch spüren, dass es Spaß macht, wenn man etwas weiß. Mit der Zeit sollten sie einen Sinn für die „Erotik des Gripses“ entwickeln. Auf ganz konkrete Bildungsinhalte möchte ich mich dabei gar nicht festlegen. Im normalen Leben ist mir ein begnadeter und seriöser Handwerker, der seinen Beruf perfekt und mit Leidenschaft beherrscht, zehnmal lieber als ein mittelprächtiger Philosoph, der die einschlägige Sekundärliteratur nur mühsam beherrscht.

Ich fühle mich nicht berufen, eine Antwort auf die Frage zu geben, welche Fächer unsere Kinder in welchen Schulen in Zukunft lernen sollen. Ich weiß natürlich auch nicht, welches Wissen in 10, 20 oder 30 Jahren von Bedeutung ist. Ich weiß nur, dass eine gute Bildung von bleibendem Wert ist. Menschen können alt, krank oder arm werden, aber von einer guten Allgemeinbildung können sie fast immer bis an ihr Lebensende zehren.

Willi Butollo

Seele

Seelenpflege – Beziehungspflege

„Die Seele“, zentraler Begriff in den meisten Religionen, entzieht sich per definitionem allen Versuchen, sie zu fassen. Die Psychologie, einst ausgezogen, das mit objektiven Methoden doch noch zu schaffen, hat mittlerweile längst kapituliert, sich auf Teilaspekte beschränkt. Das gilt u. a. für die Suche nach Gesetzmäßigkeiten, wie der Mensch Umweltvorgänge moduliert und daraus kohärente Erlebnisse konfiguriert. Oder für die Detailprozesse der Sinneswahrnehmung, die Formen der Erfahrungsbildung im Gedächtnis, bis hin zu Entwurf und Steuerung des lebendigen Verhaltens. Unbefriedigend für jeden, der auszog, die Geheimnisse der spezifisch menschlichen Existenz zu ergründen, wenn auch die Derivate des „Seelischen“ in der heutigen Psychologie zweifelsohne Teilerfolge vermelden und durchaus praktische Bedeutung erlangen.

Und dennoch, ist es nicht erstaunlich, wie verschämt die Frage nach der Seele unbeantwortet blieb und, als handelte es sich um eine Peinlichkeit, einfach beiseite gestellt wurde? Und das, obwohl uns das Rätsel der phänomenologischen Erscheinung im „Erleben“ täglich und ständig begleitet.

Denn bis heute weiß keiner zu erklären, wie so etwas wie die subjektive (welche sonst) Erfahrung von Farben, Tönen, Musik, Gesichtern, Landschaften usw. usw. in dem Gewirr elektrophysiologischer und biochemischer Prozesse denn wirklich zustande kommt!

Wir wissen nicht einmal, ob die Qualität von Wahrnehmungen – bleiben wir bei den Farben, etwa das Rot, Gelb oder Grün – von Mensch zu Mensch verschieden ist. Im Siegestaumel der Neuro- und Genwissenschaften wurden diese peinlichen Lücken der menschlichen Allmachtsphantasie klammheimlich übergangen.

Keinen Millimeter weit konnten diese zentralen Fragen, nicht einmal die großen, wie die nach der Seele, sondern auch die scheinbar kleinen, wie die nach der Erlebnisqualität der menschlichen Wahrnehmung, vorangebracht werden. Ganz zu schweigen von den

Rätseln, die sich im Prozess der *Begegnung* des Menschen mit seiner Welt bzw. mit seinen Mitmenschen auftun. Das Leib-Seele-Problem wurde als falsch gestellte Frage verdrängt und in dem zum Rasen gewordenen, am Fortschritt orientierten Forschen schlichtweg zurückgelassen.

Und dennoch wird der Begriff für dieses unbekannte Objekt in der Sprache verwendet, als handle es sich um einen Gegenstand, der irgendwie zwischen den Molekülen des Körpers existiert, der für die Lebendigkeit, und zwar die spezifisch menschliche, verantwortlich ist. Die Menschen reden offensichtlich davon, als wäre sie fassbar, machen sie so zu etwas Vertrautem und verschaffen sich damit die Illusion, sie kontrollieren zu können. Sie wurde zur sprachlichen Wirklichkeit, wie die UFOs zum Beispiel, und verfügt so über eine irgendwie geartete, irgendwie entstandene Vorstellung, die ihr gewissermaßen zugeordnet wurde.

Wenn man nun schon die Seele weder wissenschaftlich noch sonstwie „dingfest" machen kann, dann bietet es sich wenigstens an, zu eruieren, welche Eigenschaften diesem Begriff im Sprachgebrauch durch die Menschen implizit unterlegt werden.

Dabei stellt sich heraus, daß in der Regel von einer *Entität* ausgegangen wird, sie existiert, zwar nicht als Körper, aber grundsätzlich doch so irgendwie: Jeder Mensch *hat* bzw. *ist* sie und verliert sie im Zuge des Ablebens aus dem „Leib-haftigen" irgendwohin. So in etwa lauten die *Vorstellungen.* Sophistiziertere Versuche teilen sie in Abschnitte, Stufen, Nischen, die es im Verlauf des Lebens zu erklimmen bzw. zu überwinden gilt, und das Gelingen des Lebens wird an der erlangten Reinheit der vom Staube des Irdischen befreiten „Essenz" gemessen. Und dennoch, die Seelen sind in diesen Vorstellungen stets Einzelne: Die Seelen werden, wie die Körper, als voneinander getrennt existierende gedacht. Und letztlich schaffen diese Vorstellungen, über die wir untereinander sprechen, Wirklichkeiten, die aus diesen Vorstellungen hervorgehen, durch sie bestimmt werden.

Was ändert sich plötzlich, wenn diese Fixierung der Vorstellung von Seele als etwas Einzelnem beiseite gelassen wird und man folgende Spekulation wagt: *Seele = Beziehung.* Ergo gäbe es Seelisches nur in der Interaktion von Wesen, wobei die Art und die Qualität der Begegnung die Art und die Qualität des Seelischen bedingen würde. Seele wäre also etwas *zwischen* den Wesen, durch das die beteiligten

Wesen erst konstruiert werden. Schlagartig tun sich Beispiele auf, die dieser Sichtweise Nahrung geben, etwa die Eigentümlichkeiten zwischenmenschlicher Bindungen und ihre Auswirkungen auf Befinden und Verhalten. Oder die Phänomene der Heilung oder Kränkung durch Begegnung oder die Rolle der Existenzangst (vgl. W. Butollo: Die Angst ist eine Kraft, Weinheim 2000).

An dieser Stelle wird es unerlässlich, Martin Buber zu bemühen, den Denker der Begegnung, der die Welt des Seins und des „Phänomenalen“ als *Konstruktionsfolge der Qualität der Begegnung* entwirft (M. Buber: Ich und Du, Heidelberg 1983, 11. Aufl.).

Je nachdem, wie sich der Mensch der Welt zuwendet, *so aktiviert er sich und die Welt in der Beziehung;* indem er in die Beziehung eintritt, schafft er Wirklichkeit. In Bubers Terminologie hängt diese Wirklichkeit dann davon ab, welche „Grundworte“ er spricht, wobei die Grundworte „Ich-Es“ und „Ich-Du“ Wortpaare sind.

Wendet man diese Sicht auf die eingangs aufgeworfene Frage nach der Seele an, so würde diese die aktivierte Beziehung *sein,* in der *Verbindung* existieren und die Spielform des Seelischen durch die *Intensität,* die *Qualität* und die Dauer dieses Netzwerkes von Beziehungen bestimmt sein. Am Ende eines – hoffentlich gelungenen – Lebens stünde dann nicht eine gereinigte Entität, sondern ein aktives, vielfältiges Netz von Begegnungen, das keineswegs konfliktfrei, sondern im Gegenteil, gerade durch das konflikt-kreierende Ringen zu einem intensivierten Beziehungsgeflecht würde.

Unerledigte Beziehungen belasten das Geflecht, stören die Balance, fordern noch Kraft, wenn die eigentliche „Arbeit“ der Begegnung beendet zu sein schien. Erledigte Beziehungen hingegen machen frei, spannen den Raum weiter, knüpfen an andere Netze an, erlauben neue Begegnungen.

Man stelle sich vor, diese Sicht von Seele würde so selbstverständlich zur Vorstellung im alltäglichen Sprachgebrauch, wie das derzeit mit der „Entität“ des Seelischen der Fall zu sein scheint: Das Leben der Menschen würde sich ändern. Die Folgen traumatischer Erfahrungen etwa müssten neu durchdacht werden (W. Butollo, M. Krüsmann, M. Hagl: Leben nach dem Trauma, München 1998). Wenn klar ist, dass – zumindest diesem Modell zufolge – seine Seele pflegt, wer seine Beziehungen pflegt, ändert das die Perspektive vom Seelenheil ganz gewaltig. Was, fragt man sich, steht „intra-psychisch“, also in den Eigentümlichkeiten des menschlichen Denkens, über sich, sein Wesen, seine Seele, einem derartigen Paradigmenwechsel im Wege? Welche Verluste, welcher scheinbare Besitz muss aufgegeben werden, wenn die Seele als Vorstellung von etwas Gegenständlichem durch die Vorstellung vom Seelischen als Beziehung ersetzt würde? Sinnieren Sie weiter!

Ulrich Stock

Shopping

Im Orbit des Konsums

Geld regiert die Welt, mehr auch nicht. Die Kaufkraft versiegt in zwölf Kilometer Höhe. Linienflugzeuge bieten die letzte Möglichkeit zum Shopping. In Raumstationen sucht man einen Kiosk vergebens. Auf dem Mond gibt es zwar ein paar Autos, aber nicht ein Autohaus. Auf dem Saturn gibt es gar nichts. Noch hat kein Weltraumteleskop irgendwo in oder jenseits der Milchstraße Währungsvorkommen entdecken können. Überall Kometen, nirgends Moneten.

Außerirdische haben kein Geld, weshalb sie bei ihren gelegentlichen Erdbesuchen nie in Supermärkten oder Kaufhäusern gesichtet wurden. Klamm und heimlich überfliegen sie allenfalls mal eine Tankstelle in entlegener Gegend, meist tief in der Nacht, jedenfalls außerhalb der Öffnungszeit.

Sie sind neugierig, aber sie tun sich schwer, ihre Schwellenangst zu überwinden. Zahlungsverkehr finden sie so fremdartig wie faszinierend. Sie rätseln, was die Menschen finden an den textilen Lappen und Metallstücken. Auf Beteigeuze zählen andere Werte.

Schon die Inkas haben sie beobachtet wegen des Goldes. Aber seither sind sie nicht viel schlauer geworden. Die Menschen ändern ja alle naslang ihre Wirtschaftsform. Feudalismus, Kapitalismus, Sozialismus, wer soll da noch durchblicken?

Gerade schlägt die Stunde des Postkapitalismus. Paradigmenwechsel! Die Vernichtung des Kapitals wird wichtiger als seine Anhäufung. So nach dem Motto: Geld macht nicht glücklich, Geld ausgeben schon.

Pünktlich zum Jahr 2001 hat ein sehr, sehr reicher Amerikaner den Anfang gemacht und zig Millionen Dollar dafür gezahlt, einmal dorthin vorzustoßen, wo es keinen Cent gibt. Von der Last des Geldes befreit, fühlte er sich schwerelos und glücklich. Als erster Universumstourist der Menschheitsgeschichte hockte er mit dem Photoapparat an den Bullaugen seines Raumschiffes und machte tagelang Schnappschüsse von der blauen Kugel.

Von seinem Beispiel befeuert werden demnächst mehr und mehr Besitzende in den Orbit starten und berauscht zusehen, wie sich ihr Geld in luftleerem Raum auflöst. Symbol ihres Loslassens wird die veränderte Ernährung sein. Statt schmackhafter Kost Paste in Plastik, kosmisches Manna aus Sendbeuteln der Zukunft.

Solche Erfahrungen werden auf die da unten zurückwirken. Schon jetzt sind Reis und Brot, Kartoffeln und Nudeln, Bohnen und Mais nur noch etwas für Bedürftige. Wer es dicke hat, isst industriell, kauft Kalorienreduziertes und für die Mikrowelle Eingeschweißtes. In den Küchen des Westens ist Mobilmachung – der Aufbruch ins All steht unmittelbar bevor!

Ähnlich verhält es sich mit der Garderobe. Während die Dritte Welt kaum mehr als Fetzen am Leib hat, legen die Bürger Europas ihre angestammte Kleidung ab und farbenfrohe Funktionswäsche an, die jeden Wochenendausflug auf Rädern oder Rollen zur Probe für den Weltraumspaziergang erhebt. Der atmungsaktive Goretex-Wams wird zum paradoxen Vorläufer des Druckanzugs.

Wer derart ausgerüstet im Wald unterwegs ist, mag minder modernen Zeitgenossen selbst als Außerirdischer erscheinen. Kann es eine schönere Bestätigung fürs richtige Outfit geben?

Die Einkaufszentren der nördlichen Halbkugel nehmen die Entwertung des Geldes vorweg, indem sie das Angebot unnötiger Waren zu astronomischen Preisen dramatisch vergrößern. Und die gutsituierte Kundschaft greift dankbar zu. Wer sein Geld heute für sinnlose Dinge ausgibt, wird morgen leichten Herzens ganz darauf verzichten können.

Zusehends größere Summen werden für Unfassbares ausgegeben. Ware wird durch Software ersetzt. Die so genannten Surfer, selbst Artefakte der Überflussgesellschaft, segeln nicht mehr vor dem

Wind, sondern im Netz. Ihre Bretter ersetzen sie durch Schirme, an die Stelle der Virtuosität rückt die Virtualität. Navigation ist keine Frage der Orientierung mehr, sondern des Browsers.

Im selben Maße, in dem die Physis handelbarer Objekte in den Hintergrund tritt, gewinnt die Psyche der handelnden Subjekte an Bedeutung. Stärkstes Motiv für den Einkauf heute, da die Wohlhabenden nichts wirklich brauchen, ist das Einkaufserlebnis. Nicht mehr der angestrebte Besitz ist das Movens, sondern die Zeremonie seiner Übergabe. Das erworbene Gut darf minderwertig sein, aber nicht scheinen.

Und die Kunst? Nach Ladenschluss spielen die westlichen Bühnen „Shoppen & Ficken", ein Stück, dessen plakativer Titel den Besuch einer Vorstellung entbehrlich erscheinen lässt, ihn aber gerade dadurch erstrebenswert macht. Verwunderlich ist im historischen Rückblick, dass beim legendären Stichwort vom Erweiterten Kulturbegriff niemand an Konsum gedacht hat.

Zusammenfassend lässt sich sagen, dass die Menschheit kurz vor dem Aufbruch ins Universum einen letzten Ausbruch materieller Gelüste erfährt. Es ist ein Abschiednehmen von der Ära des vermeintlich Wertvollen. Liegt der irdische Sauerstoffgürtel erst einmal in weiter Ferne, wird Luxus Makulatur.

Inline-Skates, Mountainbikes, Snowboards und allradgetriebene Geländewagen, Palmtops, Laptops und Handys mögen im Alltag das Morgen ankündigen, auf dem Mond oder Mars aber werden sie nutzlos sein. Dies zu erkennen, ist ja auch schon was wert.

Was werden die stets zu Scherzen aufgelegten Außerirdischen die Menschen fragen, wenn sie ihnen fern der Heimat über den Weg fliegen? Wenn sie ausgehungerten Erdenbürgern begegnen, die irgendwie vom Kurs abgekommen sind? Habt Ihr mal 'ne Mark?

Thilo Bode

Sonnenenergie

Illusionen und Träume

Je älter ich werde, desto stärker vermeine ich die Kraft der Sonne zu spüren, desto mehr sehne ich mich nach ihr. Welche intensive Wirkung sie auf meine Gefühle ausübt! Ein sonniger, strahlender Tag, wie nichtig erscheinen da Probleme, die ein grauer, verregneter schier unüberwindlich werden lässt. Wie wünsche ich mir, nach trüben Herbst- und Wintertagen „Sonne zu tanken"!

Pure Emotionen! Das Leben im technischen Zeitalter ist schon lange losgelöst vom Rhythmus der Sonne. Wir stehen nicht mehr mit der Sonne auf und gehen nicht mehr mit ihr ins Bett. Auch als Energiequelle hat sie scheinbar ausgedient: Wir sind stolz darauf, dass wir unsere Energie verbrauchen, unabhängig davon, wo und wann sie erzeugt wird. Fast klingt es wie eine Befreiung, dass das fossile Energiezeitalter das vorindustrielle Solarzeitalter verdrängt hat. Der Strom aus der Steckdose nährt die Illusion von der unbegrenzten sauberen Energiequelle, versperrt den Blick auf die Schlote der Kraftwerke.

Doch wenn einmal Historiker auf das fossile Energiezeitalter der Menschheitsgeschichte zurückblicken, bestehen gute Aussichten, dass sie diesen Abschnitt als „Bankräuberepoche" einordnen. Sie könnten nämlich feststellen, dass die Menschen in ganzen 350 Jahren ihre Vorräte an Kohle, Öl und Gas verfeuert haben. Nimmt man an, dass Homo sapiens seit etwa einer Stunde existiert, dann hat er dafür ganze zwei Sekunden gebraucht. Mit unabsehbaren Konsequenzen: Er hat Unmengen von Abfall wie Schwefeldioxid, Stickoxide und Kohlendioxid in der Atmosphäre abgelagert und sie damit verschmutzt und aufgeheizt. Noch dazu hat er sich als arrogant erwiesen, weil er offensichtlich darauf vertraut hat, dass zukünftige Generationen schon eine Lösung finden werden, um ihren Energiebedarf zu befriedigen und die Schäden wieder zu beseitigen. Die historische Beurteilung der zweifellos grandiosen technologischen Leistungen und des materiellen Reichtums des Bankräuberzeitalters wird dann ergeben, dass diese Errungenschaften auf brüchigem Fundament gebaut waren: auf der Ausbeutung von viel zu viel billiger und schmutziger Energie in einer viel zu kurzen Zeit.

Oder wird es anders kommen? Bleiben die restlichen fossilen Brennstoffe in der Erde und werden Sonne, Wind und Biomasse Kohle, Öl und Gas ersetzen und das „sanfte" Solarzeitalter einleiten? Werden wir auf andere, „harte" Optionen, wie die Atomenergie, verzichten und unser Leben wieder nach den Vorgaben der Sonne ausrichten?

Alles hängt davon ab, welche Kräfte obsiegen. Ich wünsche mir, dass die sanfte Lösung sich durchsetzt. Ich glaube, nur diese können wir wirklich verantworten. Aber Mutlosigkeit befällt mich manchmal auch, wenn ich die kleinen Solarkollektoren und staksigen Windräder neben den wuchtigen Betonklötzen der Kraftwerke sehe. Ist das nicht ein Hohn für die etablierte Ingenieurszunft? Zwar sind die technologischen Lösungen eines solaren Energiesystems entwickelt und einsetzbar, doch gewaltig ist die kulturelle, technologische und politische Kluft zwischen fossiler und solarer Energiewirtschaft, zwischen dezentraler Produktion mit vielen kleinen Anbietern und den gigantischen, großtechnologischen Lösungen der mächtigen Energiemonopole.

Die Sonnenenergie wird sich nicht von allein gegen die Dumpingpreise der fossilen Konkurrenz durchsetzen. Öl und Gas sind billig, ihre Preise spiegeln nicht die Umweltschäden wider, die sie verursachen. Und die Sonnenenergie gibt es keineswegs umsonst. Da sie großflächig auf die Erde abgestrahlt wird, muss sie mit beträchtlichem Kapitalaufwand und Flächenverbrauch eingefangen werden. Erst wenn der Sonnenschein konzentriert und anschließend veredelt wird, kann man damit Kaffee kochen. Auch muss sich ihre Nutzung am zeitlichen Anfall orientieren und diesen optimal ausnutzen. Die Energieausbeute hängt davon ab, wie intensiv die Sonne gerade scheint oder wie viele Wolken am Himmel hängen. Ausreichende und deshalb teure Speicherkapazitäten müssen die Kontinuität der Versorgung sichern.

Der scheinbare Widerspruch ist also: Die im Überfluss vorhandene Solarenergie ist extrem kostbar. Deshalb muss sie auch extrem sparsam eingesetzt werden. Wir werden somit anders mit unserer Energie umgehen müssen: Wie die klassischen Hochkulturen werden wir unsere Gebäude wieder nach den Erfordernissen der Sonne konstruieren und in der Herstellung und im Gebrauch von Produkten den Einsatz an Energie und Rohstoffen drastisch reduzieren müssen. Auch das Zeitalter der gepanzerten, fossilen Benzinschlucker wird damit definitiv zu Ende sein.

Ich glaube nicht an das technologische Wunder und träume nicht den Traum von jederzeit verfügbarer billiger Solarenergie. Die Gesetze der Thermodynamik lassen sich nicht hintergehen. Es wäre auch ein Albtraum, denn billige, jederzeit verfügbare Energie würde dem verantwortungslosen Bankräubersystem kein Ende setzen. An die Stelle von Ölraffinerien träten riesige Solarwasserstofffabriken mit einer noch aufwendigeren Infrastruktur. Energiebereitstellung ist schließlich kein Selbstzweck. Mit Energie wird produziert, transportiert, beleuchtet, geheizt und gekühlt. Auch mit sauberer Energie würde dann der Wachstumswahn weiterbestehen, die Umwelt weiter zerstört.

Ich bin voller Hoffnung, dass die solare Gesellschaft auch eine friedlichere sein wird. Fossile Energiequellen sind Gegenstand von internationalen Konflikten und Kriegen. Die Gier nach Öl und Gas heizt die nimmer endenden Auseinandersetzungen im Nahen Osten und krisenhaften Entwicklungen an vielen anderen Orten an. Noch die letzten Reservate der Natur müssen Fördertürmen und Pipelines weichen. Viele Milliarden Dollar sind nötig, um – oft unter Missachtung von Menschenrechten – den Lebensquell der westlichen Gesellschaften zu sichern. Wenn die Vorräte knapper werden, könnten sich noch größere Gefahren auftun.

Mit der Wahl ihres Energiesystems trifft die Menschheit eine Entscheidung, die weit mehr bedeutet als die Wahl zwischen Solarkollektoren oder Kohlekraftwerk. Auch wenn die Sonnenenergie zentrale Probleme der Menschheit nicht lösen kann, wird die solare Gesellschaft doch in einer Hinsicht eine andere sein: Sie wird uns Bescheidenheit lehren, den Menschen zeigen, dass sie die Erde sich nicht nach Belieben untertan machen können.

Fatima Mernissi

Spiritualität

Der Sagenvogel und das Internet

Der Simurgh ist jener sagenhafte Vogel, den der Perser Fariduddin Attar im 12. Jahrhundert im „Konzert der Vögel“ schildert, einer der faszinierendsten unter den vom Sufismus inspirierten Dichtungen: Die Vögel versammelten sich demnach zu Tausenden, nachdem sie von der Pracht und Schönheit eines sagenhaften Vogels gehört hatten, Simurgh genannt. Tage- und nächtelang waren sie unterwegs, und viele von ihnen starben auf dieser schweren Reise, die sie nahe an die Vollkommenheit brachte. Nur sechsunddreissig überlebten und bekamen den Simurgh zu Gesicht. Er war tatsächlich prachtvoll, doch was sie sahen, war in Wirklichkeit ihr Spiegelbild. Der Simurgh lüftete schließlich das Geheimnis dessen, was sie erlebt hatten: „Si“ und „murgh“ seien zwei persische Wörter; das erste bedeute die Zahl 36 und letzteres „Vogel“, dies sei das Spiegelbild ihrer selbst: dieser Gruppe von Vögeln, bestimmt durch den gemeinsamen Wunsch, unterwegs zu sein zur Vollkommenheit, die das Strahlen hervorbringe, welches sie sähen. Jede Gruppe von Lebewesen, die sich zusammenschließe, um nach einem höheren Ziel zu streben, könne diesen Glanz bewundern; er entstehe dadurch, dass jeder die Schönheit des anderen widerspiegele.

Gerade Muslime, die aus bescheidenen Verhältnissen stammen, träumen seit Jahrhunderten davon, ein Bild ihrer selbst zu entwerfen, das nicht so sehr ihren gegenwärtigen Zustand widerspiegelt, sondern das, was sie zu sein anstreben. Das Internet scheint für dieses Streben Bilder bereitzustellen. Bislang Ausgeschlossene erhalten das Recht, an ein positives Bild ihrer selbst zu glauben und dieses auch zur Geltung zu bringen. Wie etwa die Bauern des unerreichbaren, eingeschneiten Dorfes Ait-Iktel, die im Hohen Atlas ihre Teppiche über das Internet (www.elsouk.com) verkaufen. Oder wie die Nomaden der von Dürre bedrohten Dörfer in den Provinzen Zagora und Figuig am Rande der Sahara, die zum ersten Mal in der modernen Geschichte über die magische Kraft verfügen, online ihr eigenes Bild zu erstellen, zugänglich für die ganze Welt. Figuig kommt in offiziellen Hochglanzhotelführern des marokkanischen Fremdenverkehrsamts nicht vor. Angeblich ist die Gegend touristisch chancenlos. Ich habe den 44-jährigen Mustafa Boujrad befragt, einen Einheimischen aus Figuig, heute Direktor der Oberschule des Dorfes Tendrara, der eine Art Verein, eine Bürgerinitiative gegründet hat. Er erzählt eine andere Geschichte: „Tourismus steht nicht nur ganz oben auf dem Programm bei den 20 000 Einwohnern unserer Wüstenregion Tendrara, die (mit 15 000 qkm) so groß wie Belgien ist, wir rüsten uns auch dafür, uns auf den Gebieten des grünen Tourismus und des wissenschaftlichen Tourismus zu spezialisieren." Mustafa Boujrad und sein Verein empfehlen sich im Internet als touristisches Reiseziel, eine Alternative zu den nicht vorhandenen luxuriösen Fünf-Sterne-Hotels: Es gibt das Angebot für die Touristen, in den Häusern der Dorfbewohner von Tendrara zu wohnen. „Wir garantieren dem Touristen, der sich dazu entschließt, in unsere Region zu kommen, nicht nur eine bequeme Unterbringung, sondern auch dass eine Vielzahl von Pflanzen, Tieren und Vögeln dieser Region erforscht werden kann, Mitglieder des Vereins helfen dabei. Im Gegenzug muss der Tourist anbieten, die einheimische Bevölkerung an seinen Ergebnissen und seinem Wissen teilhaben zu lassen. Der Tourist ist so kein isolierter Fremder, sondern jemand, der kommt, um etwas mitzunehmen, der aber auch eine Menge zu geben hat." Mustafa Boujrad und seiner Vereinigung ist es gelungen, das Arbeitspotential der Bevölkerung in den Bau von Schulen, die mit Solarenergie ausgestattet sind, in die Verbesserung des Zugangs zu sauberem Wasser und in die Wiederbebauung verkümmerter Grünflächen zu lenken. Doch was für die Zukunft noch viel ermutigender ist: Mustafa Boujrad ist nicht der Einzige, der die Meinung staatlicher Bürokraten widerlegt, die ländlichen Gegenden ohne Luxushotels seien für Touristen ungeeignet.

Liest man z. B. Ahmed Zainabis monatliche Berichte über den Fortschritt der Vereinigung für die Entwicklung des Dra-Tals, die der heute 39-Jährige 1996 mit wenigen anderen Intellektuellen gründete, die wie er in der Provinz Zagora geboren wurden, verspürt man geradezu die Lust, in seinem Reisebüro anzurufen und ins nächste Flugzeug zu steigen, um dieses Fest der Umwelt nicht zu verpassen. Er und die Vereinsmitglieder verwechseln die Wüste nicht mit dem Nichts. Sie veranstalten Programme, die die einheimische Bevölkerung, besonders aber die „tourist guides", die vom staatlichen Tourismus zu diesem Thema nichts erfahren, über den außergewöhnlichen Reichtum an Fauna und Flora in der Wüstenregion informieren: „Wir konnten 74 höher entwickelte Pflanzenarten identifizieren, daneben 8 Säugetierarten, 11 Arten von Nestbrütern und 8 Reptilienarten." Was mir am meisten auffiel, als ich die Reiseführer der Provinz Zagora interviewte, die an diesen Umwelt-Trainingsprogrammen teilnehmen konnten, war ihr Stolz, ihre neue Vorstellung von der Wüste als einem wundervollen Paradies der Tierwelt anderen mitzuteilen. Genau das hatte den von Bürokraten gesteuerten Entwicklungsprogrammen gefehlt: die Stärkung des Selbstvertrauens durch Informationen über den Reichtum der eigenen Region – auch im Internet zugänglich gemacht. Die Bürgerinitiative, die dies ermöglicht hat, scheint in der Tat der ländlichen Jugend, vom Reiseführer bis zum einfachen Souk-Handwerker, eine kosmische Dimension zu verleihen, die ihren Vorfahren vor Jahrzehnten nur der Volks-Sufismus geben konnte. Dieser marokkanische Sufismus des Volkes ging davon aus, dass der Wert eines Menschen weder auf Geld oder die Fähigkeit, lesen und schreiben zu können, reduziert noch durch diese beurteilt werden könne. Wie Fariduddin Attar in seiner Simurgh-Allegorie besteht er darauf, dass seine Ziele und der Wunsch nach Vollkommenheit das sind, was einen Menschen wertvoll macht. Die folgenden drei Sprichwörter, die man noch heute in banalen Unterhaltungen in ganz Marokko hört, geben einen Eindruck davon, wie reich das Potential der eigenen Wertschätzung in dieser Kultur ist: „Ein vernünftiger Mensch ist niemals arm" *(la faqra li-'aqil).* Oder: „Der Wert eines Menschen besteht aus dem, wonach er strebt" *(Qadru al ma'i ma yuhimuhu).* Oder: „Der Wert eines Menschen besteht aus dem, worin er sich selbst übertrifft" *(Qimatu al mar'i ma yahsunuhu).*

Der anhaltende Zauber, den der Sufismus durch die muslimische Geschichte hindurch auf die Mittellosen ausgeübt hat, beruht darauf, dass der Wert eines Menschen aus dem besteht, wonach er strebt. Das schließt auch den Wunsch mit ein, von menschlicher Gebrochenheit zu göttlicher Vollkommenheit zu gelangen. Das Internet scheint mir den mittellosen und marginalisierten ländlichen Bevölkerungen die Möglichkeit zu verschaffen, Bilder für sich in Anspruch zu nehmen, die ihr Selbstwertgefühl steigern. Sie sind bereits das, wonach sie streben, nicht, was sie an ihrem bescheidenen Anfang darstellen. Ein trockenes, scheinbar nur ödes Dorf kann sich zum Umweltparadies erklären. Ein Einzelner fühlt sich nicht mehr isoliert. Das ist die Erfahrung von Menschen wie Mohammed Bannour, 27-jähriger Straßenhändler auf dem Souk, dem wöchentlichen Markt in Zagora. Ich hielt in Mohammed Bannours winzigem Zelt an, in dem er seine wenigen Waren auf einem weißen Tuch zur Schau stellte, das er auf dem Boden ausgebreitet hatte, nur einige Meter entfernt vom Kamel- und Schafsmarkt auf dem lauten Markt von Zagora in jenem unvergesslichen Dezember 1999. Ich hielt, weil ich etwas für die so auf Symmetrie ausgelegte muslimische Welt Seltenes sah: einen künstlerisch wunderschönen asymmetrischen Spiegel. Da ich nicht genügend Geld bei mir hatte, um ihn zu kaufen, bat ich Bannour, mir eine Adresse oder Telefonnummer zu geben, unter der ich ihn später erreichen könnte. Zu meinem großen Erstaunen forderte er mich auf, doch auf seiner Internetseite „www.sammler.ch/bannour“ nachzuschauen. Ich konnte nicht glauben, dass der Straßenhändler in den entlegenen Randgebieten der Wüste eine eigene Internetseite besaß, während ich selber noch immer zögerte, mir eine solche Seite anzulegen.

Wieso er nicht in eine der großen Städte gezogen war, fragte ich. Seine Antwort: „Das Internet hat meine Isolation beendet. Ich fühle mich nicht mehr so ziellos umherziehend, einsam und vergessen wie zuvor. Außerdem bin ich sehr unabhängig und liebe mein Nomadenleben hier. Der Souk ermöglicht es mir, Ausländer zu treffen, Bekanntschaften zu machen und mich selber zu informieren. Auf dem Souk habe ich den Touristen kennen gelernt, der meine Seite ins Netz gestellt hat. Ich muss nur noch mein künstlerisches Talent vervollkommnen. Wer wollte diese wunderschönen Dünen verlassen“, sagt Bannour und zeigt mit einer Geste auf den Sonnenuntergang, „wenn er auch hier gut seinen Lebensunterhalt verdienen kann?“

Lange noch klang dieser Satz in meinem Kopf nach. Und dieser Beitrag stellt die Möglichkeit dar, ihn all den Deutschen mitzuteilen, die die drohende Immigration von Süden her so fürchten. Alles, was man tun muss, um die Migration zu stoppen, ist, in Initiativen zu investieren, die den Millionen von machtlosen Menschen das wieder geben, was ihnen genommen wurde: die Fähigkeit, ihre eigenen Bilder zu machen. Bilder, die förmlich überquellen vor Vertrauen des Einzelnen in die Fähigkeit, seine Talente voll ausschöpfen zu können.

Ist die Fähigkeit der Bürgerinitiativen, die mystischen Überzeugungen der Sufi wieder aufleben zu lassen, dass der Mensch zu allem fähig ist, auch dazu, sich der göttlichen Ebene des Vollkommenen anzunähern, eine Erklärung für den Boom der Nicht-Regierungs-Organisationen, die die atemberaubende Zahl von 30 000 erreicht haben, wobei ein Großteil in den späten 1990ern gegründet wurde? Weitere systematische Forschung und sorgsame Feldarbeit in vielen Teilen der islamischen Welt werden nötig sein, bevor wir eine Antwort auf diese Frage geben können.

Aus dem Englischen von Astrid Barth

Peter Frey

Stadt

Sehnsucht nach der City

Ich bin ein Mensch vom Rhein. Geboren am Fluss. Die Dieselmotoren der Lastschiffe tuckerten durch meine Träume. Auf einem Ausflugsdampfer an der Loreley vorbeizufahren, war das schönste Vergnügen meiner Kindheit. Mir gefielen die Bewegung, die wechselnde Kulisse, die Touristen aus aller Herren Ländern – vor allem aber die Landschaft. Der Fluss, das Rheinische Schiefergebirge, die Weinberge – alles schien unabänderlich, unzerstörbar, ewig. Als wir nach dem ersten Urlaub aus dem Allgäu zurückkehrten, ich war damals zwölf, überkam mich auf der Mainzer Rhein-Brücke das sichere Gefühl: Dies ist die Heimat. Es geht mir so bis heute.

Nach Berlin kam ich zum ersten Mal, als die Stadt noch geteilt war. Ein Nachtflug. Der erste Eindruck von oben. Die Boeing 727 der PanAm hatte im Luftkorridor niedrig fliegen müssen. Plötzlich – aus dem Dunkel heraus – Licht. Eine scharfe Kante, das war die Mauer. Die Stadt leuchtete. In Berlin Mitte, wir sagten damals „im Osten“, wurde im Museum für deutsche Geschichte Hildegard Knefs Kleid aus „Die Mörder sind unter uns“ ausgestellt. Am Ende der

„Linden“ drängte sich der Palast der Republik in den Vordergrund. Wir fuhren mit der S-Bahn nach Köpenick. Dort war die Zeit stehen geblieben. Mich beeindruckten das Kopfsteinpflaster und die grauen Wohnhäuser in den kastaniengesäumten Straßen. Sie erzählten von Gegenwart und Vergangenheit. Köpenick – das war nicht nur DDR 1977. Dies war ein Deutschland, wie ich es aus meiner Heimat nicht kannte. Stehen gebliebene Zeit.

Berlin wurde für mich zum Sinnbild. Ich hatte gelernt, die Stadt als Lesebuch der Geschichte zu verstehen. So ist es mir immer gegangen, seither, wenn ich nach Berlin kam. Steine sprechen von den Geschichten vieler Einzelner, aber auch der Generationen, ja eines Volkes. Wahrscheinlich war es auch dieses Gefühl, das mich dazu trieb, in Berlin zu leben, als die Mauer gefallen war. Mein Arbeitsplatz lag fernab der heutigen In-Bezirke an einer Industriestraße. Es roch nach Kleinbürgertum und Keksen. Auf den Kurfürstendamm oder nach Mitte kam ich nur alle paar Wochen. Aber ich fuhr jeden Tag auf der Stadtautobahn. Von dort konnte ich die blauen Leuchtbuchstaben des Flughafens erkennen: Berlin Tempelhof. Mir genügte das. Ich musste gar nicht überall dabei sein. Ich blickte aufs Flugfeld und wusste: Ich bin Teil der großen Stadt. Steine können erzählen, von der Leistung des Menschen künden, anklagen. Aber sie brauchen den Menschen, der sie erdenkt und zusammensetzt, erbaut und bewohnt. Steine sind tot. Erst die Menschen machen die Stadt lebendig. Ich liebe das Temperament der Berliner. Ihre freche Freundlichkeit, ihr Improvisationsgenie, ihr Mundwerk. Da wird nicht schön geredet. Mit der Zeit lernte ich von dieser Direktheit.

Stadtluft macht frei, ja. So wurde das mauerumschlossene West-Berlin zum Biotop menschlicher Skurrilitäten. So wurde Berlin zum Schauplatz der Wiedervereinigung – der Nähe und der Fremdheit der Deutschen. Das Ballett der Kräne am Potsdamer Platz als Symbol: Alles war in Bewegung gekommen. Die Steine tanzten, und die Stadt tanzte mit. Aber viele Neubauten wirkten doch wie Fremdkörper, wie Bühnenkulissen eines Stücks, das noch nach Akteuren und der Story sucht. Wir mussten erkennen, wie dünn das Fundament der Gemeinsamkeiten ist. Aus dem Westen drangen die Schicki-Mickis in schwarzen Autos und schwarzen Klamotten in die Mitte vor – und die Ost-Prolos lauerten im Unterhemd in den Fenstern. Kein schönes Bild. Aber so ist die Stadt. Sie provoziert Gegensätze, lebt vom Kontrast. In der Stadt lauert die Gewalt. Aber die Stadt macht die Gegensätze produktiv. Sie treibt die Gesellschaft nach vorne, macht das Neue möglich. Die Stadt ist beides: Geschichte und Zukunft.

In Berlin fasziniert mich besonders die Große Hamburger Straße und dort ein kleines Denkzeichen an der protestantischen Sophienkirche. Der Eingang zum Kirchplatz wird von zwei Gründerzeit-Häusern gesäumt. Zu Beginn der 1990er Jahre waren beide noch nicht renoviert, stattlich zwar, aber grau, abgeblättert, von der Geschichte gezeichnet. Am rechten Haus ist ein unscheinbares Metallquadrat an der Fassade angebracht, eine Art Rahmen ohne Bild. Am oberen Rand steht das Wort „Pax" – Frieden. Wer nah herantritt, erkennt: dieser Rahmen umfasst ein Einschussloch, ein Überbleibsel der Straßenkämpfe, die hier während der letzten Tage des Zweiten Weltkriegs ausgetragen wurden. Für mich wurde dieser unscheinbare Ort zum Mahnmal. In der Großen Hamburger Straße zu Berlin hatten Protestanten, Katholiken und Juden in Toleranz zusammengelebt. Die Juden waren vertrieben worden, die Stadt wurde zerstört. Die Stadt Berlin – ein Symbol der Gefährdungen, aber auch der Möglichkeiten des Menschen.

Nur eins vermisste ich in Berlin: meinen Blick einmal schweifen lassen zu können. Alle paar Wochen wollte ich keine Häuser, keine Menschen mehr sehen. Ich wollte den Wald riechen. Vielleicht war es der Gegensatz zum Tempo Berlins, zu Lärm und Gestank, zum Menschenwerk der Häuser, dass mich die ruhige Landschaft Brandenburgs so ansprach. Kiefern, Sandboden, Seen. Langweilig. Schön.

Ich komme vom Rhein und liebe den Fluss. Aber ich sehne mich nach der Stadt. Nach ihrer Schroffheit und dem Unfertigen. Nach den Graffitis, die mich ärgern, und den Typen, die ich nicht verstehe. Paris glänzt, New York imponiert, Berlin wird niemals fertig. Die Stadt – ein Laboratorium. Laubenpieperidylle, Karneval der Kulturen, Türkenmarkt und Christopher-Street-Day, nichts ist unmöglich. Die Menschen bauen die Stadt, und sie entwerfen ihre Zukunft: bunt, schrill, vielfältig. Nirgendwo ist der Einzelne vom anderen abhängiger als hier. So unvereinbar, so fremd, ja mitunter feindlich Gruppen oder Milieus auf den ersten Blick erscheinen mögen – die Stadt ist ein Netzwerk ausgeklügelter Beziehungen. Sie lebt. Sie ist ein großer Körper. Sie stößt ab, aber sie holt sich auch, wen sie braucht. In der Stadt kann keiner ohne den anderen überleben.

Mir geht das Herz auf, wenn die Abendsonne über dem Rheingau steht. Aber am Bahnhof Friedrichstraße fühle ich mich lebendig.

Niklaus Brantschen

Staunen

Spirituelle Intelligenz

„Wer nicht mehr staunen kann, der ist sozusagen tot und sein Auge erloschen." Dieses Wort von Albert Einstein will sagen: Staunen-Können gehört zum Leben, gehört zum Menschsein. Der Mensch, der nicht mehr staunen kann, erwartet nichts mehr, erhofft nichts mehr, er verschließt sich jeder Überraschung. Er steht still, und wenn er geht, dann nur noch auf festgetretenen Wegen, die in kein Neuland und in keine Zukunft mehr führen. Er ist vom unermesslichen Bereich menschlichen Empfindens und Erlebens wie abgeschnitten, sich selbst ein Fremder und jedem anderen fremd.

Wer nicht mehr staunen kann, ist tot, auch wenn er biologisch noch weiterlebt. Wer noch staunen kann, lebt! Können wir noch staunen? Um staunen zu können, müssten wir Zeit haben, und wir sind so sehr in Eile; wir müssten absichtslos sein, und wir sind voller Absichten und wollen immer etwas; wir müssten mit dem Herzen sehen, und wir sehen höchstens mit den Augen.

Es gibt noch tieferliegende Gründe, die uns Erwachsenen das Staunen erschweren. Im Staunen werde ich mit einem Unbekannten konfrontiert, mit etwas, das aus dem Rahmen des Üblichen und Bekannten herausfällt, mit etwas, das mir neu ist, das mir so noch nicht vorgekommen ist. Das Bekannte und Gewohnte, das Alte, Vertraute wird in Frage gestellt. Mehr noch: Ich selber in meiner Seh- und Denkweise, in meinen Gewohnheiten, in meinem Urteil und

Vorurteil werde in Frage gestellt. Und wer lässt sich gerne in Frage stellen? Im Staunen werde ich betroffen, überwältigt, gerate aus der Fassung, bin einfach weg (wie wir dann sagen), es verschlägt mir die Stimme, ich bin sprachlos. Wem derlei widerfährt, wird gern als kindisch oder übersensibel abgeurteilt. Es schickt sich nicht, die Fassung oder die Sprache oder gar beides zu verlieren. Realist muss der heutige Mensch sein und mit beiden Beinen auf dem Boden stehen. Wo käme er sonst hin? Ja, wo käme er hin? Der staunende Mensch käme – um es gleich zu sagen – aus dem vertrauten Haus seines Alltags in das fremde, unbekannte Land, das ihn erschreckt und fasziniert zugleich.

Das Staunen ist gar keine „harmlose Sache". Der Mensch, der zu staunen beginnt, wird buchstäblich ent-setzt, verliert den vertrauten Boden unter den Füßen und erspürt die Hinter- und Abgründe der Dinge. Das ist das Erschreckende am Staunen. Aber damit zeigt sich auch schon die Faszination, die das Staunen haben kann. Der staunende Mensch erahnt einen tragenden Grund, den letzten Grund für alles, was ist. Und er stellt sich die Frage, warum das alles ist. Nicht, dass es dies und jenes und so vieles und manches und Außerordentliches gibt, bietet letztlich Grund zum Staunen, sondern dass es überhaupt etwas gibt und nicht vielmehr nichts. Wir müssen hier kurz innehalten und den Satz auf uns wirken lassen: *Erstaunlich ist, dass es überhaupt etwas gibt.*

Das ist in höchstem Maß erstaunlich und nicht selbst-verständlich. Es versteht sich nicht von selbst, sondern von einem anderen her, vom *ganz Anderen* her, das wir nicht fassen und begreifen können, weil es Geheimnis ist und bleibt. Wer von diesem Geheimnis angerührt wird, beginnt zu staunen.

Die Zeit, das Staunen wieder zu lernen, ist günstig. Zwar herrscht immer noch ein Denken, das geprägt ist vom „Ich denke, also bin ich" des René Descartes. Die einseitig entwickelte technische Intelligenz wuchert noch wie ein Parasit auf Kosten anderer für das Leben und Wirken ebenso notwendiger Fähigkeiten. Und doch: Angesichts dieser überspitzten mentalen Intelligenz (IQ), die dem Staunen hinderlich ist, entwickelt sich heute mehr und mehr eine Haltung, die sich nicht im objektivierenden rational-dualistischen Denken und Haben-Wollen erschöpft, sondern sich vom Haben zum Sein, vom Kopf zu einem ganzheitlichen Wahrnehmen bewegt. Spätestens seit

Daniel Golemans Untersuchungen zur Emotionalen Intelligenz (EQ) wissen wir, dass auch das Gefühl eine Form der Erkenntnis ist und die Fähigkeit zu staunen begünstigt. In unseren Seminaren und Beratungsangeboten lernen zum Beispiel Führungskräfte, ihre Ängste, Sorgen, Sehnsüchte und Hoffnungen, ja auch ihre Träume zuzulassen und so ihre emotionale Intelligenz zu entfalten.

Neben dem IQ und EQ wird in Zukunft noch ein anderes Q eine zentrale Rolle spielen, der SQ: die Spirituelle Intelligenz. Diese dritte Form der Intelligenz lässt uns Zusammenhänge sehen, neue Möglichkeiten des Denkens und des Seins entwickeln und Sinn erfahren. Was aber meint Spiritualität?

Bei Spiritualität denken wir an etwas Hohes, Erhabenes und vergessen dabei, dass es etwas mit dem Boden zu tun hat, auf dem wir stehen, mit dem Leib, den wir haben oder besser: der wir sind. Spiritualität meint die Art und Weise, wie ich die Welt sehe: oberflächlich, eindimensional oder in ihrer Vielschichtigkeit; die Art und Weise auch, wie ich gehe, stehe und laufe – wie ich gehe, so geht es mir, wie ich stehe, so steht es um mich, wie ich laufe, so läuft es bei mir. Spiritualität hat zu tun mit dem Atem, der mich am Leben hält und mit allem verbindet, was ist. Spiritualität hat, kurz gesagt, zu tun mit der Einsicht, dass das Blut aller Menschen rot ist und dass ihre Tränen überall salzig schmecken.

Spirituelle Intelligenz lässt mich staunen vor der tieferen Einheit des Lebens. Alles Leben ist verbunden, ist eins und doch verschieden. Denn Leben ist isoliert nicht denkbar. Es ereignet sich in einem subtilen Netzwerk mit einem ständigen Austausch von Energie und Information. Es kennt keine Grenzen, welcher Art auch immer. Es ist vielmehr auf das globale Zusammenspiel verschiedenster Elemente angewiesen, wie etwa den Wärmehaushalt in den Meeren und in der Atmosphäre. Das Wissen um die Einheit allen Lebens liegt in uns verborgen wie ein Schatz im Acker. Nun ist es gerade das Staunen, das uns diesen Schatz entdecken lässt. Staunende Menschen erblicken im Einzelnen, in einer unauffälligen Blume zum Beispiel, das Große, Unfassbare, Sinngebende.

Das Staunen ist bekanntlich der Anfang der Weisheit. Und so verwundert es nicht, dass Christian Morgenstern folgendem Gedicht den Titel „Geburtsakt der Philosophie“ gegeben hat:

Erschrocken staunt der Heide Schaf mich an,
als säh's in mir den ersten Menschenmann.
Sein Blick steckt an; wir stehen wie im Schlaf;
mir ist, ich säh' zum ersten Mal ein Schaf.

Im Anschauen werde ich selber zum Angeschauten, werde eins mit der Welt und – lerne staunen.

Morgen wird man wieder staunen!

Klaus Bresser

Stil

Physiognomie des Geistes

Ein Mann mit Stil: attraktiv von Gestalt, tadellos gekleidet, geschliffene Manieren, ein „homme des femmes" und ein Weltbürger, wie er im Buche steht. Unter all den grauen Mäusen in Deutschlands Politik war er eine elegante Erscheinung, der Gentleman schlechthin.

Bis auf einmal alles zu Ende war, der schöne Schein zerfiel: Walther Leisler Kiep auf einem Parkplatz in der Schweiz, ein Waffenhändler, ein schwarzer Koffer mit einer Million Mark … Der Sunny Boy als Dunkelmann …

Stil ist nicht alles. Glanz kann trügen. Blendende Umgangsformen machen noch keinen besseren Menschen. Oder wie Friedrich Schiller sagt: „Der Geschmack kann die Moralität des Betragens begünstigen, aber er selbst kann durch seinen Einfluss nie etwas Moralisches erzeugen."

Stil ist zunächst einmal Schein. Gerhard Schröder hat das nach dem ersten Jahr seiner Regierung erkannt. Er wollte auch äußerlich einen neuen Stil prägen, hüllte sich in Brioni-Anzüge und posierte damit in illustrierten Zeitschriften. Der „Kaschmir-Kanzler", lange Zigarren paffend, schien zur Symbolfigur der Berliner Republik zu werden.

Schröder entdeckte gerade noch rechtzeitig, wie riskant solche

Selbststilisierungen sind. Fast automatisch kommt der Verdacht auf, dass sich hinter dem schicken Äußeren inhaltlich nicht Wesentliches verbirgt. Außen Brioni, innen Larifari.

Die Berliner Politik besann sich auf preußische Tugenden und wollte fortan mehr sein als scheinen.

Sie sollte, ganz anders als zuerst verkündet, auch keinen Spaß mehr machen, sondern die Last und Mühsal des Regierens demonstrieren. Ein beispielloser Stilwandel innerhalb sehr kurzer Zeit. Welcher der beiden Stile echt ist, bleibt dabei durchaus offen.

Der Vorgang zeigt, wie sehr Stil – oder das, was Politiker dafür halten – in der Mediengesellschaft von heute zu einer abhängigen Größe wird – bestimmt von dem Bild, das einer von sich in der Öffentlichkeit verbreiten möchte. Stil also als Image-Faktor, als Verkaufsargument in PR-Kampagnen.

Aber ist das schon Stil, sich je nach Bedarf mal so und dann wieder anders zu profilieren? Muss Stil nicht mehr sein als Pose, Manier, Habitus? Karl Kraus sagt: „Stil ist nicht der Ausdruck dessen, was einer meint, sondern die Gestaltung dessen, was einer ist."

Stil also meint nicht Äußerliches. Stil will nicht nur präsentiert werden, sondern muss gelebt werden. Stil und Taten müssen übereinstimmen. Stil bildet sich heraus – aus der Leistung, Souveränität, Großzügigkeit und Ehrlichkeit, Uneigennützigkeit und Hilfsbereitschaft des einzelnen. „Der Stil ist die Physiognomie des Geistes", meint Arthur Schopenhauer.

Der Anspruch ist hoch. Und Politik kann ihm gar nicht immer gerecht werden. Es muss nur Wahlkampf sein, und schon heiligt der Zweck die Mittel, wird ein Begriff wie „Respekt vor dem Gegner" außer Kraft gesetzt. Es kommt nicht von ungefähr, dass das Wort „Wahlkampfstil" fast nur in negativem Sinne benutzt wird.

Das Plakat der CDU, das Gerhard Schröder als gesuchten Kriminellen zeigte, war stillos. Die Öffentlichkeit bewies ein sehr genaues Gespür dafür, was unanständig ist im Umgang mit dem politischen Gegner. Die Kampagne ging nach hinten los, sollte sich gegen Schröder richten und wandte sich gegen ihre Urheber. Guten Stil bewies am Ende der Oberbürgermeister-Kandidat der CDU für Hannover, Clemens Stroetmann, der sich, wie Schröder auf dem CDU-Plakat, für eine Anzeige von rechts, links und von vorn abbilden ließ und „Sorry, Gerhard!" darunter schrieb.

Trotz mancher Ausrutscher: Der Stil der politischen Auseinandersetzung ist in den letzten Jahren besser geworden. Die Politik selber verändert sich. Seit dem Ende des Kommunismus und der bipolaren Welt ist sie weit weniger ideologisch geprägt und damit sachlicher geworden. Das schlägt sich nieder in Bundestagsdebatten, in Fernsehsendungen, auch in Wahlkampfreden.

Keine Sorge also um den Stil in der Politik? Politik und ihre Köpfe brauchen plakative, populäre Darstellung. Die Verlockung ist groß, den Menschen jeweils den Stil zu präsentieren, von dem Politiker glauben, dass er wirkungsvoll, gefällig und attraktiv sei. Doch Vorsicht: Die Bürger reagieren zunehmend empfindlicher, wenn Verpackung und Inhalt sich unterscheiden.

Kein Politiker kann nur von der bloßen Darstellung leben. Äußerer und innerer Stil müssen übereinstimmen. Sollte die Politik nicht begreifen, was der Graf von Buffon schon vor zweihundertfünfzig Jahren formuliert hat: „Der Stil ist der Mensch selbst."

Hans Zender

Stille

Zwölf Glockenschläge, um die Stille des Anfangs von der Stille des Endes zu unterscheiden

Wie herrlich ist die Stille vor dem ersten Glockenschlag! Kein Gedanke, kein Geschehnis, kein Laut, kein Zeichen, keine Bewegung: keine Zeit.

Welche Kunst kann diese Schönheit ausdrücken, welches Denken sie erfassen?

Doch die Stille des Nichts wird zerrissen vom

1. Glockenschlag

Ich, ein Musiker, soll beschreiben, was jetzt geschehen ist? Das ist völlig unmöglich. Als Musiker stehen mir Bilder und Worte nicht zu Gebot, ich kann nur mit Klängen umgehen. Und mit Pausen (Stillen)! All meine Klänge verarbeiten den Schock des ersten Glockenschlages; all meine Pausen erinnern an die Stille davor. Was sonst ist der „Inhalt“ der Musik?

Über die Stille reden – das mögen die Dichter und Denker tun; der Musiker erhebt seinen Hammer und holt aus zum

2. Glockenschlag

„Stille Zeit: Nichtklang. Bewegte Zeit: Klang.
Ist es die Stimme der Glocke – ist es die Kraft des Windes?
Erschreckt fährt er auf, der alte Mönch, aus seinem Mittagsschlaf.
‚Da! Was ist das? Jetzt, zur Mittagszeit, die Mitternachtsglocke?‘ “
(Ikkyu, japanischer Zenmönch, 15. Jahrhundert)

3. Glockenschlag

Der alte Mönch des Gedichtes denkt hier über ein bekanntes „Koan“ nach, ein intellektuell nicht lösbares Problem: Wenn der Ton einer Windglocke ertönt (in Japan hängt an jedem Haus ein solches Glöckchen), wer ist der Urheber dieses Klangs – die Glocke? Oder der Wind? („Weder Glocke noch Wind, sondern dein eigener Geist“, hat jemand gesagt und alles nur noch komplizierter gemacht.) Der alte Mönch ist in entsetzlichen Schwierigkeiten und schläft vor Erschöpfung ein, obwohl es noch nicht einmal Mittagszeit ist. Da reißt ihn der

4. Glockenschlag

aus dem Schlaf; einen Moment lang glaubt er, dass es sich um den Schlag der Mitternachtsglocke handelt, doch gleichzeitig sieht er die Sonne am Himmel: einen Blitzschlag lang sind für ihn Licht und Finsternis, Tag und Nacht, Anfang und Ende eins geworden. Er hat sein Koan gelöst; wie, wissen wir nicht, denn beschreiben kann man solches Erleben nicht – noch weniger als man Musik beschreiben kann. Hören wir lieber auf den

5. Glockenschlag

Jedes Stück Musik hat Anfang und Ende: Die Stille vor dem Beginn und die Stille nach dem Ausklang gehören zu ihr. Auch jede einzelne musikalische Gestalt, jedes Thema, Motiv, ja jeder Klang sind quasi eingehüllt in Stille – sonst könnte nichts unterschieden und keine

Einzelheit identifiziert werden; alles wäre ein einziger Brei ... Ebenso ist es mit der Sprache und mit jedem ihrer Glieder: Worte, Sätze, Abschnitte ...

Das heißt aber auch: jedes dieser Zeichen muss vergehen, muss in seine Stille am Ende verschwinden, um dem nächsten Zeichen Platz zu machen. Die Zeichen sind ihrem Wesen nach vergänglich, und der besondere, einmalige Charakter ihres Erscheinens – ihre „Bedeutung“ – ist identisch mit dem folgenden Verschwinden. Darin ist jedes Kunstwerk, ja jedes einzelne Zeichen ein Bild unseres Daseins; denn auch dieses hat Anfang und Ende, ist vergänglich, ist umschlossen von der Stille des Anfangs und der Stille des Endes.

Und gilt das nicht auch von unserem Universum? Ist nicht auch der

6. Glockenschlag

ein Nachklang jenes „Urknalls“, von dem uns die Physiker immer erzählen? Und – gewiss, die Herren haben dem Universum noch ein paar Milliarden Jahre genehmigt, – aber was ist danach?

Was da von Anfang und Ende eingeschlossen ist, ist die Zeit. Diese flieht; aber wir Menschen haben das Bedürfnis, ihr auf irgendeine Weise Dauer zu verleihen. Dies ist das „Koan“ für die ganze Menschheit; jeder schlägt sich auf seine Weise damit herum.

Ganz besondere Schwierigkeiten haben die Künstler mit diesem Problem; haben sie es sich doch in den Kopf gesetzt, Zeichen in das Medium der Zeit zu setzen, die dauerhaft sind und dem „fliehenden“ Grundcharakter der Zeit trotzen. Und die größten Künstler plagen sich am meisten: hören wir nur Elfriede Jelinek:

„Jeder Anfang öffnet sich und bleibt dabei seinem Ende zugeneigt, wo er ja schließlich hin muss. Dazwischen die Schrift, die will auch noch hinein. Ich habe entsetzliche Schwierigkeiten, aber das macht nichts. Davon handelt schließlich die Schrift über meine Schrift“ („Das Schweigen“).

7. Glockenschlag

Sieh da, die Dichter und Denker – sollte es ihnen am Ende gar nicht besser gehen als den Musikern mit ihrem bescheidenen Arbeitsmaterial Stille / Glockenschlag / Stille / Glockenschlag? Strategien gegen das Verschwinden zu entwickeln, das ist wohl unsere Arbeit. Von

B. A. Zimmermann habe ich gelernt, dass man beim Komponieren nicht nur „geradeaus" (d. h. parallel zur Achse der fliehenden Zeit) denken muss, sondern auch in der Gegenrichtung (also „rückwärts"). Jedes musikalische Ereignis muss nicht nur in seinem Verhältnis zu allen Ereignissen, die ihm zeitlich vorausgehen, geklärt sein, sondern auch in seinem Verhältnis zu allen, die ihm folgen werden im Kontext der Dauer des Werkes. Der Komponierende muss, um eine haltbare musikalische Form zu machen, also ständig von vorne dem Ende zu und vom Ende dem Anfang zu denken – und das möglichst noch gleichzeitig. Wenn das keine ‚entsetzlichen Schwierigkeiten' bedeutet! (Aber nur so sieht man jedes Einzelereignis mit derjenigen Distanz, die nötig ist, um es zu formen, statt sich von ihm formen zu lassen.)

8. Glockenschlag

Die Stille des Anfangs schaut also nach vorne, und die Stille des Endes schaut zurück. Dazwischen ist etwas passiert. Gibt es also zwei verschiedene Stillen? – Klingt die Stille nach dem ersten Atombombenabwurf genauso wie die Stille davor? –

Es gibt ja Leute, die die „Stille pur" suchen. Sie fliehen auf Südseeinseln oder, wie John Cage, in einen schalltoten Raum (Musiker sind sehr lärmempfindlich!). Allerdings war derselbe Cage sehr überrascht, in diesem schalltoten Raum gar nicht der Stille, sondern den hörbar werdenden Geräuschen seines eigenen Blutkreislaufs zu begegnen; und für einen nervösen Menschen ist auch die berühmte ‚Stille der Natur' kein Heilmittel (Hugo Wolf beschwerte sich bei einem Landaufenthalt über das „Brüllen der Nachtigallen"). (Was hätte er erst gesagt, wenn sein Hotel neben einer Kirche gestanden hätte?)

9. Glockenschlag

Stille scheint mehr etwas mit unserer inneren Disposition zu tun zu haben, mit Sammlung und Konzentration ... Aber wehe, wir setzen uns so einfach hin und versuchen, abzuschalten und „ganz still" zu sein: wie Ameisen plagen uns plötzlich Hunderte von kleinen und großen Sorgen, und wie eine Hundemeute stürzen tolle Ideen und Pläne über uns her ...

Wir müssen auch hier Strategien entwickeln ... Es gibt keine

‚Stille pur'. Wollen wir überhaupt „Kontakt" zur Stille finden, müssen wir erst einmal den Lärm akzeptieren – den äußeren wie den inneren. Nicht einmal der

10. Glockenschlag

sollte uns aus der Ruhe bringen. Da wir in der Zeit leben, müssen wir auch im Lärm leben, in der Vielfalt, im Chaos. Gleichzeitig soll uns niemand daran hindern, unsere Fäden hin zum Anfang, hin zum Ende zu spinnen. Hakuin hat in seinen Kalligraphien sehr oft ein Zeichen dargestellt, das, wörtlich übersetzt, bedeutet: „Immer – denken – an – den – welcher – alle – Klänge – der – Welt – zugleich – sieht." Die Zusammenschau des Chaos! Vielleicht ist das ein Weg, um unvermutet doch der „stillen Zeit" zu begegnen, oder wenigstens ihrem Widerhall in einem Kunstwerk.

„Wie ein Gipsabguss der Stille sind seine Bilder. Ein Abguss vom ruhigen Atmen der Zeit, abgestellt auf einem Arbeitstisch, ein wenig angestaubt. Eine Stille, als hörte man im Nebenraum jemand schlafen" (Karl Bohrmann über die Bilder seines Kollegen Morandi).

11. Glockenschlag

Jetzt bleibt uns nur noch die Vorfreude auf die Stille nach dem letzten Schlag. Wird sie anders klingen als die Stille vor dem ersten? – Wenn das Kunstwerk wirklich ein Bild unseres Daseins in der Welt ist, müssen wir sagen: ja, denn diese Erfahrung haben wir dort – im Kunstwerk, in der Welt – sehr oft gemacht. – Aber wird jemand da sein, den anderen Klang auch zu hören? (Aber kann man denn Stille ‚hören'? – Und muss es ein „Jemand" sein?) – Der Musiker überlässt diese Fragen getrost den Fachleuten und tut nichts, als sich mit aller Kraft zu konzentrieren auf den

12. Glockenschlag.

Heribert Prantl

Streiten

Nicht unfein, nur anstrengend

Als die Welt noch etwas rauer war als heute, hielt man – wie das Streiflicht der „Süddeutschen Zeitung" weiß – auf die schöne Sitte, dass sich vor einer Schlacht die Heerführer gegenübertraten und sich unbändig beschimpften: „O du räudiger Hund und Sohn eines räudigen ..." – na ja, wie man halt so redet, bevor das Schwert sprechen soll. War das Streitkultur? Wenn die Sache gut lief und die zwei Feldherren die Sau herausließen wie noch keine Feldherren vor ihnen, konnte es durchaus vorkommen, dass die Schlacht storniert wurde und man sich stattdessen zu einem allgemeinen völkerverbindenden Besäufnis zusammensetzte.

Unter den Militärs sind solche Rituale ausgestorben, leider, wie man anmerken muss. Unter Kindern und Heranwachsenden dienen sie nach wie vor der vergleichsweise schmerzfreien Ermittlung dessen, wer letztlich „das Sagen hat". Als besonders gelungen gelten in bestimmten Kulturkreisen Beschimpfungssequenzen, die sich reimen; wer keinen Antwortreim mehr findet, hat verloren und muss sich unterwerfen.

Von dieser Urform der Streitkultur hat sich in der Politik ein wenig erhalten – das zeigt sich dann, wenn festgestellt werden soll, wer denn künftig das Sagen hat, also etwa im Wahlkampf. Die Streitkultur leidet aber dann des öfteren an der Phantasielosigkeit und an mangelndem Streitwitz der Duellanten – der Streit wird öde und plump, statt an scharfer Eleganz zu gewinnen.

Nun könnte die Kommentarkultur in der deutschen Publizistik die allgemeine Streitkultur befördern – sie tut es aber leider viel zu wenig. Es gibt nämlich zwei Arten von Meinungsbeiträgen: den Kommentar und den Nicht-Kommentar. Der Kommentar ist ein Streit-Stück, das klar Stellung bezieht und sich mit anderen Meinungen pointiert auseinander setzt. Der Nicht-Kommentar ist ein Stück, das den Streit scheut, das nicht so recht weiß, was es will, das erst Einerseits und dann Andererseits sagt und es schließlich dem Leser überlässt, sich zu entscheiden. Ein solches Stück kann gelegentlich durchaus seine Berechtigung haben; nicht jedes Thema verträgt zu jeder Zeit ein zugespitztes Pro oder Contra. Aber meist entspringt das Einerseits und Andererseits nur der Scheu des Kommentators vor der Festlegung auf eine klare Position. Dann lässt er jede Meinung ein wenig vorkommen, der Kommentar wird beliebig. Nennen wir diesen Typus ruhig den öffentlich-rechtlichen Kommentar.

An den Journalistenschulen ist der Kommentar nur Nebenfach, an den deutschen Universitäten wird das Streiten gar nicht gelehrt. Dort lernt man eher, wie man sich vor der Auseinandersetzung drückt, indem man seinen Text in einer Flut von Fußnoten ertränkt. Streiten gilt nämlich als unfein. Das ist schade. Streiten ist nur anstrengend. Wir sollten uns mehr anstrengen.

Wolfgang Herles

Surfen

Change-Manager im Einmannkonzern

Ich stand noch nie in meinem Leben auf einem Surfbrett, ziehe Sportarten auf festem Boden vor. Und doch bin auch ich ein Surfer. Ich surfte noch nie in den Weiten des www, halte solch planlosen Zeitvertreib für Zeitverschwendung. Und doch bin auch ich ein Surfer.

Das Verb surfen bezeichnet nicht nur konkrete Tätigkeiten. Der Surfer ist eine Metapher, ein Ausdruck für Lebensform und Denkweis unserer Zeit. In den harten Wind des Zeitgeistes gelehnt, wird jeder zum Surfer. Surfen ist die zeitgemäße Art, sich über Wasser zu halten: materiell und emotional.

Natürlich ist das Surfen eine globale Angelegenheit. Deshalb ist das englische Verb *to surf* im Deutschen, wie in den meisten anderen Sprachen, heimisch geworden. Man könnte meinen, *to surf* leite sich vom Hauptwort *surface* ab: die Oberfläche. Kritikern des Zeitgeistes könnte das so passen, halten sie den Surfer doch für einen Menschen, der nichts kennt und schätzt als die oberflächlichsten Reize: Konsum, Mobilität, egoistische Vergnügen.

In der Tat flitzt der Surfer bedenkenlos über die Tiefen der Weltmeere dahin. Hätte er Tiefgang, wäre es mit dem Surfen zu Ende. Tempo und Oberflächlichkeit bedingen einander. Der Surfer ist das Gegenteil eines Unterwasserforschers. Er möchte in den dunklen Abgründen unter sich nichts entdecken. Und die Oberfläche dient ihm zu nichts anderem als seinem eigenen Spaß. Ein erfrischendes Vergnügen ist dieses Surfen. Cool fun.

Nur: *to surf* und *surface* haben gar nichts miteinander zu tun. Das zuständige Hauptwort heißt *surf*, die Brandung. Wer surft, versucht sich so lange wie möglich auf dem Kamm einer brechenden Woge zu halten, auf ihr zum sicheren Ufer zu reiten, ohne von ihr erfasst und herumgewirbelt zu werden.

Surfer suchen also die Herausforderung mit dem Vergnügen zu vereinen. Sie gehen Risiken ein, um die Energie der Brandung zu nutzen. Surfen ist Anpassung in seiner intelligentesten und selbstbestimmtesten Form, nicht als Unterwerfung, sondern als Herausforderung und lässiges Abenteuer.

Da haben wir es: Surfen ist die Fortbewegungsart des flexiblen Menschen, jenes modernen Menschentyps, der als einziger vom globalen Kapitalismus profitiert, ihn als die ihm angemessene Umwelt propagiert und betreibt. Richard Sennett hat diesen Menschentyp beschrieben, den Einmann-Unternehmer, frei von Gewissheiten (aber nicht von Gewissen), bindungslos (aber nicht charakterlos), auf schnellen Profit und Lustgewinn aus.

Wer surft, kann eben kein schweres Marschgepäck brauchen, darf sich nicht auf Lebenszeit einrichten, sich nicht belasten mit Traditionen oder Weltanschauungen.

Surfer schauen nach vorn, sind gewissermaßen rücksichtslos.

Surfer geben sich der Illusion hin, das Steuer in der Hand zu halten. In Wahrheit klammern sie sich an einen Mast mit Gelenk – also an nichts als den Wind. Surfer überlassen sich Kräften, die sie nicht beeinflussen können – und doch schaffen sie sich die Illusion, sie selbst seien es, die den Kurs bestimmen.

Keine Frage: eine Kunst, die Hochkonjunktur hat.

Surfen ist die einzig erfolgreiche Strategie in einem Spiel, das nach den Regeln der Chaostheorie funktioniert. Surfen ist keine Strategie für Kriege, sondern für Märkte.

Kritiker betonen, Surfer besäßen keinen Standpunkt. Richtig: Surfer haben niemals sichere Planken unter den Füßen. Aber sind sichere Planken nicht eine Vorstellung aus dem Zeitalter der „Titanic"?

Surfer wollen der Welt nicht ausgeliefert sein und zugleich ganz mit ihr eins.

Surfer glauben, den Wind selbst zu machen, der sie vor sich hertreibt.

Surfen ist permanentes Erkunden von Möglichkeiten. Das größte Unglück des Surfers ist der Verlust von Alternativen. Er ist der multioptionale Mensch der Postmoderne. Ihn schreckt der rasende Wandel der Welt nicht, weil er sich längst auf alle Wechselfälle eingestellt hat. Der Wandel ist ihm Zweck und Selbstzweck zugleich. Er ist der Changemanager seines Einmannkonzerns.

Flieht der Surfer vor der Flut – oder ist er ihr nur voraus? Es macht für ihn keinen Unterschied.

Surfer sind nirgends zu Hause. Deshalb fühlen sie sich nirgends fremd. Notfalls entkommen sie in virtuelle Welten.

Können Surfer scheitern? Natürlich. Wind und Wellen können zu stark sein für sie. Dann fallen sie entkräftet vom Brett. Dann ertrinken sie. Aber sie haben keine Wahl. Sollen sie vielleicht Wurzeln schlagen dort draußen? Oder gleich am Ufer hocken bleiben, vor Angst schlottern, über das Wetter jammern? Was hätten sie davon? Auf jeden Fall weniger Spaß.

Surfer wollen nichts versäumen, schon um sich ihrer selbst nicht überdrüssig zu werden. Vor der Unübersichtlichkeit des Ozeans haben sie weniger Angst als vor der Langeweile.

Surfer suchen, ohne zu wissen was.
Surfer finden, ohne zu wissen wozu.
Surfer verfolgen ihre Absichten völlig absichtslos.
Surfer sind Welle und Teilchen zugleich.
Surfen ist in Energie verwandelte Lebensgier.

Peter Voß

Tabu

Fall- und Stehaufmännchen

Wer als Medienmanager über das Tabu schreibt, macht sich verdächtig – besonders dann, wenn er auch noch ein öffentlich-rechtliches Rundfunkhaus führt. Jetzt kommt wieder die übliche Kulturkritik, denkt der Leser, die Klage über die kommerziellen Wettbewerber, die Tabubrüche in Serie begehen. Hat nicht „Tutti Frutti" in nun schon grauer Vorzeit Sexthemen im Fernsehen hoffähig gemacht? Oder „Big Brother" einem Schlüsselloch-Journalismus – wir wollten immer schon live dabei sein, wenn sich eine Zwanzigjährige die Mitesser ausdrückt – Bahn gebrochen? „Am Ende dieses Jahrhunderts wird vor aller Augen geliebt und gelitten, geboren und gelebt und gestorben", hat eine kluge Journalistin im Jahr 1999 geschrieben. Und doch: Ein Abgesang auf das Tabu hieße, billig zu moralisieren. Denn Tabus sind Fall- und Stehaufmännchen. Dem Tabubruch geht das Tabu voraus, und es folgt auch wieder ein Tabu – womöglich ein ganz anderes. Jedenfalls ist es bislang immer so gewesen, und es gibt keinen Anlass zu glauben, ausgerechnet heute breche ein tabufreies Zeitalter an.

Die Bedeutung des Tabu-Begriffes hat sich über die Zeiten zwar gewandelt, doch der Charakter eines „zweiseitigen Gesetzes", das aufgestellt und irgendwann auch wieder weggeräumt wird, ist erhalten geblieben. James Cook brachte das Wort Ende des 18. Jahrhunderts von seinen Südseereisen mit – das Tabu als Verbot, bestimmte Dinge zu tun, etwa Kultstätten aufzusuchen, um Gott und die Götter nicht zu beleidigen und ihren Zorn nicht herauszufordern. Sigmund Freud prägte mit seinem Buch „Totem und Tabu" die moderne Begriffsbedeutung des sexuellen und sozialen Verbots (am bekanntesten das Inzestverbot). „Totem und Tabu" nannte Max Ernst auch eines seiner stärksten Bilder, Düsternis und Farbigkeit, Grauen und Verlockung meisterhaft verbindend. Heute gelten Tabus teils öffentlich, teils in der alltäglichen Kommunikation – man redet nicht wider die Handlungen und Meinungen der Kleingruppe oder Subkultur, zu der man gehört und durch die man seine Identität definiert. In den westlichen Industriestaaten regiert im öffentlichen Raum mehr oder weniger rigide die sogenannte *political correctness* – wer gegen sie verstößt, kann ebenfalls einpacken.

Während die Tabus des eigenen Kulturkreises oft selbstverständlich scheinen, lösen die anderer Länder ebenso selbstverständlich Kopfschütteln aus. In Japan zum Beispiel gilt es noch immer als Tabu, Mitarbeiter auch in wirtschaftlich schlechten Zeiten zu entlassen. In Südkorea wurde kürzlich ein Radioreporter eines öffentlich-rechtlichen Senders entlassen, weil er sich „geoutet" hatte.

Was macht die Lebens- oder besser Überlebenskraft von Tabus aus, nachdem frühere Motive wie die Angst vor den Göttern oder das Schamgefühl bei sexuellen Handlungen entfallen sind? Sie liegt in ihrer Funktion: Tabus bilden einen Teil des Kitts, der Gruppen von Menschen zusammenhält und ordnet – nicht zuletzt dann, wenn sie helfen, ein Feindbild herzustellen oder aufrechtzuerhalten. Oder um wieder ein Zitat zu nehmen: „Tabus sind die bloßliegenden Nervenpunkte eines Kollektivs, die man nicht antasten kann, ohne seine Gesamtordnung aus dem Lot zu bringen." Der Mensch des 21. Jahrhunderts weiß wohl genauso gut wie der Angehörige der „Ur-Horde", dass der Verzicht auf Tabus die ganze Gemeinschaft und damit auch jedes Mitglied gefährdet. Hat deshalb – wie Freud glaubt – die „Ur-Horde" wieder davon abgesehen, die eigenen Väter aufzuessen? Jedenfalls gibt es auch in der angeblich so tabulosen Gegenwart Ehrenkodexe, ausgesprochene oder unaussprechliche. Menschen werden immer wissen, dass sich in ihrer Gruppe bestimmte Handlungen wie von selbst verbieten, und werden sie deshalb unterlassen. Und selbst die Ganovenehre kennt Sanktionen wie z. B. die Ächtung durch die „Zunft".

Ein Faktor allerdings scheint neu zu sein: Diese Gegenwart wird anders als frühere Zeiten stark von elektronischen Medien geprägt. Sie entscheiden über das Werden und Vergehen von Tabus heftig mit. Jeden Tag aufs Neue tastet sich die Berichterstattung in Radio und Fernsehen an Tabufragen heran. Eine deutsche Ministerin berichtet offen über ihren Brustkrebs. Ein amerikanischer Präsident wird zur Beichte einer Sex-Affäre vor Fernsehkameras gezerrt. In den USA können sich Frauen für Live-Bilder ihrer Entbindung an Fernsehstationen verkaufen.

Lässt sich da überhaupt noch eine Grenze ziehen? Wann wird unser Menschenbild, wann wird die Menschenwürde vollends medial ausgehöhlt sein, weil Menschen nur noch als Opfer oder als Mittel zum Zweck vorgeführt werden, weil Gewalt als legitimes Mittel der Problemlösung erscheint, weil die Selbstentblößung alle Ekel- und Schamschwellen platt macht? Nur selten fällt die Meinung über die Medien einhellig positiv aus, etwa wenn sie einen Bundespräsidenten „staatstragend“ inszenieren, weil es sich hier um eine Identifikationsfigur des demokratischen Systems handelt. Bundespräsident Rau mag eine kleine oder mittlere „Flugaffäre“ zu verantworten haben – der politische Schaden eines Rücktritts wäre möglicherweise größer gewesen. Richtig ist sicherlich die Mobilisierung von kollektivem Entsetzen über Kindesmisshandlungen. So etwas schwächt ein Tabu nicht, sondern stärkt es.

Der bestmögliche Fall lässt sich leider nur konstruieren, nicht backen: Die elektronischen Medien helfen mit, faul gewordene Tabus zu kippen und notwendige, zeitgemäße zu stärken. (Doch wer entscheidet über richtig und falsch?) Bewahren und Verändern stehen im richtigen Mischverhältnis. (Doch wer soll das festlegen?) Der Medienmarkt kann das nicht leisten, weil er – wie jeder Markt – keine autonome moralische Instanz ist, sondern ökonomischen Gesetzen folgt. Deshalb braucht es Regeln von außen, etwa gesetzliche Bestimmungen wie den Jugendschutz oder eine intensive Diskussion über die Medien selbst. Als ein besonders wichtiges Regulativ betrachte ich die Dualität des elektronischen Mediensystems, das seit 20 Jahren erprobte Nebeneinander von öffentlich-rechtlichem und kommerziellem Rundfunk. Ihre Reibung aneinander ist für die Diskussion über Tabus und damit für die Frage, wo eine Gesellschaft gerade steht, durchaus fruchtbar. Gibt es hier – bei mancher Verfehlung auf beiden Seiten – am Ende auch „Lichtblicke“, etwa der, dass eine Leichenöffnung doch nicht im öffentlich-rechtlichen Fernsehen gezeigt wurde, also ein Tabu erhalten blieb, oder dass es „Tutti Frutti“ mangels Zuschauern längst nicht mehr gibt – ein Beispiel für ein Tabu, das fiel, aber vielleicht deshalb keinen mehr interessiert? Ich lasse die Frage offen.

Dietrich H. W. Grönemeyer

Therapieren

Rückbesinnung auf Humanität

Im alten China galten diejenigen als die besten Ärzte, die Krankheiten zu verhindern wussten. Dies ist ein Therapieansatz, der mir sehr sympathisch ist und den ich auch heute – oder gerade heute – für sinnvoll halte. Wenn man andererseits vom griechischen Wort therapeuein ausgeht, so findet man eine Reihe von Bedeutungsaspekten, die zu vergegenwärtigen sich lohnt: Therapeuein heißt ursprünglich pflegen, behandeln, bedienen, findet sich in Formulierungen wie: Götter verehren, Eltern ehrfurchtsvoll behandeln, Kinder versorgen, Land bebauen, und Platon verwendet den Ausdruck psychän therapeuein – sich um die eigene Seele kümmern. Therapeuein bezieht sich also auf alles, worum man sich kümmert, sei es aus freien Stücken oder aus Pflichtbewusstsein; in der zweiten Hauptbedeutung meint Therapeia dann die medizinische Pflege und Behandlung.

Einige Aspekte aus dieser Aufzählung möchte ich vertiefen. Die Bedeutung des „Pflegens" sollten wir uns wieder viel stärker bewusst machen: Pflege ist ja ein Teil der Therapie. Menschliche Nähe, die gegeben und gespürt wird, vermittelt Geborgenheit und damit etwas, aus dem man wieder Kraft schöpfen kann.

Nachdenklich macht mich der Begriff „bedienen". Sollten wir die Rolle von uns Ärzten nicht auch unter diesem Blickwinkel neu überdenken? Mediziner sollten gerade nicht „Halbgötter in Weiß" sein, die in einem hierarchischen Verhältnis über ihren Patientinnen und Patienten stehen. Der Begriff „bedienen" impliziert ja vielmehr eine umgekehrte Situation. In unserer Beziehung zu Patienten müssen wir uns als Ärzte viel stärker um ein gleichberechtigtes, partnerschaftliches Verhältnis bemühen.

Mediziner dürfen auch keine Technokraten sein, die primär Maschinen bedienen. Hightech ist ein phantastisches Hilfsmittel in Diagnostik und Therapie, aber kein Selbstzweck. Denn im Mittelpunkt der Therapie steht der Mensch, die Fürsorge für die Patienten. Im übrigen schließen sich liebevolle, fürsorgliche Medizin und

Hightech nicht aus: Denn letztlich kann der Therapeut durch eine beziehungsvolle Form der Zuwendung auch in einer medizinischen Hightech-Umgebung eine liebevolle Situation schaffen – genauso wie ein Arzt oder Therapeut ohne Hightech-Equipment nicht automatisch das Gegenteil leistet, wenn nicht eine entsprechende geistig-emotionale Haltung dahintersteht.

„So wenig wie möglich, so viel wie gerade nötig“, muss der Anspruch sein. Daher sind alle diagnostischen und therapeutischen Konzepte auf die Möglichkeit der Miniaturisierung des Verfahrens zur geringst möglichen Verletzung des menschlichen Organismus auszurichten. Respekt also vor dem Ökosystem „Mensch“: Hierbei wird gerade die Mikromedizin eine große Bedeutung erlangen.

Mit „bedienen“ meine ich auch nicht eine oberflächliche Kundenorientiertheit, die nur modische Floskel ist, sondern echte Anteilnahme. Es ist richtig, Patientinnen und Patienten *auch* als Kunden oder Gäste zu „bedienen“ und wahrzunehmen. Darüber hinaus aber sind sie in ihrer jeweiligen Situation beim Therapeuten leidende Menschen, die primär Hilfe suchen. Insofern ist die therapeutische Situation qualitativ immer etwas anderes als eine Konsumkonstellation, in der es um den Austausch von Waren geht, und Therapie und Zuwendung sind in den Kategorien von Waren und Konsum nicht zu fassen.

Denn echte Zuwendung beruht ja gerade auf dem Erkennen jedes Patienten als einem Wesen, das Körper, Geist und Seele hat. Und während in der Entwicklung der westlichen Medizin die Therapie der Einzelfunktionen des Körpers in den Vordergrund rückte, wurden die anderen Seiten vernachlässigt. Im Sinne einer notwendigen ganzheitlichen Therapie möchte ich gerade dem zitierten „psychän therapeuein“ – „sich um die Seele kümmern“ – von Platon wieder seine Wertigkeit zurückgeben. Dies bedeutet den unbedingten Einbezug von psychosozialen, psychosomatischen Aspekten beim Therapieprozess. Leider hat die auf Kostenreduktion fixierte Gesundheitsreformdebatte der letzten Jahre genau die falsche Richtung weiter beschritten: Vielen ganzheitlich orientierten Therapieprojekten, wie beispielsweise in der ambulanten Betreuung von Krebspatienten, wurden Gelder entzogen und die Arbeit verunmöglicht. Gerade bei Schmerz- und Tumorpatientinnen und -patienten – aber auch beispielsweise bei stress- und umweltbedingten Erkrankungen, immunologischen Erkrankungen, Depressionen, burn-out-Phänomenen – ist die psychosomatische und psychosoziale Betreuung jedoch ein immens wichtiger Therapieaspekt. Sie kann nicht nur der Familie überlassen werden, sondern gehört in professionelle Hände. Therapieren braucht Zeit, und die „sprechende" und „hörende" Medizin, ohne die ein partnerschaftliches und vertrauensvolles Verhältnis zwischen Therapeut und Patienten gar nicht aufgebaut werden kann, muss als wesentlicher Bestandteil einer humanen Medizin begriffen und honoriert werden.

Wir Menschen sind auf der Erde, um zu leben und um unser Leben in allen seinen verschiedenen Facetten möglichst gut und vielfältig zu gestalten. Gestaltungsmöglichkeit und Entwicklungsfähigkeit hängen natürlich auch von der körperlichen, geistigen und seelischen Gesundheit ab. Insofern sind Medizin und Gesundheit eigentlich Mittel zum Zweck: Entscheidend ist weltweit die Verbesserung der Lebensqualität für alle Menschen.

Deshalb ist es wichtig, dass wir mit dem gigantischen heutigen Wissen konstruktiv umgehen, die Erde weiter bewohnbar machen und kulturell entwickeln, so dass alle Nationen zusammenleben können. Gefordert ist im Zeichen der Globalisierung und der so genannten Informations- und Wissensgesellschaft die Rückbesinnung jedes Einzelnen auf die Ebene der globalen Geschwisterlichkeit, der Humanität.

Therapieren sehe ich also in einem gesamtgesellschaftlichen Wechselbezug – und eine humane, ganzheitliche Medizin und Therapie sollte Vorrang haben vor Kosten- und Kapitalinteressen.

Und schließlich: Ehe wir, angeregt von der neuen Gesetzeslage in den Niederlanden, über Sterbehilfe bzw. Euthanasie nachdenken, sollten wir erst einmal unser Gesundheitssystem in Richtung auf ein ganzheitliches Therapiekonzept kultivieren.

Hans Helmut Hillrichs

Tiere

Ohne sie wären wir nichts

Die ersten Tiere meines Lebens waren die Tiere im Märchen. Märchentiere waren groß und stark (selbst wenn sie klein von Gestalt waren), listig und geschickt. Sie konnten meist etwas, was die Menschen nicht konnten, und erwiesen sich zu Lande, zu Wasser und in der Luft als treue und unentbehrliche Helfer. Der Wolf, der Rotkäppchen verspeist oder sich an den sieben Geißlein vergreift, war nur die Ausnahme, die diese Regel bestätigt; zumal man seine Attacke überleben und wie neugeboren aus seinem Bauch herauskrabbeln kann.

Ausnahmen gab es auch zur anderen Seite. Denn man konnte sich zwar immer darauf verlassen, dass die Tiere hielten, was sie versprachen, durfte aber nie sicher sein, dass sie auch wirklich das waren, was sie schienen. Unter dem Fell eines ganz gewöhnlichen Bären, wie er in „Schneeweißchen und Rosenrot" vorkommt, konnte urplötzlich ein goldenes Gewand durchschimmern, und ein Frosch, im richtigen Moment und mit der richtigen Menge an Kraft gegen die Wand geworfen, war plötzlich kein Frosch mehr, sondern ein waschechter Prinz.

Zwischen solchen Extremen gab es die redlichen und mit sich selbst identischen Dienstleister im Märchenzoo. Sie konnten aus einfachen Menschen Helden machen, indem sie beim Kampf gegen den Drachen halfen; sie besorgten Lebenswurzeln, die den Tod besiegen, deckten Intrigen auf, gaben Geheimnisse preis, legten bösen Zauberinnen, Hexen und Stiefmüttern das Handwerk und sorgten für Gerechtigkeit.

Daraus eine untergeordnete Rolle abzuleiten, eine Art Zweitrangigkeit gar, kam mir nicht in den Sinn. Eher machten die Märchentiere den Menschen erst zu dem, was ihn auszeichnet, hoben ihn auf die Höhe seiner Möglichkeiten. Vor allem tauchten sie regelmäßig dann auf, wenn die dunklen Mächte des Lebens die Oberhand zu behalten drohten, brachten die Schlüssel für die Lösung und Erlösung in ihren Besitz und wendeten die Biographie des Märchenhelden zu den kostbaren Existentialien Glück, Liebe, Erfüllung, Triumph und Ruhm. Vertraue auf sie, ohne sie läuft nichts – dies dürfte die unterschwellige, aber unvermeidliche Doppelbotschaft der Märchen gewesen sein, die mir aus der Kindheit ins Leben schien.

Verklärungen und Idealisierungen können gefährlich sein, können zu Gefängnissen werden, die die Realität aussperren und den Blick trüben. Gegen manche Verklärungen hilft das Leben, gegen andere kann es nicht helfen, weil wir zu sehr an ihnen hängen (selbst und gerade dann, wenn wir unter ihnen leiden) und weil uns die Wirklichkeit zu banal dünkt, um sie gegen das geheiligte Ideal auszutauschen. Aber gibt es nicht auch Verklärungen, die der Klarheit vorausgehen und ihr den Weg bereiten, statt ihr den Zutritt streitig zu machen?

Mit den Tieren, meine ich, ist es mir so gegangen. Ich war darauf gefasst und habe lange darauf gewartet, dass mir das Leben eine andere Botschaft verordnen, dass die Wirklichkeit, die Wissenschaften, die Literatur oder die Religion mir Einschätzungen und Definitionen zuspielen, zumuten würden, die der alten Kindheitsformel von der Schlüsselfunktion der Tiere den Garaus machen müssten. Ich meine auch, offen genug dafür gewesen zu sein, aber das archetypische Bild, das mir aus den Zeiten nachleuchtete, als das Wünschen noch geholfen hat, ist erhalten geblieben.

Ohne die Tiere wären wir nichts, lautet meine Überzeugung noch immer. Wie hätten wir fliegen lernen können ohne das Vorbild der Vögel? Wer hätte uns ernährt über Hunderttausende von Jahren? Wer hat für unsere Kleidung gesorgt und unsere Pflüge über die Felder gezogen? Wer hat Milch und Honig bereitgestellt, ohne die kein Schlaraffenland, aber auch kein anständiges Frühstück mehr denkbar ist? Wer hat all das getestet und in der Werkstatt der Evolution ausprobiert, was uns stark und erfolgreich macht? Wer ist aus unserer Sprache, unserer Vorstellungswelt und – als Zeuge der Geburt Jesu – selbst aus der Schöpfungsgeschichte nicht wegzudenken? Fragen, die mich kleinlaut und schuldbewusst machen.

Denn von Dank, Achtung oder Respekt kann keine Rede sein! Schon der Frosch hat mich gedauert, der nicht an der Königstochter Tisch sitzen darf, sondern als alter Wasserpanscher verunglimpft wird. Und heute? Bereits eine winzige Stichprobe der Informationen, die täglich ins Haus kommen, lehrt uns das Gruseln. Hätte ich, wie einst im Märchen, drei Wünsche frei, wem sollte ich sie widmen? Den 7000 gepeinigten Schwarzbären auf chinesischen „Farmen", eingepfercht in Käfige, die nicht größer als sie selber sind, damit ihnen für reiche Kunden die Galle abgezapft werden kann? Den letzten sibirischen Tigern, die zu den schönsten Geschöpfen dieser Erde zählen, aber vielleicht das Ende des Jahrzehnts nicht mehr erleben werden? Den Millionen und Abermillionen von Batteriehühnern, eingesperrt in stinkende Fabriken, automatisch gemästet, automatisch geschlachtet und automatisch ins Tiefkühlfach befördert?

Die Vertreibung der Mitgeschöpfe aus unserer Welt – ob in der Vermassung oder in der Vernichtung – ist ein langes und nicht erst ein neuzeitliches Kapitel. Aber die perversesten Abschnitte schreiben wir erst jetzt. Wir nehmen ihnen das, auf was sie vor dem Tod, den wir ihnen mit schrankenloser Willkür diktieren, ein unveräußerliches Anrecht haben: wir nehmen ihnen das Leben. An seine Stelle setzen wir ein gnadenloses Martyrium, das erst der Tod beendet.

Im Märchen waren es immer wieder die Tiere, die die Menschen erlösten und zu ihrem Glück führten. Auch im Leben wird es nicht anders sein. Wir haben gar keine andere Wahl, als die Tiere von ihrem Leid zu erlösen. Damit sie uns erlösen.

Hanna-Renate Laurien

Toleranz

Bündnis von Bekenntnis und Freiheit

„Tolerantes Brandenburg" heißt ein Programm zur Bekämpfung gewalttätiger Fremdenfeindlichkeit. Ein Slogan, der nicht nur mich irritiert. Ist denn der Verzicht auf blindwütiges Dreinschlagen schon Toleranz? Toleranz ist wohl kaum als Beschwörungswort für friedliches Zusammenleben hinreichend definiert.

Unser Grundgesetz kennt die passive Religionsfreiheit – du musst nicht bekennen –, aber auch deren aktive Form: du darfst bekennen, auch öffentlich. Da stellt sich die Frage: Wie geht der Staat mit den unterschiedlich Bekennenden, und wie gehen sie miteinander um? Wird Toleranz verwirklicht, wenn jeder, wie Friedrich der Große am 22. Juni 1740 erklärte, „nach seiner fasson selich werden“ kann? Immerhin bejaht der Staat damit das sichtbare Nebeneinander unterschiedlicher Bekenntnisse, setzt nicht, wie es heute einige im Namen einer Pseudo-Toleranz im Bereich der Bildung wollen, auf ein bekenntnisfreies staatliches Pflichtfach Ethik.

„Jeder nach seiner fasson“, das ist ein friedliches, aber beziehungsloses Nebeneinander. Doch in unserer Gesellschaft begegnen sich die Unterschiedlichen und sollen dennoch friedlich miteinander leben. Daraus kann und soll eine Gemeinsamkeit wachsen, deren Einheit sich in der Vielfalt verwirklicht. Diese Einsicht hat für die Ökumene und ebenso innerkirchlich für Christen hohe Bedeutung. Auch wenn sich eine Gesellschaftsordnung nicht unmittelbar aus dem Gottesbild ableiten lässt, so lassen sich doch „aus dem trinitarischen Gottesverständnis inspirierende Konsequenzen ... ziehen“ (Greshake). Anderssein ist dann Reichtum, Beziehung und Ergänzung werden höher geschätzt als Zentralismus. Bekenntnis und Freiheit werden verbunden.

In der Berliner Nikolaikirche gibt es, gleichzeitig anzuschauen, Gedenktafeln für Paul Gerhardt und für Samuel von Pufendorf. Damals Gegensätze: die Botschaft des Bekenners und die des freiheitlichen Denkers; heute Aufruf zur Verbindung. Seit 1616 (Johann Sigismund) war in Brandenburg der Kurfürst Calvinist, Stände und Volk waren Lutheraner.

Als 1662 der Große Kurfürst die dogmatischen Angriffe der Lutheraner auf „seine“ Reformierten eingrenzen und das Toleranzedikt des Johann Sigismund erneuern wollte, von den Pfarrern den Verzicht auf religiöse Angriffe und ihre Unterschrift unter das Edikt verlangte, erlebte er den Aufstand gegen die „Intoleranz“ seiner Toleranz. 1667 gab er nach: Die polykonfessionelle Situation wurde in Gleichrangigkeit anerkannt.

Zukunftsbestimmend: Die Friedensformel cuius regio, eius religio, die das Nebeneinander unterschiedlich glaubender Territorien und den Auszug des Andersgläubigen ermöglichte, wird grundsätzlich abgelöst durch Konfessionenvielfalt in *einem* Staat.

Paul Gerhardt hat nicht unterschrieben, wurde aus St. Nicolai entlassen und ging auch auf die Angebote einer stillschweigenden

Rückkehr nicht ein. Das kämpferische Eintreten für sein Luthertum war ihm Lebensmitte.

Die brandenburgische Polykonfessionalität wurde von der katholischen Kirche verurteilt. Erst 1885 findet Leo XIII. zu der Aussage, dass Staatsoberhäupter, die, um ein Gut zu erreichen oder ein Übel zu mildern, verschiedene Kulte tolerieren, nicht zu verurteilen seien. Hatte er Thomas von Aquin vergessen? Der hatte zu solchem Tolerieren eines „Übels" um des Bonum commune willen sogar geraten und meinte, dass aus der Duldung gewisser Riten, womit er sich auf die jüdischen bezog, sogar ein Bonum erwachsen könne.

Diese Sicht, die Unterschiedlichkeit als Reichtum zu begreifen, bereitete Gerhardts Zeitgenosse Samuel von Pufendorf vor. Für Pufendorf, dessen Schriften auf den Index kamen, gründet der Staat nicht auf göttlichem Willen, sondern auf einem Gesellschaftsvertrag. Für ihn war die Trennung von Staat und Kirche, die Nichtzuständigkeit des Staates in Glaubensfragen wichtig. Der Staat muss, so unser Verfassungsverständnis, das Bekenntnis ermöglichen und schützen, aber er darf kein Bekenntnis verordnen.

Damit zielt die Frage, wie denn Toleranz gelebt wird, auf die Glaubensgemeinschaften, auf die Parteien und auf den Einzelnen, und sie muss auf den Wahrheitsanspruch bezogen werden.

Es sei nicht bestritten, welch großen Beitrag zur Respektierung der gleichen Freiheit aller (Kant) Aufklärung und Rationalismus geleistet haben, und die Bedeutung des Voltaire-Wortes: „Ich werde deine Meinung bis zu meinem Tode bekämpfen, aber ich werde mein Leben dafür einsetzen, dass du deine Meinung vertreten kannst", sei nicht geschmälert, doch ist es unerlässlich, das Zeugnis christlicher Toleranz bewusst zu machen. Thomas von Aquin vertritt in „De Veritate" das unabdingbare Recht des Gewissens, auch das des irrenden Gewissens. Es darf nicht, „so wie man einem höheren Vorgesetzten mehr gehorchen müsse als einem untergeordneten", unter Gottes Gesetz gezwungen werden, denn der Spruch dieses Gewissens „ist nichts anderes als das Gelingen des göttlichen Gebotes zu dem, dessen Gewissen es ist". Ihm muss deshalb der Raum des Sprechens gegeben werden. Jahrhundertelang hat unsere Kirche (übrigens auch die reformatorische) diese Botschaft verraten und den Ketzer verbrannt oder ausgestoßen. Erst die bedeutende Konzilserklärung über die Religionsfreiheit (Dignitatis humanae 1965) erklärt wieder das Recht der Person auf Gewissensentscheidung zum Maßstab. Der deutsche Erwachsenenkatechismus fordert den Schutz, nicht nur das Ertragen des Andersseins. Das konkretisiert das Gebot der Feindesliebe!

Toleranz strengt an: sie verlangt den eigenen Standpunkt zu prüfen, zu öffnen und zu bewahren. Toleranz macht reich: sie hilft, Einheit in Anerkennung von Vielfalt und in wechselseitigen Beziehungen zu verwirklichen. So kann Miteinander gelingen.

Oskar Holzberg

Treusein

Bindung an die Bindung

Die Treue, so sagt das Sprichwort, ist die Schwester der Liebe. Da wir der großen Liebe hoffnungslos verfallen sind, ist sie die unscheinbare kleine Schwester, die stets im Schatten ihrer atemberaubenden Verwandten steht. An die Liebe glauben wir. Die Treue halten wir für erstrebenswert. An der Liebe verzweifeln wir. Mit der Treue nehmen wir es nicht so ernst.

Doch die kleine Schwester wird der großen den Rang ablaufen. Statt „Ich liebe dich!" werden wir einander zuraunen: „Ich will dir treu sein!" Denn je globaler, beschleunigter, entritualisierter und damit unsteter wir leben werden, desto mehr werden wir uns von der romantisch verklärten, sprunghaften Liebe abwenden und uns der Verbindlichkeit, Sicherheit und Verlässlichkeit von Treue und Treu-Sein zuwenden.

An den dominierenden Zeichen unserer Kultur ist das bereits abzulesen. Im Reich der professionellen Liebesfänger ist das Zeitalter der Treue längst angebrochen. Markentreue heißt das Credo der Werber. Wir werden mit Rabattmarken, Bonuspunkten, Kundenkarten, Clubausweisen und Treueprämien bombardiert, die uns als Kunden binden sollen. Und das Firmen-Logo wird mit einer Idee verwoben, der wir auch dann noch zustimmen müssen, wenn wir das Produkt längst ignorieren.

Liebe bedeutet eben wenig, wenn viel Liebe möglich ist. Gerade liebt der Kunde sein Auto noch, ist in seine foot-wear vernarrt. Und mit dem nächsten Trend, durch einen plötzlich geschaffenen Kult ist nichts mehr, wie es war. Und treulos schenkt der Käufer einem neuen Produkt sein Herz. Ganz so wie der Liebessucher. Er schenkt sein Herz immer dem Menschen, der das Gefühl der stärkeren, der größeren Liebe in ihm auslöst. Und ist dafür bereit, die eingegangene und aufgebaute Bindung aufzugeben.

Eingebunden in Religion, Moral, Tugendhaftigkeit und lebenslange Identität waren Bindungen in der Vergangenheit sicher, und die Liebe wurde in ihren unstetesten Aspekten, der körperlichen Liebe und der Erotik, verehrt. Doch durch Individualisierung, Urbanisierung, Mobilität und Globalisierung hat sich das Verhältnis umgekehrt. Sex und Liebe sind leicht zugänglich geworden, während die Geborgenheit und Sinnhaftigkeit einer Bindung immer schwerer zu erreichen ist. Bindung ist ein kostbares Gut geworden.

Zwanzig Jahre als Psychotherapeut haben mich Bindung als wichtigstes menschliches Grundbedürfnis achten gelehrt. Als ich meine Arbeit begann, betrachtete ich es als Ziel, sich selbst treu zu sein, sich selbst zu verwirklichen. Der Autismus darin blieb mir nicht verborgen, und ich begann Kontakt- und Beziehungsfähigkeit als Kern psychotherapeutischen und menschlichen Bemühens zu verstehen. Die Fähigkeit, sich immer wieder der Welt und dem Anderen gegenüber zu öffnen. Doch auch das reichte nicht. Denn Menschen können voller Liebe und dem Wunsch, geliebt zu werden, sein und sind doch unfähig zu Nähe und Bindung. Gelähmt von der Angst, verschlungen oder fallen gelassen zu werden.

Wir Menschen sind Bindungswesen. Bindung ist unsere Natur. Wie die Säuglingsforschung der letzten Jahre gezeigt hat, arbeiten wir von unserem ersten Atemzug daran, die Verbindung zu unseren Bezugspersonen zu stärken. Wir sind vollständig abhängig davon, dass die Bindung an die anderen gelingt und wir nicht den Hyänen vorgeworfen oder in eine Babyklappe geschoben werden. Und die psychologische Bindungsforschung verrät uns, dass unser gesamtes Erleben und Leben davon geformt sein wird, ob wir uns in unseren ersten Bindungen sicher gefühlt haben oder nicht. Und dass die größte Liebe nichts nutzt, wenn wir nicht gelernt haben, dass wir einer Bindung trauen können.

Liebe schafft keine Bindung. Liebe ist das Gefühl einer gelungenen Bindung. Und Treusein ist die Bindung an die Bindung, ist das Risiko, ohne das keine Liebe leben kann.

Jahrhundertelang sind wir dem romantischen Ideal der Liebe gefolgt, und unsere Treue galt nicht der Bindung, sondern der körperlichen Liebe. Treu waren wir sexuell. Wir bemühten die Gebote der Götter, die Buchstaben des Gesetzes und neuerdings die Projektionen und Phantasien der Verhaltensbiologen über egoistische Gene, um unseren unmöglichen Spagat zwischen freier Lustentfaltung und gleichzeitiger sexueller Treue zu halten. Und um unseren Schmerz zu ertragen, dass unsere tiefe Sehnsucht nach Halt, von der Treue zu den flüchtigen Idealisierungen erotischer Gefühle abhängt.

Ewige Liebe ist unmöglich. Ewige Treue aber lebbar. Liebe erscheint uns als unbewusster, unsteuerbarer Prozess. Treue dagegen ist eine bewusste Entscheidung. Treusein ist das bewusste Unterstützen einer Bindung. Wenn ich dir treu bin, halte ich an unserer Beziehung fest und versuche zu vermeiden, was unsere gegenseitige Bindung gefährdet.

Heute, wo Familie und Religion, die einst unzerstörbaren Bindungen, immer schwächer werden, wo Treue zum Vaterland sich im Multi-Kulti verflüchtigt und Treue zur Firma angesichts des Shareholder-value blanke Dummheit ist, wächst die Bedeutung der Treue zum Partner.

In einer sich immer schneller verändernden Welt brauchen wir eine verlässliche Bindung, um eine Zukunft planen und Ziele verwirklichen zu können. Wir werden von der schicksalhaften Romantik abrücken und lernen, unsere Beziehungen zu gestalten. Wir werden nicht mehr *in* unseren intimen Beziehungen treu sein, sondern unseren intimen Beziehungen treu sein. Treusein wird primär Bindungs-Treue an den Partner sein, und wir werden neu ermitteln müssen, wie viel sexuelle Treue dazu nötig sein wird. Ein verwirrender, schmerzhafter Prozess, der längst begonnen hat.

Wilhelm Schmid

Unsterblichkeit

Die Grenze gibt dem Leben Form

Die Hoffnung, den Tod zu überwinden, ist ein altes Thema aller Kulturen. Zwanghaft wurde die Hoffnung freilich erst in jener Kultur, die sich gänzlich auf die Grenzen der Endlichkeit des Menschen zurückgezogen hat und kein Darüberhinaus mehr zu kennen vorgibt: die Moderne. Die Moderne ist zugleich die Epoche, die es sich zum Programm gemacht hat, mithilfe von Wissenschaft, Technik und freier Wirtschaft die Befreiung des Menschen von all seiner Defizienz zu realisieren: frei von Schmerz, Krankheit, Elend, Leid und – äußerstenfalls auch vom Tod. Im 21. Jahrhundert stehen die Mittel dazu zur Verfügung, gentechnologisch, biotechnisch. Was dann? Wird das Glück der Menschen nicht mehr aufzuhalten sein, jenes „Glück", dessen Begriffsbestimmung die Utilitaristen ins Stammbuch der Moderne geschrieben haben, Gebetsformel aller modernen Menschen: Maximierung der Lust, Eliminierung von Schmerz?

Die größte Herausforderung für das Leben im beginnenden 3. Jahrtausend ist die grundsätzlich beliebige Verlängerbarkeit des Lebens. Schon in den letzten Jahren des 2. Jahrtausends haben Wissenschaftler die Telomere an den Enden der DNS-Fäden entdeckt, die für das Altern eines Menschen verantwortlich sind. Welche Aussichten! Die entsprechenden technischen Möglichkeiten lassen nicht lange auf sich warten: Was an diesen Telomeren mit fortschreitendem Alter durch natürliche biochemische Prozesse abgeschnitten wird, lässt sich auf technischem Wege wieder anstückeln. Auf diese Weise lassen sich Verjüngungskuren machen, die so erstaunliche Resultate zeitigen, dass man, begegnet man einem „alten" Freund oder einer Freundin nach längerer Zeit wieder, glauben könnte, ihr altes Passbild aus der Jugendzeit sei wieder auferstanden.

In der Tat: welche Aussichten! Die Anwendung dieser Technik ist natürlich sehr teuer; nicht alle können sich das deshalb leisten, daher die gesetzliche Verpflichtung der Krankenkassen, die Kosten der Behandlung zu übernehmen. Da nun freilich im Gegenzug die Krankenkassenbeiträge ins Astronomische wachsen, wenn die komplette Unsterblichkeit für alle finanziert werden soll, müssen einige Abstufungen eingeführt werden: Wer von Sozialhilfe lebt, hat Anspruch auf eine dreimalige Behandlung, das bringt immerhin eine Lebensverlängerung um jeweils fünfzig weitere Jahre, danach ist allerdings Schluss. Gewöhnliche Arbeitsbesitzer können sich durchschnittlich eine zehnmalige Verlängerung leisten, und bei noch größerem Wohlstand öffnet sich die Spannweite nach oben: bis zu hundertmal. Die Unsterblichkeit können nur extrem reiche Menschen bezahlen. Das ist zwar bedauerlich, aber absolute Gerechtigkeit gibt es eben nicht, und auch die schönste Gerechtigkeit scheitert an der Finanzierbarkeit, und unter diesen Umständen sind die geschilderten Regelungen besser als nichts. Zumal die Unsterblichen unfreiwillig doch einen Preis zu bezahlen haben, der ihren Gewinn an Jahren offenkundig wieder zunichte macht: Preis der tödlichen Langeweile.

Lebenskunst im 21. Jahrhundert heißt daher von Grund auf: Wahl der Grenze des Lebens. Man kann sich mit sich selbst etwa, sagen wir, auf 500 Jahre verständigen. Das erscheint ausreichend, um in Ruhe sein Leben zu leben, einige interessante Entwicklungen im wissenschaftlichen Bereich über längere Zeit mitzuverfolgen, es aber dennoch nicht zu der gefürchteten Langeweile kommen zu lassen. Natürlich wäre es möglich, diese Frist zu verlängern, solange das Geld reicht, aber am Beispiel Anderer lässt sich studieren, was es bedeutet, in dieser Hinsicht unschlüssig zu sein: ein ewiges Hin und Her, nicht mehr wirklich leben zu können, nicht sterben zu wollen, Selbstverachtung, Hass auf andere Menschen und die Welt überhaupt. Das kann man sich ersparen und seinem Leben eine klar bestimmte Form geben. Wenn die Zeit gekommen ist, wird keine Verlängerung mehr beantragt, um sich stattdessen einfach nur hinzulegen und wegzudämmern; aktiv eingreifen, wie viele andere, die vor dem Prozess des Sterbens selbst die meiste Angst haben, wird man vielleicht bei sich selbst nicht; vielleicht werden die Kräfte noch eine Weile reichen, um zu beobachten, was geschieht, und um den Blick zurück noch zu genießen.

Ein neues Bewusstsein des Todes ist die zwangsläufige Folge der endlich möglichen Unsterblichkeit. Der Tod ist eine Grenze, und die reflektierte Lebenskunst gründet im Bewusstsein von der Begrenztheit des Lebens, was immer über diese Grenze hinaus sein mag. Man kann sogar sagen, dass dem Tod die Begrenzung des Lebens zu *verdanken* ist, denn wenn es diese Grenze nicht gibt, kann das Leben in der Tat als gleichgültig erscheinen.

Wenn es gelingt, das Leben ewig dauern zu lassen, schwindet die Anstrengung, es wirklich zu leben, dramatisch, und die Individuen bringen ihr Leben erst recht damit zu, auf das Leben zu warten. Welchen Ehrgeiz sollte es geben, die schwierige Arbeit des Lebens, ja schon die Mühe des Aufstehens an jedem Morgen auf sich zu nehmen, wenn all dies auf ewig verschoben werden kann? Kommt der Tod nicht als Begrenzung, als „Horizont" im eigentlichen Sinne des Wortes in den Blick, hat dies ein bedeutungsloses Leben zur Folge, denn es gibt keinen Grund mehr, sich um ein schönes und erfülltes Leben zu sorgen.

Daher die Affirmation der Begrenzung: Leben mit dem Tod heißt dann, sich klar zu sein darüber, dass dieses Leben begrenzt sein muss und dass der Tod gerade hierin, Grenze zu sein, seinen Sinn hat. Die Grenze gibt dem Leben, unabhängig von den Formen, in denen es gelebt wird, die existentielle Form, die es überhaupt Leben sein lässt, und nur der Tod als Grenze macht dieses Leben zum Eigenen eines Selbst. Jeder Mensch wird fortan diese Grenze selbst zu ziehen haben, sei es mit einer aktiven Wahl, um den Zeitpunkt zu bestimmen, oder im Sinne einer passiven Wahl, um geschehen zu lassen, was eben geschieht, wenn nicht mehr verlängert wird. Ob dies hoffnungsvolle Aussichten sind, ist eine andere Frage.

Hanns Dieter Hüsch

Utopie

Sterbenswort und Lebenskantilene

Ich seh' ein Land mit neuen Bäumen.
Ich seh' ein Haus aus grünem Strauch.
Und einen Fluss mit flinken Fischen.
Und einen Himmel aus Hortensien seh' ich auch.

Ich seh' ein Licht, von Unschuld weiß,
und einen Berg, der unberührt.
Im Tal des Friedens geht ein junger Schäfer,
der alle Tiere in die Freiheit führt.

Ich hör' ein Herz, das tapfer schlägt
in einem Menschen, den es noch nicht gibt,
doch dessen Ankunft mich schon jetzt bewegt.
Weil er erscheint und seine Feinde liebt.

Das ist die Zeit, die ich nicht mehr erlebe.
Das ist die Welt, die nicht von uns'rer Welt.
Sie ist aus feinstgesponnenem Gewebe,
und Freunde, glaubt und seht: sie hält.

Das ist das Land, nach dem ich mich so sehne,
das mir durch Kopf und Körper schwimmt,
mein Sterbenswort und meine Lebenskantilene,
dass jeder jeden in die Arme nimmt.

Dietmar Mieth

Vatersein

Ein Lernprozess

Bei einem Besuch in Japan fiel mir ein Reflex von jungen Müttern auf, die ihren kleinen Jungen auf dem Rücken trugen. Begrüßten sie ihren Mann, den Vater des Jungen, dann veranlassten sie das Kind mit einem geschickten Griff zu seinem Hinterkopf, jene kleinen Verbeugungen zu machen, die man in Deutschland früher „Diener" zu nennen pflegte: Solche sozialen Gesten oder Rituale des Respekts findet man auch in unseren westlichen Gesellschaften noch, bei Ansagen von französischen Familienfestlichkeiten etwa.

Auf der anderen Seite steht der „Vater/Patriarch" heute in der Kritik der interkulturellen Trends wie nie zuvor. Rollenwandel erzeugt Rollenunsicherheit. In einer „vaterlosen Gesellschaft" (A. Mitscherlich) sind Respekt und Vertrauen aus der Vertikale in die Horizontale geraten. Die Konturen einer post-hierarchischen Väterlichkeit sind aus dem Vaterbild als männlicher Herrschaftsfigur erst mühsam zu gewinnen.

Aber geht mit dem Bildersturm gegen „Autorität und Familie" (M. Horkheimer, T. Adorno) nicht zugleich die Fähigkeit verloren, sich ein Bild zu machen, sich eine Orientierung zu verschaffen, Strukturen und Regeln zu berücksichtigen? Und gibt es nicht doch, auch in der Tradition des Vaterseins, positive Momente?

Der Psychoanalytiker Alexander Mitscherlich prägte für die deutsche Gesellschaft der Nachkriegszeit den Begriff der „vaterlosen Gesellschaft". Durch die eigene Biographie bin ich in diese Gesellschaft eingewoben: Mein Vater war im Krieg gefallen. Mag sein, dass ich mich deshalb erst spät als Vater fühlte. Und dann war es auch nie ein Gefühl der Herrschaft, sondern eher von der Art: Ich gehöre nicht mehr zu denen, die die vielversprechende (oder gescholtene) neue Generation darstellen. Da war nicht mehr fraglos das gleiche Lebensgefühl. Ich empfand auch die Grenzen des Vermittelbaren und der Kontinuität, die der Weitergabe der eigenen Erfahrungen gesetzt sind. Ich fühlte mich nicht „alt", höchstens: „älter als …". Da ich selber auch ein älterer Bruder bin (aber auch ein jüngerer), fiel mir die Ausweitung dieser Rolle leichter. Weil mir selbst der Vater fehlte – auch wenn es an väterlichen Autoritäten nicht mangelte –, konnte ich mir aussuchen, was ich für „väterlich" hielt; ich konnte es mir auch aus guten Lehrern zusammensetzen. Lehrer rücken einem nicht so auf den Leib wie der eigene Vater, und die Ablösungsprozesse sind nicht so erschütternd, zudem beobachtbar und kontrollierbar.

Vatersein war ein Lernprozess – und bedeutete auch das Erlernen alltäglicher Pflichten (in meinem Fall nicht vorrangig durch rollenspezifische Zuweisungen geprägt). Es schloss bei mir – als Theologen – auch die Auseinandersetzung mit dem „Unser Vater, der du bist im Himmel" ein, also mit dem Gottesbild, das Jesus von Nazaret vermittelt: der Vater, der seinen ermordeten Sohn furchtbar an den „bösen Winzern" rächt; der Vater, der den unwilligen, aber solidarischen Sohn mehr liebt als den Duckmäuser, der ja sagt und nein tut; der Vater, der seinem heimkehrenden, missratenen Sohn entgegenläuft; der, an dessen Herzen wie aus einem nie versiegenden Brunnen man die Liebe schöpfen kann; der Vater, der *auf* seinem Schoße birgt, was *im* Schoße der Mutter wuchs: ein Vaterbild also, das vom Überschuss der liebenden Annahme lebt; ein Vater, der das Gotteshaus bewohnbar macht und der das Gottesbild mit Wärme und Nähe erfüllt. An die Stelle von Respekt und Anvertrauen sind also Geborgenheit und Liebe getreten. Sie nehmen die positive Seite des Respekts – die wechselseitige Anerkennung – und die positive Seite des Anvertrauens – die Solidarität – in sich auf.

Natürlich ist auch in dieser meiner Vorstellung der „Vater" gleichzeitig ausgestattet mit Respekt *und* Vertrauen. Ich weiß um die Spannung dahinter: Der Respekt und Würde heischende Vater ist immer in der Gefahr der lächerlichen Versteifung und Vertrottelung. Der gerechte und gestrenge Vater ist immer in der Gefahr, als Büttel anderer Interessen missbraucht zu werden. Der solidarische Vater ist einer, der von seinem Vorsprung zehrt und ihn zugleich, in gemeinsamer Anstrengung mit den Kindern, abbaut. Er versucht, Autonomie zugleich mit Konfliktfähigkeit und Kooperationsbereitschaft zu fördern. Wer Mündigkeit nicht einen Schritt, bevor sie da ist, bereits voraussetzt, kann sie nicht weitergeben.

Vatersein ist also Beziehung: nichts Statisches, sondern Balance und Werden. Diese Balance ist nicht selbstbestimmbar, weil sie mit einem anderen und von einem anderen gehalten wird. Ohne Kind kann nicht von Vater gesprochen werden (und ohne Mensch nicht von Gott). Es erschafft das Kind seinen Vater, und der Vater lässt sich so erschaffen, wie das Kind es braucht. Kinder erziehen ihre Eltern, nicht nur umgekehrt. Wo ich Vater *bin*, bin ich es nicht durch mich (oder allein durch meine Frau), sondern durch mein Kind (dies gilt nicht nur für die biologische Vaterschaft, sondern auch im geistigen Bereich). Darum hat Vatersein auch mit Dankbarkeit zu tun: Durch eine wachsende Generation werde ich zum Vater „erschaffen“, werde gewollt und gebraucht. Vaterpflichten gehören mit den Vaterfreuden untrennbar zusammen.

Natürlich gibt es auch die „Leiden“ der Väter. Aber auch wenn sie faktisch mit dem Vatersein verbunden sind – machen sie es aus? Alles, auch das Vatersein, kann angesichts unserer Endlichkeit und Fehlerfähigkeit aus der Balance und aus dem Werden, ja aus der Beziehung gebracht werden. Nichts versteht sich von selbst.

Es gibt schöne Bilder gelungener Vaterschaft. Religiös gesprochen: geboren aus dem Herzen des Vaters kehren wir zurück in den Schoß des Vaters. Moralisch gesprochen: das Herz des Vaters ist der Geburtsort einer Beziehung in Freiheit – die Erfüllung der damit verheißenen Annahme und Geborgenheit gibt der Freiheit ihren Ort in der Liebe. Und wenn ich ganz persönlich spreche: Manche Elemente dieses Vaterseins werde ich, vielleicht, erfüllt sehen, wenn ich Großvater bin.

Franz-Xaver Kaufmann

Verantworten

Sich überfordern lassen

Optimismus ist nicht angesagt. Wir leben in einer Welt, deren Komplexität offensichtlich alles Verstehen übersteigt. Das gilt nicht nur trotz, sondern auch wegen aller Fortschritte der Wissenschaften. Natürlich verstehen wir heute im Einzelnen mehr von den Zusammenhängen der Wirklichkeit als unsere Vorfahren. Aber gleichzeitig ist uns infolge des wissenschaftlichen Fortschritts jene Art gemeinsam geteilter Selbstverständlichkeiten abhanden gekommen, die im Rahmen einigermaßen geschlossener Kulturen die Menschen in ein eindeutiges Verhältnis zu ihrer Welt brachten. Solche Eindeutigkeit vermögen die modernen Wissenschaften nicht mehr zu stiften, weil sie selbst keine gemeinsame Perspektive, sondern nur ihre jeweils unterschiedlichen Fachperspektiven zu entwickeln vermögen. Welt-Anschauung ist im Horizont wissenschaftlich verbürgter Rationalitäten unmöglich geworden. Welt-Vertrauen ist zu einer irrationalen Haltung verkommen. Wer es trotzdem pflegt, und wer brauchte dies nicht, um den Alltag des Lebens zu bestehen, verdrängt dieses unheimliche Wissen.

Was lässt sich angesichts unserer beschränkten und vieldeutigen Wahrnehmung von „Welt" verantworten? Wer wie Hans Jonas „Verantwortung" zum Prinzip unseres Weltverhältnisses machen will, unterliegt einer optischen Täuschung. Keiner von uns kann „Verantwortung für die Schöpfung" übernehmen, so gut und fromm das klingt. Verantwortung für „das Ganze" ist dem Menschen unmöglich. Das hat er gefälligst Gott zu überlassen, wenn ihm dieser Glaube noch möglich ist. Die Sucht, menschliche Verantwortung für das Ganze zu fordern, ist selbst Symptom des schwindenden Gottesglaubens. Die pseudowissenschaftlichen Scharlatane, welche uns Erlösung von unserer Weltunsicherheit verheißen – sei es durch Fortschritte der Genetik, der Psychotherapie oder der Kognitionswissenschaften, ganz zu schweigen von den Erfindern neuer „Weltformeln" –, müssten in der Lage sein, sich selbst an die Stelle Gottes zu setzen, sollten wir ihnen

Vertrauen schenken können. Sie unterliegen selbst der Naivität eines vorwissenschaftlichen Weltverständnisses und verdanken die Gewinne ihrer Bestseller unserer eigenen naiven Sehnsucht, uns auch ohne göttliche Gewährleistung eines Sinnes des Ganzen in der Welt wieder heimisch fühlen zu können.

Aber auch Zynismus ist nicht angesagt. Aus der Unbegreiflichkeit der Welt im Ganzen folgt nicht das Prinzip einer vom blinden Zufall gesteuerten Evolution. Das ist auch nur eine Weltformel wie das schlichtere „anything goes"! Weder ist alles erlaubt, noch ist alles möglich. Zwar bleiben unsere Erkenntnismöglichkeiten strukturell beschränkt durch die Überkomplexität aller im Einzelnen durchaus erkennbaren Zusammenhänge. Aber wir können mit unseren bescheidenen Erkenntnismitteln durchaus in vielen Fällen die Lebensdienlichkeit oder Lebensschädlichkeit unserer Handlungen und der Folgen von kollektiven Entscheidungen erkennen. Und auch wenn Wissenschaft keine Moral begründen kann, so sagt uns doch vernünftige Einsicht, dass die Anerkennung moralischer Grenzen für ein gedeihliches Zusammenleben von Menschen unumgänglich ist.

Der Horizont unserer Verantwortung kann nicht weiter reichen als der Horizont vernünftiger Einsicht. Aber innerhalb dieses Horizontes wird Verantworten heute zur zentralen ethischen Forderung. Das besagt im Grundsatz zweierlei: Verantworten heißt erstens, sich von Dritten zur Rechenschaft ziehen zu lassen. Wer behauptet, nur vor sich selbst verantwortlich zu sein, verweigert der ethischen Forderung seine Anerkennung und handelt daher unverantwortlich. Nur wer bereit ist, seine Entscheidungen und Handlungsweisen zu begründen und seine Argumente der Kritik auszusetzen, unterzieht sich dem intersubjektiven Zwang zur Reflexion und damit den Bedingungen kollektiven Lernens. Wer sich bei ethisch relevanten Entscheidungen allein auf sein Gefühl verlässt, ohne die Vereinbarkeit seiner Intuition mit dem unparteilichen Urteil Dritter zu prüfen, entscheidet unverantwortlich. Zwar mögen die Umstände und der Zeitdruck des Entscheidens im Einzelfall die Auseinandersetzung mit Dritten über die zu suchende „zweitbeste" Lösung zu aufwändig oder gar unmöglich erscheinen lassen. Als Prinzip taugt einsames Entscheiden dagegen nicht.

Verantwortlich entscheiden heißt zweitens, die Motive, Bedingungen und Folgen unterschiedlicher Handlungsalternativen in Betracht zu ziehen und gegeneinander abzuwägen. Dieser Forderung können wir praktisch nur mit Einschränkungen genügen, die sich sowohl aus der Unüberschaubarkeit vieler Entscheidungssituationen als auch aus der Beschränktheit unseres Wahrnehmungs- und Beurteilungsvermögens ergeben. Je mehr Wertgesichtspunkte und Möglichkeiten wir in Betracht ziehen können, ohne entscheidungsunfähig zu werden, je größer somit unsere kognitiven *und* moralischen Fähigkeiten sind, desto eher verdienen wir das Prädikat „verantwortlich".

„Verantwortlichkeit" bezieht sich auf die Person, „Verantwortung" auf die Position oder die zu lösende Aufgabe. Eine Position ist umso verantwortungsvoller, je weitreichender die mit ihr verbundenen Entscheidungsfolgen sind und je größer der mit der Lösung ihrer Aufgaben verbundene Ermessensspielraum. Verantwortlichkeit als persönliche Kompetenz ist dort gefragt, wo die Komplexität der Situation keine einfachen Entscheidungsregeln zulässt und wo der „allgemeine Gesetzgeber" des Kantischen kategorischen Imperativs keine brauchbare Antwort mehr bereithält. Wer unter einfacheren Bedingungen moralisch argumentierte, sprach von „Pflichten". Bei verantwortungsvollen Aufgaben genügt bloße Pflichterfüllung nicht mehr, weil es hier nicht möglich ist, das pflichtgemäße Handeln im Voraus zu bestimmen. Die Fähigkeit zur Verantwortlichkeit ist vor allem in Konfliktsituationen gefordert, in denen unterschiedliche allgemeine Regeln verschiedene Lösungen nahe legen, wo es um ein Abwägen und das Finden der besten Lösung im konkreten Einzelfall geht.

Keiner kann klug genug sein, als dass er nicht von der Kritik anderer lernen könnte. Aber wo finden unsere Führungskräfte in Politik und Wirtschaft Menschen und Situationen, in denen sie ohne Furcht vor Bloßstellung lernen können, sich gegenüber Dritten zu verantworten? Tritt an die Stelle des Beichtvaters heute der Coach oder Supervisor und an die Stelle der Exerzitien der Kursus für Führungskräfte und die vertrauliche Gruppendiskussion? Aber reicht dies in einer Kultur, welche Erfolg zum höchsten Wert stilisiert und weder die Beschränktheit all unseres Könnens noch „erfolgreiches Scheitern" anerkennt?

Verantworten setzt sowohl eine Begrenzung des Verantwortungsbereichs als auch das Einüben von Verantwortlichkeit voraus. Verantwortlichkeit braucht moralische Sensibilität und sittliche Urteilskraft, Phantasie, analytische Fähigkeiten, Diagnosevermögen und die Fähigkeit, Kritik zu ertragen und sich mit ihr produktiv auseinander zu setzen. Man könnte dies als einen den Führungsaufgaben unserer Zeit gemäßen Tugendkatalog bezeichnen. Aber „Tugend“ scheint ein Begriff aus vergangenen Zeiten zu sein. Damals wusste man, dass keiner ganz tugendhaft ist, und hielt die Spannung aus. Wer immer Recht haben will, kann sich nicht verantworten. Verantworten heißt, sich überfordern lassen.

Rolf Böhme

Wachstum

Grenzen und Entwicklung

„Die Grenzen des Wachstums“ hieß ein Bestseller aus den 1970er Jahren. Das Buch stellte die Warnungen des „Club of Rome“ vor den Folgen eines ungezügelten Wachstums dar und war ein Wegbereiter einer modernen Umweltpolitik. Die grüne Bewegung findet hier eine seriöse Grundlage, und die etablierten Parteien bekamen Anstöße zur Öffnung für umweltpolitische Initiativen.

Es mag eine typisch deutsche Eigenschaft sein, dass in unserem Land die Warnungen des „Club of Rome“ besondere Aufmerksamkeit fanden, und sicherlich hat der „Club of Rome“ den Zeitgeist der 1970er Jahre positiv geprägt. Wir haben ein Umdenken in Politik und Gesellschaft erlebt. Heute kann kein verantwortlicher Politiker die Hand heben zu einem Raubbau an unseren natürlichen Lebensgrundlagen. Wasser, Luft, Boden bedürfen eines besonderen Schutzes; die Ressourcen an Flächen oder Energie sind mit Verantwortung und Augenmaß zu bewirtschaften, um nachfolgenden Generationen eine lebenswerte Welt zu übergeben. Die Gesetzgebung hat viele Anregungen aufgegriffen und in praktisches Handeln umgesetzt – in Deutschland mehr als in den meisten anderen Ländern.

Die Ölkrise zur fast gleichen Zeit zwang die Bundesrepublik zum Umdenken. Die Folgen einer Energieverknappung mit entsprechender Teuerung wiesen auch den Weg zu neuen Formen des Umgangs mit natürlichen Ressourcen unserer Erde. Offensichtlich war jetzt eine neue Qualität des ökonomischen Wachstums gefordert. Qualitatives Wachstum war die Formel und nachhaltige Entwicklung der Schlüssel für eine Art Versöhnung der Ökologie mit der Ökonomie. Eine solche Politik bedeutet eine Orientierung politischen Handelns an der Verträglichkeit mit dem Ökosystem und mit den sozioökonomischen Rahmenbedingungen. Das Bekenntnis zu einer „nachhaltigen Stadtentwicklung" bedeutet somit keine Absage an Wachstum schlechthin, sondern eine Umorientierung auf qualitatives Wachstum.

Eine solche ausgewogene Politik ist nach meiner Erfahrung der Königsweg für eine Entwicklung, welche zu wirtschaftlicher Prosperität, Erhaltung der natürlichen Lebensgrundlagen und zu sozialer Stabilität führt. Die gegenseitige Abhängigkeit dieser Trias wird im politischen Alltag gern ausgeblendet und führt immer wieder zu Konflikten, die nach dem Prinzip der nachhaltigen Entwicklung entschieden werden müssen.

Dazu einige Beobachtungen aus der Politik einer kleinen Großstadt, aus Freiburg: Nach den Auseinandersetzungen um das Kernkraftwerk Wyhl bei Freiburg in den 1970er Jahren stieß jedes größere Projekt der Stadtentwicklung bei den gleichen Gruppen, die gegen Wyhl gekämpft hatten, auf erbitterten Widerstand. Gleichzeitig entstanden heftige Debatten um die Verteilung der städtischen Mittel – für kulturelle Gruppen, soziale Einrichtungen und Förderprogramme und vieles andere mehr. So wurden die Schlüssel-Investitionen *für* die Zukunft der Stadt gleichzeitig zu Symbolen *gegen* eine Stadtpolitik, die Freiburg aus dem damaligen wirtschaftlichen und finanziellen Tief herausführen sollten: Denn nur wenn die Stadt leistungsfähig wurde und blieb, nur wenn der städtische Haushalt wieder „Luft" durch eigene Steuereinnahmen bekam, nur wenn neue Arbeits- und Ausbildungsplätze geschaffen und die Arbeitslosigkeit abgebaut wurde, konnte die Unterstützung der soziokulturellen Gruppen weitergeführt werden, das soziale Gleichgewicht gewahrt und die Finanzgrundlage geschaffen werden, um nachhaltige Stadtprojekte, zum Beispiel im öffentlichen Nahverkehr oder für eine lokale Energieversorgung, zu finanzieren.

Dieser ökonomische Kreislauf war schwer zu vermitteln. Aber es war notwendig, sich auf diese Konflikte für und gegen ein qualitatives Wachstum einzulassen. Nicht eine Wachstumsideologie um ihrer selbst willen kann Hintergrund sein für die Politik des qualitativen Wachstums. Politisch waren wir der Überzeugung, dass die Stadt weiterhin schwere Konflikte erleben werde, wenn die wirtschaftliche Entwicklung auf Dauer stagniert oder noch mehr zurückgeht. Die Lage am Ende der 1970er und Anfang der 1980er Jahre war noch in schlechter Erinnerung: Damals waren in der Stadt wirtschaftlicher Niedergang, Leerstand von Häusern, Besetzung von Gebäuden, hohe Arbeitslosigkeit und Sicherheitsprobleme mit Demonstrationen und gewaltsamen Konflikten offensichtlich. Auch andere Großstädte waren damals in einer vergleichbaren Situation. Mit Mühe wurde diese Lage überwunden, und zwar mit einem ganzen Bündel von Maßnahmen und Zukunftsinvestitionen. Dazu gehörten gerade auch ökologisch geprägte Vorhaben wie der öffentliche Nahverkehr oder neue Formen der Energiepolitik.

Stadtentwicklung verlangt heute beides: ökonomische Impulse und ökologische Schwerpunkte. Deshalb ist es richtig, immer beide Bereiche als zwei Seiten einer Medaille zu sehen: die ökonomische und ökologische Modernisierung einer Stadt als Grundlage ihrer finanziellen Handlungsfähigkeit und sozialen Stabilität. Der eingangs zitierte Bestseller „Die Grenzen des Wachstums" hat entscheidende Anstöße für die Gestaltung der Zukunft gegeben.

Hans Koschnick

Waffen

Frieden – Illusion oder begründete Hoffnung?

Der Zweite Weltkrieg endete in Europa am 8. Mai 1945. An diesem Tag wurde der britische Kriegsgefangene Arbeitsmann Hans Koschnick durch die Straßen der belgischen Hauptstadt zu dem Gefangenenlager geführt, das ihm für einige Monate „gesicherte?" Unterkunft und Verpflegung bot. Die Kirchenglocken begleiteten diesen so eigenen Transit, die Menschen auf der Straße jubelten und zeigten zugleich verständlichen Haß gegenüber denen, die jetzt als Geschlagene unter dem Schutz englischer Soldaten die Stadt durchquerten. Deren Sinn war in diesen Stunden nicht so sehr auf die Frage nach dem „Warum“ gerichtet, nicht auf einen Diskurs über Befreiung oder Niederlage des eigenen Volkes, sondern nur auf eines: Hoffentlich bringt uns der Tommy heil durch diese brodelnde Stadt! Und die Engländer taten dies.

Dem gerade 16 Jahre alt gewordenen deutschen „Krieger“ ging in den folgenden Wochen auf, in welcher Weise er, wie viele andere, verführt worden war, einem Regime zu vertrauen, das eine Weltanerkennung durch kriegerische Gewalt, durch Vertreibung, Verbrechen und Mord an Millionen von Menschen aus den Nachbarländern erzwingen wollte und so zu einem Menetekel für die eigene Bevölkerung wurde.

Verunsichert durch die Informationen, die uns im Gefangenenlager erreichten, fragten wir uns: Ist es die Wahrheit oder Greuelpropaganda? So bestimmten Ungewissheit und Zweifel die Gespräche unter uns, bis wir erschrocken erkannten, dass die Bilder der Toten aus den befreiten Konzentrationslagern nicht gestellt sein konnten. Uns wurde klar: Wir hatten einer mörderischen Staatsführung gedient. Die Konsequenzen, die wir daraus ableiteten, waren allerdings unterschiedlich. Die einen, es war die Mehrheit unter uns Heranwachsenden, wollten von neuem Engagement für eine bessere Sache nichts (mehr) wissen, sie waren nur noch an einer höchst privaten Lebensgestaltung interessiert und sahen der ungewissen staatlichen Zukunft nach dem Motto „Ohne mich“ entgegen. Wir anderen nahmen uns vor, nicht beiseite zu stehen, sondern mit anzupacken, wenn wir aus der Gefangenschaft entlassen würden. Wir wollten uns dafür einsetzen, dass nie wieder Hiroshima, nie wieder Bergen-Belsen oder Auschwitz möglich würde. Diesem einigenden Band fühlten wir uns verpflichtet, ganz gleich für welche gesellschaftspolitische Orientierung wir uns später entscheiden würden. Trotz aller Not, trotz allen Elends gab es Chancen, die wir nutzen wollten.

Zudem erschlossen sich uns neue Hoffnungen. In San Francisco war eine neue Staatengemeinschaft gegründet worden – die Vereinten Nationen. Diese sollten dafür sorgen, aufkommende zwischenstaatliche Konflikte einvernehmlich einzudämmen. Friedenssicherung, auch Friedenserzwingung durch die Organe der UN wurde vereinbart. Christliche Kirchen im Ökumenischen Rat machten unter Zurückstellung aller konfessioneller Unterschiede den Versuch, die Friedensbotschaft in den Mittelpunkt der Verantwortung für die Welt zu stellen. „Krieg darf um Gottes willen nicht sein" war die gemeinsame Verpflichtung, 1947 in Amsterdam vereinbart. Wir fühlten uns damals bestätigt mit unserer Zielsetzung: „Nie wieder Krieg".

Doch neue Kriege, namentlich Bürgerkriege, waren trotz UN-Satzung und allgemeiner Friedensethik Realität der Zeit. Die ideologische Beeinflussung und Durchdringung von gesellschaftlichen Entwicklungen führte zu neuen Konflikten. Westliche Demokratiemodelle wetteiferten mit kommunistischen Gesellschaftsvorstellungen. Beide Führungsmächte waren mit ihrem nuklearen Waffenarsenal so hochgerüstet, dass ein auch nur regional nuklear ausgetragener Konflikt zur Zerstörung der gesamten Zivilisation führen musste. Ein weiteres Hochrüsten brachte keiner Seite einen Vorteil im politischen Aktionsfeld. Die Verluste der Volkswirtschaft durch unproduktive – im wahrsten Sinne nutzlose – Rüstungssteigerung brachten jedoch andere Gefahren für die Stabilität der eigenen Gesellschaft. Nicht so sehr die Waffen, sondern der damit verbundene Mittelverzehr öffentlicher Einnahmen bedrohte die innere Sicherheit des Staatsverbandes. Status quo, Rüstungsbegrenzung, Rüstungsabbau, ja Auflösung der Blockbildung wurden zur logischen Konsequenz.

Im Wettlauf von hochtechnologischer Rüstung und allgemeiner Entwicklungspolitik konnte der Ostblock schließlich nicht mehr mithalten. Die kommunistische Weltmacht, erneut unter dem Druck von aufbegehrenden Bevölkerungsgruppen wie z. B. der Solidarnosc in Polen stehend, löste sich von der Konfrontationspolitik. Aber die Hoffnung auf gewaltfreie Konfliktlösung war illusionär. Traditionelle völkische Vorurteile und neu aufflammender Nationalismus triumphierten. Friedensorientierte Politik war nicht mehr selbstverständlich, nationaler Egoismus wurde zum Maßstab der Zeit.

So hatte die Auflösung der Blöcke den Kollaps der früheren jugoslawischen Föderation zur Folge. Der Zerfall dieses Bundes südslawischer Völker führte ab 1989 zu einer blutigen Auseinandersetzung zwischen den Völkern des Balkans. Ausgerüstet mit dem beachtlichen Waffenarsenal der gesamtstaatlichen jugoslawischen Volksarmee, versuchten serbische Milizen und Militärverbände zunächst in Kroatien, dann in Bosnien-Herzegowina und später im Kosovo im Verlauf des sich auflösenden jugoslawischen Staatsverbandes eine neue Grenzziehung in Südosteuropa zu erzwingen. Das Übergewicht an Waffen und Personal führte zu anfänglich erheblichem Landgewinn, verbunden mit der Vertreibung einheimischer, nicht-serbischstämmiger Bevölkerung. Man versuchte nicht ohne Erfolg, eine unerwünschte, aber seit Jahrhunderten in gemeinsamer Nachbarschaft lebende Bevölkerung aus Gebieten zu vertreiben, die man jetzt als eigenes Territorium zu nutzen gedachte.

Hauptbetroffene waren und sind die muslimischen Bosniaken, doch auch serbische und kroatische Bürger (neuerdings auch albanischstämmige und mazedonische alteingesessene Bevölkerungsteile) haben Verluste an Leben und Gut hinnehmen müssen. Bis heute konnten über 1 200 000 Flüchtlinge und Vertriebene trotz anderslautender, die Kampfhandlungen beendender Verträge weder dort wieder beheimatet werden, wo sie über Generationen gelebt hatten, noch eine gesicherte neue Beheimatung auf dem Balkan finden.

Nationalistische Gesinnung und ein Übermaß an konventionellen Waffen hatten diesen Konflikt gezeugt; er führt von den Dayton-Verträgen fast zwangsläufig zu den Gewalttaten im Kosovo und in Mazedonien, dem heutigen Krisengebiet des Balkans.

Zwar erzwangen einerseits internationale Militärverbände unter Führung der NATO die Beendigung der serbischen Vertreibungsaktionen gegenüber den Kosovaren, doch konnten sie andererseits Vertreibungsaktivitäten der kosovarischen Bevölkerung gegenüber der dort seit Jahrhunderten lebenden nicht-albanischen Bevölkerungsgruppierung nicht entscheidend stoppen. Und auch das von der UNO errichtete Quasi-Protektorat mit der UNMIK-Verwaltung hat noch keine friedensstiftende Antwort auf diese negative Entwicklung gefunden. Lösungen müssen angestrebt werden, die nicht vorrangig auf Waffengewalt setzen, sondern den europäischen Integrationsprozess beflügeln.

Da der legale wie der illegale Weltmarkt für Waffenerwerb relativ weit geöffnet ist, jedenfalls in den Kernbereichen der sogenannten „leichten Waffen", wie die Kalaschnikows, die Maschinengewehre und Granatwerfer eingestuft sind, ist es auf dem Balkan nicht schwierig, auch nichtregistrierte Waffen zu erwerben. Es sind dies überwiegend Waffensysteme, die keine allzu gründliche Ausbildung für eine Nutzung verlangen, die leicht, insbesondere in infrastrukturell schlecht erschlossene Gebiete, zu transportieren (auch zu verstecken!) sind und mit denen man junge Menschen in das Feuer schicken kann, die noch keine zu festen Familienverbindungen haben und insoweit skrupelloser eingesetzt werden können. Diese Waffen bleiben ein beständiges Hindernis für eine friedensstabilisierende Aufgabenstellung.

Die Weltgemeinschaft muss endlich zu Regeln für den weltweiten Waffenverkauf finden, um damit allmählich die Krisengebiete der Welt von frischer Waffenzufuhr auszutrocknen. Das gelingt allerdings nur, wenn die Großen der Welt mitspielen und über sachgerechte Diplomatie, humanitäre Hilfe und regional wirksame Entwicklungsförderung die Konfliktgefahren in der Welt eindämmen. Kriegerische Gewalt muss nicht einfach hingenommen werden. Sie ist für mich nicht eine akzeptierbare Fortsetzung der Politik mit anderen Mitteln, sondern Rückfall in archaische Vorstellungen.

Albin Eser

Wahrheit

Wissen um das Nichtwissen

„Was ist Wahrheit?" Keine Frage nach der Wahrheit wurde geflügelter als die des Pilatus, dabei seinen Namen wie auch den des ihn herausfordernden Jesus in alle Welt und durch alle Zeiten tragend.

Doch ebenso wie schon von Pilatus wird auch von denen, die mir dieses Stichwort zum Überdenken aufgegeben haben, nicht nach „der" Wahrheit gefragt, sondern nach „Wahrheit" ohne bestimmten Artikel: Zufall oder Absicht? Spricht man von Wissen oder Meinen, ist es nichts Ungewöhnliches, gänzlich auf den Gebrauch eines Artikels zu verzichten. Hingegen scheint beim Reden von „Wahrheit" schon diese selbst verfehlt zu werden, wenn man nicht gleich von „der" Wahrheit spricht – so als dulde sie, um sich nicht von Grund auf in Zweifel gestellt zu sehen, nicht einmal die Sprechweise unbestimmter Rede.

Um so mehr beeindruckt die Bestimmtheit, mit der Jesus die Wahrheit für sich in Anspruch nimmt, ja sie gar zu verkörpern vorgibt. Vielleicht war es die davon ausstrahlende Seinsgewissheit, die – vermittelt durch eine sich der Wahrheit sicher wissende Kirche – dem nach geistiger Orientierung suchenden Gymnasiasten den Glauben an eine objektive, wenn nicht gar absolute Wahrheit einzupflanzen vermochte. Dies war lange ein sicher erscheinender Halt, bis im Zuge wissenschaftlicher Arbeit mit wachsendem Wissen auch die Einsicht in dessen Begrenztheit und Vorläufigkeit nicht mehr länger zu unterdrücken war und damit auch der Glaube an „die" Wahrheit immer mehr ins Wanken geriet. Denn selbst soweit man an Jesus als „die Wahrheit" glaubt, bleibt deren Vermittlung durch Menschen, wie hoch sie stehen und wie „heilig" auch immer sie verehrt werden mögen, mit der Fehlbarkeit menschlichen Erkennens und Benennens behaftet.

Dabei verliert Wahrheit um so mehr an Gewissheit, je mehr man aus dem Mysteriosum „geglaubter" Wahrheit hinaustritt und sich dem Anspruch „nachweislicher" Wahrheit stellt. Auf diesem Boden scheint man sich nur noch im Dubiosum zu bewegen. Schon mit der neuzeitlichen Erkenntnistheorie – vorangetrieben durch Déscartes, Hume und Kant – war, wenn auch nicht die Existenz des Menschen mit seiner Natur und Umwelt, so doch deren volle und sichere Erkennbarkeit in Zweifel geraten. Noch weitergehend scheint die gegenwärtige Wissenschaftstheorie sogar den Wahrheitsanspruch selbst aufgeben zu wollen, wenn sie sich in resignativem Verzicht auf positive Verifizierung auf eine nur noch negative Falsifizierung von Hypothesen meint zurückziehen zu müssen. Doch selbst wenn eine solche nach dem Prinzip von „trial and error" ausgerichtete Erkenntnisprozedur keinesfalls als Verzicht auf Wahrheitsstreben zu verstehen sei, bleibt mit Popper als dem eindrucksvollsten gegenwärtigen Erforscher menschlichen Erkennens einzuräumen, dass wir „die Wahrheit nicht mit der Sicherheit, mit ihrem sicheren Besitz verwechseln (dürfen)".

Angesichts solcher grundsätzlicher Zweifel an der Möglichkeit von Wahrheit – oder jedenfalls an deren Erkennbarkeit – mag es verwundern, welche fundamentale Rolle der Wahrheit nach wie vor zugedacht und zugetraut wird: „Die Wahrheit wird euch freimachen" – „Ohne Wahrheit keine Gerechtigkeit" – „Kein wirkliches Wissen ohne Wahrheit“ – „Keine Sicherheit ohne Wahrheit“ – „Keine Wahrheit ohne Bestimmtheit“ – dies ist nur eine Auswahl von Erwartungen, wie sie sich in biblischen Quellen, aus kirchlichem Munde bis hin zu rechtspolitischen Postulaten an die Wahrheit gerichtet finden. Ist all das, weil weder erkenntnistheoretisch begründbar noch praktisch machbar, vom Tisch zu wischen? Oder hat die Wahrheit gerade im Bewusstsein ihrer Begrenztheit und Bedingtheit ihren „wahren“ menschlichen und gesellschaftlichen Wert? Drei Überlegungen drängen sich dazu auf:

Wenn ich mir als Mensch der Unzulänglichkeit meines Erkennens bewusst bin und daher nie einzig und allein „meiner“ Wahrheit sicher sein kann, muss ich auch meinem Gegenüber die Möglichkeit von Wahrheit einräumen, ebenso wie auch dieser nicht „seine“ Wahrheit als die einzig richtige ausgeben darf. Darin steckt die Chance eines heilsamen Zwanges zu Toleranz, indem die Suche nach „gemeinsamer“ Wahrheit in mitmenschliches Bemühen um Einvernehmlichkeit eingebettet wird.

Wenn sich weder ein Staat noch eine gesellschaftliche Gruppe im Besitz absoluter Wahrheit wähnen darf, ist für anmaßende Überheblichkeit und exklusive Machtansprüche kein Platz. Damit bleibt eines der wichtigsten Einfallstore für einseitigen Fundamentalismus und autoritären Totalitarismus geschlossen.

Wenn man sich des Besitzes der Wahrheit nicht sicher sein kann, sondern diese immer wieder neu zu erringen ist, so ist dies gleichwohl kein Grund zur Resignation, sondern um so mehr eine Verpflichtung zu ständiger Wahrheitssuche – gerade dann, wenn Wahrheit die ihr zugeschriebenen Erwartungen im Hinblick auf Freiheit und Gerechtigkeit erfüllen soll. So wie einerseits der vermeintliche Besitz von Wahrheit träge machen und zur Selbstgerechtigkeit verleiten kann, so kann andererseits das Streben nach Wahrheit die Sinne schärfen – zugleich im Wissen darum, dass auch andere auf der Suche sind: mit gleichem Recht und in erhofftermaßen gleicher Wahrhaftigkeit.

Diese positiven Aspekte, die sich aus dem Wissen um das Nichtwissen voller und sicherer Wahrheit gewinnen lassen, finden sich wohl kaum schöner als von Lessing (1778) zum Ausdruck gebracht: „Wenn Gott in seiner Rechten alle Wahrheit, und seiner Linken den einzigen immer regen Trieb nach Wahrheit, obschon mit dem Zusatz, mich immer und ewig zu irren, verschlossen hielte, und spräche zu mir: wähle! Ich fiele ihm mit Demut in seine Linke und sagte: Vater, gib! Die reine Wahrheit ist ja doch nur für Dich allein!"

Joseph Kardinal Ratzinger

Weisheit

Unsere eigentliche Berufung

Fortschritte der Gentechnologie haben in jüngster Zeit nahezu utopische Hoffnungen geweckt. Unsere technischen und ökonomischen Fähigkeiten sind zweifellos ins früher Unvorstellbare gewachsen. Die Fülle des Wissens steigt, und die Kommunikation der Wissenschaften verdichtet sich. Die Genauigkeit unserer Berechnungen ist bewundernswert. Und trotz aller Schrecklichkeiten unserer Zeit verstärkt sich bei vielen immer noch die Meinung, wir seien nun nah daran, das größtmögliche Glück der größtmöglichen Zahl von Menschen zu erwirken und endlich eine neue Phase der Geschichte heraufzuführen, eine Menschheitszivilisation, in der alle endlich von Leiden und Nöten befreit, nach Herzenslust essen, trinken und sich erfreuen können. Sind wir in all unserem Wissen, mit all unseren Fähigkeiten weise geworden? Mir fällt da ein Gleichnis ein, das Jesus erzählt und das bei Lukas 12, 16–21 aufgezeichnet ist:

„Auf den Feldern eines reichen Mannes stand eine gute Ernte. Da überlegte er hin und her: Was soll ich tun? Ich weiß nicht, wo ich meine Ernte unterbringen soll. Schließlich sagte er: So will ich es machen: Ich werde meine Scheunen abreißen und größere bauen; dort werde ich mein ganzes Getreide und meine Vorräte unterbringen. Dann werde ich zu meiner Seele sagen: ‚Seele, nun hast du viel Gut da liegen, das auf Jahre hin reicht; nun ruhe dich aus, iss und trink und freue dich.' Gott aber sprach zu ihm: ‚Du Tor! Noch in dieser Nacht wird man deine Seele von dir fordern. Wem wird dann all das gehören, was du angehäuft hast?' So geht es jedem, der nur für sich selbst Schätze sammelt und nicht reich ist für Gott."

Der reiche Mann dieses Gleichnisses war ohne Zweifel intelligent; er verstand sich auf sein Geschäft. Er weiß die Marktchancen zu berechnen; er berücksichtigt die Unsicherheitsfaktoren in der Natur wie im menschlichen Verhalten. Und der Erfolg gibt ihm Recht. Mit so unsicheren Dingen wie der Existenz eines Gottes beschäftigt sich ein solcher Mann nicht. Er geht mit dem Sicheren, dem Berechenbaren um. Darum ist auch sein Lebensziel sehr innerweltlich, handgreiflich: der Wohlstand und das Glück des Wohlergehens. Aber es geschieht genau das, was er nicht in Rechnung gezogen hatte: „Du Tor", sagt Gott zu ihm. Bei allem Kalkül hatte dieser Mensch vergessen, dass seine Seele nicht nur nach Besitz und Genuss verlange, sondern vor Gott stehen werde. Dieser törichte Intelligente erscheint mir als genaues Bild unseres modernen Durchschnittsverhaltens. Gerade in der scheinbaren Annäherung an die Selbsterlösung der Menschheit brechen die unheimlichen Explosionen aus der Tiefe der ungesättigten und unterdrückten menschlichen Seele hervor und sagen uns: Du Narr, du hast dich selbst vergessen, deine Seele und ihren unstillbaren Durst – ihr Verlangen nach Gott. Der scheinbar so vernünftige Agnostizismus unserer Zeit, der Gott Gott sein lässt, um den Menschen zum Menschen zu machen, erweist sich als kurzsichtige Torheit. Ziel aller Weisheit sollte es sein, den inneren Ruf unserer Seele zu vernehmen, auf ihrem Grunde das Geheimnis Gottes wiederzuentdecken.

Dieses suchende Unterwegssein zum schöpferischen Grund aller Dinge ist etwas anderes als „vorkritisches" oder unkritisches Denken. Im Gegenteil – der Verzicht auf diese höchste Offenheit des Menschen ist ein Akt des Sich-Verschließens. Wenn es um die Würde des Menschen, ihren Verlust und ihre Rettung, geht, muss man festhalten: Der Mensch, der sich zum Herrn der Wahrheit macht und sie schließlich beiseite lässt, wo sie sich nicht beherrschen lässt, stellt am Ende Macht über Wahrheit. Sein Maßstab wird die Macht, das Können. Aber gerade so verliert er sich selbst: Seine vermeintliche Thronbesteigung ist in Wirklichkeit schon ein Sturz.

Wenn wir den Denkweg der Neuzeit ansehen, wird das Gesagte konkret. Naturwissenschaft im neuzeitlichen Sinn beginnt damit, dass der Mensch – wie Galilei es ausdrückte – die Natur durch das Experiment notfalls auf die Folter spannt und ihr so die Geheimnisse auspresst, die sie nicht freiwillig zeigen will. Auf diese Weise ist zweifellos Wichtiges und uns allen Nützliches zutage getreten. Wir haben gelernt, was man mit der Natur alles machen kann. Nur – wenn wir diese Denkweise, so bedeutend sie ist, allein gelten lassen, dann wird der Thron der Herrschaft über die Natur, auf den wir uns gesetzt haben, über dem Nichts gebaut; er muss stürzen und uns und die Welt in den Sturz mit hineinreißen.

Das Machenkönnen nützt nichts, wenn wir nicht wissen, wozu es dient, wenn wir nicht mehr fragen, wer wir sind und was die Wahrheit der Dinge ist. Wenn nur jenes Wissen zählt, das sich am Ende durch ein Machenkönnen ausweisen lässt, dann haben wir „Macht" zum alleinigen Maßstab erhoben und unsere eigentliche Berufung, die Wahrheit, verraten.

Einer „kritischen" Gesinnung, in der der Mensch alles kritisiert, nur sich selber nicht, stellen wir die Weisheit entgegen. Sie ist Offenheit aufs Unendliche hin, Wachsamkeit und Fühlsamkeit für das Ganze des Seins; eine Demut des Denkens, die bereit ist, sich einer Wahrheit zu beugen, vor der wir nicht Richter, sondern Bettler sind: Wenn schon gilt, dass die großen Ergebnisse der Wissenschaft sich nur langer, wachsamer und geduldiger Arbeit öffnen, die bereit ist, sich immer neu korrigieren und belehren zu lassen, dann versteht sich von selbst, dass die höchsten Wahrheiten eine große Beständigkeit und Demut des Hörens verlangen. Nur dem demütigen Vernehmen, das sich durch keine Verweigerung entmutigen und sich weder durch Beifall noch durch Widerspruch verführen lässt, auch nicht durch die Wünsche oder Abneigungen des eigenen Herzens – nur solcher Demut des Denkens öffnet sich auch der Zugang zur wahren Größe des Menschen. Solche Offenheit verlangt wachste Selbstkritik. Sie ist offener und kritischer als jene Beschränkung auf das Empirische, in der der Mensch seinen Herrschaftswillen zum letzten Maßstab der Erkenntnis macht. Sie ist die Haltung, die wir brauchen, in Zukunft mehr denn je.

Roger Willemsen

Weniger

Fülle im Einfachen

„Am Anfang war alles beisammen", sagt Anaxagoras, „dann kam der Verstand und schuf Ordnung." Die erste Ordnung, die sich in der Kindheit der Menschheit herausbildete, bestand in Zeichen, Symbolen, schwach differenzierten Piktogrammen. Von heute aus betrachtet, waren sie reduziert, ja abstrakt: ein Keil für den Wind, eine Schlangenlinie für das Meer.

Die Erfahrung, dass das Zeichen weniger sein würde als das, was es bezeichnete, prägte die Herausbildung der ersten Schriften. War die Natur total, die Gewalt des Meeres erschreckend, so symbolisierte man sie durch größte Vereinfachung und hatte so den Eindruck, sie sei beherrschbar. Je weniger Differenzierung das Zeichen selbst besaß, desto komplexer war, was es repräsentierte, anders gesagt: Weniger bedeutete Mehr. In dieser Hinsicht waren die ersten Zeichen wie Namen: Kürzel für eine Totalität.

Schon in der Antike versuchte man eine Ordnung des Geistigen, indem man Hierarchien beschrieb, das weniger Bedeutende innerhalb der künstlerischen Gattungen vom Bedeutsameren schied. So war die von Plotin neuplatonisch formulierte Emanationslehre nichts anderes als ein geistiger Stufenbau, der genau festhielt, welche Künste nah an der Idee, am Göttlichen und Guten stünden, welche ferner vom Vollkommenen, weniger bedeutsam und weniger geistig seien.

Wichtiger als die Logik dieses Baus ist der Versuch, im diffusen Bereich des Ethisch-Ästhetischen Ordnung zu schaffen, indem man das Geringere bestimmt, und den ästhetischen Kosmos als ein dauerndes Abnehmen göttlicher Energie zu beschreiben. So betrachtet, wird Gott in der Welt immer weniger.

Dieses Verständnis des göttlichen Fortwirkens auf der Erde prägt auch das Bild vom Menschen. Das Bewusstsein, dass er selbst weniger ist, dass er die Schöpfung nur reduziert wiedergeben kann und sich ihr unterwerfen muss, das prägt die ersten Versuche, diese Schöpfung zu gliedern und auf den Begriff zu bringen. Insofern ist die Erfahrung des Mangels die Voraussetzung für unser Wahrnehmen und Erfahren.

Entsprechend entstanden auch die ersten Theorien von der Ebenbürtigkeit der Kunst gegenüber der Natur erst in Zeiten, da die technische Beherrschung dieser Natur schon fortgeschritten war. Es war weitläufig Dürers Zeit, und im Laufe seines Lebens hat er sich gewissermaßen zu dieser Reduktion am Ende wieder durchgerungen: „Als ich jung war, erstrebte ich Vielfalt und Neuheit; nun in meinem Alter habe ich begonnen, das natürliche Gesicht der Natur zu sehen, und fange an zu begreifen, dass diese Einfachheit das allerletzte Ziel der Kunst ist."

Die Kunst verrät in dieser Hinsicht viel über die Position, die sich der Mensch gegenüber der Schöpfung selbst gibt. Solange die Naturbeherrschung schwach entwickelt war, diente die künstlerische Arbeit der Nacheiferung des Naturschönen. Der Mensch ordnete sich der Natur unter und gab seinen eigenen Hervorbringungen einen geringeren Rang. Das Höchste, das er ästhetisch erreichen könne, sei die Kopie der Naturschönheit, so lautete ein Diktum der Frührenaissance, das bis zu Leonardo da Vinci Geltung besaß.

Zeitgleich aber entwickelt sich mit dem Erstarken der Naturwissenschaft und des Humanismus eine Vorstellung von der Ebenbürtigkeit zwischen Kunst- und Naturschönheit. Damit ist nicht allein eine Aufwertung des Künstlerischen verbunden, der ganze Mensch befreit sich aus seiner inferioren Rolle. War er über Jahrhunderte den Mächten der Natur und des Schicksals unterlegen, so wird er jetzt souverän und beweist schließlich zur Zeit des Manierismus mit ihren eigenmächtigen Körperverrenkungen, den natur-untypischen Kolorierungen und dem unirdischen Licht, dass sich die Kunstschönheit über die der Natur sogar erheben, sie übertrumpfen kann. So lässt sich an der Entwicklung der künstlerischen Reflexion in fünfhundert Jahren darstellen, wie sich der Mensch aus der unterlegenen Rolle in der Natur zur „Krone der Schöpfung" erst emanzipierte.

Die erste Verstandes-Ordnung, in die das Kind von der Schule des Lebens eingeführt wird, ist die logische. Wer nicht zählen kann, kann auch nicht erzählen. Also unterwirft sich das Kind die Welt zuerst durch die Grundrechenarten und lernt so erst mal den Vorgang des Subtrahierens. Es sagt nicht „Subtrahieren", und es sagt nicht „Minus", es sagt: „Weniger". Es ist die Zeit, in der ein Verb noch „Tu-Wort" heißt und ein Adjektiv „Wie-Wort". Denken wir also an Abertausende geballte Kinderfäuste, in denen ein Stift steckt und die auf dem Papier lernen zu kalkulieren: Fünf weniger drei, zehn weniger sieben. Vielleicht bringt das Bewusstsein hier eine Erfahrung auf den Begriff, die es zuerst in der materiellen Welt erfährt: Etwas wird weniger, die Milch, das Essen, das Tageslicht, selbst die Tafelkreide.

Dass die Welt schrumpfen kann, dass sie jeden Einzelnen mit dem Mangel bedroht und das Geschenkte entziehen kann, mit dieser Erfahrung beginnt die Reife. Denn einerseits entfaltet die Schöpfung ihre Schönheit gerade darin, dass sie uns in die Mitte des Überflusses setzt, andererseits findet der Einzelne seinen Platz darin, indem er sich bescheidet. Das Unerschöpfliche ist erschöpflich, und das dem Einzelnen Zugemessene rationiert.

Deshalb beginnt der Prozess der Reife im Vergleich. Er beginnt, wo der Einzelne in die Kategorie des „Weniger" eintritt, weil er weniger Habe, aber auch weniger Geist, weniger Gefühl, weniger Urteil, weniger Sprache, weniger Emphase besitzt, weil er sich als Mangel erkennen und seine Individualität aus so viel Mangel gewinnen muss. Das ist eine eminent soziale Erfahrung, weil sich der Einzelne als „zoon politikon" überhaupt erst aus dem Vergleich gesellschaftlich bestimmt und reflektiert.

Zugleich mischt die Erfahrung der eigenen Minderwertigkeit dem Heranwachsen und Reifen ein Kontrastmittel bei, das hilft, alle Farben einer Persönlichkeit umso stärker hervortreten zu lassen. Wie ein Mensch sich der Erfahrung des Mangels, der Niederlage, dem Scheitern, der Verminderung seines Selbstgenusses stellt, sagt mehr über seine Persönlichkeit aus als der Umgang mit Triumphen.

Es handelt sich also um gegenläufige Prozesse. Während sich der Mensch im Verlauf der Kulturgeschichte erst aus seiner Unterlegenheit zur Blüte emanzipiert, gewinnt er in der Individualgeschichte allmählich das Bewusstsein, weniger zu sein und zu werden.

Wenn sich andererseits das Glück, wie Nietzsche meinte, einer Erfahrung der Steigerung, der Expansion der Produktivität und der persönlichen Souveränität verdankt, dann bringt der Mensch in seinem Leben geraumere Zeit in einem glücklosen Zustand zu und kann dem objektiven Weniger-Werden nur durch Verwandlung und Sublimierung eine Steigerung abringen.

Es ist dies der Prozess, den man das Altern nennt, eine Erfahrung, die vom Leben immer reicher orchestriert wird: weniger Haare, weniger Zähne, weniger Luft, weniger Schlaf, weniger Kraft. Und diese Verminderung findet außen ihre Entsprechung: weniger Spezies, weniger Wälder, weniger Ruhe, weniger Sicherheit.

Am Ende bewegt sich der Mensch zwischen zwei Sphären der Verminderung. Beide entziehen sich seinem Einfluss. Doch auch wenn man die Geschichte der Kultur als unabgeschlossenen Prozess der Verminderung, als ein Weniger-Werden von Form, Gehalt, Bedeutung, Substanz verstehen kann, und auch wenn das Altern des Menschen ihn weniger werden lässt und ihm seine Hoheit sukzessive entzieht, bleibt es sein Privileg, den Mangel ausgleichen und dem Weniger-Werden durch innere Fülle begegnen zu können. Zuletzt kommt der Mensch dann, reduziert und reich zugleich, bei seinen Anfängen an, beim Schlichten, bei der Fülle im Wenigen, bei Dürers Einfachem, das jetzt nicht mehr weniger ist, sondern alles.

Ernst-Ludwig Winnacker

Wissen

Forschung funktioniert, aber anders als man denkt!

Als ich im Mai 2001 die Empfehlungen der DFG zum Thema Stammzellforschung der Öffentlichkeit vorstellte, war in der Folge immer wieder von einer „Kehrtwende" die Rede. Es ist richtig: Gut zwei Jahre vorher hatten wir schon einmal eine Stellungnahme zu diesem Thema vorgestellt und damals ganz auf so genannte adulte Stammzellen gesetzt. In zahlreichen Punkten, beispielsweise dem Verbot des reproduktiven Klonens, des therapeutischen Klonens sowie der genetischen Veränderung von Embryonen, Stichwort Keimbahntherapie, hat sich unsere Einstellung nicht geändert. An einem Punkt aber lautet das Ergebnis jetzt anders, nämlich bei der Forschung mit embryonalen Stammzellen. Abweichend von unserer damaligen Empfehlung ist die DFG zu dem Schluss gekommen, sich einerseits eher noch deutlicher für das Ausschöpfen des Potenzials adulter Stammzellen auszusprechen. Andererseits, so heißt es, wird dies aber nur dann wirklich gelingen können, wenn gleichzeitig embryonale Stammzellen zum Vergleich oder gegebenenfalls als Alternative zur Verfügung stehen. Vor gut zwei Jahren standen wir deren Einsatz noch durchaus kritisch gegenüber. Ihr Herstellungsverfahren war nicht gesichert. Das Ganze hätte auch in einem bloßen Strohfeuer enden können, so dass es nicht gerechtfertigt erschien, eine mit Sicherheit schwierige Diskussion über die Frage der Verwendung menschlicher embryonaler Stammzellen loszutreten. Diese Situation hatte sich nun geändert. Plötzlich gab es nicht nur eine, sondern gleich mehrere Stammzelllinien in der Welt. Die Ernsthaftigkeit der Arbeiten mit menschlichen embryonalen Stammzellen war nicht mehr zu übersehen. Eine Kehrtwende wäre es gewesen, hätten wir uns ausschließlich für die Verwendung embryonaler Stammzellen eingesetzt.

Allerdings wurde bald klar, dass dem Vorwurf der „Kehrtwende", ein tiefes Missverständnis über den Prozess der Wissensgenerierung zugrunde liegt. Nur zwei Punkte möchte ich ansprechen: Neues Wissen entsteht manchmal an ganz anderen Stellen, als erwartet, und manchmal auch mit einer unerwarteten Plötzlichkeit, als wäre gewissermaßen von einer Stunde auf die andere die Zeit reif für eine Entdeckung. Zwei Beispiele zum ersten Fall, für den die englische Sprache ein wunderbares Wort geprägt hat, *serendipity:* was so viel bedeutet wie glückliche Entdeckung.

Der erste Fall: Im Jahre 1896 verbrachte der Tübinger Chemieprofessor Eduard Buchner wie alljährlich die Sommerferien in München bei seinem „reichen" Bruder Hans, dem Nachfolger Pettenkofers auf dem traditionsreichen Lehrstuhl für Hygiene an der Ludwig-Maximilians-Universität, um in dessen Labor wissenschaftlich zu arbeiten. Ihn interessierte die alkoholische Gärung und in diesem Zusammenhang die Frage, ob man diese nicht auch in Zellextrakten statt in intakten Hefezellen ablaufen lassen könne. Wo besser als im Bierparadies München konnte er an die Hefezellen gelangen, um die entsprechenden Extrakte herzustellen. Er kam jedoch mit ihrer Herstellung einfach nicht voran. An einem Freitagabend stand er wieder einmal vor dem Problem, seine gerade fertiggestellten Presssäfte über das Wochenende hin in aktiver Form aufbewahren zu müssen. Heute, im

Zeitalter des Kühlschranks, wäre dies ein Leichtes gewesen. Damals jedoch war guter Rat teuer, bis er sich seiner Mutter erinnerte, wie sie ihre eingekochten Konfitüren mit Gelierzucker stabilisierte. Gedacht – getan! Am Montagmorgen traf er ein unerwartetes Bild an: Über den gezuckerten Extrakten stand dicker Schaum. Statt nun alles wegzuwerfen und neu zu beginnen, zog er den Schluss, dass die unerwartete Schaumbildung vielleicht mit der biologischen Aktivität seiner Extrakte zu tun hätte. Er behielt Recht. Der zur Stabilisierung zugegebene Zucker war von den Extrakten zu gasförmiger Kohlensäure abgebaut worden. So wurde der Sommer 1896 zur Geburtsstunde der zellfreien Gärung und damit vielleicht der Biochemie schlechthin. Es war jedenfalls eine epochale Entdeckung, für die dem „armen" Eduard Buchner 1907 immerhin der Nobelpreis für Medizin verliehen wurde.

Ein anderer Fall: Zu Anfang der 90er Jahre des vergangenen Jahrhunderts interessierte sich eine amerikanische Biotechfirma für Eiweißbestandteile an der Oberfläche von Zellen des Immunsystems. Man war wohl der Meinung, dass diese irgendwie interessant sein müssten, man isolierte sie also und patentierte die zugehörigen Gene. Mehr als fünf Jahre später entdeckte eine ganz andere Arbeitsgruppe, die sich für die Tatsache interessierte, dass es Menschen gibt, die gegenüber einer AIDS-Infektion resistent sind, einen Eiweißbestandteil, der in der Folge als ein so genannter Co-Rezeptor für das AIDS-Virus identifiziert wurde. Weil er in einem von ca. 1000 Personen mutiert vorliegt, sind diese resistent gegen die HIV-Infektion. Es stellte sich dann heraus, dass das zugehörige Gen schon bekannt war und sich in der Kollektion besagter US-Biotechfirma befand. So konnte sich überraschend schnell ein Kreis schließen, allerdings zum Nachteil der Entdecker der Funktion des HIV-Co-Rezeptors. Da das Gen bereits patentiert war, haben diese von ihrer Entdeckung nicht profitieren können, abgesehen von der Genugtuung, dieses wichtige Eiweiß entdeckt zu haben, das nun den Weg für eine Impfstoffentwicklung gegen AIDS bahnen könnte.

Das Erstaunen über solche Zufälle wird noch übertroffen vom plötzlichen und unerwarteten Auftreten von Erfindungen oder Entdeckungen, die sich in der Folge als so grundlegend herausstellen, dass sie völlig neue Wissenschaftszweige generieren und dabei, sagen wir es ruhig, die Welt verändern. Niemals vor Alexander Fleming hatte irgendjemand etwas von Antibiotika geahnt. Kaum hatte er das Penicillin in dem unscheinbaren Schimmelpilz *Penicillium notatum* entdeckt, waren Antibiotika plötzlich allgegenwärtig. Fleming erhielt für seine bahnbrechende Entdeckung den Nobelpreis für Medizin des Jahres 1945. Noch ein zweites Mal, 1952, wurde ein Nobelpreis für ein Antibiotikum vergeben, an Selman Waksman für die Entdeckung des Streptomycins. Dann war der Neuheitswert verbraucht.

In der Gentechnik sind die schnellen Entwicklungen besonders augenfällig. Kaum war sie 1971 erfunden, fiel es den Beteiligten wie Schuppen von den Augen. Fragen, auf die man seit Mendel eine Antwort gesucht hatte, fanden mir nichts, dir nichts eine Lösung. Und daran hat sich bis heute nichts geändert. In der Zellbiologie scheint sich nun Ähnliches abzuspielen. Noch bis vor drei Jahren habe ich den Studenten in meiner Vorlesung erzählt, dass das Gehirn sich nicht erneuern kann und wir also bezüglich dieses Körperteils ganz aus der Substanz leben. Heute finden sich gewebespezifische Stammzellen nicht nur im Gehirn, sondern in allen unseren Organen, in denen man danach sucht.

Und die Moral von der Geschichte? Entdeckungen und Erfindungen der beschriebenen Art, die zu Paradigmenwechseln in der Wissenschaft führen, hat es immer wieder gegeben. Aus ihrer Existenz ergeben sich wichtige Konsequenzen für einen Forschungsförderer. Er muss die notwendigen Freiheitsgrade für die Wissenschaft zu identifizieren und dann zu gewähren versuchen, die Voraussetzung für derartige Revolutionen in der Wissenschaft sind. Zu diesen gehört sicherlich die Breite des Angebots, die thematisch nicht beschränkt sein darf, zu diesen gehört Geld, zu diesen gehören schließlich geeignete Forschungsstrukturen. Die DFG hat sich dementsprechend der Förderung früher Selbstständigkeit von Wissenschaftlerinnen und Wissenschaftlern, der Unterstützung von Internationalität und von Interdisziplinarität verschrieben. Und noch ein letzter Punkt: Wissenschaft ist nicht nur von der Sache her unverständlich, indem sie in der Regel dem nicht-wissenschaftlichen Verstande nicht wirklich zugänglich ist, sondern auch von ihren Wegen, ihrer Arbeitsweise her. Wenn sie schon Mühe hat, ihre Inhalte der Öffentlichkeit verständlich zu machen, so sollte sie doch wenigstens versuchen, dieser ihre Wege zu erschließen. Die Tatsache, dass diese

Wege manchmal zu sehr praktischen und brauchbaren Zielen führen, kann diesen Vermittlungsprozess nur erleichtern. Robert Frost (1874–1963) hat einen solchen Vermittlungsversuch in seinem Gedicht „*The road not taken*" unternommen:

Two roads diverged in a yellow wood,
And sorry I could not travel both
And be one traveler, long I stood
And looked down one as far as I could
To where it bent in the undergrowth;
Then took the other, as just as fair,
And having perhaps the better claim,
Because it was grassy and wanted wear;
Though as for that the passing there
Had worn them really about the same,
And both that morning equally lay
In leaves no step had trodden black.
Oh, I kept the first for another day!
Yet knowing how way leads on to way,
I doubted if I should ever come back.
I shall be telling this with a sigh
Somewhere ages and ages hence:
Two roads diverged in a wood, and I –
I took the one less traveled by,
And that has made all the difference.

Michel Friedman

Zuhause

Wer sich selbst nicht findet,
wird nie zu Hause sein

Mein Zuhause bestimme ich nicht über einen Ort, sondern über Menschen. Mein Zuhause sind die Menschen, die ich liebe. Menschwerdung erfolgt immer durch andere, die einem den Weg weisen, die einen aufregen und anregen, das eigene Menschwerden zu entdecken. Im Dialog mit anderen eröffnet sich der Dialog mit sich selbst. Dieser Dialog mit mir selber muss wiederum konfrontiert werden mit dem Dialog mit den anderen. Erst daraus entsteht das Ich, das eigentliche Zuhause eines jeden Menschen. Wer sich selbst nicht findet, wer nicht sein eigenes zu Hause ist, wird nie und nirgends zu Hause sein.

Dieses Prinzip gilt für den Menschen an sich, es gilt auch und gerade für den Kosmopoliten des 21. Jahrhunderts. Sich in vielen Welten bewegen zu können ist die große Chance des modernen Menschen, für den räumliche Abstände kurz geworden sind. Wissen ist in einer Quantität abfragbar geworden, die unendlich scheint. Beides bedeutet: Die Fähigkeit, in sich selbst daheim zu sein, ist Voraussetzung, um diese Chancen überhaupt nutzen zu können.

Ich genieße die Möglichkeit des Lernens und empfinde es als großes Geschenk, dabei andere Kulturen, Religionen und nationale Identitäten unmittelbar beobachten und wahrnehmen zu können. Trotzdem bleibt es dabei: Aus all diesen vielen Eindrücken muss ich meine eigene Identität bauen, immer wieder hinterfragen und zu neuen Ergebnissen entwickeln. Mir ist bewusst, dass es ein starkes Selbstbewusstsein braucht, um Identität immer wieder zu reflektieren und zu überprüfen. Wer aber bei sich selbst diese Kraft nicht entwickelt, wird durch andere Kulturen und Lebensformen verängstigt, er wird das Andere als fremd und als Gefahr empfinden. Dies wird zu Aggression, Gewalt und Abkapslung führen. Das Gegenteil sollte aber Wirklichkeit werden. Irritation ist Herausforderung, Chance und Anreiz. So gelebt und empfunden, wird Neugierde und Sehnsucht nach dem Neuen und dem Anderen die Begegnung mit anderen Identitätsformen prägen.

Schon kleine Kinder sollten daher lernen, wie wichtig es ist, bei sich zu sein, authentisch zu sein, ein eigenes Zuhause in sich zu bilden, das sich aber nicht einmauert, sondern durchlässig und offen bleibt. Diese Kinder der Gegenwart, die in einer Zeit der globalen Digitalisierung und des weltumspannenden Internets aufwachsen, müssen aber erst recht und zusätzlich lernen, dass Identität und Zu-Hause-Sein eine Symbiose aus Wissen und Fühlen darstellen. Sich mit sich und anderen wohl zu fühlen, d. h. emotionale Stabilität zu entwickeln, ist die Voraussetzung, um bloßes Wissen in Humanismus zu verwandeln. Im Leben heutiger Jugendlicher gibt es zwei Gefahren: die der Anonymisierung oder des autistischen Rückzugs nur auf sich selber. Dem entgegenzuarbeiten halte ich für wichtig – für unser aller Zukunft. Ich will riechen, hören, fühlen, sehen, um aus Wissen wirklich umfassendes Verstehen entwickeln zu können. Der Mensch wird immer den Menschen brauchen, um sich zu fühlen. Mein Zuhause sind daher die Menschen, die ich liebe, die es immer wieder fertig bringen, mein Gedankengebäude zu erschüttern, nicht weil sie es zerstören, sondern weil sie es fortentwickeln wollen. Sie helfen mir, von ihnen unabhängig zu leben, weil sie in mir sind und aus mir den Menschen gemacht haben, der ich durch eigenes Leben geworden bin.

Dank

Es gibt Anlass, den Autoren des vorliegenden Bandes zu danken, die ihre Texte so diszipliniert auf das vorgegebene Stichwort verfasst haben, dass der Vorgabe des Gesamtumfangs und des Erscheinungstermins annähernd entsprochen werden konnte. Auch für das Verständnis für die durch die Umfangsvorgabe zum Teil notwendigen Kürzungen haben wir zu danken.

Die alphabetischen Stichwörter waren die von Herausgeber und Verlag vorgeschlagenen Titel der Einzelbeiträge. Die Ergänzungen durch einen Untertitel stammen in der Regel vom Herausgeber und sind meist den Textformulierungen der Autoren entnommen. Die Beiträge von Bärbel Bohley, Thomas Gottschalk und Günther Jauch sind Zusammenfassungen von Interviews, die der Herausgeber mit den Autoren geführt hat.

Nachdrücklicher Dank gebührt dem Verleger, Manuel Herder, der dieses Lesebuch mit Originalbeiträgen zur geistigen Situation der Zeit aus Anlass des Verlagsjubiläums „200 Jahre Herder“ angeregt hat, und Dr. Rudolf Walter, Cheflektor im Verlag Herder, für seine aktive Begleitarbeit. In der Endphase war das Lektorat die treibende Kraft für die Ermöglichung dieses Buches.

Ganz besonderen Dank schulde ich aber meinen Mitarbeitern Harald Hamm, Uta Reeb, Karin Bauer, Daniela Schneider-Hecker, Claudia Wüst für ihr außerordentliches Engagement in zusätzlicher Arbeit.

Die Autoren

Nasr Hamid Abu Zaid

geb. 1943, einer der bedeutendsten islamischen Denker der Gegenwart. Seine Thesen zum Koran, zur islamischen Theologiegeschichte und zum modernen Islamismus haben ihm den Vorwurf der Ketzerei und zahlreiche Morddrohungen eingebracht. Ein ägyptischer Richter verfügte 1995 die Zwangsscheidung von seiner Frau. Seitdem lebt das Ehepaar im holländischen Leiden, wo Abu Zaid Professor für Islamwissenschaft ist.

Gerd B. Achenbach

geb. 1947, Dr. phil., gründete 1981 die weltweit erste Philosophische Praxis; Vorstandsvorsitzender und Lehrpraktiker der Internationalen Gesellschaft für Philosophische Praxis mit Sitz in Bergisch Gladbach, Leiter der Lehrplankommission der Lessing-Hochschule zu Meran.

Aleida Assmann

Prof., Dr. phil., Anglistin und Kulturwissenschaftlerin, Professorin für Literaturwissenschaft/Anglistik an der Universität Konstanz, leitet Projekte im Sonderforschungsbereich „Literatur und Anthropologie", z. Zt. lehrt sie an der Princeton University.

Michel Baeriswyl

geb. 1961, Dr. phil., Sozialpsychologe, Kulturphilosoph, Publizist, Lehraufträge an der Universität Zürich. Schreibt regelmäßig für größere deutschsprachige Zeitungen und Zeitschriften zu den Themen Zeit, Ästhetik und Gesellschaft. Lebt in Zürich.

Władysław Bartoszewski

geb. 1922, Minister für Auswärtige Angelegenheiten der Republik Polen (ein Amt, das er bereits während der Amtszeit von Präsident Walesa innehatte), Historiker und Schriftsteller. Über seine Häftlingszeit in Auschwitz und seine Aktivitäten in der deutsch-polnischen Friedensarbeit berichtet er in mehreren Büchern. Als Historiker der polnischen Zeitgeschichte lehrte er auch an deutschen Universitäten. Mitglied des polnischen PEN-Clubs, Vizepräsident des „Institute for Polish-Jewish Studies“ in Oxford, Vorsitzender des „Internationalen Auschwitz-Rates“. Träger des Friedenspreises des Deutschen Buchhandels.

Kurt Beck
geb. 1949, Ministerpräsident des Landes Rheinland-Pfalz seit 1994. Berufsausbildung zum Elektromechaniker, Weiterbildung über den 2. Bildungsweg. Seit 1979 Mitglied des Landtages Rheinland-Pfalz. Seit 1999 Bevollmächtigter der Bundesrepublik Deutschland für kulturellen Angelegenheiten im Rahmen des Vertrages über die deutsch-französische Zusammenarbeit, Vorsitzender des ZDF-Verwaltungsrats.

Kurt Biedenkopf
geb. 1930, Prof., Dr. jur., seit der Wiedervereinigung Ministerpräsident von Sachsen. Lehrte an verschiedenen Universitäten. Ende der 60er Jahre Hochschulrektor der Ruhr-Universität in Bochum. Im Zuge seiner politischen Laufbahn bekleidete der Politiker zahlreiche Ämter und war maßgeblich an der Erarbeitung von CDU-Grundsatzprogrammen und -modellen beteiligt.

Norbert Blüm
geb. 1935, Dr. phil., Sozialpolitiker, über mehrere Legislaturperioden hinweg bis Ende der 90er Jahre Bundesarbeitsminister. U. a. Mitglied der IG Metall, der Katholischen Arbeiterbewegung und von amnesty international. Blüm gehörte dem Bundesvorstand der CDU sowie dem CDU-Präsidium an und war bis zum Jahr 2000 einer der stellvertretenden Bundesparteivorsitzenden.

Ernst-Wolfgang Böckenförde
geb. 1930, Dr. jur., Dr. phil., lehrte als Professor für öffentliches Recht, Verfassungs- und Rechtsgeschichte sowie Rechtsphilosophie in Heidelberg, Bielefeld und ab 1977 in Freiburg, Richter des Bundesverfassungsgerichts 1983–1996.

Thilo Bode
geb. 1947, Dr. rer. oec., Volkswirt und Soziologe; nach einem beruflichen Engagement in entwicklungspolitischen Fragen wechselte er 1989 in die Umweltpolitik und arbeitete als Geschäftsführer von Greenpeace Deutschland, 1995 bis 2001 Geschäftsführer von Greenpeace International.

Gero von Boehm
geb. 1954, Wissenschaftsjournalist, Dokumentarfilmer sowie Film- und Fernsehproduzent. Seine Dokumentationen über Wissenschaft und Kunst wurden vor allem im ZDF ausgestrahlt. Er produziert auch das Wissenschaftsmagazin „Archimedes“ für den Fernsehsender „arte“.

Rolf Böhme
geb. 1934, Dr. jur., ist seit 1982 Oberbürgermeister der Stadt Freiburg i. Br. Von 1972 bis 1982 Mitglied des Deutschen Bundestags, von 1978 bis 1982 parlamentarischer Staatssekretär im Bundesfinanzministerium. Unter seinen programmatischen Publikationen: „Beeilt euch zu handeln, bevor es zu spät ist, zu bereuen. Von der Veränderung der Städte“.

Leonardo Boff
geb. 1938, Prof., Dr. theol., Theologe und Religionswissenschaftler, gehört zu den bekanntesten Vertretern der sog. „Theologie der Befreiung“. Übernahm 1992 nach Konflikten mit dem Vatikan einen Lehrstuhl für Ethik an der Staatsuniversität Rio de Janeiro, widmet sich seitdem verstärkt schriftstellerischen und sozialen Tätigkeiten, u. a. der Arbeit mit Straßenkindern in Petrópolis.

Bärbel Bohley
Malerin, engagierte Friedensaktivistin. Setzte sich zu DDR-Zeiten für Meinungs-, Reise- und Versammlungsfreiheit ein und musste dafür ins Gefängnis. Im Zuge der Wiedervereinigung spielte die von ihr mitbegründete Bürgerbewegung „Neues Forum“ eine politisch herausragende Rolle. Mehrjährige Friedensarbeit in Bosnien.

Niklaus Brantschen SJ
geb. 1937, autorisierter Zen-Lehrer, war lange Jahre Direktor des Lassalle-Hauses Bad Schönbrunn, Zentrum für Spiritualität und soziales Bewusstsein in Edlibach bei Zug in der Schweiz. Er wurde bekannt als Autor von Büchern über Meditation und Fasten.

Klaus Bresser
geb. 1936, wechselte nach einer journalistischen Laufbahn als Reporter bei den Printmedien zum Fernsehen, war u. a. zuerst Redaktionsleiter des ARD-Politmagazins „Monitor" und übernahm Anfang der 80er Jahre die Leitung des „ZDF-heute-journals". Von 1988 bis 2000 Chefredakteur des ZDF.

Willi Butollo
geb. 1944, Dr. phil., Professor für Klinische Psychologie und Psychotherapie an der Universität München. UNICEF-Berater für Trauma-Psychologie.

Sabine Christiansen
zuerst als Wirtschaftsredakteurin beim NDR tätig, bevor sie in den 90er Jahren Moderatorin der „ARD-Tagesthemen" wurde. 1998 startete sie ihre eigene sonntägliche Talkshow mit dem Titel „Sabine Christiansen". Ausgezeichnet u. a. mit dem Bayerischen Fernsehpreis, dem Bambi und dem Goldenen Löwen. 1997 wurde sie zur UNICEF-Botschafterin ernannt.

Hilde Domin
Dr. rer. pol.; von 1932 bis 1954 lebte die deutsch-jüdische Schriftstellerin in Italien, England und Lateinamerika. Sie war als Lehrerin für Sprachen beschäftigt und begann noch in Lateinamerika als freie Schriftstellerin zu arbeiten. 1954 kehrte sie nach Deutschland zurück. Sie gilt als eine der bedeutendsten Lyrikerinnen. Autorin von poetologischen Schriften und Prosatexten. U. a. Mitglied des deutschen PEN-Zentrums und der Deutschen Akademie für Sprache und Dichtung. Zahlreiche Auszeichnungen.

Eugen Drewermann
geb. 1940, Theologe, Psychotherapeut und Schriftsteller. Reiche Vortragstätigkeit und über 50 Buchpublikationen machten ihn im deutschsprachigen Raum zu einem der meistgelesenen katholischen Theologen. 1991 Entzug der kirchlichen Lehrerlaubnis. 1992 verzichtete er auf die Ausübung seiner priesterlichen Tätigkeit. Schwerpunkt seiner jüngsten Arbeiten ist die Auseinandersetzung mit den modernen Naturwissenschaften.

Ernst Elitz
geb. 1941, seit 1994 Intendant des Deutschlandradios. 1974 Reporter für ZDF-Sendungen wie „Kennzeichen D" und das „heute-journal". Für seine Moderation von „Kennzeichen D" erhielt Elitz den Gustav-Heinemann-Bürgerpreis. 1983 wurde er Moderator und stellvertretender Leiter des „heute-journals", zwei Jahre später beim Süddeutschen Rundfunk Chefredakteur der Abteilung Fernsehen.

Hannelore Elsner
international bekannte Bühnen- und Filmschauspielerin. Für ihre jüngste darstellerische Leistung in dem Kinofilm „Die Unberührbare" erhielt sie den Deutschen Filmpreis in der Kategorie „Beste Schauspielerin".

Albin Eser
geb. 1935, Prof., Dr. jur., Dr. h. c. mult., seit 1982 Professor für Strafrecht, Strafprozessrecht und Strafrechtsvergleichung an der Universität Freiburg und Direktor des Max-Planck-Instituts für ausländisches und internationales Strafrecht. Zahlreiche Veröffentlichungen aus dem Bereich des allgemeinen und besonderen Strafrechts, internationalen Strafrechts und des Medizinrechts. 2001 Berufung an den Internationalen Gerichtshof in Den Haag.

Gustava Everding
Dr. med., Kommunikations- und Paartherapeutin, 1988–2001 ehrenamtliche Vorsitzende des Christophorus-Hospiz-Vereins in München, Mitbegründerin (1992) und langjährige Mitarbeit im Vorstand der Bundesarbeitsgemeinschaft Hospiz. Initiatorin der Bayerischen Hospiz-Akademie.

Karl Forster
geb. 1950, wurde nach beruflichen Stationen als Barmusiker, Krankenpfleger und Taxifahrer Journalist und ist heute bei der „Süddeutschen Zeitung“ zuständig für das Ressort „Münchner Kultur“.

Peter Frey
geb. 1957, Dr. phil., Journalist, war seit 1998 Leiter der ZDF-Hauptredaktion Außenpolitik und ist seit 2001 Leiter des ZDF-Hauptstadt-Studios Berlin.

Michel Friedman
geb. 1956, Dr. jur., Politiker und Fernsehmoderator. Als Mitglied der CDU war er im Bundesvorstand sowie als Stadtverordneter in Frankfurt a. M. tätig. Präsidiumsmitglied des Zentralrats der Juden in Deutschland und Vorstandsmitglied der Jüdischen Gemeinde in Frankfurt.

Wolfgang Frühwald
geb. 1935, Prof., Dr. phil., international bekannt durch seine germanistischen Forschungen. Seit 1974 Inhaber des Lehrstuhls für Neuere Deutsche Literaturgeschichte in München. 1991–1997 Präsident der Deutschen Forschungsgemeinschaft. 1997 legte Frühwald das Präsidentenamt der DFG nieder, um sich wieder maßgeblich als Hochschullehrer zu betätigen. Derzeit im Nebenamt Präsident der Alexander-von-Humboldt-Stiftung.

Hans-Georg Gadamer
geb. 1900, Prof. em., Dr. phil., Dr. h.c. mult., Lehrtätigkeit als Professor für Philosophie an den Universitäten Leipzig und Heidelberg. Begründer der zeitgenössischen „philosophischen Hermeneutik“. Nach seiner Emeritierung 1968 nahm der international angesehene Gelehrte Lehraufträge in den Vereinigten Staaten und an renommierten Hochschulen anderer Länder wahr. Seine Bücher sind in zahlreiche Sprachen übersetzt.

Karlheinz A. Geißler
geb. 1944, Prof., Dr. phil., „Europas bekanntester Zeitforscher" (PM), studierte Philosophie, Ökonomie und Pädagogik und lehrt seit 1975 als Universitätsprofessor Wirtschafts- und Sozialpädagogik in München. Zahlreiche Publikationen zum Thema Zeit.

Petra Gerster
nach Tätigkeiten als Redakteurin und Rundfunkmoderatorin ab 1989 Redakteurin und Moderatorin für das ZDF-Frauenmagazin „Mona Lisa". 1995 übernahm sie zusätzlich die ZDF-Sendung „Achtung! Lebende Tiere!" Zusammen mit Maria von Welser erhielt sie 1996 den „Hanns-Joachim-Friedrichs-Preis für Fernsehjournalismus". Seit 1998 präsentiert sie im ZDF die „heute"-Nachrichten um 19 Uhr.

Thomas Gottschalk
geb. 1950, Journalist, Schauspieler, Moderator; seit 1994 präsentiert er wieder „Wetten, dass ...!?", Europas erfolgreichste Fernsehshow. Gottschalk wurde mehrfach mit Medienpreisen bedacht, u. a. mit dem Bambi, der Goldenen Kamera sowie dem Bayerischen Fernsehpreis.

Dietrich H. W. Grönemeyer
geb. 1952, Prof., Dr. med., hat den Lehrstuhl für Radiologie und MikroTherapie an der Universität Witten/Herdecke inne und ist Leiter des Instituts für MikroTherapie in Bochum.

Arno Gruen
geb. 1923 in Berlin, Emigration 1936, Psychoanalytiker, Tätigkeit an verschiedenen Universitäten (zuletzt Rutgers-Universität New Jersey). Seit 1956 psychotherapeutische Privatpraxis.

Anselm Grün OSB
geb. 1945, Dr. theol., leitet als Cellerar die Verwaltung der Benediktinerabtei Münsterschwarzach. Geistlicher Berater und Kursleiter – für Meditation, tiefenpsychologische Auslegung von Träumen, Fasten und Kontemplation.

Allan Guggenbühl
geb. 1952, analytischer Psychotherapeut, Kinder- und Jugendpsychologe in Bern und Zürich. Er leitet das Institut für Konflikmanagement und Mythodrama in Zürich, die Abteilung Gruppenpsychotherapie für Kinder und Jugendliche an der kantonalen Erziehungsberatung in Bern und unterrichtet als Seminarlehrer für Psychologie und Pädagogik.

Friedhelm Hengsbach SJ
geb. 1937, Professor für Wirtschaftswissenschaften in Frankfurt a. M., Leiter des Oswald-von-Nell-Breuning-Instituts für Wirtschafts- und Gesellschaftsethik an der Philosophisch-Theologischen Hochschule Sankt Georgen in Frankfurt a. M.

Wolfgang Herles
geb. 1950, Dr. phil., seit 1984 Redakteur beim ZDF, in verschiedenen leitenden Positionen tätig. Von 1987 bis 1991 Leiter des Bonner ZDF-Studios. Leitet seit 1999 das ZDF-Kulturmagazin „aspekte".

Hans Helmut Hillrichs
geb. 1945, Dr. phil., als freier Journalist vorwiegend mit Kulturthemen beschäftigt. Verantwortet seit 1993 die Hauptredaktion „Kultur und Wissenschaft" beim ZDF. Autor und Herausgeber zahlreicher Veröffentlichungen zu kulturgeschichtlichen Themen und Medienfragen.

Oskar Holzberg
geb. 1953, Dipl.-Psych., psychologischer Psychotherapeut, Supervisor, Paartherapeut, Journalist und freier Autor in Hamburg.

Walter Homolka
geb. 1964, Dr. theol., Sprecher der Geschäftsführung der Alfred-Herrhausen-Gesellschaft für internationalen Dialog und Leiter des Bereichs Kultur und Gesellschaft der Deutschen Bank AG. Tätig zunächst im Investmentbanking der Hypo-Bank AG in München; nach Management-Positionen bei der Bertelsmann Buch AG wurde er Landesrabbiner in Niedersachsen und Erster Geschäftsführer von Greenpeace Deutschland. Ehrenamtlich gegenwärtig engagiert im

Kuratorium des NABU (Naturschutzbund Deutschland e.V.), in der Kulturkommission des Landes Hessen und im Advisory Council der Princeton University.

Wolfgang Huber
geb. 1942, Prof., Dr. theol., Landesbischof von Berlin-Brandenburg. Der promovierte Kirchenhistoriker war zunächst in der Forschungsstätte der Evangelischen Forschungsgemeinschaft (FEST) in Heidelberg wissenschaftlich tätig und lehrte als Theologie-Professor an verschiedenen deutschen Universitäten. Mitglied im Rat der Evangelischen Kirche Deutschland (EKD). 2001 vom Bundeskanzler in den „Nationalen Ethikrat" berufen.

Klaas Huizing
geb. 1958, Dr. phil., Dr. theol., Universitätsprofessor für Systematische Theologie und theologische Gegenwartsfragen an der Universität Würzburg, Mitglied im PEN-Club, Autor von sieben Romanen, zahlreiche wissenschaftliche Veröffentlichungen. Mehrere Literaturpreise.

Klaus Hurrelmann
geb. 1944, Prof., Dr., Leiter des Sonderforschungsbereichs Prävention und Intervention im Kindes- und Jugendalter der Universität Bielefeld; zahlreiche Fachveröffentlichungen zu den Themen Suchtprophylaxe und Aggressionen und Gewalt im Kindes- und Jugendalter.

Hanns Dieter Hüsch
geb. 1925, einer der wichtigsten Vertreter des literarischen Kabaretts in Deutschland – mehrfach mit dem „Deutschen Kleinkunstpreis" ausgezeichnet. Als Solo-Kabarettist war er mit über 50 Kabarettprogrammen auf deutschen Kleinkunstbühnen unterwegs. Darüber hinaus Synchronsprecher, Fernsehschauspieler, Hörfunk-Kabarettist und erfolgreicher Buchautor.

Maybrit Illner
begann ihre journalistische Karriere zunächst als Sportjournalistin beim DDR-Fernsehen in Ost-Berlin, wechselte nach der Wiedervereinigung Deutschlands zum ORF Brandenburg, später zum ZDF. Bei dem Mainzer Sender moderierte und leitete sie das ZDF-Morgenmagazin. 1999 übernahm sie die Moderation des ZDF-Polittalks „Berlin Mitte" aus dem Hauptstadtstudio „Unter den Linden". Im Jahr 2000 ausgezeichnet mit dem Hanns-Joachim-Friedrichs-Preis.

Willigis Jäger OSB
geb. 1925, Benediktinermönch, Zen-Meister und spiritueller Lehrer. Um seine Erfahrungen zu vertiefen, unterzog er sich einem zwölfjährigen Zen-Training, davon sechs Jahre im Zen-Zentrum Kamakura in Japan. Seit 1981 Lehrbeauftragter für Zen in der Sanbo-Kyodan-Schule. Von 1983 bis 2000 leitete er das Meditationszentrum der Abtei Münsterschwarzach bei Würzburg

Günther Jauch
geb. 1956, Journalist und Fernsehmoderator. Nach freier Mitarbeit beim Hörfunk widmete er sich im Verlauf der 80er Jahre mehr und mehr dem Fernsehen. Arbeitete bei öffentlich-rechtlichen und privaten Fernsehsendern. Zahlreiche Auszeichnungen, darunter mehrfach die Goldene Kamera sowie der Bayerische Fernsehpreis.

Maria Jepsen
evangelische Theologin und Pastorin, arbeitete zusammen mit ihrem Mann in mehreren Pfarrstellen und wurde 1991 als erste Frau Pröpstin in der Nordelbischen Evangelisch-Lutherischen Kirche; 1992 konnte sich Jepsen bei der Bischofswahl als erste Bischöfin in der evangelisch-lutherischen Kirche durchsetzen. Seit 1997 Mitglied des Rates der Evangelischen Kirche in Deutschland (EKD).

Eberhard Jüngel
geb. 1934, Prof., Dr. theol. Zunächst an der Kirchlichen Hochschule in Ost-Berlin tätig, folgte er 1966 einem Ruf an die Universität Zürich, 1969 wechselte er als Ordinarius für Systematische Theologie und Religionsphilosophie nach Tübingen; später wurde er dort mehrfach Dekan der Evangelisch-theologischen Fakultät.

Margot Käßmann

Dr. theol., als Pfarrerin zusammen mit ihrem Mann zunächst im Gemeindedienst, parallel verschiedene Lehraufträge, Ämter beim Deutschen Evangelischen Kirchentag: von 1995 bis 1999 als Generalsekretärin. Seit 1999 Bischöfin der Evangelisch-Lutherischen Landeskirche Hannover. Mutter von vier Kindern.

Verena Kast

Prof., Dr. phil., Dozentin am C.-G.-Jung-Institut Zürich, Professorin an der Universität Zürich, Präsidentin der Internationalen Gesellschaft für Tiefenpsychologie, Psychotherapeutin in eigener Praxis in St. Gallen.

Franz-Xaver Kaufmann

geb. 1932, Dr., em. Professor für Soziologie an der Universität Bielefeld. Zahlreiche Publikationen zur Religions-, Staats-, Wirtschafts- und Familiensoziologie sowie zur Bevölkerungswissenschaft und Sozialpolitik.

Navid Kermani

geb. 1967, Dr. phil., hat Islamwissenschaft, Philosophie und Theaterwissenschaft studiert. Nachdem er zunächst für ein Jahr als wissenschaftliches Mitglied an das Wissenschaftskolleg zu Berlin berufen wurde, wurde ihm 2001 als Ständiges Mitglied die Verantwortung für den am Kolleg angesiedelten Arbeitskreis „Moderne und Islam" übertragen.

Hans-Christian Kirsch

geb. 1934, freier Schriftsteller und Jugendbuchautor (Pseudonym: Frederik Hetmann). Zahlreiche Publikationen weisen ihn als Kenner europäischer Märchenüberlieferungen und der Mythen der nordamerikanischen Indianer aus. Bekannt wurde er auch durch historische Biographien.

Franz Kardinal König

geb. 1905, 1956 von Papst Pius XII. zum Erzbischof von Wien ernannt und 1959 von Johannes XXIII. in den Kardinalsstand erhoben. Er gilt als Architekt einer „Ostpolitik" des Vatikans. 1964 gründete er die Stiftung „Pro Oriente“, die sich für die „Wiederbegegnung der Ostkirche und der Westkirche“ einsetzt. Nach dem Zweiten Vatikanischen Konzil erster Präsident des Päpstlichen Sekretariats für die Nichtglaubenden. Sein Engagement insgesamt diente vorrangig dem Dialog zwischen den monotheistischen Weltreligionen.

Hans Koschnick
geb. 1929, Dr. h.c., langjähriger Bürgermeister von Bremen, 1998 zum Bosnienbeauftragten der Bundesregierung ernannt, Präsident des Deutschen Poleninstituts in Darmstadt, Vorsitzender des Vereins „Gegen Vergessen – für Demokratie“ e.V. Unter seinen Auszeichnungen: Theodor-Heuss-Preis, Carl-von-Ossietzky-Medaille, Moses-Mendelssohn-Preis, Buber-Rosenzweig-Medaille. Ehrenbürger der Stadt Gdansk/Danzig.

Hanna-Renate Laurien
Dr. phil., als Kultusministerin in Rheinland-Pfalz setzte sie sich u. a. besonders für einen qualifizierten Ausbau des Schulwesens und der beruflichen Bildung ein. 1981 unter Richard von Weizsäcker Schulsenatorin, ein Amt, das sie auch unter Eberhard Diepgen fortführte. Nach der Wiedervereinigung Deutschlands wurde sie bei der ersten Gesamtberliner Wahl Parlamentspräsidentin. Mitglied im CDU-Bundesvorstand; sie leitet seit Jahren die Bildungskommission des Zentralkomitees der deutschen Katholiken.

Karl Kardinal Lehmann
geb. 1936, Prof., Dr. phil., Dr. theol., Dr. h.c. mult., lehrte Dogmatik und Ökumenische Theologie an den Universitäten in Mainz und Freiburg. 1983 wurde er von Papst Johannes Paul II. zum Bischof von Mainz ernannt; seit 1987 hat er den Vorsitz der Deutschen Bischofskonferenz inne. 2001 ernannte ihn Papst Johannes Paul II. zum Kardinal.

Robert Leicht
geb. 1944, Studium der Rechte, Politischer Korrespondent der „Zeit“ (1992–1997 deren Chefredakteur) und Kolumnist des „Tagesspiegels“ Berlin. Honorarprofessor an der Universität Erfurt, Mitglied des Rats der Evangelischen Kirche in Deutschland, Präsident der

Evangelischen Akademie in Berlin. Unter den Auszeichnungen für seine journalistische Arbeit ist der „Theodor-Wolff-Preis“.

Katharina Lüdemann
Dr. med., geb 1963, Engagement u. a. bei amnesty international, Praktika in Peru und Bolivien, Promotion und Arbeit als Ärztin in Burkina Faso, 1997 bis 2000 mit dem Deutschen Entwicklungsdienst (als „begleitende Ehefrau“) in Mali, derzeit Frauenärztin an einer großen Klinik in Oldenburg.

Hans Maier
geb. 1931, Prof. em., Dr. phil., Professor für Politische Wissenschaft, hatte 16 Jahre das Amt des bayerischen Kultusministers inne; von 1987 bis 1999 Inhaber des renommierten Romano-Guardini-Lehrstuhls für Christliche Weltanschauung, Religionsphilosophie und Kulturtheorie der Universität München. U. a. Mitglied des Zentralkomitees der deutschen Katholiken.

Angela Merkel
Dr. rer. nat., seit April 2000 Vorsitzende der CDU. Zu DDR-Zeiten war Merkel wissenschaftliche Mitarbeiterin im Zentralinstitut für Physikalische Chemie in Berlin (Forschungsfeld: Quantenchemie). Ende 1989 trat sie dem Demokratischen Aufbruch bei; nach den ersten freien Volkskammerwahlen stellvertretende Regierungssprecherin der Regierung de Maizière, danach, als CDU-Mitglied, in den Bundestag gewählt. Von 1991 bis 1994 Bundesministerin für Frauen und Jugend, von 1994 bis 1998 Bundesumweltministerin.

Fatima Mernissi
lehrt an der Universität von Rabat als Soziologin, weltweit bekannt durch ihre Bücher und Fernsehauftritte. Seit 1973 Beraterin der UNESCO zur Situation muslimischer Frauen. Zahlreiche Publikationen zur Rolle der Frau und zur Interpretation der islamischen Tradition.

Hans-Joachim Meyer
geb. 1936, Prof., Dr., war Sprachlehrer und wissenschaftlicher Mitarbeiter an der Humboldt-Universität in Berlin sowie Hochschuldozent und Professor für Angewandte Sprachwissenschaft. Nach der ersten Volkskammerwahl nach der Wende Minister für Wissenschaft und Bildung. Später, als CDU-Mitglied, Minister für Wissenschaft und Kunst in der sächsischen Staatsregierung. Seit 1997 Präsident des Zentralkomitees der deutschen Katholiken.

Dietmar Mieth
geb. 1940, Dr. theol., seit 1981 Professor für theologische Ethik an der Universität Tübingen, Gründer und Leiter des fachübergreifenden Ethikzentrums der Universität Tübingen, war 1974 der erste verheiratete Laie auf einem Lehrstuhl für katholische Moraltheologie (an der Universität Fribourg). Als Experte in ethischen Fragen der Biomedizin und Gentechnik wurde er in zahlreiche politische Gremien berufen wie beispielsweise, als einziger Deutscher, in die Ethik-Beratergruppe der EU-Kommission in Brüssel.

Stefan Münker
geb. 1963, Dr. phil., nach der Promotion Gründung der Philosophischen Praxis Berlin, Tätigkeiten als Moderator, Übersetzer, Veranstaltungsmacher, Lehrbeauftragter. Kulturredakteur beim ZDF.

Anand Nayak
geb. 1942 in Indien, Dr. theol., lebt seit 1972 in Europa. Professor für Missionswissenschaft und Religionswissenschaft an der Universität Fribourg. Seine wissenschaftlichen Spezialgebiete sind der interreligiöse Dialog und Spiritualität.

Elisabeth Noelle-Neumann
Dr. phil., Dr. oec. h.c., Professor, Gründerin (1947) und Leiterin des Instituts für Demoskopie Allensbach, Gründung (1967) und Leitung (bis 1983) des Instituts für Publizistik der Universität Mainz. Gastprofessorin an der Universität Chicago 1979–1991. Eric-Voegelin-Professorin an der Universität München 1994. Zahlreiche Auszeichnungen.

Christian Nürnberger
geb. 1951, freier Journalist und Buchautor. Studierte Theologie. Absolvent der Henri-Nannen-Schule in Hamburg. Begann seine journalistische Laufbahn als Lokalreporter bei der „Frankfurter Rundschau“, dann wechselte er als Redakteur zum Wirtschaftsmagazin „Capital“. Schreibt als freier Autor für die „Süddeutsche Zeitung“, „Stern“, „Geo“ u. a.

Horst W. Opaschowski
geb. 1941, Prof., Dr. phil., Erziehungswissenschaftler, Zukunftsforscher, leitet seit 1979 das Freizeit-Forschungsinstitut der British-American-Tobacco (BAT) in Hamburg und beobachtet allgemeine Trends in der deutschen Bevölkerung. Seit 1992 Mitglied der Sachverständigenkommission „Arbeit-Technik-Freizeit“ im Bundesministerium für Bildung, Wissenschaft, Forschung und Technologie.

Hanns-Josef Ortheil
geb. 1951, Dr. phil., freier Schriftsteller, dessen Debütroman „Fermer“ (1979) bereits mit dem „aspekte-Literaturpreis“ ausgezeichnet wurde. Verschiedene literaturwissenschaftliche Abhandlungen, aber auch zahlreiche erfolgreiche Romane. 2001 übernahm er zum wiederholten Male das Amt des Stadtschreibers von Mainz.

Anca-Monica Pandelea
Konzertpianistin, zunächst freie Mitarbeit als Filmemacherin, Regisseurin und Musikredakteurin für verschiedene Fernsehanstalten, seit 1992 fest angestellte Musikredakteurin im ZDF.

Raimon Panikkar
geb. 1918 als Sohn eines Hindu und einer Spanierin, Doktor der Philosophie, Chemie und Theologie. Gastprofessuren an über 100 Universitäten auf allen Kontinenten. Gilt weltweit als inspirierender Mittler und Visionär des interreligiösen Dialogs. Verfasser von mehr als 50 in zahlreiche Sprachen übersetzten Büchern und 900 Artikeln. Präsident des Zentrums für Interkulturelle Studien, VIVARIUM.

Horst Petri
geb. 1936, Prof., Dr. med., Arzt für Neurologie und Psychiatrie sowie Kinder- und Jugendpsychiatrie. Er lehrte an der Freien Universität in Berlin Psychotherapie und Psychosomatik und unterhält als Psychoanalytiker eine eigene Praxis. Zahlreiche Fachpublikationen und Sachbücher zu sozialpsychologischen Themen.

Ruth Pfau
Dr. med., seit 1957 Mitglied des Ordens der Töchter vom Herzen Mariä. 1960 ging sie nach Karachi/Pakistan, um die Lepraarbeit aufzubauen. 1980 Ernennung zur Nationalen Beraterin (im Rang einer Staatssekretärin) für das Lepra- und TB-Kontrollprogramm für ganz Pakistan durch die pakistanische Regierung. 1981 ging sie erstmals illegal in das vom Krieg zerrüttete Afghanistan, um dort ein Gesundheitssystem zu etablieren. Trägerin höchster deutscher und pakistanischer Orden. Zusammen mit dem Deutschen Aussätzigen-Hilfswerk in Würzburg Gründung der Ruth-Pfau-Stiftung. In mehreren Büchern erzählt sie von ihren Erfahrungen.

Uwe Pörksen
geb. 1935, Dr. phil., 1976–2000 Professor für Deutsche Sprache und Ältere Literatur an der Universität Freiburg i. Br.; Veröffentlichungen auf dem Gebiet der Wissenschaftsgeschichte, Wissenschaftssprache, der Sprachkritik und der mittelalterlichen Literatur. Schriftstellerische Arbeiten. (Sein Text fußt auf Gesprächen zwischen Gartenbaumeister Christian Hiß, Eichstetten am Kaiserstuhl, und Gundhild und Uwe Pörksen.)

Heribert Prantl
geb. 1953, nach Studium der Rechtswissenschaften, Geschichte und Journalistik Tätigkeiten als Richter und Staatsanwalt. Heute Leiter des Ressorts Innenpolitik bei der „Süddeutschen Zeitung".

Joseph Kardinal Ratzinger
geb. 1927, Prof., Dr. theol. Der Professor für Dogmatik war Konzilsberater und lehrte an verschiedenen Universitäten (Bonn, Münster, Tübingen, Regensburg). 1977 ernannte ihn Paul VI. zum Erzbischof von München und Freising und nahm ihn kurz darauf in das Kardi-

nalskollegium auf. Seit 1982 ist er Präfekt der Vatikanischen Glaubenskongregation.

Ingrid Riedel
Prof., Dr. Dr., Dozentin und Lehranalytikerin am C.-G.-Jung-Institut Zürich, Honorarprofessorin an der Universität Frankfurt a. M. und Psychotherapeutin in eigener Praxis. Autorin zahlreicher Bücher. Lebt in Konstanz.

Dieter Salomon
geb. 1960, Dr. phil., Fraktionsvorsitzender der Grünen im Landtag von Baden-Württemberg. Bereits während seines Studiums der Politologie, Finanzwissenschaften und Romanistik in Freiburg in verschiedenen Ämtern für die Grünen politisch aktiv.

Markus Schächter
geb. 1949, Studium der Geschichte, Politologie, Publizistik und Religionswissenschaften. Mitglied des deutschen Komitees für UNICEF. Seit 1988 Programmdirektor des ZDF in Mainz.

Ulrich Schaffer
geb. 1942, lebt seit 1953 in Kanada. Von 1961 bis 1970 studierte er deutsche und englische Literatur, anschließend Dozent an einem College in Vancouver. Seit 1981 freier Schriftsteller und Photograph. Mehr als 40 Bücher, die geprägt sind von der Suche nach einer authentischen, naturnahen Spiritualität.

Rafik Schami
geb. 1946 in Damaskus, promovierter Chemiker. Seit 1971 lebt er in Deutschland, seit 1982 als freier Schriftsteller. Zahlreiche Auszeichnungen, u. a. Hermann-Hesse-Preis und Adalbert-von-Chamisso-Preis. Seine Bücher erscheinen in 21 Sprachen.

Wolfgang Schäuble
geb. 1942, Dr. jur.; der ehemalige CDU-Vorsitzende und Jurist Schäuble ist seit 1965 Mitglied der CDU und seit 1972 Mitglied des Bundestages. Stationen seiner beruflichen Laufbahn u. a.: Parlamentarischer Geschäftsführer der CDU/CSU-Bundestagsfraktion, Bun-

desminister für besondere Aufgaben, Chef des Bundeskanzleramtes, Bundesminister des Innern. Von 1991 bis 2000 Vorsitzender der CDU/CSU-Bundestagsfraktion, von 1998 bis 2000 Bundesvorsitzender. Präsidiumsmitglied der CDU Deutschlands.

Annette Schavan
Dr. phil.; sie studierte Erziehungswissenschaften, Philosophie und katholische Theologie. Die stellvertretende CDU-Vorsitzende, Kultusministerin von Baden-Württemberg und Vorsitzende der Kultusministerkonferenz ist u. a. Vizepräsidentin des Katholischen Deutschen Frauenbundes und Präsidiumsmitglied des Zentralkomitees der deutschen Katholiken.

Bernardin Schellenberger
geb. 1944, Theologe, Übersetzer, Autor spiritueller und theologischer Bücher, bis 1991 Trappistenmönch. Lebt in Stuttgart.

Annemarie Schimmel
Prof., Dr. phil., Dr. h.c. mult., international bekannte Islamwissenschaftlerin und Orientalistin, weltweit eine der profundesten Kennerinnen der islamischen Mystik. Zahlreiche Auszeichnungen, darunter u. a. den pakistanischen Staatsorden (1965), Johann-Heinrich-Voß-Preis der Deutschen Akademie für Sprache und Dichtung (1980), Friedenspreis des Deutschen Buchhandels (1995), Reuchlin-Preis (2001).

Dagmar Schipanski
Physikprofessorin und Rektorin der Technischen Hochschule Ilmenau. Da sie sich weigerte, in die SED einzutreten, konnte sie erst nach der Wiedervereinigung mit der Berufung zur Professorin ihre wissenschaftliche Laufbahn fortsetzen. 1995 wurde sie die erste weibliche Rektorin einer deutschen technischen Universität, 1996 als erste Frau Vorsitzende des in Köln ansässigen Deutschen Wissenschaftsrates.

Wilhelm Schmid
geb. 1953, Dr. phil., freier Philosoph, lebt in Berlin und lehrt als Privatdozent in Erfurt, Gastdozent in Tiflis (Georgien). Regelmäßig arbeitet er als „philosophischer Seelsorger" am Spital Affoltern am Albis.

Wolfgang Schmidbauer
geb. 1941, Diplom-Psychologe und Dr. phil., arbeitet als Psychotherapeut in freier Praxis und als Dozent für Psychoanalyse. Zahlreiche Buchveröffentlichungen.

Wolf-Rüdiger Schmidt
geb. 1939, seit 1989 Leiter der ZDF-Redaktion „Kirche und Leben, ev.". Während des Studiums der Theologie, Germanistik und Wirtschafts- und Sozialwissenschaften arbeitete er bereits für verschiedene Zeitungen und Zeitschriften. Seit 1968 ist er beim ZDF und war u. a. Redakteur der ZDF-Fernsehreihe „Tagebuch", der Reihe „Kontakte" sowie Autor zahlreicher Dokumentationen.

Friedrich Schorlemmer
geb. 1944, Theologe und Publizist, Studienleiter der Evangelischen Akademie Wittenberg. 1970 als Pfarrer ordiniert. Während der DDR-Zeit engagierte er sich in zahlreichen kirchlichen Gruppen als Regimekritiker. Mitbegründer der Bürgerbewegung „Demokratischer Aufbruch". Er erhielt 1989 die Carl-von-Ossietzky-Medaille der Internationalen Liga für Menschenrechte, 1993 den Friedenspreis des Deutschen Buchhandels. Seit 1996 einer der Vizepräsidenten des westdeutschen PEN-Zentrums.

Richard Schröder
geb. 1943, Professor für ev. Theologie und Philosophie an der theologischen Fakultät der Humboldt-Universität Berlin. Seine Ausbildung verlief in der DDR über nicht staatlich anerkannte kirchliche Einrichtungen. Nach dem Studium der ev. Theologie war er vier Jahre lang Dorfpfarrer, danach (1977) Dozent für Philosophie an zwei kirchlichen Hochschulen. Im Dezember 1989 Eintritt in die SPD-Ost und letzter Fraktionsvorsitzender der SPD in der Volkskammer der DDR. Bis 2001 Mitglied der Grundwertekommission der SPD. Mitglied im Nationalen Ethikrat.

Peter Sloterdijk
geb. 1947, Dr. phil., Philosoph. Sein 1983 erschienenes Werk „Kritik der zynischen Vernunft" zählt zu den meistverkauften philosophischen Büchern des 20. Jahrhunderts. 2001 wurde er zum Rektor der Hochschule für Gestaltung in Karlsruhe gewählt; er lehrt zudem an der Wiener Akademie der bildenden Künste. Unter seinen Auszeichnungen: Ernst-Robert-Curtius-Preis für Essayistik und den Friedrich-Märker-Preis für Essayisten.

Dorothee Sölle
Prof., Dr. phil., evangelische Theologin, Germanistin und Schriftstellerin. 1971 habilitierte sie sich an der Universität Köln und wurde Mitglied des PEN-Zentrums. Von 1975 bis 1987 lehrte sie als Gastprofessorin am Union Theological Seminary in New York. Zahlreiche poetische, spirituelle, theologische und politische Veröffentlichungen.

David Steindl-Rast OSB
geb. 1926 in Wien. Nach dem Studium der Kunst, Anthropologie und Psychologie ging er in die USA und trat dem neu gegründeten Benediktinerkloster Mount Saviour bei. Intensive Beschäftigung mit mystischen Traditionen des Christentums und Begegnung mit dem Zen-Buddhismus. Führend im interreligiösen Dialog. Zahlreiche spirituelle Publikationen.

Ulrich Stock
geb. 1958, ist Reporter bei der Wochenzeitung „Die Zeit", lebt in Hamburg.

Dieter Stolte
geb. 1934, Prof., Dr. h.c., seit 1982 Intendant des ZDF. Zunächst war er für den Saarländischen Rundfunk tätig und baute dort die Abteilung Wissenschaft auf. Anschließend persönlicher Referent des ZDF-Gründungsintendanten Prof. Dr. Holzamer. 1967 übernahm er die Leitung der Hauptabteilung Programmplanung. Nach seiner Tätigkeit als Fernsehdirektor und Stellvertretender Intendant des Südwestfunks kam er 1976 als Programmdirektor zurück zum ZDF. Seit 1980 ist er Professor an der Hochschule für Musik und Theater in Hamburg.

Christine Swientek
Prof., Dr., Erziehungswissenschaftlerin, lehrt als Professorin an der Universität Hannover. Nach ihrem Studium der Sozialarbeit und Psychiatrie war Swientek mehrere Jahre als Sozialarbeiterin tätig. Danach schloss sie ein weiteres Studium an, und zwar das der Erziehungswissenschaften, Psychologie und Soziologie. Ihre Arbeits- und Forschungsschwerpunkte sind soziale und sozialpolitische Themen.

Irmtraud Tarr
Dr. phil., Theologin, Psychotherapeutin und Musiktherapeutin mit eigener Praxis. Sie ist erfolgreiche Konzertorganistin und Autorin weit verbreiteter psychologischer Sachbücher.

Erwin Teufel
geb. 1939, Ministerpräsident von Baden-Württemberg, Landesvorsitzender der CDU. Seit 1972 Mitglied im Baden-Württembergischen Landtag. Zu seinen Auszeichnungen gehören u. a. das Große Bundesverdienstkreuz mit Stern sowie das Großkreuz des Päpstlichen Gregoriusordens, die höchste Vatikan-Auszeichnung für Laien.

Thich Nhat Hanh
geb. 1926 in Vietnam, Zen-Meister, Poet und Friedensaktivist. Thich Nhat Hanh wurde im Alter von 16 Jahren buddhistischer Mönch. In den 50er Jahren gründeten er und seine Ordensbrüder und -schwestern eine Bewegung, die als „Engagierter Buddhismus“ bekannt wurde. Der Autor von über 30 Büchern reist weltweit, um andere die „Kunst des achtsamen Lebens“ zu lehren. Mehrfach für den Friedensnobelpreis vorgeschlagen. Eine Rückkehr nach Vietnam ist ihm nicht erlaubt. Er lebt im südfranzösischen Plum Village.

Wolfgang Thierse
geb. 1943, seit 1998 Präsident des Deutschen Bundestages. Nach dem Abitur und einer Lehre als Schriftsetzer studierte er Germanistik und Kulturwissenschaft. Der bis Ende 1989 parteilose Thierse trat 1990 der neu gegründeten Ost-SPD bei und wurde deren Fraktionsvorsitzender sowie kurze Zeit später stellvertretender Parteivorsitzender der SPD. Unter seinen Auszeichnungen: Ignatz-Bubis-Preis der Stadt Frankfurt; Theodor-Heuss-Preis.

Bernhard Vogel

geb. 1932, Dr. phil., seit 1992 Ministerpräsident des Freistaates Thüringen. Noch während seines Lehrauftrags am Institut für Politische Wissenschaften der Universität Heidelberg wurde er Bundestagsabgeordneter, später Kultusminister von Rheinland-Pfalz sowie Mitglied des Landtages. 1976 bis 1988 Ministerpräsident von Rheinland-Pfalz. 1989 bis 1993 und erneut seit 2001 Vorsitzender der Konrad-Adenauer-Stiftung.

Peter Voß

geb. 1941, Prof., seit 1993 Intendant des Südwestrundfunks. Nach seinem Studium begann er seine journalistische Laufbahn bei Zeitungen, 1971 wechselte er als Nachrichtenkorrespondent zum ZDF, wurde 1977 ZDF-Korrespondent in West-Berlin und anschließend stellvertretender Redaktionsleiter des ARD-Magazins „Report". 1983 Leitung des „heute-journals" beim ZDF. Danach Leiter der Hauptredaktion „Aktuelles" und stellvertretender Chefredakteur des ZDF.

Roger de Weck

geb. 1953, Journalist, studierte in St. Gallen Wirtschafts- und Sozialwissenschaften. In der Wirtschaftsredaktion der „Tribune de Genève" startete er 1976 seine journalistische Laufbahn. 1989 wurde er bei der Wochenzeitung „Die Zeit" Assistent des Verlagsgründers Gerd Bucerius. In den 90er Jahren war er Chefredakteur der „Zeit".

Dieter Wedel

geb. 1942, Dr. phil., Studium der Theaterwissenschaften, Publizistik und Geschichte, Tätigkeiten als Lektor und Theaterkritiker. 1966 wurde er Autor und Hörspielregisseur bei Radio Bremen und beim NDR. Seit 1978 auch freier Regisseur, Autor und Produzent. Zahlreiche Preise: u. a. Goldene Kamera, Adolf-Grimme-Preis, Goldener Gong.

Janwillem van de Wetering

geb. 1931, niederländischer Krimi-Autor und Unternehmer, begann nach Abbruch seines Philosophiestudiums 1958 in einem buddhistischen Kloster in Japan ein neues Leben und widmete sich dort der Lehre des Zen. Ab 1960 Großhändler in Peru und Kolumbien. 1966

Rückkehr nach Amsterdam, um dort das Handelsgeschäft des Vaters zu übernehmen. Ersatzdienst bei der Polizei und Prüfung zum Polizeioffizier. Zahlreiche Kriminalromane, die in 23 Sprachen übersetzt wurden.

Elie Wiesel
geb. 1928, Dr. h.c. mult., Professor of Humanities in Boston, Schriftsteller, Religionsphilosoph. Während des Zweiten Weltkrieges zunächst nach Auschwitz und anschließend in das Konzentrationslager Buchenwald deportiert. In Paris studierte er nach dem Krieg Philosophie und Literatur und arbeitete als Auslandskorrespondent. 1958 veröffentlichte er einen Bericht über Auschwitz, der weltweit Resonanz fand: „Nacht". 1986 erhielt er den Friedensnobelpreis für sein unvergleichliches Engagement für unterdrückte und verfolgte Minderheiten weltweit.

Roger Willemsen
geb. 1955, Dr. phil., Fernsehmoderator und Autor, studierte Germanistik, Philosophie und Kunstgeschichte. Neben seiner Tätigkeit als literaturwissenschaftlicher Assistent an der Universität in München arbeitete er als freier Autor, Übersetzer, Herausgeber und Essayist. 1988 ging er als Korrespondent für deutsche Zeitungen und Rundfunkstationen nach London. Für seine Arbeiten wurde er mehrfach ausgezeichnet.

Ernst-Ludwig Winnacker
geb. 1941, Prof. Dr., seit 1998 Präsident der Deutschen Forschungsgemeinschaft. Er studierte Chemie an der Eidgenössischen Hochschule Zürich und habilitierte 1974 nach Forschungsaufenthalten in Schweden und den USA im Fach Genetik. Der Biochemiker ist ordentlicher Professor an der Ludwig-Maximilians-Universität München, wo er auch das Gen-Zentrum der Universität gründete und bis 1998 leitete. Mitglied im Nationalen Ethikrat.

Bea Wyler
amtiert seit 1995 als erster weiblicher Rabbiner in geregelter Gemeindeanstellung in Deutschland. Nach ihrem ersten Studium hatte die Schweizerin als Agronomin, später als Journalistin in Basel gear-

beitet und schließlich in der Werbeabteilung eines Schweizer Chemie-Konzerns. Theologische Studien in Israel, London, New York und Berlin. Gleichzeitig entstanden in dieser Zeit die ersten Kontakte zur jüdischen Gemeinde Oldenburg, wo sie schließlich Rabbinerin werden sollte.

Hans Zender
geb. 1936, Komponist und Dirigent. 1964 Chefdirigent der Bonner Oper, später Generalmusikdirektor nach Kiel. Ab 1971 für mehr als ein Jahrzehnt Chefdirigent des Rundfunk-Sinfonie-Orchesters Saarbrücken. 1984 bis 1987 Generalmusikdirektor der Hamburgischen Staatsoper. Internationale Dirigententätigkeit. Hauptwerke: Stephen Climax; Don Quijote; Shir-Hashirim; Hölderlin Lesen I–IV; Schuberts Winterreise. Seit 1988 Professor für Komposition an der Frankfurter Musikhochschule, seit 1999 ständiger Gastdirigent und Mitglied der künstlerischen Leitung des SWR-Sinfonieorchesters. Mitglied der Akademie der Künste in Berlin und der Bayerischen Akademie der Schönen Künste in München. 1997 Goethe-Preis der Stadt Frankfurt.

Regina Ziegler
Filmproduzentin in Berlin und Köln, viele ihrer Produktionen wurden mit nationalen wie internationalen Preisen bedacht (u. a. „Bundesfilmpreis“, „Goldene Schale“, „Goldener Löwe“, „Adolf-Grimme-Preis“, „Friedenspreis der Berlinale“). Sie selber erhielt u. a. den „Denver Obelisk“ für ihr Filmschaffen, sowie den „American Cinema Foundation Award“ für ihr außergewöhnliches Engagement in der Filmindustrie der letzten 25 Jahre. 1999 wurde sie mit dem Adolf-Grimme-Preis für besondere Verdienste um die Entwicklung des Fernsehens ausgezeichnet.